KRÜGER

Viola Shipman

Weil es dir Glück bringt

Roman

Aus dem Amerikanischen von
Anita Nirschl

KRÜGER

MIX
Papier aus verantwortungsvollen Quellen
FSC® C083411
FSC www.fsc.org

Erschienen bei FISCHER Krüger

Die amerikanische Ausgabe erschien unter dem Titel
›The Recipe Box‹ bei Thomas Dunne Books, New York.

Illustrationen innen: Cameron MacLeod Jones
Satz: Pinkuin Satz und Datentechnik, Berlin
Druck und Bindung: CPI books GmbH, Leck
Printed in Germany
ISBN 978-3-8105-3048-6

Für meine Großmütter,
die mir beigebracht haben zu backen,
Türen zu öffnen und danke zu sagen;
die mich ermutigt haben zu schreiben
und der Mensch zu werden, der ich heute bin.

Für unsere Senioren,
deren Opfer und Lebenswege
uns zu denen gemacht haben, die wir sind,
deren Geschichten jedoch in Vergessenheit geraten.

Dieses Buch ist ein Dank
und eine Erinnerung daran, innezuhalten und zuzuhören,
miteinander zu reden und zu backen.

Gib dir im Leben und beim Backen besondere Mühe.
Das Ergebnis wird es stets wert sein.

– meine Grandma, Viola Shipman

Prolog

Apple Crisp

Herbst 1939

Lächelnd wusch Alice sich die Hände in der Küchenspüle und schaute aus dem Fenster.

Das letzte Tageslicht sickerte durch die buntgefärbten Blätter der Ahorn- und Sassafrasbäume und tauchte die Küche in ätherischen Schein. Ein einziger ordentlicher Sturm vom See her, nur ein fegendes Unwetter, und die Blätter würden verschwunden sein, die Bäume kahl, die Zweige und Äste des Obstgartens nur noch Silhouetten, das Land bereit, wieder einmal in Winterschlaf zu sinken.

Aber einstweilen, dachte Alice, *bleiben die Blätter.*

Wieder lächelte sie.

Genau wie die Äpfel.

Alice konnte zwei Gestalten erkennen, die sich durch den Obstgarten bewegten.

»Leo«, flüsterte sie dem Küchenfenster zu, dabei drehte sie unbewusst ihren Ehering. Sie sah zu, wie der Hund den Mann hechelnd und mit wedelndem Schwanz umkreiste. »Oh, Mac.« Sie lachte.

Der Winkel der Sonne warf ihre Schatten den Hügel hinunter und ließ ihre Silhouetten wie Riesen aussehen. Der Mann hielt einen Korb, und als er sich streckte, um einen Apfel zu pflücken, wirkte es im Licht so, als würde er den Baum umarmen, seine Äste streicheln und ihm gute Nacht sagen.

Genau, wie er es mit mir macht, dachte Alice und lehnte sich noch weiter zum Küchenfenster, um hinauszusehen.

Alice konnte spüren, wie die Kühle der herannahenden Nachtluft durch die Fugen der Fenster und die Ritzen zwischen den alten Holzbalken kroch. Und während Mac freudig um Leo herumtollte und sein durch den Obstgarten hallendes Bellen Vögel aufscheuchte, wandte Alice sich zum Backofen, um ihn vorzuheizen.

Sie nahm ein Messer und einen Teigmischer aus der Küchenschublade sowie ein Backblech und eine rotgesprenkelte Emailleschüssel aus dem Schrank. Dann stellte sie Mehl, Zucker und Zimt auf der alten hölzernen Arbeitsplatte bereit. Sie öffnete den Kühlschrank und griff nach der Butter.

Ihr Mann kam zur Tür herein und reichte ihr einen Korb Äpfel.

»Das brauchst du nicht zu machen«, sagte Leo, als er sich in der Küche umsah und die auf der Arbeitsplatte aufgereihten Zutaten sah, sein begeistertes Lächeln strafte seine Worte allerdings Lügen.

»Ich weiß«, antwortete Alice, »ich möchte es aber.«

»Na dann«, sagte er glücklich. »Ich mache Feuer. Es wird kühl.«

Er ging mit Mac wieder zur Tür, drehte sich dann aber noch einmal um und meinte: »Wir geben schon ein tolles Team ab, nicht wahr?«

»Wie Zimt und Zucker?«

»Nein«, widersprach er. »Wir haben es irgendwie durch die Wirtschaftskrise geschafft, diese Obstplantage erhalten. Wir sind seit über dreißig Jahren verheiratet.« Er verstummte kurz. »Wir ergänzen einander, bringen das Beste im anderen zum Vorschein.«

»Wie Zimt und Zucker?«, wiederholte sie.

Diesmal lachte er. »Stimmt, wie Zimt und Zucker.«

Er ging wieder nach draußen mit dem Hund, und Alice

begann, die Äpfel zu schälen und zu entkernen. Ihr Messer beschrieb kleine kreisende Pirouetten und hinterließ Kringel aus leuchtend roter und grüner Schale in der Schüssel. Sie viertelte und würfelte die Äpfel, dann machte sie sich an den Belag aus Streuseln.

Sie arbeitete aus dem Gedächtnis, denn das Rezept hatte sie sich fest eingeprägt. Ihre Mutter und ihre Großmutter hatten es ihr beigebracht. Es war der Lieblingsnachtisch ihrer Familie, der, den sich jeder wünschte, solange die Äpfel saftig, reif und frisch vom Baum waren.

Aber jetzt sind alle fort, dachte Alice. *Auf eigenen Füßen, führen ihr eigenes Leben.* Sie hielt inne. *Fort von der Obstplantage.*

Als sie die Äpfel in Zimt und Zucker wendete, sah sie nicht mehr ihre Hände, sondern die ihrer Mutter und ihrer Großmutter vor sich: Knöchel, die anfingen, den Sassafrasbäumen vor dem Küchenfenster zu ähneln, die Haut mehr und mehr wie Wachspapier. Alice hatte es nicht gefallen, wie ihre alternden Hände aussahen, aber heute wusste sie ihre Schönheit, ihre Unvollkommenheiten, ihren Charakter und ihre Geschichte zu würdigen.

Wie oft habe ich diesen Apple Crisp schon gemacht?, fragte sie sich, als sie fortfuhr, ohne sich die Mühe zu machen, die Zutaten abzumessen, sondern nur nach ihrem Instinkt ging: eine Prise hiervon, ein bisschen mehr davon, die Streusel nach Augenmaß, bis sie die Größe kleiner Kieselsteinchen hatten, nicht zu groß und nicht zu klein. Einen Moment lang hielt sie inne und rechnete rasch im Kopf aus: *Wie oft, zehnmal im Jahr mal sechsundvierzig, wenn ich mit zehn angefangen habe zu backen? Vierhundertsechzigmal? Wie oft werde ich ihn noch machen, bis …?*

Der Gedanke endete, als ihr Mann mit einem Armvoll Holz und Zweigen für den gusseisernen Heizofen wieder hereingeeilt kam.

Sie machte den Nachtisch fertig und schob ihn in den Backofen, dann stellte sie einen alten Küchentimer auf der Arbeitsplatte. Innerhalb von Minuten erfüllte der Duft von Äpfeln, Zimt und Zucker das kleine Blockhaus.

»Riecht gut«, rief Leo aus dem Wohnzimmer, wo er in seinem Lieblingssessel neben dem Ofen saß und der Hund sich auf einer Decke vor dem Feuer zusammengerollt hatte. Mac hob die Nase und schnupperte. »Findet Mac auch.«

»Der Hund kennt sich mit Äpfeln aus.« Alice lachte. »Das sollte er auch. Schließlich wurde er nach einem benannt.« Sie lächelte ihre zwei Jungs an, deren Nasen vor Vorfreude zuckten.

»Bald«, rief sie. »Nur Geduld.«

Während Alice das Geschirr spülte, versank die Sonne hinter dem Obstgarten, und die Welt hüllte sich rasch in Dunkelheit. Der Gedanke, den sie vor wenigen Momenten nicht zu Ende gedacht hatte, kam ihr wieder in den Sinn, als sie den Seifenschaum an ihren Händen betrachtete.

Plötzlich schnippte sie die Seifenblasen von ihren Fingern, schnappte sich ein Geschirrtuch, um sie abzutrocknen, und nahm eine Karteikarte und einen Stift aus einer Küchenschublade. Die Karte hatte die Überschrift REZEPT und war passenderweise mit kleinen Äpfeln verziert. Sie hatte die Karteikarten von ihrer Kirche geschenkt bekommen und ewig aufgehoben, aber nie benutzt.

Bis jetzt.

Alice bemühte sich um eine ruhige Hand und begann zu schreiben, dabei wischte sie über die feuchte Tinte, als sie die Geheimnisse niederschrieb, die noch nie zuvor preisgegeben worden waren:

Alice Mullins' geheimes Familienrezept für Apple Crisp

Ein breites Lächeln legte sich über ihr Gesicht, dann fügte sie noch ein Ausrufezeichen am Ende hinzu und kicherte über diese Kühnheit.

Alice Mullins' geheimes Familienrezept für Apple Crisp!

Und dann schrieb sie Schritt für Schritt, Zutat für Zutat, ihr geliebtes Familienrezept nieder, dabei fügte sie ihre eigenen Anweisungen hinzu: *Erfordert eventuell noch ein paar Prisen Zimt*, oder *falls Äpfel besonders sauer sind, noch fünfzig Gramm Zucker mehr zugeben.*

Als Alice fertig war, stellte sie fest, dass ihre Handschrift dieselbe war wie die ihrer Mutter und ihrer Großmutter – dieselbe Neigung, dieselben förmlichen Fs und Zs, die wie die Zahl 2 aussahen. Wieder lächelte sie, und als der Timer klingelte, gab sie der Karteikarte einen kleinen Kuss.

Sie streifte einen Ofenhandschuh über, den schon ein paar Brandspuren zierten, und steckte einen Zahnstocher in den Apple Crisp. Als er sauber wieder herauskam, lächelte sie.

Perfekt, dachte Alice.

Sie holte das Dessert aus dem Ofen, stellte es zum Abkühlen auf den Herd und begann Schlagsahne zu machen. Dabei gab sie eine Prise Vanillezucker hinzu und schlug die Sahne, bis sie eine leichte Spitze formte und so schön war wie eine Wolke an einem Sommertag in Nordmichigan. Sie tauchte einen Finger durch die Schlagsahne, um sie zu kosten, und dann gleich noch mal, nur um sicherzugehen, doch dabei tropfte ihr ein Klecks auf die Karteikarte, wo das Fett der üppigen Schlagsahne sofort einen runden Fleck in der Mitte hinterließ. Ihr Versuch, ihn abzuwischen, war vergeblich.

Kopfschüttelnd nahm Alice zwei Teller und einen Teigspatel, um den Crisp aufzuschneiden, und gab ein großes Stück auf den Teller ihres Mannes. Die Äpfel rutschten dampfend auseinander, bevor sie die Schlagsahne daraufgab, die sofort zu schmelzen begann, als sie auf das heiße Dessert traf. Für sich selbst machte sie einen zweiten, kleineren Teller zurecht und setzte sich dann zu ihrem Mann ans Feuer.

Leo schob sich eine Gabel voll Kuchen in den Mund, schloss die Augen und lächelte wie ein Kind.

»Das hättest du nicht zu machen brauchen«, sagte er noch einmal.

»Ich weiß«, wiederholte sie. »Ich wollte es aber.«

Alice nahm einen Bissen, lehnte sich zurück, während der Teller ihr die Hände, das Feuer ihren schmerzenden Körper und der Apple Crisp ihre Seele wärmte, und sah ihrem Mann zu, wie er sein Dessert verdrückte.

So ist das mit dem Backen, dachte sie. *Man backt für jemanden, weil es familiär und vertraut ist, neu und doch vererbt, eine Möglichkeit, Generationen miteinander zu verbinden.*

Seufzend rollte Mac sich auf die Seite, Leo schob sich eine weitere Gabel voll mit Äpfeln und Streuseln in den Mund und schloss erneut die Augen.

Man backt aus Liebe für jemanden, dachte Alice.

Als Alice wenige Tage später nach einem langen Tag des Laubharkens und Arbeitens in der Obstplantage in die Küche kam, fand sie dort ein kleines hölzernes Kästchen auf der Küchenzeile vor. Das Holz war glänzend und neu, und es roch so frisch wie die freie Natur draußen. In die Vorderseite war das Wort REZEPTE eingeschnitzt.

»Das hab ich für dich gemacht«, ließ Leos Stimme sie erschrocken zusammenzucken. Er kam zu ihr, nahm die Rezeptkarte, die immer noch auf der Arbeitsplatte lag, und steckte sie in das Kästchen. »Siehst du? Passt perfekt. Ein Ort, an dem du deine Familienrezepte aufbewahren kannst.« Er verstummte, dann zog er lächelnd einen Schlüssel aus seiner Tasche. »Und deine Geheimnisse.«

Er fuhr fort: »Ich habe ein Schloss drangemacht, damit die Rezepte geheim bleiben. Hier.« Er reichte ihr den Schlüssel. »Es gehört dir.«

Alice' Augen füllten sich mit Tränen, und sie umarmte ihren Mann fest, dabei kitzelte die Wolle seiner Jacke ihr Gesicht.

»Alle sind von hier fortgegangen«, sagte sie. »Jetzt sind es nur noch wir. Diese Obstplantage. Und diese Erinnerungen.«

»Schreib sie auf«, sagte er. »So werden sie nie sterben.«

»Wer würde denn diese alten Rezepte haben wollen?«, fragte Alice. »Meine einfachen Großmutterkuchen?«

»Jeder mit einem Herz und einer Familie«, erwiderte Leo. »Unsere Familie.« Er schwieg kurz, dann flüsterte er gedämpft: »Jeder, der sich erinnern will.«

»Woran erinnern?«, fragte sie.

»An dich«, antwortete er mit vor Gefühl heiserer Stimme. Er küsste sie auf die Wange. »Mach dich besser an die Arbeit.«

In den nächsten paar Wochen schrieb Alice jedes Rezept auf, an das sie sich erinnern konnte, und füllte das Kästchen mit Karten. Den Schlüssel trug sie an einem Kettchen um den Hals, nur um ihn nah am Herzen zu haben, und verschloss ihre Rezeptsammlung jeden Abend, um ihre Geheimnisse sicher zu hüten.

Eines Abends brachte ihr Mann den letzten Korb Äpfel herein, und sie backte einen weiteren Crisp.

Alice schätzte, dass es nicht nur der vierhunderteinundsechzigste ihres Lebens war, sondern auch der beste, den sie je gemacht hatte.

Es sollte ihr letzter sein.

Familienrezept für Apple Crisp

Zutaten für die Füllung

5 mittelgroße Granny-Smith-Äpfel
3 mittelgroße Honey-Crisp-Äpfel
4 mittelgroße McIntosh-Äpfel
125 g ungesalzene Butter
50 g brauner Zucker
2 Teelöffel Zimt, gemahlen
½ Teelöffel Muskatnuss
je eine Prise Piment, Ingwer und Kardamom

Zutaten für die Streusel

400 g Zucker
180 g Mehl
1 Teelöffel Zimt, gemahlen
150 g weiche Butter

Zubereitung der Füllung

Ofen auf 180 Grad vorheizen.

Äpfel schälen und in Spalten schneiden. In eine große Schüssel geben. 125 g Butter in einem großen Topf oder einer großen Pfanne bei mittlerer Hitze schmelzen lassen.

Äpfel hinzugeben und langsam in der Butter wenden.

Braunen Zucker und Gewürze hinzugeben und rühren, bis die Äpfel von der Zuckermischung überzogen sind.

Bei niedriger Hitze zugedeckt 10–12 Minuten kochen lassen, gelegentlich umrühren. (Die Äpfel sollten noch fest sein, nur leicht weichgekocht. Sie kochen im Ofen fertig.)

Zubereitung der Streusel

Während die Äpfel kochen, eine Springform mit 30 cm Durchmesser einfetten.

Zucker, Mehl und Zimt in eine große Rührschüssel geben und mit einer Gabel vermengen.

Butter in grobe Stücke schneiden und zu den trockenen Zutaten geben.

Mit einem Teigmischer die Butter zerkleinern und einarbeiten, bis sich eine lockere Streuselmasse ergibt (ca. 2 Minuten lang; es sollte eine gleichmäßige krümelige Masse mit einigen erbsengroßen Butterstücken sein).

Fertigstellung

Die gekochten Äpfel mit der Zucker-Butter-Sauce in die Springform geben.

Streuselmasse von Hand gleichmäßig über den Äpfeln verteilen und gut andrücken.

50 Minuten backen, oder bis die Kruste goldbraun ist.

(Äpfel werden ein wenig durch die Streuselkruste hochkochen.)

Warm mit Schlagsahne oder Vanilleeis servieren.

Ergibt 12–16 Portionen.

1. Teil

Pfirsich-Blaubeer-Slab-Pie

1

Sommer 2017

Sam Nelson schlürfte ihren Latte macchiato und starrte aus dem Fenster des Cafés, während sie darauf wartete, dass der Regen aufhörte.

Sie beobachtete Müllmänner in gelben Regenmänteln, die aus dem Lastwagen sprangen, um den Müll abzuholen, und der ohrenbetäubende Lärm verursachte ihr pochende Kopfschmerzen. Durch ihren immer noch verschlafenen Blick wirkte die Szene verschwommen und zu grell auf sie, als wäre es ein Malen-nach-Zahlen-Gemälde.

Sam schloss die Augen, um ihren Verstand zur Ruhe zu bringen, und plötzlich wirbelten bunte Bilder von Äpfeln durch ihren Kopf – wie ein Kind sie zeichnen würde –, lächelnd, tanzend, von Bäumen baumelnd. Als eine Kaffeemühle und ein Milchaufschäumer loslärmten, erneut begleitet vom Radau des Müllwagens, riss Sam die Augen wieder auf und stellte fest, dass sie unbewusst die Halskette rieb, die sie jeden Tag versteckt unter ihrer Uniform trug. Sie zog sie hervor und strich mit den Fingern über den Schlüssel, der an dem Kettchen hing.

Starbucks war vollgestopft mit Menschen, die wie sie im Morgengrauen aufstanden, um in den Tag zu starten: Bauarbeiter, Wall-Street-Händler, Notärzte, fleißige Assistenten.

Und sich abrackernde Konditoren wie ich, dachte sie mit einem Blick durch den Coffeeshop.

Aber hauptsächlich solche, die genau wie ich heute Morgen auch so verschlafen aus dem Haus sind, dass sie ihre Regenschirme vergessen haben, erkannte sie, und ein leichtes Lächeln breitete sich auf ihrem Gesicht aus.

Sam sah zu, wie der Regen in Strömen am Fenster hinunterlief. Der Himmel hatte die Schleusen geöffnet, und die Stadt stand ausnahmsweise still – sogar am frühen Morgen, wenn alle aufwachten und irgendwo hinmussten –, weil Mutter Natur alle dazu zwang, einen kurzen Moment lang innezuhalten. Und dann, ebenso schnell, wie er eingesetzt hatte, hörte der Regen wieder auf, und das überraschende Sommergewitter war vorüber. Sam eilte hinaus auf den Bürgersteig, wo die Menge in verschiedene Richtungen auseinanderströmte wie Wasserkäfer auf einem See.

Die Luftfeuchtigkeit des Sommertags traf Sam jäh mitten ins Gesicht. *Wie ein nasser, warmer Waschlappen*, sagte ihre Grandma immer.

Sam wurde zusammen mit der Welle aller anderen mitgerissen, die jetzt spät dran waren und irgendwo hinmussten.

Das muss ich auch, dachte Sam, *aber ich will da nicht hin.*

Zügig marschierte sie in Richtung Downtown und nippte an ihrem Latte, wenn sie langsamer wurde, um über die Straße zu gehen. Sie konnte bereits spüren, wie der erste der drei Espressos in ihrem Latte durch ihre Adern zirkulierte.

Sie betrachtete die vom Regen überzogenen Straßen der Stadt, ihre vom frühen Licht erhellte tintige Schwärze, ihre von den Rinnsteinen und Bürgersteigen aus hellerem Beton wunderschön eingerahmte Dunkelheit.

Der Broadway sieht aus wie eine große Brombeer-Galette, dachte Sam, bevor sie über diesen Vergleich den Kopf schüttelte.

Das hätte mir im Literaturkurs eine Drei minus eingebracht, dachte sie, *aber meine Ausbilder in der Kochschule wären stolz auf mich.*

Sam wurde eine Sekunde lang langsamer und betrachtete die Straßen. *Meine Familie auch*, fügte sie hinzu.

New York hatte eine eigene ätherische Schönheit, umwerfend auf ihre eigene, die Sinne überflutende Art, aber es war ein krasser Gegensatz zu dem Ort, wo Sam aufgewachsen war: einer familiengeführten Obstplantage im Norden Michigans.

Unsere Wolkenkratzer waren Äpfel- und Pfirsichbäume, dachte Sam und sah wieder tanzende Früchte vor ihrem inneren Auge. Sie lächelte, als sie sich dem Union Square Park näherte, und hielt inne, um ein leuchtend grünes Blatt zu berühren, das immer noch nass vor Regen tropfte. Bei seiner unglaublichen Zartheit mitten in der Stadt tat ihr Herz einen Satz. Sie beugte sich vor, hob das Blatt an die Nase und atmete ein. Sofort überschwemmten sie der Duft des Sommers und die Gerüche ihrer Vergangenheit – nach frischem Obst, wohlriechenden Kiefern, Kuchenduft, Seewasser.

Sams Knie fühlten sich plötzlich weich und wackelig an wie die Gelees und Marmeladen, die ihre Familie herstellte, und sie setzte sich auf eine Bank in der Nähe und holte ihr Handy hervor. Schuldgefühle überwältigten sie, als sie auf die E-Mail-Einladung klickte, die sie in den letzten paar Monaten ein Dutzend Mal bekommen hatte.

Alles Gute zum Geburtstag … Für uns!

Feiern Sie unser hundertjähriges Jubiläum
(und Grandma Willos Geburtstag) mit uns!

Die Mullins' Obstplantage & Pie Pantry wird 100!
Und unsere Matriarchin wird 75!

Wir hoffen, Ihre Familie feiert mit uns
dieses einmalige Ereignis!

Pi = 3,14159
(Ach was! Pie = Liebe!)

Sam starrte die letzte Zeile an. *Benutzen sie immer noch denselben alten Slogan?*, dachte sie, aber ihre Augen blieben an dem Wort *FAMILIE* hängen, und als sie sie kurz schloss, schwebte es weiter vor ihr, genau wie die Bilder von Äpfeln vorhin.

Sie klickte auf Nachrichten von ihrer Grandma und ihren Eltern: *Hoffen, du schaffst es! Wir vermissen dich! Wir lieben dich!*

Sams Familie hatte sie nicht ausdrücklich gedrängt, zur Feier zurückzukommen – *zu stolz, genau wie ich*, dachte sie –, *aber was soll ich tun?*

Ich kann nicht um Urlaub bitten, um nach Hause zu fahren. Er würde mir nie freigeben. Und solche Jobs fallen dir in New York City nicht einfach in den Schoß.

Sam stand auf, und wie so oft warfen vorbeigehende New Yorker ihr verwunderte Blicke zu, weil sie sich fragten, warum eine Frau in einer Stadt, die sich normalerweise in dunkelste Farben kleidete, von Kopf bis Fuß Weiß trug.

Sam musste zugeben, dass sie mit ihrer Kochuniform und dem blonden Haar wie eine Disney-Figur aussah – *eine Art Eisprinzessin vielleicht.*

»Bist du die letzte Jungfrau der Stadt?«, rief ein Mann ihr zu, als er auf seinem Fahrrad vorbeiflitzte.

»Hättest du wohl gern!«, schrie Sam zurück und ging weiter.

Feingefühl war nicht New Yorks Stärke, und die Stadt hatte ihr beigebracht, hart im Nehmen zu sein.

So wie meine Grandma. Sam berührte leicht den Ast eines Baums, als sie an ihre Grandma Willo dachte. *Sie hat mir beigebacht, mich zu verbiegen, aber nicht zu brechen, genau wie diese Weide.*

Kopfschüttelnd schaute Sam auf ihre Uhr und stöhnte. Sie beschleunigte ihr Tempo und flitzte am Flatiron Building vorbei, bevor sie am Madison Square Park vorbei östlich auf die 23rd abbog.

Mit gesenktem Kopf schlürfte sie ihren Latte und zählte jeden einzelnen Schritt, wie sie es jeden Morgen tat, um der Realität aus dem Weg zu gehen – *achtundvierzig, neunundvierzig, fünfzig, einundfünfzig* –, nur ab und zu hob sie den Blick, um zu vermeiden, mit irgendjemandem zusammenzustoßen, und um die vertrauten Fensterfronten zu betrachten. *Zweihundertacht, zweihundertneun, zweihundertzehn …*

Sam blieb stehen und hob den Blick zu der leuchtend gelben Markise, die über dem vom Regen schlüpfrigen Bürgersteig herausragte wie mit einem fröhlichen, falschen Lächeln, genau wie …

Sam versuchte den Gedanken aufzuhalten, der ihr wie jeden Morgen in den Kopf schoss, konnte es aber nicht. … ein abgeschmackter Realitystar.

»Aus dem Weg, Lady!«, sagte ein Passant zu Sam, die immer noch mitten auf dem Bürgersteig stand – sehr zur Verärgerung anderer New Yorker. »Das nennt sich Bäckerei.«

Eine freundlich aussehende Frau, die mit ihrem Hund Gassi ging, wurde langsamer und fragte Sam: »Haben Sie Hunger? Möchten Sie etwas aus der Bäckerei?«

Aus irgendeinem Grund schüttelte Sam den Kopf und zeigte der Frau ihren Starbucks-Becher. Die Frau sah Sam an und sagte sehr ernst: »Er ist berühmt, wissen Sie«, wobei sie auf die Bäckerei zeigte.

»Ich weiß«, antwortete Sam und starrte zu der Markise hoch. Auf dem Stoff prangten Pasteten mit fröhlichen Gesichtern, wie kleine gebackene Sonnen, und die Einschnitte in jeder Kruste ließen es so aussehen, als würden die Kuchen lächeln, mit reizenden tiefen Grübchen.

Wie jeden Morgen drehte sich ihr der Magen um, als sie den Namen der Bäckerei las: *Dimples Bakery.* Bäckerei Grübchen. Na ja.

Sam ging zur Tür des Ladens, doch als sie daran zog, ging ein Ruck durch ihren Arm.

Was zum …? Die Augen mit den Händen abschirmend, legte sie das Gesicht an die Scheibe und spähte hinein. Ihr Atem ließ das Glas beschlagen. *Warum ist es noch dunkel da drin?*

Sie begann nach ihren Schlüsseln zu wühlen, als sie hinter sich »Hey, Michigan!« hörte.

Lächelnd drehte Sam sich um.

»Hey, Jersey!«

Das war zu ihrer Begrüßung geworden, seit Sam und Angelo Morelli, der Ausfahrer einer bekannten Firma für Bioprodukte, sich vor einem Jahr kennengelernt hatten.

»Wie war's in den Hamptons?«, fragte Angelo durch das offene Fenster seines Lieferwagens. Er sprang heraus, rannte zum Heck herum und riss die Tür auf. Kisten mit frischem Obst und Gemüse – ein Regenbogen leuchtender Farben und vielfältiger Texturen – stapelten sich dort in Kisten und Kartons, bereit zum Ausliefern.

»In Montauk«, korrigierte Sam. »Das Mädelswochenende hat Spaß gemacht. Vier von uns zusammengepfercht in einem kleinen Motel am Strand. Es hatte einen kleinen Herd mit zwei Kochplatten, und ich habe es irgendwie geschafft, die wunderbarste Galette zum Frühstück zu backen.«

Sam lächelte. Die Hamptons erinnerten sie an den Norden Michigans, wo sie aufgewachsen war: die Strände, die schnuckeligen Läden, die Verkaufsstände der Farmen, die frisches Obst und Gemüse direkt entlang des Highways verkauften.

»Die Mets haben die Tigers gestern Abend weggeputzt!«, riss Angelo Sam aus ihren Gedanken.

»Aber die Mets werden es nicht in die Playoffs schaffen«, erwiderte Sam. »Die Tigers schon.«

»Das tut weh.« Angelo tat, als habe Sam gerade ein Degenduell mit ihm gewonnen. Er griff sich an die Seite und fiel fast auf die Knie.

»Du bist mir ein Früchtchen.« Sam lachte über seine Theatralik.

»Wo wir gerade davon sprechen.« Die dunklen Augen vor Begeisterung geweitet, sprang Angelo auf, dass seine dunklen Locken wippten, und zeigte zum Heck des Lieferwagens. »Voilà!«

Sam ging um den Lieferwagen herum und sog schnuppernd den Atem ein. »Riecht himmlisch!«, sagte sie.

»Das will in New York was heißen.« Angelo lachte.

Lächelnd sah Sam ihn an. *Also das nenne ich Grübchen,* dachte sie unwillkürlich. »Wie läuft's mit der Schule?«, wechselte sie das Thema.

»Langsam und beständig. Eine Abendstunde nach der anderen«, antwortete er, während er Kisten umherschob. »Ich denke, ich werde damit fertig sein, wenn ich hundertfünf bin.«

»Für Leidenschaft und Hingabe gibt es keine Altersgrenze«, erwiderte Sam.

Angelo drehte sich um und lächelte. »Danke, dass du das sagst. Daran muss ich gelegentlich erinnert werden. Ist nicht leicht, Vollzeit zu arbeiten und gleichzeitig noch zur Schule zu gehen.« Er zögerte. »Ich bin froh, dass du mich dazu ermutigt hast, wieder zur Schule zu gehen. Meine Wirtschaftskurse machen mir wirklich Spaß.«

Angelo hob eine Kiste heraus und lächelte Sam an. Die Anstrengung ließ seinen Bizeps hervortreten. Als er die Kiste abstellte, ertappte er Sam dabei, dass sie ihn anstarrte.

»Vielleicht könnten wir mal zusammen zu einem Spiel gehen?«, sagte Angelo leise und sah Sam dabei in die blauen Augen.

Ja, wollte Sam antworten. *Das würde ich gern.* Aber dann erinnerte sie sich an Michigan – und Connor, den Highschool-Freund, dem sie das Herz gebrochen hatte, weil er nicht gewollte hatte, dass sie von zu Hause fortging.

Sam bemerkte, dass sie wieder nervös den Schlüssel an ihrem Halskettchen berührte, und versteckte ihn unter ihrer Konditoruniform. Sie wollte ja sagen, aber dann würde sie sich schuldig fühlen, etwas anzufangen, wofür sie durch ihren Job keine Zeit hatte.

»Kein Problem«, sagte Angelo rasch, weil er ihr Schweigen als Nein deutete, und sprang hinten in den Lieferwagen. »Ich versteh schon. Ein Mädchen wie du und ein Kerl wie ich …«

Er wirkte verlegen, und Sam merkte, dass er enttäuscht war.

Sie wollte es ihm erklären, aber Angelo war bereits wieder mit einer weiteren Kiste in den Händen aus dem Lieferwagen gesprungen und wartete mit einer vollbeladenen Sackkarre an der Eingangstür auf sie.

»Was, denkst du, ist da los?«, fragte Sam, zum Teil, um seine Aufmerksamkeit abzulenken, und zum Teil, um zu begreifen, warum Trisha, die Konditormeisterin, nicht bereits im Laden war. »Trish ist normalerweise schon vor vier Uhr hier.«

Angelo rüttelte am Türknauf und klopfte, während Sam ihre Schlüssel hervorkramte. Sie öffnete die Tür, und die beiden gingen hinein. Sam schaltete das Licht an.

»Hallo?«, rief sie. »Trish?«

Suchend ließ Sam den Blick durch die Bäckerei schweifen. Ein Fußboden in schwarzweißem Schachbrettmuster grenzte an rosaweißgestreift tapezierte Wände, an denen Schwarzweißposter von *Vom Winde verweht, Magnolien aus Stahl, Wie ein einziger Tag* und *Die Katze auf dem heißen Blechdach* hingen, aber hauptsächlich waren die Wände voll mit Fotos von Chef Dimples' Gastspiel in der wahnsinnig beliebten Reality-Kuppelshow *Mit diesem Ring*, die ihn berühmt gemacht hatte.

Überdimensionale schmiedeeiserne Tische füllten den Raum, während der Bereich der Bäckerei von altmodischen Schränken mit verschnörkelten Verzierungen gesäumt war, die vor rosa Pressglastellern überquollen. Die gläsernen Gebäckvitrinen waren mit rosa und gelbem Schrankpapier ausgelegt und voll mit Muffins, Cookies, Kuchen, Pies, insbesondere allem, was mit den Südstaaten zu tun hatte: Pecan Pie, Lemon Meringue Pie, Süßkartoffel-Pie, Red Velvet Cake, Pecan Tassles, Pralinen, Brotpudding, Cobbler, Erdbeertörtchen. Auf den Fensterbänken standen Kästen mit bunten Petunien.

Der Laden war brandneu, und er sah aus wie ein Filmset, eine fiktionalisierte Version des echten Lebens, genau wie … *Chef Dimples*, dachte Sam. *Der Laden ist genau wie er: keine echte Geschichte, kein echter Charakter. Und er weiß nicht mal, wie man auch nur eines der Desserts hier drin zubereitet, für die er die Lorbeeren einheimst. Das wurde alles fürs Fernsehen geschaffen.*

Sam dachte daran, wie anders diese Bäckerei hier war als die Pie Pantry ihrer Familie mit den Bildern ihrer Großmutter – von Apfelbäumen, frisch gebackenen Kuchen, der zwischen den Bäumen des Obstgartens hindurchblitzenden Bucht –, die sie mit Aquarellfarben auf den Betonboden, die alten, verzogenen Holzwände und die hölzerne Theke der Scheune gemalt hatte, in der sie ihre Kuchen verkaufte.

Hier verkaufte Sam die Kuchen nie, die sie backte. Sie wurden von Chef Dimples' ehemaligen Bachelorettes verkauft – denen, die den letzten Ring nicht bekommen hatten. Die Kunden strömten eher wegen der Gelegenheit für ein Social-Media-Foto herein als für die Backwaren.

»Sam?«, ließ Angelos Stimme sie zusammenzucken. »Tut mir leid. Ich hab das hier gefunden.«

Angelo stand neben der Kasse und hielt ein gefaltetes Stück Papier in der Hand. Sam ging zu ihm und nahm ihm die Notiz ab, dabei verzog sie das Gesicht, als wüsste sie bereits, was dabei herauskommen würde. Sie begann zu lesen:

»Chef, und diese Bezeichnung benutze ich sehr großzügig«, Sam hielt inne, um zu Angelo hochzusehen. »Oh, das wird *nicht* gut.«

Sie las den Brief weiter: »Hiermit kündige ich nicht nur mit sofortiger Wirkung, ich wünsche Ihnen auch noch jede Menge Pech für den Rest Ihrer sogenannten ›Karriere‹. Sie sind ein Energievampir, ein seelenaufsaugendes Vakuum, ein herzloser Mensch mit einem Ego von der Größe der Hindenburg, das irgendwann katastrophal explodieren wird. Ich würde gern mal sehen, dass Sie in der Küche stehen und tatsächlich etwas machen … Ihre Hände zu etwas anderem benutzen, als Ihren Angestellten Klapse auf den Hintern zu geben, sich die Haare zu kämmen, Bronzer auf die Wangen zu legen, falsche Ringe an Kunden zu verteilen oder Ihr Geld zu zählen. Ich freue mich schon darauf, Sie bald auf *TMZ*, in einer tragischen Folge von *True Hollywood Story* auf E! oder im People Magazin unter der Rubrik ›Was wurde eigentlich aus …?‹ zu sehen. Herzlichst, Trish.«

»Ganz schön viel Reality-TV«, meinte Angelo, die dunklen Augen staunend aufgerissen und ein verwirrtes Lächeln auf dem Gesicht. »Da hat sie es ihm aber ordentlich gegeben. Das hat er verdient, oder?«

Sam nickte mit erstarrter Miene, während Panik einzusetzen begann.

»Aber du nicht«, begriff Angelo plötzlich. Er kam zu ihr und legte ihr sanft den Arm um den Rücken. »Das tut mir so leid«, sagte er.

Sam lehnte sich an ihn. »Danke«, antwortete sie. »Jetzt bin ich in der Schusslinie. Und das meine ich wörtlich. Er wird ausflippen, wenn er das erfährt. Und ich bin die Einzige, die noch da ist … vorläufig.«

Angelo trat einen Schritt zurück, fasste Sam an den Schultern und sah ihr tief in die Augen. »Vielleicht bedeutet das, jetzt ist deine Zeit, Stellung zu beziehen und ihm zu zeigen, was du draufhast. Du hast doch an dieser schicken Schule gelernt, oder? Du kommst aus einer Familie von Bäckern. Du bist aus Michigan. Das ist doch der *Show Me*-State, oder nicht? Euer Motto lautet ›Zeigs mir‹.«

Sam lachte. »Nein, das ist Missouri, Angelo.«

»Na und, immerhin ein Nachbarstaat, oder nicht?«

»Ihr New Yorker«, neckte ihn Sam. »Keinen Sinn für Geographie, sobald ihr von eurer Insel runter seid.«

»Was zum Teufel ist hier los?«

Beim Klang der dröhnenden Südstaatenstimme hinter ihnen zuckten Sam und Angelo zusammen. Als sie sich umdrehten, stand Chef Dimples vor ihnen – ohne zu lächeln, aber immer noch mit Grübchen – und hielt mit der einen Hand sein Handy ans Ohr, während er mit der anderen wütend gestikulierte.

Er sah wie immer fotogen aus – eine muskulösere Version von Matthew McConaughey mit grasgrünen Augen, verwuscheltem blonden Haar und diesem spitzbübischen Lächeln, das Mütter und Freundinnen gleichermaßen dahinschmelzen ließ, ganz egal, ob er ihnen gerade Geld aus der Handtasche gestohlen oder das Herz gebrochen hatte. Diese Grübchen hatten ihn berühmt gemacht.

Tief genug, um einen Apfelkern darin zu pflanzen, war der Kommentar ihrer Großmutter gewesen, nachdem Sam ihr gesagt hatte, dass sie den Job bekommen hatte und ihre Grandma sich die Sendung ansehen sollte.

Und sogar Mutter Natur schien seine Schönheit noch zu unterstreichen: An diesem Morgen fiel das frühe Licht der Stadt in die Bäckerei und umstrahlte ihn, als wäre er eine Heiligenfigur.

Der Spitzname Chef Dimples war nach *Mit diesem Ring* an ihm hängengeblieben, und er hatte begonnen, in Frühstücksfernsehsendungen aufzutauchen – beim Backen von Leckereien, die er dann an kreischende Frauen auf der Straße verteilte –, bevor er seine eigene Show auf dem Food Channel bekommen hatte. Er war jetzt ein Spitzenstar. Oder zumindest erzählte er das allen.

Aber andere TV-Stars haben tatsächlich hart an ihrem Erfolg gearbeitet, dachte Sam. *Und sie können backen. Nein, streicht das: Sie backen wirklich.*

Sogar noch ärgerlicher fand Sam es, dass ihr Boss *nur* auf den Namen Chef Dimples reagierte.

Ja, Chef Dimples.

Nein, Chef Dimples.

Natürlich, Chef Dimples.

Sam hatte stets Probleme damit, seinen Namen auszusprechen, und musste sich mit einer Mischung aus Peinlichkeit und Abscheu regelrecht dazu zwingen. Schlimmer noch, wenn sie ihn bei diesem Namen nannte, kam sie sich vor, als spiele sie in einer dieser fürchterlichen Kindersendungen mit, in der er dieses Alter Ego hatte, das alle durchschauen konnten, wie bei Hannah Montana, obwohl er selbst das nicht zu bemerken schien.

»Hallo?«, fragte er sarkastisch. »Gibt mir hier vielleicht mal jemand eine Antwort?«

»Guten Morgen, Chef Dimples. Was machen Sie denn hier?« Den letzten Teil wollte Sam gar nicht sagen, aber die Aufregung des Morgens hatte ihre Selbstkontrolle außer Kraft gesetzt.

»Mir gehört dieser Laden hier«, antwortete er. »Schon vergessen?«

Sam konnte sehen, dass Angelos Gesicht vor Ärger über seinen Tonfall ihr gegenüber rot anlief.

»Ich rufe Sie gleich zurück«, sagte Chef Dimples in sein Handy, bevor er sich wieder Sam zuwandte. »Ich mache in zwei Stunden ein Live-Segment für *Good Morning America.* Trish weiß das.« Und dann zu Angelo: »Wer sind Sie, und was machen Sie hier?«

»Ich bin Angelo. Ich liefere Ihnen frisches Obst und Gemüse. Täglich seit einem Jahr.« Er streckte Chef Dimples die Hand entgegen und lächelte unschuldig. »Wie heißen Sie?«

Überrascht über die Frage riss Sam den Kopf heftig zu Angelo herum, der ihr verstohlen zuzwinkerte.

»Ich bin Chef Dimples.«

»Nein, Mann«, bohrte Angelo nach. »Ihr richtiger Name. Ich bezweifle, dass Sie als Chef Dimples geboren wurden, oder? Meine Freunde nennen mich Boccia, weil ich in dem Spiel noch nie geschlagen wurde, und Sam nennt mich Jersey, aber mein richtiger Name ist Angelo Morelli. Sehen Sie, worauf ich hinauswill?«

Chef Dimples' grüne Augen weiteten sich, und die leichte Röte, die dauerhaft auf seinen Wangen zu liegen schien, breitete sich auf seinem ganzen Gesicht aus, als hätte er die Masern bekommen. Sam hatte diesen Ausdruck schon einmal gesehen, nämlich als sie sich eine Staffel von *Mit diesem Ring* in einem Rutsch angesehen hatte und eine Frau namens Tara ihn zur Rede gestellt und behauptet hatte, sowohl sein Südstaatenakzent als auch seine kulinarischen Fähigkeiten wären nur halbgar. Sie war natürlich zum Miststück der Staffel erklärt worden, und Chef Dimples hatte sich nur noch mehr angestrengt, die anderen Teilnehmerinnen zu beeindrucken, indem er ständig Cookies für seine Dates backte.

»Der Weg zum Herzen eines Mannes geht vielleicht durch den Magen«, wurde sein berühmter Spruch – in seinem schweren, klebrig süßen Südstaatenakzent –, wenn er bei jedem Date seine Bachelorettes verköstigte, »aber das Herz einer Frau gewinnt man mit Süße.«

Wie viele dieser Desserts hat er wohl selbst gemacht?, hatte Sam sich beim Schauen der Sendung gefragt, da dort nur immer wieder derselbe Clip gezeigt wurde, wie er Mehl so in eine Schüssel schüttete, dass es in einer Wolke auf sein Shirt staubte und ihn dazu zwang, es auszuziehen und sich das Gesicht abzuwischen. *Also bitte.*

»Ich lasse mir in meinem eigenen Restaurant keine Fragen stellen!«, schrie Chef Dimples und riss Sam damit aus ihren Gedanken. »Und Sie nennen mich Chef Dimples, wenn Sie in meiner Bäckerei sind!«

Angelo schüttelte den Kopf und schob seine Sackkarre durch die Schwingtüren in die Küche. Als er wieder zurückkehrte, wandte er sich an Sam.

»Jede Menge frische Blaubeeren heute zusammen mit den Pfirsichen«, sagte er. »Hab sie zu Ehren deines Ausflugs in die Hamptons mitgebracht.« Angelo verstummte kurz und beugte sich vor, um Sam zuzuflüstern: »Du brauchst dir das nicht gefallen zu lassen, weißt du. Dein Können ist irrsinnig. Ich habe alles gekostet, was du hier drin gemacht hast.« Er zögerte. »Außerdem hast du Anstand.«

Diesmal war es Sam, die rot wurde.

Angelo schob seine Sackkarre direkt auf Chef Dimples zu, was diesen dazu zwang, einen großen Schritt rückwärts zu machen. »Bis später, Dwight Lilliputh«, benutzte er mit einem Augenzwinkern Chef Dimples' richtigen Namen, den Namen, der in den ersten paar Folgen von *Mit diesem Ring* benutzt worden war und den zu gebrauchen er niemals irgendjemandem erlaubte, weder persönlich noch in TV-Interviews oder Presseartikeln. »Sehen Sie? Ich schaue fern. Und wir haben Google in Brooklyn.«

»Mein Name ist Chef Dimples! Und jetzt raus mit Ihnen!« Er drehte sich um und richtete seinen ganzen Zorn auf Sam. »Wo zum Teufel ist Trish?«

Verlegen trat Sam vor und reichte ihm den Brief. Sie hätte schwören können, dass sie Dampf aus seinem Ohren kommen sah, während er ihn las, als wäre er Wile E. Coyote. Als er damit fertig war, knüllte er das Blatt Papier zusammen und schmiss es Sam vor die Füße.

»Die wird nie wieder irgendwo arbeiten«, sagte er. »Ausgerechnet heute. Bei *Good Morning America.*« Er trat näher, um Sam zu mustern. Er trug einen dieser zu engen Anzüge, die junge, fitte New Yorker Männer gern trugen – eng geschnittenes Jackett, schmal zulaufende Hosenbeine, die etwas zu kurz waren, damit sie die buntgemusterten Socken betonten –, und helle Wildlederschuhe, die kein Fleckchen Schmutz aufwiesen.

Sie sind eindeutig nicht mit der U-Bahn hergefahren, dachte Sam, während sie an ihrer Kochuniform hinuntersah, an der sich bereits der Schmutz der Stadt bemerkbar machte.

»Dann werden Sie eben genügen müssen, bis ich eine richtige Konditorin bekomme«, sagte Chef Dimples abschätzig.

»Mir ist bewusst, dass meine Rolle eher die einer Assistentin für Trisha war …«, setzte Sam an.

»Und für mich«, unterbrach er.

Wann haben Sie schon irgendetwas gemacht, außer einer Liste aller berühmten Persönlichkeiten, die hier bei Ihnen vorbeigeschaut haben?, dachte Sam.

»Natürlich, Chef Dimples«, antwortete sie. »Aber ich habe am Culinary Institute gelernt, ich war Praktikantin von Konditor Jon Paul DeGaude im *The Farm*, und meine Familie besitzt ihre eigene Obstplantage und Bäckerei.«

Chef Dimples verdrehte die Augen. »Wirklich?«, fragte er. »Ungefähr sieben Millionen Menschen werden in zwei Stunden aufwachen, um mich zu sehen, und sie wollen von einem großartigen Dessert umgehauen werden. Denen wird herzlich egal sein, ob Ihre Familie Donuts in einer Scheune backt. Lassen Sie mich einfach gut aussehen.«

Sam schwirrte der Kopf vor Wut, und ihr Magen krampfte sich zusammen, aber entschlossen unterdrückte sie ihre Tränen.

»Natürlich, Chef Dimples.«

Er stürmte in die Küche und sah sich um. Suzette, eine junge Küchenhilfe, die Kopfhörer trug und immer durch den Hintereingang reinkam, beäugte ihn argwöhnisch, zog den Kopf ein und fuhr damit fort, Rührschüsseln, Backbleche und Geschirr bereitzustellen.

Chef Dimples' Grübchen vertieften sich, als er Sam ansah. »Es ist mir egal, ob es scheiße schmeckt«, sagte er. »Machen Sie es einfach hübsch fürs Fernsehen. Und machen Sie es nach Südstaaten-Art.«

Sam nickte.

Und damit drückte er die Anruftaste auf seinem Handy. »Bin wieder da«, sagte er, während er hinausmarschierte, und die Schwingtüren unterstrichen seinen Abgang wie in einem schlechten Western.

»Ich werde etwas Hilfe brauchen«, sagte Sam zu Suzette, die immer noch versuchte, so unsichtbar wie möglich zu bleiben. Sam bedeutete Suzette, sie solle die Ohrhörer rausnehmen, und wiederholte sich dann. »Ich werde etwas Hilfe brauchen. Wenn du mir dabei zur Hand gehen kannst, das Obst zu waschen, die Stiele von diesen Blaubeeren zu zupfen und die schlechten auszusortieren, dann fange ich damit an, die Pfirsiche zu schälen und zu entkernen«, fuhr Sam eilig fort, während sie sich einen Pfirsich nahm. »Wir sollten genug Gebäck fertig haben, um den morgendlichen Ansturm zu überstehen – und wir haben eine Menge Teig für Muffins und Cookies backfertig eingefroren, wenn du damit anfangen willst, die zu backen. Ich kümmere mich hierum.«

Sam hielt inne, schloss die Augen und holte tief Luft.

Der Duft von Pfirsichen – süß, nostalgisch – stieg ihr in die Nase, und wieder einmal erfüllten Bilder vom Obstgarten und der Bäckerei ihrer Familie ihren Kopf.

»Hast du schon ein Rezept im Sinn?«, fragte Suzette mit schüchterner Stimme.

Sam öffnete die Augen und lächelte. Sie hatte unbewusst ihre Halskette hervorgezogen und rieb wieder einmal den Schlüssel an ihrem Hals.

»Ja«, antwortete sie, während sie hinüberging, um sich die Hände zu waschen. »Ja, das habe ich.«

2

Sommer 2006

Sam Nelson rannte zwischen den Reihen von Pfirsich- und Apfelbäumen hindurch, die Arme weit ausgestreckt, als segle sie über die Obstplantage ihrer Familie wie das uralte Sprühflugzeug, das ihr Großvater immer flog.

In einer Hand hielt sie einen alten Holzkorb, in der anderen einen halb aufgegessenen Pfirsich, dessen Saft ihr den Arm hinuntertropfte. Selbstpflücker, die an jedem Sommertag und Herbstwochenende zu Mullins' Obstplantage und Pie Pantry strömten, um über die üppigen Hügel zu wandern, ihr Obst selbst zu pflücken und Apple Pies und Apfelsaft-Donuts zu schlemmen, zuckten zusammen, als die Dreizehnjährige an ihnen vorbeisauste, ein verschwommener Strich wie die Bienen und Kolibris, die von Baum zu Baum schwirrten.

»Du sollst ein paar davon pflücken, Sam«, konnte sie ihre Großmutter in naher Entfernung rufen hören, »nicht unseren ganzen Gewinn aufessen und unsere Kunden verscheuchen!«

Sam lachte, aß den Pfirsich auf und warf den Stein in weitem Bogen durch die Luft, um ihm dabei zuzusehen, wie er einen Hügel hinunterkullerte. Sie sauste weiter zwischen den Obstbäumen herum, bevor sie vor einem Baum stehen blieb, um einer Familie von Städtern in gebügelten Shorts und bunten Poloshirts dabei zuzusehen, wie sie ihre Körbe mit Äpfeln füllten.

»Entschuldigen Sie«, sagte Sam. Mit der freien Hand, die immer noch klebrig vom Pfirsichsaft war, strich sie sich das lange blonde Haar in den Nacken. Zum Entsetzen der Familie begann sie nur mit einer Hand, den Korb in der anderen, auf den Baum hinauf bis zwischen die oberen Äste zu klettern.

Sie schaute hinaus auf die Obstgärten und dann hinunter zu der Familie. »Da ist ein noch besserer Baum ... ein, zwei, drei ... sechs Reihen weiter auf der rechten Seite.«

Als die Familie Sam weiter anstarrte, fügte sie hinzu: »Bis später. Und danke für Ihren Besuch auf der Mullins' Obstplantage!«

Die Städter gingen davon und warfen dabei noch ein paarmal einen Blick zurück auf das im Baum versteckte Mädchen.

Sam seufzte.

Wieder ein Geburtstag, an dem ich hier im Obstgarten bei der Arbeit feststecke, dachte sie. *Jeden Geburtstag. Jeden Sommer. Warum konnte ich nicht irgendwo anders geboren sein? Oder im Winter?*

Sam ließ den Blick über die Obstgärten schweifen. Selbstpflücker lachten und posierten für Fotos, mit Äpfeln auf dem Kopf, Babys in den Körben, Bäume umarmend. Sie hob den Kopf, um den Himmel zu mustern, der so blau war wie ihre Augen. Die Wolken schoben sich vor die Sonne und verdeckten sie immer wieder für längere Zeit, was die Landschaft vor ihr zu einem wechselhaft beleuchteten Flickwerk werden ließ: Die sanften, mit Gras und endlosen Baumreihen bewachsenen Hügel, Pfirsiche, Sauerkirschen, Äpfel von jeder Sorte; Blaubeersträucher am Fuß des Hügels, wo sich der Regen sammelte; die alte rote Scheune, wo Schüler Körbe für das Obst ausgaben, die Sams Vater abwog, wenn die Pflücker wieder damit zurückkamen; der alte Schuppen, wo noch mehr Schüler Gratiskostproben von Donuts und naturtrübem Apfelsaft an ankommende Autofahrer verteilten; das Farmhaus mit den Fensterläden mit Ausschnitten in Apfelform, in dem ihre Großeltern Willo und Gordon lebten; das blaugrüne Wasser der Suttons Bay, das sich jenseits der Bäume erstreckte und in das die Halbinsel Old Mission Peninsula hineinragte; die Maisfelder der Familie, die auf der anderen Seite der M-22 lagen und die bald zu einem verschlungenen Maisfeldlabyrinth voller Gespenster und Kobolde geschnitten werden würden, um die Herbstbesucher zu erschrecken.

Dieses Stück Nordmichigan war Sams Zuhause, ihre ganze Welt.

Und doch, dachte sie, während sie mit zusammengekniffenen Augen einem großen Boot zusah, das am Horizont entlang durch die Bucht trieb, was es so aussehen ließ, als wäre die Welt tatsächlich flach, *es muss doch noch so viel mehr da draußen geben, oder nicht?* Sam sah zu, wie das Boot immer kleiner wurde, während es durch die Bucht und hinaus zum großen See trieb, und überlegte, ob ihr »Freund« Connor – der sie gefragt hatte, ob sie fest mit ihm gehen wollte, indem er ihr einen alten Stimmungsring geschenkt hatte – wohl mit seinem Dad auf diesem Boot war, um Touristen zu einem gecharterten Angelausflug hinauszufahren.

»Sam?«, hörte sie plötzlich ihre Grandma rufen. »Sam?«

»Also, wo könnte sie nur sein?«, fragte ihre Mutter.

Sam schloss die Augen, um die Welt auszublenden, hielt den Atem an und unterdrückte ein Kichern. Plötzlich kreischte sie auf, als sie spürte, dass an ihrem Bein gezogen wurde.

»Grandma!«, schrie sie. Als sie die Augen öffnete, stellte sie fest, dass ihre Grandma Willo auf halbe Höhe auf den Baum geklettert war und sie am Bein zog.

»So einen großen Apfel hab ich ja noch nie gepflückt«, verkündete Willo, während sie weiter am nackten Bein ihrer Enkelin zog. »Scheint so, als hängt er am Baum fest.«

»Grandma!«, lachte Sam. »Hör auf!«

Sie schaute zu ihrer Grandma hinunter. »Außerdem siehst *du* aus, wie etwas, das gepflückt werden sollte!«

Willo trug ihr übliches Outfit zur Schau: eine gehäkelte rote Mütze, die einem reifen Apfel glich, mit grünem Stiel und zwei kleinen Blättern obendrauf. So etwas würden Eltern ihrem Kleinkind für ein Foto aufsetzen, aber Willo besaß die Unschuld, Begeisterung und Freude eines Kindes, Eigenschaften, die Sam an ihrer Grandma liebte.

»Danke, Sam.« Schwungvoll zog sie sich mit einer kleinen Verbeugung die Mütze von ihrem kurzgeschnittenen graumelierten Haar, das ihr flach am Kopf anlag. »Das nehme ich als Kompliment! Ich bin eine neue Version eines Mitglieds der Red Hat Society.«

Sam lächelte ihre Grandma an. Sie trug ein übergroßes T-Shirt mit dem Mullins-Logo vorne drauf – *PI = 3,14159 (ACH WAS! PIE = LIEBE.)* –, das ihr fast bis zum Saum ihrer Caprihose hing, und leuchtend lila Tennisschuhe bildeten das Ausrufezeichen ihres Outfits. Sie war ein ziemlicher Kontrast zu Sams Mom Deana, die mit ihrem abgeschnittenen Overall, dem blonden Pferdeschwanz und ihren vor Gloss glänzenden Lippen immer noch wie ein junges Mädchen aussah.

»Was machst du denn da oben, junge Dame?«, fragte Sams Mom. »Du tust dir noch weh.«

»Hab mir noch nie weh getan«, erwiderte Sam. »Ich wollte nur einen besseren Ausblick auf die Welt haben.«

»Heute ist ein großer Tag für dich«, sagte Deana. »Dreizehn! Du bist offiziell ein Teenager!«

»Was wünschst du dir zum Geburtstag?«, fragte Willo, bevor sie mit einem Lachen hinzufügte: »Und wenn es etwas anderes ist als das, was wir dir schon besorgt haben, dann tu trotzdem so, als ob es dir gefällt.«

Sam schaute hinaus über die sanft wogenden Hügel und seufzte. »Ich will, was da draußen ist«, sagte sie.

Willo und Deana warfen sich einen Blick zu.

»Wie meinst du das?«, fragte ihre Mom.

»Ich will die Welt«, antwortete Sam.

Willo sah weiter Deana an, dabei stand Traurigkeit auf ihrem Gesicht. »Aber deine Wurzeln sind hier, Schätzchen«, sagte sie, »genau wie diese Bäume.«

»Ich weiß«, seufzte Sam laut und klopfte mit ihrem Korb nervös gegen einen Ast. »Aber sollten wir nicht wachsen können, wo wir wollen?«

Nein, wollte Willo schreien. Stattdessen holte sie tief Luft, lächelte und zwang sich, fröhlich zu antworten: »Ja, natürlich.«

Sie legte einen Arm um ihre Tochter und drückte sie, bevor sie hochsprang, um ihre Enkelin noch einmal am Bein zu ziehen.

»Das ist ein großer Geburtstag, und wir haben eine große Überraschung für dich«, wechselte sie das Thema. »Also, mach dich hübsch.«

Sam kletterte vom Baum herunter, gab ihrer Mom den Korb und rannte davon, die Arme wieder weit ausgestreckt, und ihre Mom und ihre Grandma sahen ihr nach, wie sie davonflog, bis sie nicht mehr größer war als ein Apfel am Baum vor ihnen.

Als es dämmerte, kam Sam ins Wohnzimmer des mit braunen Schindeln verkleideten Häuschens ihrer Familie, das auf einem felsigen Stück Strand mit Blick auf die Bucht lag. »Hallo?«, rief sie aus.

Barfuß trippelte sie von Zimmer zu Zimmer und rief nach ihren Eltern und ihrem jüngeren Bruder Aaron, aber ihre Stimme war die einzige, die ihr antwortete.

»Hallo?«, kam das Echo zurück.

Sam schlüpfte in schicke Flip-Flops – mit funkelnden blauen Strasssteinen besetzt –, um das Haus zu verlassen, blieb aber im letzten Moment noch einmal stehen, um einen prüfenden Blick in den kleinen Spiegel in Form eines Schiffssteuerrads neben der Eingangstür zu werfen. Sam trug ihr Lieblingskleid, das süße sommerblaue mit kleinen Lochstickereien an Ärmeln und Saum, von dem ihre Mom sagte, es passe zu ihren Augen. Sie hatte ihr langes blondes Haar zu einem hübschen Fischgrätzopf geflochten und über die Schulter geworfen, ein Look, den sie in einem Modemagazin gesehen hatte.

Sam sauste den Hügel hoch bis zum Rand der Obstgärten ihrer Familie. Das Licht wurde bereits schwächer, als sie den hobbit-großen Wald aus Obstbäumen betrat. Sie kniff die Augen zusammen, und ihr Herz begann zu klopfen.

Ich bin dreizehn!, dachte sie plötzlich. *Die Erste in der Familie, die ein Teenager geworden ist!*

Sam verlangsamte ihr Tempo. *Warum sind alle verschwunden?* Unvermittelt wurde sie wütend. Arbeiteten sie noch? Wurden sie von dummen Touristen aufgehalten?

Sie ging einen weiteren sanft ansteigenden Hügel hoch – Apfelbäume ersetzten nun die Kirschbäume –, und da sah sie es: Lichterketten waren zwischen den Baumreihen aufgehängt worden, und in der Ferne funkelten Lichter in der Scheune.

Unvermittelt begann Sam zu rennen, dass ihr der Zopf auf den Rücken schlug, als wäre sie ein Rennpferd, und sie sprintete, bis sie unter den Lichtern im Obstgarten stand und ihre ganze Familie – Tanten, Onkel, Cousins und Cousinen – und viele ihrer Freunde aus der Schule sehen konnte.

»Da ist sie!«, hörte sie ihre Grandma rufen. »Sam ist hier!«

Sams Eltern eilten aus der Scheune, um sie zu umarmen, gefolgt von ihrem neunjährigen Bruder Aaron, der sie halbherzig von der Seite umarmte und leicht in den Arm boxte. Alle in der Scheune klatschten.

»Jetzt bist du alt«, neckte Aaron sie. »Beeil dich und werd schnell sechzehn, damit du mich durch die Gegend kutschieren kannst.«

»Da wirst du im Kofferraum mitfahren müssen«, neckte sie

ihn zurück und verwuschelte ihm die bereits verwuschelten Haare.

»Alles Gute zum Geburtstag!«

Als Sam sich umdrehte, standen ihre Großeltern mit ausgestreckten Armen vor ihr.

»Danke«, antwortete Sam. »Habt ihr das alles gemacht?«

»Sagen wir einfach, es war eine gemeinsame Anstrengung«, erwiderte Willo.

»Das heißt, sie war es«, lachte Gordon, »zusammen mit deiner Mom. Ich hab dich lieb, Sammie, bis zum Mond und wieder zurück!«

»Ich dich auch«, antwortete sie.

»Und ich auch!«, fügte Willo hinzu. »Und jetzt komm mal mit.«

Willo hatte zwei Partyhütchen schräg auf dem Kopf, was ihr das Aussehen eines geistig verwirrten Drachens gab, und trug so viele bunte Blumengirlanden um den Hals, dass es aussah, als trüge sie eine Halskrause. Sie ging mit Sam zu einem langen Tisch im hinteren Teil der Scheune, der mit Partyutensilien übersät war, und setzte Sam vorsichtig einen Partyhut auf den Kopf. »Ich will dir deine schöne Frisur nicht kaputt machen!«, sagte sie, als sie Sam den Zopf über die Schulter legte. Dann wand sie ihr eine blaue Blumengirlande um den Hals und steckte ihr eine leuchtend blaue Hortensie hinters Ohr.

»Hungrig?«, fragte sie.

Schnuppernd hob Sam die Nase in die Luft wie Doris, der Hund ihrer Großeltern, ein fröhlicher gelber alter Labrador, der neben dem Grill Wache stand. Doris war der Ansicht, dass in Wahrheit sie über diese Obstgärten herrschte und es ihre Pflicht war, sie von lästigen, unerwünschten tierischen Besuchern sauber zu halten.

»Wir haben alle deine Lieblingsgerichte gemacht«, fuhr Willo fort. »Barbecue-Rippchen, Maiskolben, Folienkartoffeln, frische Tomaten mit Basilikum und Eistee.«

»Du vergisst den wichtigsten Teil«, sagte Sam mit einem Lächeln. »Den Nachtisch. Der ist das, was wir am besten machen.«

»Der ist eine Überraschung«, erwiderte Willo mit einem Lächeln, das dem ihrer Enkelin in nichts nachstand.

Ich hoffe, dieses Jahr ist es eine Torte, dachte Sam. *Ausnahmsweise mal. Nicht wieder eine Pie.*

»Geh und sag hallo zu Connor und all deinen Freunden«, fuhr Willo fort. »Sie warten schon.«

Wie der Blitz sauste Sam los und rannte zu ihren Freundinnen, die alle kreischend auf und ab hüpften und immer wieder »Du bist ein Teenager!« riefen.

Dann teilten sich die Mädchen wie das Rote Meer, als Connor näher kam, ein kleines Geschenk mit einer winzigen Schleife obendrauf in der Hand. »Alles Gute zum Geburtstag«, sagte er und hielt ihr die Schachtel hin.

»Für mich?«, fragte Sam.

»Klar«, antwortete er.

Sams Hände zitterten nervös, als sie die Schachtel öffnete. Darin funkelte ein zartes goldenes Kettchen. Sam nahm es heraus. »Ein Halskettchen«, sagte sie.

»Siehst du?« Er hielt die Hand unter das Ende des Kettchens, so dass zwei kleine goldene Anhänger auf seiner Handfläche lagen. »Einer ist der Staat Michigan und der andere ist ein Apfel.«

Mit großen Augen sah Sam ihn an.

»Einer steht für Zuhause, und der andere ist … na ja«, er hielt inne und betrachtete die Obstgärten hinter ihnen. »Der ist auch Zuhause.«

»O Connor, das ist zu viel«, protestierte Sam.

»Meine Mom hat sie ausgesucht«, erwiderte er nervös und strich sich die von der Sonne gebleichten Ponysträhnen aus der Stirn. »Ich wollte dir Karten für Justin Timberlake besorgen, aber die waren zu teuer. Und meine Mom hätte uns hinfahren müssen. Meine Mom mag dich wirklich sehr.« Connor zögerte. »Und ich auch.«

Er lächelte schüchtern, und die Lichterketten spiegelten sich funkelnd auf seiner Zahnspange.

»Danke.« Sam umarmte ihn rasch, während ihre Freundinnen kicherten.

Sie wollte Connor sagen, dass sie ihn auch mochte, aber sie brachte die Worte nicht heraus.

Was stimmt nicht mit mir?, fragte sie sich.

Ihre Freundinnen brachen sofort in Beifall aus und umringten sie, um das Halskettchen zu sehen.

Noch mal davongekommen, dachte Sam. Sie zwang sich, Connor anzulächeln, der sich wieder zu den Jungs zurückzog, die sich in der Ecke versammelt hatten.

Nachdem das Abendessen vorbei war und Sam zahllose Geschenke ausgepackt hatte, gingen plötzlich die Lichter aus.

Happy Birthday to you …

Als Sam sich umdrehte, trugen ihre Mom und ihre Grandma eine riesige Kuchenplatte herbei. Kerzen flackerten darauf, überragt von einer großen Kerze in Form einer Dreizehn. Sie stellten die Platte vor Sam auf einen alten hölzernen Picknicktisch.

Als das Geburtstagsständchen zu Ende war, sagte Willo zu ihrer Enkelin: »Wünsch dir was und puste die Kerzen aus!«

Sam schloss die Augen, wünschte sich etwas und pustete.

»Was hast du dir gewünscht?«, schrie ihr Bruder, was alle zum Lachen brachte.

»Das darf sie doch nicht sagen.« Willo beugte sich vor und zog die tropfenden Kerzen heraus. Dann flüsterte sie ihrer Enkelin ins Ohr: »Aber ich wette, du hast dir gewünscht, dass du uns schon helfen könntest, die Bäckerei und die Obstplantage zu führen.«

Sams Herz fühlte sich an, als würde es entzweispringen. Sie wandte sich von ihrer Großmutter ab, um ihren Gesichtsausdruck zu verbergen, und erinnerte sich daran, was sie früher an diesem Tag gesagt hatte.

Was, wenn ich das nicht will?

»Was ist denn das?«, fragte sie, als ihre Mom und Grandma begannen, den Nachtisch aufzuschneiden. »Ich hatte irgendwie gehofft, dass es eine Torte geben würde.«

»Hier?«, lachte Willo. »Das wäre ja Ketzerei.«

»Das ist eine Pfirsich-Blaubeer-Slab-Pie«, erklärte Deana ihrer Tochter. »Ein altes geheimes Familienrezept.«

»Sie ist irgendwie ...« Sam brach ab, weil sie nicht genau wusste, wie sie den Satz beenden sollte, den sie angefangen hatte, »... ähm, nicht besonders hübsch.«

Deana ging neben ihrer Tochter in die Knie. »Du hast sie noch nie probiert«, sagte sie. »Du sagst immer dasselbe: Die ist nicht hübsch genug, um sie zu essen.« Sie verstummte und schaute zu ihrer eigenen Mom hoch. »Das verletzt irgendwie unsere Gefühle.«

»Tut mir leid.«

Willo ging an Sams anderer Seite in die Hocke, dabei knackten ihre Knie. »Denk daran, wie unsere Bäume im Winter aussehen, bevor sie im Frühling so schön werden«, sagte sie. »Die Apfelblüten, die Früchte, die grünen Blätter sind noch verborgen, bis sie zum Vorschein kommen. Und trotzdem sind sie schön, sogar im Winter. Die Schönheit der Welt ist mehr als nur oberflächlich.«

Deana stand auf und öffnete einen Riesenbecher Vanilleeiscreme. Sie nahm einen alten Eisportionierer und löffelte eine große Kugel Eiscreme heraus, die sie auf die noch warme Pie gab. Sie begann sofort zu schmelzen. »Probier doch mal«, drängte ihre Mom.

Sam stocherte eine Sekunde lang an der Pie, bevor sie die Gabel in die Kruste und die Früchte stieß und einen Bissen kostete. Ihre Augen wurden groß, und sie nahm noch eine Gabelvoll.

»Hab ich's dir doch gesagt«, meinte Deana.

»Und deine Mom und ich müssen dir noch unser Geschenk geben«, sagte Willo, »aber das wollen wir tun, nachdem alle gegangen sind, okay?«

Sam nickte und aß weiter. »Kann ich noch ein Stück haben, bevor alles aufgegessen ist?«, fragte sie.

Willo und Deana strahlten und schnitten ihr lachend ein weiteres Stück ab.

Nachdem alle aufgeräumt und sich verabschiedet hatten, saßen drei Generationen vor einer leeren Kuchenplatte, während die Lichter in den Bäumen sanft im Sommerwind schwangen. In der Ferne konnten sie die Wellen des Michigansees hören, während im Obstgarten einstimmig Grillen zirpten, Baumfrösche quakten und eine Nachtschwalbe rief.

Willo stand auf und ging nach hinten zum Tisch, wo sie eine verpackte Schachtel hervorholte, die sie unter ihrer Jacke versteckt hatte.

»Alles Gute zum Geburtstag!«, sagten Willo und Deana einstimmig.

Das Geschenk war in braunes, mit kleinen Kuchen und Äpfeln bestempeltes Papier eingepackt und mit Bindfaden verschnürt. So packten die Mullins immer ihre frischen und tiefgefrorenen Pies für Kunden ein.

Sam löste den Bindfaden und riss das Papier auf, dann schaute sie mit offenem Mund zu ihrer Mom und ihrer Grandma hoch. »Was ist das?«, fragte sie, unfähig, ihre Enttäuschung zu verbergen.

»Das ist die Rezeptsammlung unserer Familie«, antwortete Deana. »Wir haben ein neues Kästchen für dich gemacht.«

»Und es ist mit unseren liebevoll gehüteten Familienrezepten gefüllt«, fügte Willo hinzu. »Allen unseren besonderen Pies und Nachspeisen. Wir haben einige der Originalrezepte kopiert, und ein paar haben deine Mom und ich auch von Hand aufgeschrieben, extra für dich.«

»Das verstehe ich nicht.« Sam sah ihre Mom und ihre Grandma an. »Ich hatte irgendwie gehofft, mein erstes Handy zu bekommen. Oder sogar Karten für das Justin-Timberlake-Konzert in Traverse City.«

Willo nickte, und Deana legte ihrer Tochter eine Hand auf den Rücken. Sie beide setzten sich neben Sam, und Deana zog einen kleinen Schlüssel aus der Tasche.

»Hier«, sagte sie und reichte ihrer Tochter einen glänzenden Schlüssel. »Den haben wir auch für dich machen lassen. Mach es auf.«

Obwohl das Kästchen neu war, sah das Holz alt und poliert aus und glänzte im Licht. In den Deckel waren Äpfel geschnitzt und dann von Hand bemalt worden, aber das Rot und Grün war teilweise wieder abgeschliffen worden, damit es abgenutzt und gebraucht aussah. An der Vorderseite des Kästchens, unter dem kleinen Schloss, befand sich ein Schild, auf dem »REZEPTE« stand. Sam nahm den Schlüssel und steckte ihn ins Schloss, das sofort aufsprang, als sie ihn ganz herumdrehte. Sie öffnete das mit Karteikarten vollgestopfte Kästchen. Kleine Registerschildchen mit Aufschriften wie »PIES«, »AUFLÄUFE«, »DONUTS«, »RÜHRKUCHEN«, »GELEES UND MARMELADEN« markierten die unterschiedlichen Rubriken der Kartei. Sam zog die allererste Karte heraus, auf der *Pfirsich-Blaubeer-Slab-Pie* stand, und musterte sie eingehend. Das Rezept war handgeschrieben – in derselben schwungvollen Schreibschrift, die auch Sam benutzte –, und die Tinte war verblasst und verschmiert, so dass neben den Worten ein schwacher Abdruck von ihnen entstanden war. Die Karte selbst war mit Mehl befleckt, und da waren auch noch dunklere Flecken, vielleicht von Eiern oder Backaroma, sowie klare Flecken, wo Butter und Fett in die Karte gezogen waren.

»Sie erzählt eine Geschichte, nicht wahr?«, meinte Willo. »Gewissermaßen wie mein Gesicht. Wie unsere Obstplantage.

Das ist das Originalrezept – und die Originalrezeptkarte – deiner Ururgroßmutter Alice.«

Sie fuhr fort: »Wir haben eine Tradition in dieser Familie: Meine Mom hat die Rezeptsammlung ihrer Mutter an mich weitergegeben, als ich dreizehn wurde, und ich habe deiner Mom ihre eigene Rezeptkartei an ihrem dreizehnten Geburtstag geschenkt. Dieses Kästchen führt diese Tradition fort.« Willo holte tief Luft und sah ihre Enkelin an. »Diese Rezeptsammlung ist die Geschichte unseres Lebens, wo wir herkamen, wie wir hierherkamen und wo wir jetzt sind.« Willos verblasste blaue Augen füllten sich mit Tränen. »Diese Rezepte wurden von den Frauen, die vor uns kamen, von Hand aufgeschrieben und weitergegeben. Es sind nicht einfach nur Rezepte, Sam. Sie sind die Geschichte unserer Familie. Es gibt nichts Wichtigeres als Familie und Essen. Beides steht für unser leibliches Wohl und unsere Seele. Essen repräsentiert, wie wir feiern, wie wir zusammenkommen, wie wir uns freuen, wie wir trauern und wie wir eins bleiben.«

Sam sah zuerst ihre Grandma und dann ihre Mom an, deren Blick über die beleuchteten Äste der Obstbäume wanderte, die vor ihr tanzten. »Die Wurzeln dieser Rezepte reichen so weit zurück wie die Wurzeln dieser Bäume«, sagte Deana. »Und zu diesem Geschenk gehört ein heiliger Pakt. Niemand sonst hat diese Rezepte. Nur wir drei haben die Schlüssel dazu. Wir müssen sie beschützen und sie weitergeben, weil sie nie rekonstruiert werden können.«

»Und«, fügte Willo hinzu, »der andere Teil des Pakts ist, dass das Geburtstagskind die Pie zum ersten Mal im Beisein derer backen muss, die das Rezept weitergegeben haben. Du hast uns zwar in der Bäckerei schon geholfen, den Teig für die Pies in die Form zu drücken, aber das hier wird die erste Pie sein, die du ganz allein backst. Bist du bereit?«

Sam nickte.

Willo nahm eine Taschenlampe und Deana einen Eimer,

dann gingen die drei hinaus in die dunklen Obstgärten. Das Licht der Taschenlampe fiel auf die Reihen der Sträucher und Bäume, als spielten sie ein nächtliches Versteckspiel. Sie pflückten frische Pfirsiche und Blaubeeren und gingen dann zurück in die Küche der Bäckerei, die sich in einer alten Scheune auf der anderen Seite der Obstplantage befand.

Willo legte die Rezeptkarte vor Sam und band ihr eine Schürze der Mullins' Pie Pantry um, während Deana begann, die Zutaten zusammenzustellen. Schließlich machten die drei sich daran, den Teig vorzubereiten.

»So benutzt man einen Teigmischer.« Willo zeigte Sam das alte Küchenutensil mit Holzgriff und mehreren gebogenen Metallklingen. »Damit zerteilst du die Butter und drückst sie in das Mehl, bis es wie kleine Kieselsteine aussieht«, erklärte sie.

»Das ist ziemlich viel Teig«, meinte Sam, deren Gesicht bereits mit Mehl bestäubt war.

»Stimmt«, antwortete Deana. »Für die doppelte Kruste. Und das hat einen guten Grund. Nicht wahr, Mom?«

»Das war mein Stichwort für eine Geschichte«, lachte Willo. Sie legte ihre Hände über die von Sam, und gemeinsam begannen die beiden, Kugeln aus dem Teig zu formen. »Wir hätten all das hier – unsere Obstgärten, unser Zuhause – in den letzten hundert Jahren schon oft fast verloren. Die Weltwirtschaftskrise, Krankheitsfälle in der Familie, die Zunahme von Agrarkonzernen, die kleine Familienbetriebe wie unseren bedrohten«, sagte sie mit leiser Stimme. »Und dann kam der schlimmste Winter unseres Lebens. Wir hatten keine Möglichkeit, uns unseren Lebensunterhalt zu verdienen.«

Nachdem Sam die Teigkugeln sorgfältig beiseitegelegt hatte, nahm sich jede der drei ein Messer und begann, Pfirsiche zu häuten, zu entkernen und aufzuschneiden.

Willo fuhr mit ihrer Geschichte fort. »Aber deine Ururgroßmutter und ich weigerten uns aufzugeben, trotz aller Widerstände. Wir nahmen all das gefrorene und eingemachte Obst, das wir noch vom Jahr zuvor hatten, und fingen an, Pies zu backen. Die verkauften wir aus der Scheune heraus und an Kirchen und örtliche Restaurants, und dann tauchten die Touristen auf. Dann bekamen wir Bestellungen für die Feiertage, und es ging immer weiter. Dadurch konnten wir dieses schreckliche Jahr überstehen und die Farm behalten. Ein paar Jahre später eröffneten wir die Bäckerei in der Scheune und fingen an, das Selberpflücken anzubieten.«

Willo hielt inne, legte ihr Messer weg und nahm die Rezeptsammlung. »*Das hier* hat unsere Obstplantage gerettet«, sagte sie. »Die Frauen unserer Familie haben unser Vermächtnis gerettet.«

Dann nahm Willo die Rezeptkarte der Pie. »Und das war eins der ersten Desserts, die wir gemacht haben. Wusstest du, dass dein Ururgroßvater als Bäcker in Chicago angefangen hatte, nachdem er aus Deutschland hierher eingewandert war?«

Sam schüttelte den Kopf.

»Unsere Liebe zum Backen liegt uns im Blut. Er hat diese Slab Pie gemacht, weil die Frauen in seiner Familie sie für ihre Männer gebacken haben, wenn sie in den Minen und Fabriken gearbeitet haben«, fuhr sie fort. »Weil eine Slab Pie im Prinzip ein gedeckter Kuchen vom Blech ist, brauchte man weder Gabel noch Löffel, um sie zu essen. Man konnte sie einfach mit den Fingern essen, wie ein Sandwich. Und die Arbeiter in Chicago – besonders die Feuerwehrmänner und Polizisten – liebten sie aus genau diesem Grund. Ich musste viele dieser Rezepte, darunter auch das hier, aus dem Deutschen übersetzen.«

Willo griff wieder zu ihrem Messer, begann mit flinken, geschickten Bewegungen einen Pfirsich zu schälen, und war schon mit einem fertig und beim nächsten, noch bevor Sam auch nur ihren ersten zur Hälfte geschafft hatte.

»Aber das Tolle ist, diese Pie repräsentiert das Wesentliche eines Sommers an den Großen Seen«, sagte sie. »Sie ist einfach und doch so unglaublich üppig. Sie feiert unsere Fülle auf köstlichste Weise. Und die Garnierung, die obendrauf kommt … ist im wahrsten Sinne des Wortes das Sahnehäubchen! Es ist eine meiner Lieblings-Pies, und dein Grandpa liebt sie einfach. Also, jetzt zeige ich dir, wie man den Teig ausrollt. Das ist nicht so leicht, wie es aussieht.«

Als sie fertig waren, reichten Willo und Deana Sam ein Messer. »Zeit, die Löcher in den Deckel zu schneiden. Das muss man machen, damit die Pie nicht explodiert und im Ofen überläuft. Aber du musst dein eigenes Muster kreieren.«

Sam überlegte einen Moment, sich ein eigenes Muster auszudenken, aber stattdessen schnitt sie ein *M* in die Mitte – wie es alle Mullins-Pies zierte –, bevor sie ihr eigenes Zeichen dazufügte: drei senkrechte Linien unter dem *M*.

»Wofür stehen die?«, fragte ihre Mom.

»Für uns«, antwortete Sam. »Für uns drei.«

Während die Pie backte und Willo und Deana die Küche saubermachten, nahm Sam die Rezeptkarte und strich mit den Fingern über die Worte. Sie sah sich in der alten Küche um – die Öfen, die Industriemixer, die alten Rührschüsseln aus Emaille, die abgegriffenen Nudelhölzer mit roten Griffen, die Einmachgläser für Marmelade und Gelee, die Messbecher, die sich überall stapelten, die angesengten Ofenhandschuhe, die an alten Haken hingen – und schien das alles zum allerersten Mal zu sehen.

Als die Pie aus dem Ofen kam, schnitt Sam drei Stücke ab und garnierte sie mit Vanilleeis. Gerade als sie ihre Gabeln in den Kuchen stechen wollten, fragte Sam: »Kann ich mir noch etwas wünschen?«

»Natürlich«, antwortete ihre Mutter.

»Ich wünsche mir, die beste Bäckerin der Welt zu werden«, sagte sie.

Willo und Deana strahlten übers ganze Gesicht und nahmen dann einen großen Bissen Pie.

»Ich glaube, das wirst du«, sagte Willo. »Ich glaube, du könntest uns alle übertreffen.« Sie sah Sam an. »Versprichst du mir eines?«

Zögernd nickte Sam.

»Versprich mir«, sagte Willo, während sie an ihre Enkelin auf dem Baum früher an diesem Tag dachte und ihre Gedanken zu lesen schien, »dass du, selbst wenn du von hier fort und hinaus in die Welt gehst, diese Pie machen wirst, wann immer du einen Geschmack von Zuhause und eine Erinnerung an unsere Familie und unsere Geschichte haben willst.«

Willo zögerte kurz, dann fuhr sie fort. »Und versprich mir, dass du sie machst, wenn du jemandem beweisen willst, dass es egal ist, wie etwas oder jemand aussieht, sondern dass es darauf ankommt, was innendrin ist. Versprochen?«

»Versprochen!«, antwortete Sam, dann machte sie ein bestürztes Gesicht, als ihr Blick auf die Rezeptkarte fiel. »O nein. Ich habe einen großen Blaubeerfleck mitten auf die Karte gemacht.«

Willo nahm die Karte, zeigte sie Deana, und die beiden Frauen lächelten.

»Jetzt hat sie auch deine Geschichte drauf«, sagte sie. »Jetzt hat das Rezept neue Erinnerungen. Blaue.«

Sam lachte.

»Genau wie deine Zähne, Grandma.«

3

Sam holte die Pfirsich-Blaubeer-Slab-Pie aus dem Ofen und testete sie mit einem Zahnstocher.

»Kommt sauber wieder raus«, sagte sie zu sich selbst. »Sie ist fertig.«

Sie sah Suzette an, kreuzte die Finger und seufzte, gerade als Chef Dimples in die Küche stürmte, gefolgt von einem Kameramann und einer Produzentin.

»Was ist das?«

»Eine Pfirsich-Blaubeer-Slab-Pie.« Nervös strich Sam sich die Schürze über ihrer weißen Kochuniform glatt. »Das ist ein Familienrezept.« Sam dachte an ihren Großvater. Es war eine seiner Lieblingsspeisen gewesen, und ihre Grandma hatte sie ihm bei jeder besonderen Gelegenheit gebacken.

»Warum haben Sie nicht eins *meiner* Familienrezepte gemacht?«, fragte Chef Dimples.

Sie haben gar keine Familienrezepte, wollte Sam schreien. *Es gibt nicht ein einziges niedergeschriebenes Rezept. Ihre Familie besaß Banken. Sie hatten einen angestellten Koch.* Sams Magen krampfte sich zusammen. Sie wusste, was er als Nächstes sagen würde, den Spruch, den er jedem erzählte.

»Meine Familie hat die Blaubeer-Pie erfunden«, sagte er und starrte sie dabei an.

Das ist nicht einfach nur ein Spruch, dachte Sam. *Das ist eine faustdicke Lüge.*

»Ich weiß, Chef Dimples«, erwiderte sie.

»Und was ist das hier?« Mit einem Finger, der mit klarem Nagellack manikürt war, wie Sam nicht entging – *eindeutig* nicht *die Hände eines Bäckers* –, zeigte Chef Dimples auf das M und die drei Striche, die sie in den Deckel geschnitten hatte, damit der Dampf entweichen konnte.

»Das sollen Grübchen sein«, schwindelte Sam. »Ich bin eine furchtbar schlechte Künstlerin. Bitte entschuldigen Sie, Chef Dimples.«

Er starrte Sam an, dass seine grünen Augen im Licht, das der Kameramann in der Küche testete, blitzten. »Das esse ich nicht«, sagte er. »Das ist hässlich. Das wird im Fernsehen furchtbar aussehen.«

»Kosten Sie«, bat Sam. »Bitte.«

Als er sie nur weiter anstarrte, korrigierte sie sich.

»Bitte, Chef Dimples.«

Er lächelte kalt wie eine Schlange, dass seine Grübchen aufblitzten, und warf einen Blick zu Suzette, die sofort mit ein paar Tellern herübereilte.

Sam schnitt drei Stücke heraus und garnierte sie mit Schlagsahne. »Hausgemacht«, sagte sie. Die Sahne schmolz auf der goldbraunen Kruste, während die dampfenden Früchte über das rosafarbene Pressglas rutschten. Suzette verteilte Kuchengabeln, und Chef Dimples stach seine in die Pie.

Schon beim allerersten Bissen weiteten sich seine Augen, und einen ganz kurzen Moment lang schloss er sie, um den Geschmack auszukosten.

Sofort tat Sams Herz einen Satz, als sie die Reaktion wiedererkannte.

Genauso habe ich reagiert, als ich dreizehn war und die Pie zum ersten Mal gekostet habe, dachte sie und verkniff sich ein Lächeln. *Er weiß, dass sie gut ist.*

Chef Dimples hielt Sam seinen Teller hin.

»Das kann ich nicht servieren«, sagte er, unfähig, sie dabei anzusehen. »Das wird vor der Kamera nicht gut aussehen. Beeilen Sie sich und backen Sie mir eine Blaubeer-Pie ... und schneiden Sie *keine* Löcher hinein. Legen Sie eine dieser Pappschablonen von meinem Gesicht über die Pie.« Er wandte sich an die Produzentin. »Lassen Sie Lara Spencer so was sagen wie ›Das sieht viel zu gut aus, um es zu vernaschen‹. Darauf fahren die Leute total ab. Und lassen Sie uns vorne im Café drehen. Hier hinten ist es zu schmutzig.«

Er wandte sich an Sam. »Machen Sie meinen Kuchen fertig«, sagte er. »Und räumen Sie diese Schweinerei auf.«

Die Produzentin und der Kameramann rührten sich nicht, als Chef Dimples die Küche verließ. Sie aßen ihren Kuchen auf.

»Kann ich noch ein Stück haben?«, fragte der stämmige Kameramann. »Bin seit vier auf. Das schmeckt irre gut.«

Sam nickte, immer noch geschockt, und schnitt ihm ein weiteres Stück ab.

»Das ist die beste Pie, die ich je hatte«, pflichtete die Produzentin ihm bei, eine Frau mittleren Alters in Jeans und Blazer – mit blaugefärbten Lippen und Zähnen. »Ernsthaft. Das ist phantastisch. Schmeckt ... himmlisch. Wie etwas, das meine Grandma gemacht hätte.«

»Danke«, sagte Sam und sah sich plötzlich wieder als junges Mädchen hoch oben im Pfirsichbaum.

»Wo haben Sie backen gelernt?«, fuhr die Produzentin fort, während sie Sam ihren Teller hinhielt, um noch ein Stück zu bekommen. »So ein Rezept zu backen kann man nicht einfach lernen. Das ist eine Gabe, die Ihnen mitgegeben wurde.«

Die Aufrichtigkeit ihrer Worte ließ Sam Tränen in die Augen steigen. »Danke«, wiederholte sie. »Die Frauen in meiner Familie haben es mir beigebracht. Das ist ein Rezept von ...«

»Machen Sie sofort diese Schweinerei sauber«, rief Chef Dimples, der wieder zurück in die Küche stürmte, als er bemerkte, dass niemand ihm gefolgt war. Er riss Sam den Teller aus der Hand. »Und werfen Sie diese Pie weg. Niemand will das essen.«

Er griff nach dem Teller des Kameramanns, doch der kräftige Mann straffte die Schultern und hielt seinen Teller nur noch fester. »Das nehmen Sie mir nicht weg«, sagte er mit vollem Mund.

Ohne Vorwarnung nahm Chef Dimples die Pie und kippte sie in den Müll, während alle ihm geschockt dabei zusahen.

»Au!«, schrie er, weil er vergessen hatte, dass das Blech noch heiß vom Ofen war, und rannte zur Spüle, um die Hand unter kaltes Wasser zu halten. »Und jetzt machen Sie *meine* Blaubeer-Pie.«

Sam schaute in den Mülleimer, auf ihren Kuchen, der nur noch ein Haufen blauer und pfirsichfarbener Krümel war. Suzette duckte sich in eine Ecke, während die Produzentin und der Kameramann mit offenen – immer noch vollen – Mündern dastanden.

Sam konnte spüren, wie ihr Geist ihren Körper verließ. Ihre Augen wurden leer, und in ihren Ohren klingelte es laut, wie vorhin, als die Müllwagen vorbeigefahren waren, aber ebenso schnell war es wieder leise, und sie konnte ihre Großmutter Folgendes sehr deutlich sagen hören, als stünde sie neben ihr in der Pie Pantry:

Versprich mir, dass du, selbst wenn du von hier fort und hinaus in die Welt gehst, diese Pie machen wirst, wann immer du einen Geschmack von zu Hause und eine Erinnerung an unsere Familie und unsere Geschichte haben willst. Und versprich mir, dass du sie machst, wenn du jemandem beweisen willst, dass es egal ist, wie etwas oder jemand aussieht, sondern dass es darauf ankommt, was innendrin ist. Versprochen?

»Sie haben Blaubeer-Pie nicht erfunden.«

Sam hörte die Worte aus ihrem Mund kommen, konnte aber nicht spüren, dass sie sie aussprach.

»Was haben Sie gesagt?«

»Haben Sie überhaupt je schon mal eine Blaubeere gepflückt?«, fuhr Sam fort. Sie konnte ihre Mom und ihre Grandma neben sich spüren, die ihr Kraft gaben. »Haben Sie überhaupt schon je etwas für jemanden gekocht, nur weil Sie ihn lieben und ihm ein Stück von Ihrem Herzen geben wollten?«

»Wie bitte?«

»Sie sind ein Betrüger. Sie sind eine blättrige Teighülle ohne Inhalt.«

Sam nahm ihre Schürze ab und warf sie auf den Boden.

»Ich kündige«, schrie sie und ging zu den Schwingtüren, die hinaus in den Laden führten. »Machen Sie Ihre verdammte Pie doch selber.« Unvermittelt blieb Sam wie angewurzelt stehen und drehte sich noch einmal um.

»Tut mir leid«, fügte sie hinzu. »Ich hätte sagen sollen ›Ich kündige, Chef Dimples‹.«

Und damit ging Sam aus der Bäckerei und hinaus auf die Straßen von New York, gefolgt vom Duft der Pfirsich-Blaubeer-Pie.

Pfirsich-Blaubeer-Slab-Pie

Zutaten für die Pie

400 g Mehl
1 Teelöffel Salz
250 g kalte Butter
1 großes Eigelb
175 ml plus 1 bis 2 Esslöffel fettarme Milch
200 g Zucker
3 Esslöffel Maisstärke
750 g frische geschnittene Pfirsiche
350 g frische Blaubeeren

Zutaten für die Glasur

150 g Puderzucker
½ Päckchen Vanillezucker
5 bis 6 Esslöffel fettarme Milch

Zubereitung der Pie

Mehl mit Salz in eine große Schüssel geben, Butter einarbeiten, bis die Masse krümelig ist. 175 ml Milch mit Eigelb verquirlen, nach und nach die Mehlmischung zugeben und mit einer Gabel untermengen, bis der Teig eine Kugel bildet. Esslöffelweise mehr Milch zugeben, falls nötig.

Teig in zwei Portionen aufteilen, eine davon etwas größer als die andere; beide in Frischhaltefolie wickeln. 1 Stunde lang im Kühlschrank kaltstellen, oder bis der Teig leicht zu verarbeiten ist.

Ofen auf 190 Grad vorheizen. Die größere Portion Teig zwischen zwei großen Lagen leicht bemehltem Backpapier zu einem 45 × 30 cm großen Rechteck ausrollen. Ein ungefettetes 40 × 30 cm großes Kuchenblech mit dem Teig auslegen. An Boden und Seiten festdrücken, überstehenden Teig abschneiden.

Zucker und Maisstärke in einer großen Schüssel vermischen. Blaubeeren und Pfirsiche unterrühren. Mit einem Löffel in der Teigform verteilen.

Restlichen Teig ausrollen und über die Füllung legen. Untere Teigränder über oberen Teigdeckel klappen und mit einer Gabel versiegeln. Deckel mit einer Gabel einstechen, damit der Dampf entweichen kann.

45 bis 55 Minuten backen, oder bis die Kruste goldbraun ist. Auf einem Kuchengitter vollständig auskühlen lassen.

Zubereitung der Glasur

Für die Glasur Puderzucker, Vanillezucker und Milch verrühren, bis eine träufelfähige Konsistenz erreicht ist. Über die Pie träufeln. Pie in rechteckige Stücke schneiden.

(Für diese Slab Pie lassen sich alle Lieblingsfrüchte der Saison verwenden. Himbeer-Rhabarber ist besonders lecker. Manche Früchte, wie Himbeeren und Rhabarber, erfordern mehr Zucker in der Füllung.)

2. Teil

Apfelsaft-Donuts

4

Sommer 2017

Sam warf einen Blick auf ihren Boarding-Pass und musste über die fruchtige Ironie ihres darauf abgedruckten Zielflughafens lächeln. *Cherry Capital Airport.* Sie flog nach Hause. *Mit eingezogenem Schwanz*, dachte sie. *Ich fühle mich wie eine komplette Versagerin. Wie konnte sich mein Traumjob in einen solchen Albtraum verwandeln?*

Als das Flugzeug abhob und Sam zusah, wie New York City immer kleiner wurde, erinnerte sie sich daran, wie groß es auf sie gewirkt hatte, als sie hier angekommen war, um die Kochschule zu besuchen. Die Stadt hatte sogar ihre überlebensgroße Grandma – die sie nach New York begleitet hatte, um ihr dabei zu helfen, sich einzugewöhnen – winzig und fehl am Platz wirken lassen.

Nachdem Sams Mom und ihre Grandma sie in ihrem Einzimmerapartment, das nur ein Viertel so groß war wie ihr Zimmer zu Hause, sich selbst überlassen hatten, hatte sie das quietschende Schrankbett heruntergezogen und angefangen zu weinen. Sirenen heulten, Menschen schrien, Taxis hupten, Baustellenlärm hallte. Während Sam schluchzte, wurde ihr winziges Apartment von einem Duft eingehüllt, so mächtig, so vertraut, so an zu Hause erinnernd. Sie stand auf und folgte dem Duft schnuppernd, wie Doris es in den Obstgärten immer tat, wenn sie einen Schädling verfolgte, bis ihre Nase sie zu einem der beiden Küchenschränke führte, die über einer kleinen Spüle, einem Mini-Kühlschrank und einem Herd mit zwei Kochplatten und einer Bratröhre, die kaum groß genug für eine Tiefkühlpizza war, Wache standen. Eine Tüte mit dem Logo der Pie Pantry stand auf dem Satz neuer, bunt zusammengewürfelter Teller, die ihre Mom ihr eben erst bei Fishs Eddy gekauft hatte, einem reizenden Laden für Haushaltswaren, über den sie beim Wandern durch die Stadt gestolpert waren. Das Vintage-Geschirr, die Glaswaren und die Tischwäsche hatten sie an das Geschirr erinnert, das sie zu Hause benutzten.

Die Tüte hatte Fettflecken und war mit Bindfaden zugebunden, an dem ein handgeschriebener Anhänger baumelte. Sam knotete das Päckchen auf und nahm den Anhänger in Augenschein. In der geschwungenen Handschrift ihrer Großmutter stand dort: *Wir wissen, dass dein Herz sich gerade so anfühlt, als hätte es ein großes Loch. Unseres auch. Hier ist eine kleine Kostprobe von zu Hause, die dir helfen sollte, das Loch zu füllen. Du wirst nie ein ›Außenseiter‹ sein, solange du deinem Herzen folgst. Wir lieben dich und sind so stolz auf dich. Mom & Grandma.*

Sam öffnete die Tüte und jauchzte vor Freude, als sie sah, dass sie mit einer ihrer liebsten Leckereien gefüllt war: hausgemachten Apfelsaft-Donuts und Donut-Löchern. Der Boden der Tüte war mit Donutresten übersät, unförmigen Teigstücken, die beim Frittieren auseinandergefallen waren und denen die Pie Pantry den Spitznamen ›Außenseiter‹ gegeben hatte. Eine in derselben geschwungenen Schrift ihrer Großmutter geschriebene Rezeptkarte für die Donuts befand sich ebenfalls in der Tüte. Sam nahm die Karte heraus, strich mit den Fingern über die Schrift und erinnerte sich an ihren dreizehnten Geburtstag. Die Karte roch nach Zimt, Zucker, Äpfeln und frittiertem Teig. Sie steckte sich ein Donut-Loch in den Mund und schloss die Augen, um den süßen Teig auszukosten, der in ihrem Mund zerging.

Wie haben sie die hier reingeschmuggelt, ohne dass ich es gemerkt habe, wunderte sie sich.

Später hatte Sam die Donuts eines Abends für ihre Mitschüler gebacken, nachdem sie zu viel Wein getrunken und sich in die Schulküche geschlichen hatten, um sich etwas gegen ihren Heißhunger zu machen.

»Die sind unglaublich!«, hatten alle ihre Freundinnen gesagt, nachdem sie die Donuts frittiert hatte. »Warum hast du die bisher noch nie gemacht?«

Sam konnte ihnen nicht gestehen, dass sie sich ein wenig für viele ihrer Familienrezepte schämte, die Donuts und Rührkuchen, die Pies und ihren Hang zu entweder zu viel Zucker oder zu viel Rhabarber. Ihr Ziel war es, Konditorin zu werden, eine erstklassige Pâtissière, und nicht …

Sam zuckte bei dem Gedanken zusammen, der ihr immer durch den Kopf schoss und der ihr das Gefühl gab, eine Verräterin zu sein: … *eine einfache Kuchenbäckerin, die sich das Backen selbst beigebracht hat.*

»Hätten Sie gern etwas zu trinken, Ma'am?«, riss die Stimme der Flugbegleiterin Sam aus ihrer Erinnerung.

»Wasser«, antwortete sie. »Danke.«

Wieder musste Sam lächeln, als sie die ironische Parallele zwischen ihren Worten und ihrem Reiseziel zog. *Michigan. Die Großen Seen*, dachte sie. *Wasser, überall Wasser.*

Sam trank einen Schluck, dann setzte sie sich unvermittelt kerzengerade auf, weil ihr plötzlich ein neuer Gedanke in den Kopf schoss, der ihr Herz schneller schlagen ließ.

Wie schwer muss es für meine Mom und meine Grandma gewesen sein, mich in New York allein und ganz auf mich gestellt zurückzulassen? Ich war nicht die Einzige, die tapfer war. Sie waren es auch. Sie wollten, dass ich mir meine Träume erfülle.

Sam schaute hinunter auf ihren Becher Wasser und dann auf die Worte *Cherry Capital Airport* auf ihrem Flugticket, das aus der Sitztasche vor ihr ragte.

Selbst wenn das bedeutete, dass ich von zu Hause weggehe und nie wieder zurückkomme.

Sam spürte ihr Handy vibrieren und langte in ihre Jackentasche, um es herauszufischen.

Wir vermissen dich, Einhorn!, schrieb Lily, eine ihrer zwei Mitbewohnerinnen. *Hier ist es schon jetzt viel zu ruhig.*

Vermisse euch auch, schrieb Sam sofort zurück.

Und wir haben Hunger!!!!, fügte Fiona, ihre andere Mitbewohnerin, dem Gruppenchat hinzu.

Sam lachte. Die beiden Mädchen, die in New York City geboren und aufgewachsen waren, konnten sich nicht mal einen Teller Suppe in der Mikrowelle heiß machen oder Käsetoast braten. Lily und Fiona waren so daran gewöhnt, ihr ganzes Leben lang auswärts zu essen, dass sie glaubten, Essen tauchte einfach vor einem auf, wann immer man wollte. Als Sam angefangen hatte, für sie zu kochen, hatten sie staunend dabei zugesehen, wie man von Grund auf eine richtige Mahlzeit zubereitet.

Du bist wie ein Einhorn, hatte Lily mit großen Augen in der ersten Woche gestaunt, nachdem sie zusammen in ein Apartment in Brooklyn gezogen waren. Sam war begeistert über die Gesellschaft und etwas mehr Quadratmeter als in ihrem Einzimmerapartment gewesen. Sie hatten Wein getrunken, ihre neuen Jobs und ihre neue Wohnung gefeiert, und Sam hatte gebratenen Fisch mit Kapern und Zitrone und einen Apple Pie gemacht. Die drei hatten sich über Lilys Ausruf schlappgelacht, und noch mehr nach ein paar Drinks, als Fiona ein Horn aus Alufolie gebastelt und es Sam an die Stirn geklebt hatte. Der Spitzname war an ihr kleben geblieben, genau wie das Horn.

Ich schicke Essen, schrieb Sam, *und Geld für die Miete, bis ich wieder weiß, wo mir der Kopf steht, und ich bereit bin, mir einen anderen Job zu suchen. Das verspreche ich!!*

Keine Sorge, schrieb Lily. *Mein Dad sagt, er steuert noch was bei, weil du ihm so viel $$$$ gespart hast, weil du ständig für uns gekocht hast! Hast du es deiner Familie schon gesagt?*

Sams Herzschlag beschleunigte sich. *Nein*, schrieb sie zurück. *Wird eine Riesenüberraschung werden.*

Nächstes Mal werden es dein Laden, deine Regeln, deine Pie sein, fügte Fiona hinzu. *Pie = Liebe. BIS BALD! WÜNSCHEN DIR TOLLEN URLAUB MIT DER FAMILY!*

Sams Augen füllten sich mit Tränen. ♥♥♥, schrieb sie zurück.

Sie wischte sich die Augen mit dem Jackenärmel und fühlte ihr Handy erneut vibrieren.

Kommt schon, Mädels, dachte Sam, bevor sie auf ihr Handy sah. *Ihr macht mich fertig.*

Trish hat mir gesagt, was passiert ist, und mir deine Nummer gegeben. Du wirst mir fehlen, aber ich kann es dir nicht verübeln. Lass mich wissen, wohin es dich verschlägt. Und ich werde diesen Herbst bei den Playoffs den Tigers die Daumen drücken.

Sams Herz schlug schneller. *Eine Nachricht von Angelo?*

Sie starrte immer noch auf ihr Handy, als ein Foto von Angelo mit einem Baseballcap der Tigers auftauchte, mit der Unterschrift *Mets vs. Tigers!* Er stand vor dem Citi Field, dem Heimatstadion der Mets, zeigte auf das Detroit-Logo auf seinem Kopf und lachte wie ein Kind. Seine dunklen Augen funkelten, und seine dunklen Locken wippten.

Und diese Grübchen, dachte Sam. *Also das nenne ich Grübchen!*

Steht dir gut!, schrieb Sam zurück. *Ich mach aus dir noch einen Tigers-Fan!*

Meine Freunde haben gesagt, sie bringen mich um, wenn ich die das ganze Spiel lang aufhabe, antwortete Angelo. *Leute schreien mir Schimpfwörter zu, Sam! Dafür gebe ich dir die Schuld! LOL.*

Und dann: *Meld dich mal wieder. Bitte.*

Wieder schlug Sams Herz schneller.

Bitte, hatte er geschrieben. Bitte. *Was soll ich sagen?*

Ohne nachzudenken, fand Sam ein Daumen-hoch-Emoji und drückte auf Senden. Sobald sie es getan hatte, schimpfte sie sich selbst aus.

Du doofe Kuh, dachte Sam. *Ein unpersönliches Emoji?! Daumen hoch? Bin ich eine Zehnjährige?*

Angelo schickte ebenfalls ein Daumen-hoch zurück, worauf Sam ein dumpfes Gefühl in der Magengrube bekam, noch mehr, da das Flugzeug zu sinken begann.

»Ich muss Ihren Becher Wasser wieder mitnehmen, Ma'am. Wir landen in Kürze.«

Wieder zuckte Sam beim Klang der Stimme der Flugbegleiterin zusammen. Sie reichte ihr den Becher und schaute dann aus dem Flugzeugfenster auf all das Wasser unter ihr.

»Der Michigansee«, seufzte Sam, dabei beschlug ihr Atem das Glas. »Wahrhaftig ein großer See.«

Sie machte ein Foto und schickte es ihren Mitbewohnerinnen, die sofort antworteten: *Ist das das Meer? Wo bist du?*

Die meisten Leute von der Ost- und Westküste hatten dieselbe Reaktion auf den Michigansee: Er war so riesengroß, so schön, seine Strände so sandig, seine Dünen so spektakulär, dass es ein Meer sein musste.

Kurz vor der Landung, schrieb Sam zurück. *Kein Meer. Der Michigansee. Das war mal mein Swimmingpool.*

Das Flugzeug flog eine Linkskurve und setzte zum Landeanflug an. Dabei kam die gesamte nordwestliche Küste der unteren Halbinsel Michigans in Sicht. Es war früh am Morgen, und die Sommersonne ließ das Wasser funkeln, als trüge der Staat ein strassbesetztes Kleid. Wasser umgab den Staat nicht nur, es lief auch durch ihn hindurch: große Buchten und sich windende Flüsse, kleine Bäche und Seen, Yachthäfen mit schaukelnden Booten und Segelbooten, deren weiße Masten zu den Möwen passten, die darüber hinwegsegelten.

Sam hob das Handy, um ein weiteres Foto zu machen, und dabei wurde ihr bewusst, dass ihre Hand genau wie ihr Heimatstaat war. Nicht nur, dass man Michigan den ›Handschuh-Staat‹ nannte, weil es die Form einer Hand hatte, mit Traverse City und Suttons Bay dort, wo der kleine Finger war, seine Gewässer ähnelten auch den Adern in Sams Hand. Sie zogen sich durch den ganzen Staat und schenkten Michigan Leben – seinen Menschen, seinen Erzeugnissen, seinem Land, seiner Fülle. Wasser war Michigans Lebensblut.

Sam betrachtete ihre Hand – trocken, rot, die Nägel jungenhaft kurz von ihrer Arbeit.

Sie sehen jeden Tag mehr wie die Hände meiner Mom und meiner Grandma aus, dachte Sam. *Wann ist das passiert?*

Als das Flugzeug gelandet war, wartete Sam darauf, ihre winzige Tasche aus dem Fach über ihr holen zu können, und plötzlich wurde ihr bewusst, wie wenig Besitz sie während ihrer Zeit in New York tatsächlich angesammelt hatte. Sam trug immer eine Uniform zur Arbeit, hatte wenig Geld für Extras übrig und keinen Platz, irgendetwas zu lagern, wenn sie etwas kaufte. Sie lebte größtenteils außerhalb ihres Apartments und verbrachte ihre Zeit entweder bei der Arbeit oder in der Stadt, nachdem sie die meiste Zeit in der Schule verbracht hatte. Ihre einzigen großen Anschaffungen waren ein paar teure Koch- und Backutensilien, die sie in Spezialgeschäften in der Stadt ausgesucht hatte.

Ich habe den Tiny-House-Trend schon gelebt, bevor die Leute das cool fanden, dachte Sam. Sofort sah sie das Haus und die Obstplantage ihrer Familie vor ihrem inneren Auge, groß, weit offen, atemberaubend.

Gedankenverloren zog Sam ihren kleinen Koffer aus dem Gepäckfach, dabei rempelte sie einen Mann hinter ihr an und stieß ihm dabei die Lesebrille von der Nase. Verlegen machte sie eine entschuldigende Geste und rollte ihren kleinen Handkoffer dann aus dem Flugzeug.

So reizend, so klein, so sauber, so ruhig, dachte Sam, als sie ins Terminal kam. *So ganz anders als LaGuardia.*

In der Tat war der kleine Flughafen der perfekte »Willkommen in Michigan!«-Empfang für Besucher, die zum ersten Mal hier waren. Das Terminal hatte ein von Kunsthandwerk inspiriertes Design, das die Offenheit und Natürlichkeit der Region um Traverse City erfasste. Ein Willkommensbereich, der an eine Blockhütte in den nördlichen Wäldern erinnerte, inklusive eines warm glühenden steinernen Kamins, begrüßte die Besucher, und die Hommage des Flughafens an Frank Lloyd Wright zeigte sich im Kirschbaumholz, den kupfernen Lampen, steinernen Vertäfelungen und dem Bleiglas.

Das muss ich dir lassen, Michigan, dachte Sam, und ein leichtes Lächeln legte sich über ihr Gesicht. *Du bist wirklich malerisch.*

Michigan, hallte es Sam erneut durch den Kopf, diesmal mit Angelos Stimme.

Sam wartete in einer kurzen Schlange auf ihren Mietwagen, und wenige Minuten später trat sie hinaus, um ihren Kleinwagen zu suchen. Sie warf ihr Handgepäck in den Kofferraum, sprang ins Auto, startete den Motor und fuhr rückwärts aus dem Parkplatz, doch dann trat sie unvermittelt auf die Bremse, und ihr Herz raste.

Ich glaube, ich habe nicht nur vergessen, wie man auf den Highway kommt, sondern auch, wie man Auto fährt, dachte sie, das Lenkrad umklammernd. *Wie lange ist es her? Zwei Jahre?*

Plötzlich fiel Sam ihr dreizehnter Geburtstag wieder ein, als ihr Bruder sie angebettelt hatte, erwachsen zu werden, damit sie ihn in der Stadt herumfahren und sie beide davon befreien konnte, abhängig von ihren Fahrrädern zu sein, von ihren Beinen …

Unserer Vorstellungskraft, fügte Sam hinzu. *Wir wollten überall sein außer hier.*

Das Hupen eines Autos ließ Sam zusammenzucken. Sie schaute in den Rückspiegel und stellte fest, dass ihr Mietwagen immer noch halb aus dem Parkplatz in die Fahrspur hineinragte. Rasch schaltete sie das Automatikgetriebe auf Drive und trat zu schnell aufs Gas, worauf der Wagen einen Satz nach vorn machte. Sam stieg heftig auf die Bremse, dann legte sie das Gesicht in die Hände und fing an zu lachen. Als sie den Kopf wieder hob, erhaschte sie einen Blick auf sich selbst im Spiegel. Ihr blondes Haar war zu einem Pferdeschwanz zurückgenommen, aus dem sich lange Strähnen gelöst hatten und ihr in den Nacken und ums Gesicht fielen. Sie pustete sich die Ponyfransen aus dem Gesicht, eine nervige Angewohnheit, die sie sich angeeignet hatte, weil sie ihr Haar so lange unter einer Kochmütze oder einem Haarnetz hatte bändigen müssen. Sie war blasser, als sie je gewesen war, und ihre blauen Augen waren vom Stress und dem frühen Flug rot gerändert.

Aber da war auch noch etwas anderes an ihrem Äußeren, das Sam nicht genau festmachen konnte. Intensiv musterte sie sich so lange im Spiegel, dass es ihr Angst machte.

Sehe ich anders aus?, dachte sie. *Oder sehe ich einfach nur anders in einer anderen Umgebung aus? Habe ich mich so sehr verändert?* Sie wandte den Blick ab, doch dann sah sie sich noch einmal an. *Wer bin ich?*

Kopfschüttelnd nahm Sam ihr Handy, rief ihre Karten-App auf und wartete, dass die Stimme sie auf den Highway lotste.

Als Sam durch Traverse City fuhr, bemerkte sie sofort, dass an der größten Stadt in der Nähe ihres Heimatorts auch etwas anders war. Der Sommerverkehr staute sich, Autos kamen kaum voran, und die einst leeren Blocks der Stadt waren voll mit urigen Restaurants, Weinlokalen, Kleinbrauereien, schicken Eigentumswohnungen. Es war nicht New York City – nichts war wie New York –, aber es war geschäftig, lebendig, energiegeladen.

Als sich der Verkehrsfluss verlangsamte, pendelte Sams Kopf nach links und rechts wie bei einem dieser Wackeldackel, die sich die Leute auf die Hutablage stellen, und wieder erhaschte sie ihr Spiegelbild.

Vielleicht ist die Stadt einfach nur erwachsen geworden, dachte sie. *Wie ich.*

Sam näherte sich der Küstenlinie und schaute auf das endlose blaue Wasser. Sie öffnete das Autofenster, atmete so tief ein, dass der Geruch von Wasser ihre Lunge füllte, steckte dann den Kopf aus dem Fenster wie Doris, der fröhliche Labrador ihrer Großeltern, und rief: »Hallo, Michigan!«

Sie bog auf die M-22 und fuhr nach Norden in Richtung Zuhause, nach Suttons Bay.

M-22 war der Name des alten Highways, der am Michigansee entlang und durch viele seiner hübschesten Urlaubsstädtchen führte. Die Straße, die direkt am Wasser entlang verlief, bot atemberaubende Ausblicke auf den See und seine Buchten und war eine beliebte Strecke für Touristen. Der Beiname selbst – M-22 – war inzwischen ein beliebtes Markenzeichen Michigans und prangte auf Aufklebern, T-Shirts, Sweatshirts und Baseballkappen. Für viele Einheimische und Touristen repräsentierte das Symbol allerdings etwas noch Tieferes, etwas nahezu Spirituelles: dass man hier dem Himmel so nah war, wie man ihm jedes Jahr tatsächlich kommen konnte, sowohl in Sachen nördlicher Richtung als auch in Sachen Schönheit. Die Urlaubsstädtchen entlang der M-22 wie Northport und Leland, auch bekannt als Fishtown, waren nostalgische kleine Orte, so malerisch und hübsch wie eine altmodische Postkarte.

Während Sam weiter im sich langsam vorwärtsbewegenden Verkehr mitschwamm, staunte sie mit offenem Mund über die unzähligen Reklametafeln, die schreiend verkündeten, dass die Gegend eines der schönsten und beliebtesten Touristenziele des Landes war.

MUSS MAN GESEHEN HABEN!
NEW YORK TIMES

WER MICHIGAN KENNT, WEISS, WAS SOMMER IST!
USA TODAY

DER HIMMEL AUF ERDEN!
GOOD MORNING AMERICA

Die Welt singt jetzt laut unser Loblied, dachte Sam lächelnd, bevor ihr bewusst wurde, welches Pronomen sie benutzt hatte. *Unser? Habe ich noch das Recht, das zu sagen, nachdem ich von hier fortgegangen bin?*

Sam stellte das Radio an, um sich abzulenken, und ein Oldie dröhnte aus den Lautsprechern. Als sie auf das Display schaute, sah sie, dass der Sender Oldies 101 eingestellt war.

Nein, dachte Sam. *Das ist ein Zeichen.*

Sie umfasste das Lenkrad fester.

Oder eine Warnung.

Oldies 101 war der Sender, der an jedem Tag von Sams Leben die Pie Pantry erfüllt hatte. Die Musik – Elvis, Rosemary Clooney, Dean Martin, Frank Sinatra – war der Soundtrack ihrer Kindheit. Ihre Grandma hatte fast jedes alte Lied lauthals mitgesungen – *und schief noch dazu,* dachte Sam –, während sie tanzend und mit den Hüften wackelnd ihre Pies zubereitet und die Teigränder geformt hatte.

Sams Hand schwebte schon über dem Knopf, um den Sender zu wechseln, doch dann drehte sie stattdessen lauter, als als nächster Song *Tutti Frutti* von Little Richard gespielt wurde.

Wie passend, dachte Sam. *Spürst du, dass ich in der Gegend bin, Grandma?*

Immer mehr Autos verließen den Highway, um Fotos zu machen oder zu tanken, und der Verkehr dünnte langsam aus. Sam beschleunigte ihr Tempo. Der Wind ließ ihre Haare fliegen, und eh sie sich versah, sang sie mit und fühlte sich plötzlich wie eine Touristin.

Die Anblicke waren Sam vertraut, aber sie wirkten neu auf sie, heller, hübscher, malerischer. Als sie sich Suttons Bay näherte, wurde sie langsamer und hielt wie andere Besucher am Straßenrand an, um den Ausblick zu genießen.

Das Wasser in den Buchten, die sich vom Michigansee landeinwärts erstreckten, hatte die Farben der Karibik: Smaragdgrün verblasste zur Küstenlinie hin zu Türkis, um sich dann zu Marineblau zu verdunkeln, wo das Wasser tiefer wurde. Sonnenlicht erhellte den flachen, sandigen Grund der Bucht, und über die Untiefen ragten Stege hinaus – Hunderte Meter weit –, an denen große und kleine Boote im tieferen Wasser vertäut lagen, neben Jetskis und Kajaks. Einige Hausbesitzer hatten kleine Bars ins Wasser gebaut, wo sie sitzen und den Sonnenuntergang betrachten konnten, während andere riesige Schwimminseln aufgeblasen hatten, die groß genug für zehn Leute waren.

Wie magnetisch angezogen, sprang Sam unvermittelt aus dem Auto und rannte zum Wasser. Sie schleuderte ihre Flip-Flops fort, watete in die Bucht und stieß einen überraschten Schrei aus, weil sie ganz vergessen hatte, wie kalt das Wasser selbst im Sommer war. Dabei war die Bucht immer noch wärmer als der Michigansee und deutlich wärmer als der Lake Superior. Das Wasser in der Bucht hatte die Chance, sich zu erwärmen, besonders an den seichten Stellen. Sam tauchte die Hand ins Wasser und sah zu, wie es ihr wie kleine Diamanten durch die Finger rann. Kleine Fische, nicht größer als ein Komma, knabberten an Sams Zehen. Sie schaute hinaus über die Bucht, und ihr Herz tat einen Sprung.

Es ist so wunderschön, dachte sie. *So hübsch, dass es beinahe künstlich aussieht.*

Sam stieg aus dem Wasser, ließ ihre Füße auf dem Sand trocknen, dann nahm sie ihre Schuhe und ging zurück zum Auto, um weiter nach Norden zu fahren, bis sie schließlich vom Wasser fort auf Bayview Point bog, eine kleine Landstraße, die sich einen tückisch hohen Hügel hinaufwand. Ihr kleiner Mietwagen wurde langsamer, tuckerte ächzend immer höher, bis sich vor ihr ein Rundum-Panorama öffnete: Die kleine Stadt Suttons Bay lag am Fuß des Hügels, während sich darum herum Farmland und Weinberge wie ein Patchwork-Quilt ausbreiteten. Im Vordergrund befand sich die blaugrüne Bucht, wo die Spitze von Suttons Bay ins Wasser ragte wie der Daumen eines Trampers, und in der Ferne sah man die Old Mission Peninsula, den von Gletschern geformten Landarm, der die Traverse Bay in einen östlichen und einen westlichen Teil trennte, ein Paradies für Touristen und voller hochklassiger Weingüter. Sam lächelte.

Old Mission Peninsula sieht aus wie ein schwimmendes Seepferdchen, hatte sie als Kind immer gefunden.

Auf der anderen Seite schimmerte der Michigansee in all seiner Pracht funkelnd in der Sommersonne und erstreckte sich in die Unendlichkeit.

Sam bremste den Wagen ab, was eine Staubwolke aufwirbeln ließ wie bei diesem Jungen von den Peanuts, weil der Asphalt oben auf dem Hügel unvermittelt aufhörte und in eine ungeteerte Straße überging.

Ich bin zu Hause, dachte Sam, als sie das Schild direkt vor ihrem Auto betrachtete. *Nichts hat sich verändert.*

Willkommen im Früchte-Himmel!
Very Cherry Orchards – erste Abzweigung rechts
Mullins' Obstplantage und Pie Pantry – geradeaus

Bayview Point war voll mit Obstgärten, da der von Gletschern geformte Hügelrücken der ideale Ort war – was Temperatur, Feuchtigkeit und Lage betraf –, um das allerbeste Obst anzubauen.

Gott hat sich Zeit genommen, den perfekten Ort zu erschaffen, sagte Sams Grandma immer.

In der Tat glich die Hügelspitze einer richtigen Kirsche auf einem erstaunlich malerischen Eisbecher. Bayview Point war das Heim von zwei der beliebtesten Obstplantagen und Touristenstopps im nördlichen Michigan: Very Cherry Orchards und die Selbstpflückplantage mit Bäckerei ihrer Familie. Die erste Hälfte des Hügels war dicht mit Reihen von Sauerkirschbäumen bewachsen, und die Äste der kleinen, buschigen Bäume strotzten vor Früchten, rote Arme, die Sam zuwinkten, als würden sie sie zu Hause willkommen heißen.

Im Frühling waren diese Bäume voller weißer Blüten, die sich allmählich so rosa färbten wie ein perfekter Roséwein, von so zarter Schönheit, dass Sam jedes Mal das Herz weh getan hatte, wenn sie durch die Obstgärten gejoggt war, um für die Crosslauf-Mannschaft ihrer Highschool zu trainieren.

Oft, wenn Sam lief, zerrte der Frühlingswind an den zarten Blüten und ließ es aussehen, als schneie es mitten an einem schönen, warmen Tag.

Wie jeder gute Einheimische wusste Sam, dass Kirschen eine lange Geschichte im Norden Michigans hatten. Französische Siedler hatten Kirschbäume in ihren Gärten gehabt, und ein Missionar hatte die ersten Kirschbäume auf der Old Mission Peninsula gepflanzt.

Very Cherry Orchards bewirtschaftete fast vierzig Hektar mit Montmorency-Sauerkirschen, dazu noch Balaton-Kirschen, Schwarzkirschen, Pflaumen und Nektarinen. Sie verkauften ihr Obst an Selbstpflücker sowie an große Unternehmen, die Pies herstellten, aber sie waren auch berühmt für ihr Sauerkirschsaft-Konzentrat geworden, das inzwischen in Lebensmittelläden und Reformhäusern überall in den Staaten verkauft wurde. Die Leute liebten es wegen seiner natürlichen, gesunden Eigenschaften und seinem Reichtum an Antioxidantien. Als Sam noch ein junges Mädchen gewesen war, pflegten alle alten Leute der Gegend in der Bäckerei herumzusitzen, Kaffee zu trinken und darüber zu schwatzen, dass die Kirschen gut für ihre Gelenke waren, und sie flüsterten einander zu, dass die »Welt da draußen« hoffentlich nie hinter ihr Geheimnis kommen würde.

Sam hatte ihre Tassen aufgefüllt und sich dabei insgeheim über so engstirniges Denken lustig gemacht.

Das Hupen eines Autos ließ Sam zusammenzucken. Als sie in den Spiegel sah, staute sich der Verkehr hinter ihr bereits in einer Schlange den Hügel hinunter. Sie schaute auf ihre Uhr: Es war erst zehn Uhr vormittags.

Vielleicht hatten sie recht, dachte Sam, als sie wieder losfuhr. *Vielleicht sollten manche Dinge vor der Außenwelt geheim gehalten werden und so bleiben, wie sie sind.*

Langsam steuerte Sam ihr Auto die Straße hinunter und ließ die natürliche Schönheit um sie herum auf sich wirken.

Es war ein geradezu schmerzlich schöner Tag: Die roten Kirschen an den grünen Ästen vor dem Hintergrund eines blauen Himmels, wie ihn nur ein Mangel an Luftfeuchtigkeit erzeugen konnte, und in der Ferne klares Wasser, so weit das Auge reichte.

Sam fuhr an Very Cherry Orchards vorbei, und dann sah sie es. Der Anblick ließ sie zu schnell auf die Bremse treten, so dass der Kies unter ihrem Mietwagen aufstob.

Vor ihr lagen die Obstplantage und die Bäckerei ihrer Familie, und sofort fühlte sie sich in der Zeit zurückversetzt.

Ein gewaltiges aus Holz geschnitztes Schild begrüßte die Besucher mit der Aufschrift *Mullins' Obstplantage und Pie Pantry*, umrahmt von den Ästen eines großen Baumes, in denen lächelnde Äpfel hingen. Die Sonne über dem Baum war eine Pie. *Pie = Liebe* stand zwischen den Wurzeln des Baumes unter der Erde.

Etwas zurückversetzt von der Auffahrt, hinter dem Schild, befanden sich eine kleine Blockhütte und ein uralter Ford Model T, der immer noch brandneu aussah. Die Ladefläche des Trucks quoll über vor Körben mit frischen Äpfeln und Pfirsichen, und Petunien hingen über seine Seiten. Die Blockhütte mit ihrer schiefen Eingangstür und dem grau verwitterten alten Holz war das ursprüngliche Zuhause von Sams

Ururgroßeltern gewesen, in dem sie gewohnt hatten, als sie begonnen hatten, dieses Land zu kultivieren.

Neben der Einfahrt befand sich ein kleiner Schuppen, der eigentlich früher ein altes Bushäuschen gewesen war, in dem Sams Mutter und Großmutter Schutz gesucht hatten, wenn sie im niemals endenden Schnee, der Nordmichigan von November bis April überzog, auf den Schulbus gewartet hatten. Der Schuppen war erhalten und restauriert worden, und nun servierten Schüler den Touristen, die auf einen Parkplatz warteten, Kostproben von naturtrübem Apfelsaft und hausgemachten Donuts.

»Außenseiter!«, riefen zwei lächelnde Teenager in Schürzen aus dem Schuppen, während die niedlichen Vorhänge aus altmodischem Stoff mit aufgedruckten Kirschen, Kiefern, fröhlichen Rehen, Vögeln und auf dem Wasser schaukelnden Booten im Wind flatterten. »Wer will einen Außenseiter?«

Sam fuhr langsamer und winkte den Teenagern lächelnd zu.

»Möchten Sie einen Außenseiter?«, schrie ein Junge mit Zahnspange aus dem Schuppen.

Sie haben keine Ahnung, wer ich bin, dachte Sam. Bevor sie ein Wort sagen konnte, sprang der Junge schon wie ein Rehkitz mit zu langen Beinen für seinen Körper auf sie zu, so dass es aussah, als würde er jeden Moment stolpern. Er trug ein rotes Tablett, das mit einer Papierserviette ausgelegt war. Als er näher kam, sah Sam, dass das Tablett voll mit eigenartig geformten und mit Zimt und Zucker überzogenen Teigstücken war.

»Außenseiter?«, fragte der Junge mit einem Lächeln und einem leichten Lispeln. Die Sonne glitzerte auf seinen silbernen Zähnen.

»Gern«, antwortete Sam und nahm sich ein Stück, das wie eine runde Klammer geformt war. Als sie sich den warmen frittierten Teig in den Mund steckte, zerging er sofort auf der Zunge. Genüsslich leckte sie sich Zimt und Zucker von den Lippen. »Danke.«

»Köstlich, nicht wahr?«, sagte der Junge. Sam musste sich zusammenreißen, nicht über das Zahnspangenlispeln des Jungen zu lachen. »Die Apfelsaft-Donuts werden gerade frisch gemacht. Sie können beim Fuji-Platz neben der Tür parken.«

Sam wusste, was er als Nächstes sagen würde, also sagte sie es laut und mit dem Teenager im Chor: »Immer der Nase nach.«

»Woher wussten Sie das?«, fragte der Junge verblüfft.

»Sechster Sinn«, lachte Sam und schnappte sich noch ein unförmiges Teigstück, dann fuhr sie weiter.

Wie oft habe ich das gesagt, fragte sie sich, als sie an die Sommer in der Highschool zurückdachte, in denen sie alles Mögliche gemacht hatte: Kostproben verteilt, Pie-Ränder geformt, Körbe ausgegeben, Früchte gewogen.

Sam parkte auf dem Fuji-Platz – jeder Parkbereich war einer bestimmten Obstart oder -sorte zugeordnet –, und als sie aus dem Wagen stieg, erfüllte der Geruch nach frischen, frittierten Donuts die Sommerluft.

Sam warf noch einen prüfenden Blick in den Spiegel, holte tief Luft und ging dann hinein. Vor der Pie Pantry, einer alten, im typischen Rot gestrichenen Scheune, befand sich eine große Veranda aus Beton, auf der unter einer leuchtend bunten Markise mehrere Picknicktische standen. Ächzend zog Sam die schwere alte Holztür auf, und der Geruch nach Donuts wurde stärker. Den Gang, der in die Pie Pantry führte, säumten Antiquitäten und Erinnerungsstücke: altmodische Küchenutensilien, Farmgerätschaften, Körbe, alte Fotos, antike Obstleitern. Schiefe Holzregale waren voll mit durcheinandergewürfelten Tassen und Untertassen sowie leeren Schraubgläsern, in denen die Pie Pantry ihren Apfelsaft servierte.

Sam betrat die Bäckerei, einen riesigen Raum mit Betonfußboden, der mit einer Mischung aus Plastik- und Holztischen möbliert war, zusammen mit noch mehr Erinnerungsstücken, die von der Decke hingen und die Wände überzogen. Die Tische waren voll besetzt mit Besuchern und Einheimischen, die Donuts aßen, Kaffee und Apfelsaft tranken und sich stärkten, bevor sie sich ans Selberpflücken machten oder mit Kuchen für ihre sommerlichen Besucher hinausspazierten.

Der Betonboden war mit kindlichen Bildern von lächelnden Äpfeln, tanzenden Pfirsichen, winkenden Bäumen und fröhlichen Kuchen bemalt, und alles zusammen bildete wie der gelbe Steinweg aus *Der Zauberer von Oz* einen Pfad zum hinteren Teil der Scheune, wo sich die Pie Pantry und die Küche befanden. Sam folgte dem zeichentrickartigen Pfad, der ihr immer das Gefühl gab, ein kleines Mädchen zu sein, das Hüpfekästchen spielt, in einen weiteren großen, offenen Raum, der durch eine alte, etwa zehn Meter lange Holztheke abgetrennt war. Eine Reihe von Mädchen stand hinter Registerkassen, und die Theke säumten kostenlose Kostproben von Desserts: Apple Pie, Pfirsich-Pie, Marmeladen und Apfelsaft-Donuts. Auf einem Schild darüber stand: *Alles hausgemacht! Von Hand! Genau wie bei Grandma!*

Ein weiteres großes handgemaltes Schild mit der Aufschrift *GEHEN SIE NICHT OHNE EIN STÜCK HIMMEL NACH HAUSE!* hing über einer Tür, die zu einem Raum voller süßer Leckereien führte. Frisch gebacken und bereit zum Mitnehmen, standen sie aufgereiht auf hölzernen Regalen und waren beschriftet mit *FRISCHER APPLE PIE, FRISCHE KARAMELL-ÄPFEL, FRISCHER APPLE CRISP, FRISCHER APFELSAFT.* Kühltruhen waren mit gefrorenen Pies gefüllt, und noch mehr Regale beherbergten Marmeladen und Gelees sowie die berühmten Karamell- und Schokoladensoßen der Pie Pantry. Und Holzkisten und reizende Körbe quollen über vor Äpfeln, Pfirsichen und Pflaumen.

Frauen arbeiteten in einer Küche hinter den Kassen, rollten Teig aus, belegten Kuchenbleche, schnitten Äpfel, frittierten Donuts und bewiesen, dass alles hier tatsächlich hausgemacht war, genau wie das Motto es versprach.

Das hier könnte eine der ersten offenen Küchen gewesen sein, wurde Sam endlich bewusst, als sie daran dachte, wie trendy es in New Yorker Restaurants war, die Speisen direkt vor den Augen der Gäste zuzubereiten.

In diesem Moment entdeckte Sam ihre Grandma, die zu einem alten Lied tanzend mit Kopf und Hintern wackelte, während sie Donuts frittierte. Ein breites Lächeln legte sich über Sams Gesicht, und sie sah ihr einen Augenblick lang schweigend zu.

Die Frauen, die die Pies vorbereiteten und backten, arbeiteten jede für sich, aber doch vereint, ein Fließband aus Menschen anstatt Maschinen, und jede von ihnen kümmerte sich fachmännisch um eine andere Aufgabe. Oldies liefen im Hintergrund, und von weitem betrachtet ähnelte die Szene einer schön choreographierten Tanztheater-Aufführung.

Die Frauen plauderten und lachten miteinander, während sie arbeiteten. Die Arbeiterinnen waren so unterschiedlich wie die Kuchen, die sie machten: Manche waren rot und rund, manche blond und mit Pfirsichteint, manche so lang wie eine Rhabarberstange.

Sie wirken so glücklich, dachte Sam, als sie ihnen beim Arbeiten zusah. *War ich in meinem Job je so glücklich?*

»Kann ich Ihnen helfen, Ma'am?«, fragte ein Teenager Sam.

»Nein«, antwortete Sam erschrocken. »Ich bin hier ...«

Noch bevor Sam auch nur die ersten Worte herausgebracht hatte, sah sie, wie ihre Großmutter erstarrte, und ohne sich umzudrehen, rief sie: »Sam? Bist du das?«

»Hi, Grandma«, rief Sam.

Willo drehte sich um und blinzelte ungläubig, bevor sie einen Klumpen Teig in ihrer Hand auf den bemehlten Tisch fallen ließ. Das Mehl stieg in die Luft wie ein Gespenst. »Unser Baby ist wieder daheim!«, schrie Willo und rannte mit weit ausgebreiteten Armen auf ihre Enkelin zu. »Was für eine Überraschung!«

Willo umarmte Sam und drückte sie, bis Sam protestieren musste. »Ich krieg keine Luft, Grandma.«

Beide lachten, und Willo hielt Sam auf Armeslänge von sich, um sie genau zu betrachten, dabei füllten sich ihre Augen mit Tränen.

»Du siehst müde aus«, sagte Willo.

»Bin schon vor Sonnenaufgang aufgestanden«, erwiderte Sam. »Früher Flug.«

»Wie läuft's in deinem Job?«

»Gut«, log Sam.

»Behandelt er dich gut?«

»Ja, Grandma«, log Sam wieder.

»Was machst du hier?«

»Ich hab unerwartet Urlaub bekommen«, antwortete Sam. Sie zögerte. »Chef Dimples meinte, ich hätte mir ein paar freie Tage verdient.«

Willo musterte ihre Enkelin argwöhnisch. Sie öffnete den Mund, klappte ihn dann aber wieder zu, holte Luft und lächelte.

»Chef Dimples«, murmelte sie kaum hörbar. »Was für ein Name.« Forschend sah sie ihrer Enkelin in die Augen.

»Stehe ich etwa vor Gericht, Grandma?«, fragte Sam mit einem Lachen. »Fühlt sich so an wie damals, als alle dachten, ich hätte diese Pfirsich-Pie für Jimmy Jenkins gebacken.«

»Und die Kerne nicht rausgenommen«, fiel Willo ihr ins Wort. »Und den Zucker vergessen. Dafür jede Menge Salz dazugetan. Und Zeitungspapierschnipsel in den Teig gemischt …«

»Warum hätte ich so was tun sollen?«, fragte Sam mit weit aufgerissenen Augen und erhobenen Händen.

»Weil er dir das Fahrrad geklaut hatte, schon vergessen?«, antwortete Willo, der ein Lächeln über das Gesicht huschte.

»Okay, Grandma, okay«, gab Sam sich geschlagen. »Aber diesmal lüge ich nicht.«

Willo nickte. »Gut. Nun, das ist jedenfalls eine wunderbare, unerwartete Überraschung.« Sie verstummte kurz. »Für wie lange bist du hier?« Bevor Sam antworten konnte, fuhr Willo fort: »Egal. Ich will gar nicht wissen, wie lange, ich will nur jeden Moment feiern, in dem du da bist.« Wieder verstummte sie kurz. »Mein Baby«, sagte sie mit vor Emotionen erstickter Stimme. »Mein Baby ist wieder daheim.«

Einen Moment lang betrachteten die beiden einander, ohne Worte, als wären sie in einem Museum und stünden vor einem Gemälde, das sie noch nie gesehen hatten. Willo trug eine Version ihrer üblichen Aufmachung. Sie hatte eine Häkelmütze in Form eines Kirschkuchens auf dem Kopf, einschließlich des Gitters aus Teigstreifen und des gewellten Rands. Eine zu große Schürze hüllte ihren Körper ein und hing wie ein Vorhang bis zu ihren Schienbeinen hinunter. Wie immer zierten bunte Sneakers – diesmal weiß mit pinkfarbigen Schnürsenkeln – ihre Füße.

Ihre Großmutter war niedlich wie immer, aber Sam bemerkte, dass auch sie anders aussah: Ihre Augen waren inzwischen von einem verblassten Blau, wie Blaubeeren, die zu früh gepflückt worden waren, und ihre Schultern und ihr Rücken waren gebeugt von der jahrelangen Arbeit. Und doch hatte sie eine Stärke an sich, ein Licht, das sie auszustrahlen schien. Sam konnte die Liebe und die Energie ihrer Großmutter pulsieren und schimmern sehen wie das Licht, das durch die welligen Glasscheiben der Scheune hereinfiel.

Sam schaute auf die Hände ihrer Großmutter, rot und trocken. Arthritis und harte Arbeit hatten dafür gesorgt, dass ihre Knöchel wie Baumwurzeln aussahen, und doch blieb ihr Ringfinger davon größtenteils unberührt, als habe sie einen geheimen Pakt mit ihm geschlossen, damit sie nie ihren Ehering abnehmen musste.

Wie lange ist es her, seit Grandpa gestorben ist?, dachte Sam und rechnete rasch im Kopf nach. *Kann das wirklich schon sechs Jahre her sein?* Sams Herz wurde schwer. Sie dachte an alles, was sie in den vergangenen sechs Jahren getan hatte, an die Freunde, die sie kennengelernt hatte, die Orte, an denen sie gewesen war, alles, was sie erlebt hatte, alles neu, aufregend. *Ich fange gerade erst an,* dachte Sam, während sie ihre Grandma aufmerksam musterte, dann senkte sie den Blick. *Sie macht ohne die Liebe ihres Lebens weiter.*

Willo ertappte Sam dabei, dass sie auf ihren Ehering sah. »Gibt es irgendjemand Besonderes in deinem Leben?«, fragte sie. »Außer Chef … Oh, ich kann seinen Namen nicht mal aussprechen, ohne die Augen zu verdrehen.«

Sofort dachte Sam an Angelo.

Seine Grübchen, dachte Sam mit rasendem Herzschlag. *Ich frage mich, ob er mir wieder schreiben wird?*

»Nein«, antwortete sie. »Zu beschäftigt durch Arbeit und verrückte Mitbewohnerinnen. Nicht viel Zeit für die Liebe.«

»Für die Liebe ist immer Zeit«, erwiderte Willo augenzwinkernd, bevor sie das Thema wechselte. »Ich wünschte, ich hätte gewusst, dass du kommst. Dann hätte ich eine Party geplant oder all deine Lieblingsspeisen gemacht.«

»Ich glaube, du hast schon alle Hände voll zu tun mit der großen Party, die bald ansteht«, meinte Sam.

»Ich hoffe, du bleibst so lange«, sagte Willo.

Sam antwortete nicht.

Willo drehte sich um und suchte mit den Augen die Bäckerei ab. »Deine Mom muss im Büro sein. Wir haben für heute eine Menge Restaurantlieferungen eingeplant«, fuhr sie fort. »Willst du sie suchen gehen? Und dein Dad ist in den Obstgärten. Und dein Bruder ist letzte Woche schon wieder zurück aufs College. Er hat früher angefangen.«

»Ich weiß«, erwiderte Sam. »Er ist so begeistert, dass er ins Verbindungshaus gezogen ist. Schickt mir ständig Fotos. Sein Zimmer ist jetzt schon ein Schweinestall. Sag das nicht Mom und Dad, nachdem sie es für ihn so sauber geputzt und eingerichtet haben. Im Mai wird es von oben bis unten desinfiziert werden müssen.«

Willo lachte. »Bist du müde? Willst du auspacken und dich ein bisschen ausruhen?«

»Nein, ich bin irgendwie noch aufgedreht von der Fahrt, dem Kaffee und dem Zucker, den ich gerade von den Außenseitern hatte, die ich gegessen habe.«

»Wo wir gerade davon sprechen«, Willo wies mit einem Kopfnicken zur Küche. »Ich muss meinen Donut-Dienst erledigen. Möchtest du helfen?«

»Gern«, antwortete Sam.

Willo nahm Sams Hand und ging mit ihr nach hinten in die offene Küche. Eine Gruppe von Frauen, die Sam vor ihren Augen hatten heranwachsen sehen, stürzte sich auf sie, um sie zu umarmen und nach ihrem Job und ihrem Leben in der Stadt auszufragen.

Sam begann Geschichten aus ihrem Leben zu erzählen, und die Frauen hörten ihr zu, während sie Teig anrührten, Äpfel entkernten und Donuts frittierten.

»Weißt du noch, wie man die macht?«, fragte eine der Frauen Sam.

»Mit Apfelsaft nach Augenmaß«, antwortete Sam einstimmig mit einem halben Dutzend Frauen, die alle in heftiges Gekicher ausbrachen, als Willo einwandte: »Hey, das ist nicht lustig.«

»Dein Rezept war nie genau«, scherzte Sam. »Und du musst diesen Satz eine Million Mal zu uns allen gesagt haben.«

»So steht es in unserer Rezeptsammlung«, protestierte Willo und sah sich in der Runde um, die immer noch lachte. Dann wandte sie sich zu Sam. »Weißt du, manchmal gilt das auch fürs Leben. Man glaubt, man muss es so genau und detailliert leben, wie wir oft backen, aber manchmal muss man einfach nach Augenmaß gehen, seinem Bauchgefühl folgen, ein Rezept oder eine Zutat oder eine Richtung ändern, weil man weiß, dass es dann besser wird.«

Sam erstarrte und sah ihre Großmutter an. *Hat sie das zweite Gesicht?*, dachte Sam wieder voller Schuldgefühle, weil sie gelogen hatte.

»Weißt du noch, wie man die frittiert?«, rief eine andere Frau Sam zu und winkte sie zu sich.

»Darin war ich nie besonders gut«, gestand Sam.

»Keine Sorge wegen Außenseitern«, meinte Willo und sah von einer Fritteuse hoch. »Fehler passieren.«

Wieder versetzte es Sams Herz einen Stich. Sie nahm einen Donut und ließ ihn in das siedende Öl fallen, worauf der zarte Teig auseinanderfiel und eine Reihe unförmiger Stücke entstand.

»Jede Menge Außenseiter«, lachte eine Frau. »Jetzt haben die Kinder vorn noch viel mehr zu verteilen.«

Sam starrte in das zischende und spritzende Öl und sah zu, wie die Außenseiter darin herumschwammen wie Rettungsboote, denen die Luft ausging.

5

Sommer 2010

»Außenseiter?«, rief Sam aus der Tür des winzigen Schuppens.

Ein Familienvater in einem Minivan bog in die Einfahrt der Selbstpflückplantage und kurbelte die Fenster herunter. Schreie, Musik und die Geräusche von Videospielen drangen heraus, und vier Kinder krabbelten an die Fenster und streckten die Hände heraus.

»Ein bisschen mehr Zucker kann nicht schaden, was?«, rief er Sam zu und schenkte ihr ein erschöpftes Lächeln.

Sam trabte hinaus und hielt ein Tablett mit Apfelsaft-Donut-Stücken an die Fenster.

»Jaaa!«, kreischten die Kinder, grapschten nach den Donuts und stopften sie sich in den Mund, dass Zimt und Zucker ihre Lippen und Finger überzogen.

Die Mutter nahm ihre Sonnenbrille ab, was dunkle Ringe unter ihren Augen enthüllte »Sie freuen sich jedes Jahr schon darauf hierherzukommen«, sagte sie. »Auf den Strand, den See, die Süßigkeiten.«

Sie beugte sich zu ihrem Mann herüber und flüsterte Sam zu: »Ich glaube, ich werde es mehr genießen, wenn sie alle auf dem College sind.«

Sam lachte.

»Wie schaffst du es nur, so dünn zu bleiben?«, wollte die Mutter wissen.

»Du musst es lieben, hier zu leben«, meinte der Vater, während er sich noch einen Außenseiter nahm.

Sam nickte höflich.

Hinter ihnen dröhnte eine Hupe, und die Kinder kreischten. Der Vater schaute in den Rückspiegel: Eine Gruppe Teenager in einem glänzenden roten Cabrio mit offenem Verdeck, aufheulendem Motor und wummernder Musik wartete hinter ihnen. Der Fahrer hob die Hände in die Luft, als wolle er fragen: *Was dauert denn da so lange?*

»Sie können auf dem McIntosh-Platz parken«, sagte Sam.

»Bis nächsten Sommer«, rief der Vater. »Wir pflücken jetzt Äpfel und kaufen hundert Pies.«

»Jaaa«, kreischten die Kinder. »Zucker!«

»Immer der Nase nach«, rief Sam ihnen hinterher, als der Minivan langsam vorwärtskroch. Das Cabrio erwachte röhrend zum Leben, schoss nach vorn und bremste dann plötzlich so heftig, dass das Heck schlingerte. Kies spritzte auf, und eine Staubwolke hüllte Sam ein.

Als der Staub sich gelegt hatte, hörte Sam: »Sagst du es gar nicht zu uns?«

Sam stand ein paar Schritte hinter dem Cabrio und ging langsam darauf zu. Als sie auf eine Armlänge herangekommen war, schoss das Cabrio wieder ein Stück vorwärts und ließ Sam in einer weiteren Staubwolke stehen.

Wieder bremste der Wagen hart ab. Zwei junge Männer auf den Vordersitzen lachten, und die zwei Mädchen auf dem Rücksitz spielten wild kichernd mit ihren Haaren.

»Wir wollten dich nur ein bisschen aufziehen«, rief einer der Jungs. »Komm her.«

Das Cabrio glänzte in der Sommersonne. Es war ein ausländisches Modell und teuer, und es sah aus, als wäre es gerade frisch gewaschen und gewienert worden. Die vier Insassen sahen genauso aus: Sie waren braungebrannt, tranken Iced Lattes, trugen bunte Shorts und trendige T-Shirts. Alles wirkte auf Sam wie eine Fata Morgana, während der Staub sich weiter legte.

»Wir wollten nur hören, wie du es sagst.« Der Fahrer fuhr sich mit einer Hand durch die langen, glänzenden dunklen Locken, die durch seine Finger glitten und ihm wieder in die Augen fielen.

»Wie ich was sage?«, fragte Sam.

»Frag uns, ob wir einen Außenseiter wollen?« Der Beifahrer drehte seine Baseballkappe verkehrt herum und sah Sam direkt an.

»Wollt ihr einen?«

»Einen was?«, fragte der Fahrer unschuldig.

»Einen Außenseiter?«

»Sieht so aus, als steht da einer direkt vor uns«, meinte der Fahrer mit einem boshaften Lächeln auf dem Gesicht, während schallendes Gelächter aus dem Wagen hallte. Der Fahrer gab dem Kerl auf dem Beifahrersitz ein High-five, dann brauste er wieder davon und ließ Sam im Staub stehen, während die Mädchen Fotos mit ihren Handys machten.

»Immer der Nase nach«, schrien sie ihr zu.

Sam stand völlig starr vor Schock da, und ihre Augen füllten sich mit Tränen. Sie merkte, dass das Tablett mit Donuts in ihrer Hand zitterte; die kleinen Stücke rollten hin und her, als wären sie Passagiere in einem Rettungsboot, das plötzlich in einen Sturm geraten war.

Wie ein Zombie schlurfte sie zurück zum Schuppen, stellte das Tablett ab und versuchte sich zu beruhigen, dabei erhaschte sie einen Blick auf ihr Spiegelbild im Fenster. Alle sagten ihr, dass sie ein hübsches Mädchen war – »auf natürliche Weise hübsch«, sagten sie immer.

Aber was bedeutet das überhaupt?, dachte Sam jetzt.

Sie trug eine übergroße Schürze mit dem Logo der Pie Pantry darauf, die ihr fast bis zu den Knien reichte, und ein altes Paar Tennisschuhe, die vom endlosen Staub, Schlamm, Mehl und Apfelsaft schon schmutzig waren. Ihr Haar war in einem Pferdeschwanz, sie trug weder Make-up noch Schmuck, nur einen leuchtend roten Schlüsselanhänger ums Handgelenk, der wie ein altes Telefonkabel aussah und eine Auswahl von Schlüsseln für die Bäckerei, den Kühlraum, die Obstplantage, den Traktor und den Van beinhaltete.

Sie beugte sich zum Fenster und konnte sehen, dass ihr Gesicht bereits staubig war und ihre Zähne Flecken von den Blaubeeren hatten, die sie im Schuppen als Snack bereithielt.

Ich bin wirklich ein Außenseiter, dachte sie.

Ein Auto hupte in der Einfahrt.

Ich lebe am Arsch der Welt und arbeite auf einer dummen Obstplantage, die andere Leute nur kurz besuchen, um dann sofort wieder zurück in die Stadt in ein normales Leben zu fahren. Ich habe einen Freund, der irgendwann die Charterfirma seiner Eltern für Angelausflüge übernehmen wird, genau wie ich einmal das Geschäft meiner Familie. Wo werde ich in fünf oder zehn Jahren überhaupt sein? Genau hier? Und das Gleiche tun? Mein ganzes Leben lang Donuts verteilen und Kuchen backen?

Plötzlich riss Sam sich die Schürze herunter, warf sie auf den Boden und rannte aus dem Schuppen, dass die Schlüssel an ihrem Handgelenk klirrten.

Unter dem Hupen von Autos rannte sie davon und lief, bis ihr die Puste ausging, mitten in die Obstgärten, fort von der Menge. Sie fand einen Apfelbaum, legte sich unter seine ausladenden Äste und schaute hinauf zu seinen grünen Blättern und den vor Äpfeln schweren Zweigen.

Ich kann meiner Familie nicht entkommen, dachte sie, während sie zu den Äpfeln hochsah, die sanft an den Bäumen schaukelten. Sie waren zeichentrickartig rot und glänzend, wie die Äpfel, die ihre Großmutter überall in der Pie Pantry gemalt hatte. *Ich bin ein Außenseiter.*

Sam schloss die Augen und sah immer noch glänzende Äpfel vor sich schweben.

Den ganzen Sommer lang strömten Teenager aus Chicago, Detroit, St. Louis und Cleveland in die Stadt, deren Familien Sommerhäuser direkt am Strand hatten. »Cottages« nannten sie sie, obwohl viele davon eher große Anwesen waren. Sie fuhren ihre riesigen SUVs und sportlichen Cabrios; alles war perfekt, poliert und glänzend, von der Art, wie sie aussahen und sprachen, bis hin zu ihrer Zukunft.

Wie ist es da draußen, dachte Sam. *Wie fühlte es sich an, seine eigene Identität zu haben, sich neu zu erfinden?*

Sam arbeitete an den meisten Sommertagen von Sonnenaufgang bis Sonnenuntergang. Außerhalb der Schulferien arbeitete sie an den Wochenenden, wenn sie nicht lernte oder Crosslauf trainierte. Das Leben hier folgte den Jahreszeiten, aber es wurde nie wirklich langsamer: Während die Obstgärten im Winterschlaf lagen, erwachte die Pie Pantry zum Leben, und es wurden noch mehr Saisonkräfte eingestellt, um beim Backen für den Feiertagsansturm zu helfen.

Manchmal habe ich das Gefühl zu ersticken, dachte Sam.

»Brauchst du ein bisschen Platz, um durchzuatmen?«

Sam richtete sich kerzengerade auf. Ihre Mutter und ihre Großmutter standen vor ihr.

Woher wissen sie immer, was ich denke und wo ich bin?

Sie nickte.

»Ich wünschte, du hättest uns das gesagt.« Ihre Mom verschränkte die Arme. »Da war eine kilometerlange Schlange von Autos, die auf Donuts und Parkplätze warteten.«

»Oh, ist schon okay«, unterbrach ihre Großmutter. »Erzählst du uns, was passiert ist?«

Sam erzählte ihnen die Geschichte, und dann setzten Willo und Deana sich neben Sam ins Gras.

»Das Gleiche ist uns beiden auch passiert«, sagten sie einstimmig, bevor sie ähnliche Geschichten über Ärger mit unverschämten Leuten berichteten.

»Leider gehört das einfach zum Leben im Dienstleistungsgeschäft dazu«, sagte ihre Mom und streichelte Sams Bein.

»Leider gehört das einfach zum Leben dazu«, verbesserte Willo.

»Wie ist der Name *Außenseiter* überhaupt entstanden?«, wollte Sam wissen. »Der ist so … dumm.«

Willo lachte. »Na ja, das ist er eigentlich nicht«, sagte sie. »Wir haben sie schon alles Mögliche genannt: Kanaillen, Greaser, Spaßbremsen, Klopse, und wir mussten den Namen immer wieder ändern, weil sich die Zeiten veränderten. Lange haben wir Sonderlinge benutzt, dann haben wir angefangen, sie Kümmerlinge zu nennen.«

Willo zögerte. »Und dann war eine Gruppe Kids nicht gerade nett zu deiner Mom.«

»Ich hatte eine Zahnspange«, sagte Deana. »Und ich hatte Pickel. Und eine Dauerwelle. Du kannst es dir ausrechnen.«

Sie lächelte kurz, aber Sam merkte, dass der Schmerz immer noch da war. Deana fuhr fort: »Und ich arbeitete die meiste Zeit hier, also hatte ich nicht wirklich Gelegenheit, nach der Schule viel mit Freunden zu machen. Das war hart.«

Diesmal streckte Willo die Hand aus, um ihrer Tochter das Bein zu streicheln. »Einmal an Weihnachten war deine Mom ziemlich niedergeschlagen«, sagte sie. »Alle Kinder fuhren zu einem Skiausflug in einen Ferienort in Boyne City, aber sie musste hierbleiben und während des Weihnachtshochbetriebs arbeiten. Eines Abends lag sie Trübsal blasend auf dem Sofa und schaute fern …«

»… und stopfte mir Plätzchen in den Mund«, fügte Deana hinzu.

»… und *Rudolph mit der roten Nase* fing gerade an. Sie wollte schon umschalten, aber ich brachte sie dazu, sich zurückzulehnen und ihn sich mit mir anzusehen. Erinnerst du dich noch an den Teil über die Insel der misslungenen Spielzeuge?«

Sam nickte.

»All diese Spielsachen wurden weggeworfen und hatten kein Zuhause, weil sie anders waren: das Schachtelkarlchen, der gepunktete Elefant, die Eisenbahn mit viereckigen Rädern, der Cowboy, der auf einem Vogel Strauß reitet …«

»… der schwimmende Vogel«, fügte Sam lachend hinzu.

»Und ich sagte deiner Mom, dass all diese Spielsachen zauberhaft und perfekt waren, *weil* sie anders waren«, fuhr Willo fort. »Was sie zu Außenseitern machte, war das, was sie einzigartig machte.«

Sam sah zu ihrer Mom, die ihr ein schüchternes Lächeln schenkte.

»Früh am nächsten Morgen ging ich hinüber, um die Bäckerei aufzuschließen, und deine Mom war bereits dort und machte Donuts«, erzählte Willo weiter. »Sie hatte einen großen Teller Donuts, die nicht perfekt geworden waren, und sie sah mich an und sagte sehr leise: ›Ich möchte damit anfangen, sie Außenseiter zu nennen.‹ Als ich sie fragte, warum, sagte sie: ›Sie sind genauso gut wie die anderen, auch wenn sie ein bisschen anders aussehen.‹ Wir haben den Namen seitdem nicht mehr geändert.«

Ohne Vorwarnung fiel ein Apfel vom Baum und landete mit einem großen Plumps nur wenige Zentimeter von der Stelle entfernt, an der sie saßen.

»Ist das ein Zeichen?«, lachte Willo.

»Eine Warnung vielleicht?«, fügte Deana hinzu und streckte die Hand aus, um den Apfel aufzuheben. »Weißt du, der mag vielleicht von außen perfekt aussehen, aber man weiß nie, was im Innern von jemandem vorgeht, außer man fragt. Deshalb verhalten sich die Leute so, wie sie es tun.«

Deana stand auf, und Willo streckte ihr die Hände entgegen und ließ sich von ihr auf die Füße helfen. Dann streckte Willo erneut die Hände aus, worauf Deana ihr spielerisch den Apfel zuwarf.

»Du weißt ja, wie es heißt.« Willo zeigte Sam die Frucht. »Der Apfel fällt nicht weit vom Stamm.«

Theatralisch verdrehte Sam die Augen und stand auf.

»Ich glaube, den Spruch hab ich schon mal gehört, Grandma«, sagte sie, als sie sich in Bewegung setzte. »Ganz besonders hier.«

»Ich weiß, ich weiß, das klingt so – wie sagt ihr Kids? – so lahm«, fuhr Willo fort. »Aber wir alle halten das für etwas Schlechtes, wenn wir jung sind. Und dann werden wir älter, und weißt du, was? Wir merken, dass es das wirklich nicht ist.«

6

»Wie läuft's?«, riss Willo Sam aus ihrer Erinnerung.

Sam warf einen Blick in die Fritteuse. »O du meine Güte«, sagte sie. »Die müssen nicht besonders lang frittiert werden, oder? Hoffe, sie sind nicht zu braun.«

Willo nahm ein altes Küchensieb von der Arbeitsplatte und fischte die Donuts heraus. »Perfekt«, sagte sie. »Goldbraun. Braungebrannt wie reife Brombeeren. Genau wie ich.«

Sam lachte. Die Sommersonne machte alle, die in den Obstgärten arbeiteten, ›braungebrannt wie reife Brombeeren‹. Sam hatte keine Ahnung, wo dieser Spruch seinen Ursprung hatte, aber ihre Grandma benutzte ihn ständig, und er schien für eine Familie von Obstbauern zu passen. Tatsächlich war das Gesicht ihrer Grandma gebräunt, aber das konnte die dunklen Ringe unter ihren Augen nicht verbergen, und es ließ die Haut an ihren Händen noch durchscheinender wirken, als sie ihre Wange berührte.

»Ich habe so viele Fragen an dich«, sagte Willo, die Sam bei ihrer Musterung ertappte.

»Darauf wette ich«, lachte Sam.

»Aber die lassen wir einstweilen gut sein«, fuhr Willo fort. »Du siehst … nun ja … ein bisschen verloren aus.«

»Es geht mir gut, Grandma.« Sam straffte die Schultern und hob die Stimme. »Ich bin zu Hause, oder nicht?«

»Bist du das?«, fragte Willo, während sie sich abwandte, um

ein paar frische Donuts nach vorne in die Bäckerei zu tragen, dann kam sie wieder zurück und küsste ihre Enkelin sanft auf die Wange. »Tut mir leid. Ich wollte nicht neugierig sein. Ich hab dich lieb«, sagte sie.

»Ich dich auch«, erwiderte Sam.

Die beiden ließen die restlichen Donuts für ein paar Sekunden auf dickem Küchenkrepp abtropfen und wälzten das heiße Gebäck dann in Zimt und Zucker. Ein paar Minuten lang arbeitete Sam einträchtig mit ihrer Grandma und beobachtete die anderen Frauen, die dasselbe taten.

Manche machten den Teig, indem sie Mehl, Milch, Zimt und Muskatnuss miteinander verrührten, bevor sie den naturtrüben Apfelsaft dazugossen, nach Augenmaß, gerade genug, dass der Teig feucht, aber nicht nass wurde. Sie formten die Donuts und legten sie dann auf Backbleche, um sie unter Geschirrtüchern zugedeckt gehen zu lassen.

Sam fragte sich, wie sehr sich die Dinge verändert hatten, seit Willos eigene Mom und Grandma auf der Obstplantage gearbeitet hatten.

Es hatte eine gewisse Schönheit an sich, schweigend zu arbeiten. Niemand hatte das Bedürfnis zu reden, allein das Wissen, dass Freunde in der Nähe waren, erfüllte die Stille und Sams Herz. Während sie noch mehr Donuts frittierte, empfand sie einen Frieden, den sie schon lange nicht mehr gespürt hatte.

»Darf ich dich was fragen?«, wollte Sam schließlich wissen.

Willo hielt inne, zog die Augenbrauen hoch und straffte dann die Schultern, wie Sam es vorhin getan hatte. »Kommt drauf an«, sagte sie. »War nur Spaß. Natürlich!«

»Warum hast du und Mom mir Donut-Löcher und Außenseiter in meine erste Wohnung in der Stadt geschmuggelt, als ich mit der Schule anfing?« Sam sah sich in der Bäckerei um. »Von all diesen Desserts, die ihr als Überraschung hättet mitbringen können. Das habe ich mich immer gefragt.«

Willo dachte nicht mal über die Frage nach, bevor sie antwortete. »Die Donut-Löcher deshalb, weil wir große Löcher in unseren Herzen hatten, weil du nicht mehr hiersein würdest«, sagte sie. »Und die Außenseiter, weil ich wollte, dass du dich nie änderst, um irgendetwas oder irgendjemand anderes zu sein, als wer du bist und wozu du bestimmt bist.« Sie zögerte, und ihre Stimme brach leicht. »Selbst wenn das bedeutete, dass dieses Loch in meinem Herzen nie mehr gefüllt werden würde. Wir wollen nur, was das Beste für dich ist, Sam.«

Sam schlug das Herz bis zum Hals, und alles, was sie tun konnte, war nicken. Die beiden machten sich wieder an die Donuts und arbeiteten schweigend, aber die Stille war erfüllt von den Geräuschen schnippelnder Frauen, surrender Mixer …

Und Liebe, dachte Sam.

Sie dachte daran, wie es gewesen war, für Chef Dimples zu arbeiten, und wie es war, hier zu arbeiten, und wieder ging ihr das Herz auf.

Ironischerweise fühle ich mich zum ersten Mal seit langem nicht wie ein Außenseiter, dachte Sam. *Oder vielleicht doch*, korrigierte sie sich, als sie sich unter all den Frauen in der Bäckerei umsah und dann einen verstohlenen Blick auf ihre Grandma warf. *Und vielleicht ist das etwas Gutes. Vielleicht hat es einen Grund, warum Äpfel nicht weit vom Stamm fallen.*

Lue Cranes altmodische frittierte Apfelsaft-Donuts

Zutaten

675 g Zucker
125 g ungesalzene, geschmolzene Butter
2 Esslöffel Natron
2 Esslöffel Salz
4 Esslöffel Zimt, gemahlen
2 Teelöffel Muskatnuss, gemahlen
6 Eier, aufgeschlagen und verquirlt
1200 g Mehl
2 Esslöffel plus 2 Teelöffel Backpulver
250 ml Vollmilch
700 ml naturtrüber Apfelsaft
1 Liter Öl

Zubereitung

Die ersten sieben Zutaten 3 Minuten lang im Mixer auf mittlerer Stufe schaumig schlagen.

Den Mixer herunterschalten und langsam Mehl und Backpulver zu den schaumig geschlagenen Zutaten geben, bis sie gleichmäßig vermischt sind (nicht übermixen).

Langsam die Milch und den Apfelsaft in den Teig geben, bis er geschmeidig ist. Der Teig sollte dick sein. 20 Minuten lang gehen lassen.

Teig auf bemehlte Oberfläche geben und mit so viel Mehl

wie nötig auf eine Dicke von etwa eineinhalb Zentimetern flachdrücken oder ausrollen. Mit einem Donut-Ausstecher ausstechen. Einen Liter Öl in einer Fritteuse auf 190 Grad erhitzen. Donuts in heißes Öl geben, ca. 8 Stück gleichzeitig. Etwa 2 Minuten lang frittieren, dann wenden und weiter frittieren, bis sie fertig sind. Donuts mit Schaumlöffel herausheben und auf Küchenkrepp abtropfen lassen.

Falls der Teig zu fest ist, einfach kleine Löffelvoll in das heiße Öl geben, um Donut-Bällchen zu bekommen.

Wenn Donuts fast abgekühlt sind, mit Puderzucker oder Zimt und Zucker bestäuben.

Genüsslich vernaschen!

Ergibt etwa 2 Dutzend Donuts

3. Teil

Cherry Chip Cake

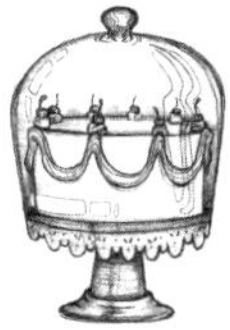

7

Sommer 2017

Als die flirrende Dämmerung einsetzte, eilten Sommerurlauber mit Weinflaschen und Picknickkörben an die Enden ihrer Stege. Von Sams Aussichtspunkt auf der Terrasse ihrer Familie auf einem Hügel mit Blick auf die Bucht glich die Szene einem Trickfilm mit Ameisen.

Ich brauche gerade etwas Perspektive, dachte Sam. *Ich fühle mich auch ziemlich klein.*

An jedem schönen Sommerabend strömten überall entlang der ausgedehnten Küste Michigans die Menschen in Scharen wie Lemminge zum Ufer, um die spektakulären Sonnenuntergänge zu betrachten. Sie waren ein herrliches Schauspiel, wie ein Feuerwerk an den meisten Abenden – ein Kaleidoskop aus Farbe und Licht am Himmel, weiße Wolken, die sich zuckerwatterosa, schlumpfeisblau und pflaumenlila färbten, die Sonne ein riesiger Feuerball, der im Wasser zu schmelzen schien, wenn sie am gewellten Horizont zu versinken begann.

Sonnenuntergänge sind eins unserer einfachsten und tiefgehendsten Geschenke, hatte Sams Grandma vor Jahren zu ihr gesagt, als sie am Ufer entlangspaziert und Hühnergötter – Steine mit Löchern drin – oder hübsche Petoskey-Steine gesucht hatten, um sich daraus zusammenpassende Halsketten zu basteln. *Sie erinnern uns daran, das Glück gehabt zu haben, einen perfekten Tag zu genießen, und sie geben uns die Hoffnung, dass der nächste Tag noch besser werden wird. Sie sind Gottes Art, uns mit seiner eigenen Sorte Feuerwerk gute Nacht zu sagen.*

Sam konnte spüren, dass jemand sie ansah, und drehte den Kopf. Ihr Dad – braungebrannt, aber müde – beobachtete sie.

»Es ist so schön, dich wieder zu Hause zu haben, Sam«, sagte er, obwohl sein ernster Tonfall nicht zu seinen Worten passte.

»Danke, Dad«, antwortete sie.

Als sie sich umdrehte, sah sie, dass auch ihre Mom und ihre Grandma sie aufmerksam betrachteten.

»Wo ist mein Wein?«, schrie jemand in der Ferne, und Sams Familie lachte nervös.

Sie hatten sich hastig zum Abendessen versammelt, um Sams überraschende Rückkehr zu feiern – nachdem sie die Angestellten gebeten hatten, länger zu bleiben, um die langen Sommerschichten in der Selbstpflückerplantage und der Bäckerei abzudecken –, aber es herrschte spürbares Unbehagen. Niemand schien Sam ihre Erklärung abzukaufen, dass Chef Dimples sie mit einem spontanen Urlaub belohnt hatte.

»Warum hast du uns nicht angerufen?«, hatte ihr Vater gefragt. »Wir hätten dich vom Flughafen abgeholt, dann hättest du dir kein Auto mieten müssen.«

»Du hattest mir gerade erst erzählt, dass du bis nächstes Jahr nicht frei bekommen würdest«, sagte ihre Mutter. »Du wusstest nicht mal, ob du es zu Weihnachten schaffen würdest.«

»Oder zu der großen Geburtstagsfeier für mich und die Obstplantage«, hatte ihre Großmutter hinzugefügt.

»Stehe ich vielleicht vor Gericht?«, fragte Sam. »Ist denn keiner froh, dass ich hier bin?«

Schweigen folgte.

»Also, wo ist jetzt *mein* Wein?«, fragte Willo plötzlich, um die Anspannung aufzulockern, worauf alle ein bisschen gelöster lachten.

»Ich hole noch eine Flasche«, bot Sam zu hastig an und sprang von ihrem Liegestuhl auf.

Sie ging ins Haus, machte die Fliegengittertür hinter sich zu, um die Mücken draußen zu halten, und ging in die Küche. Dort öffnete sie den Kühlschrank und suchte jedes Fach ab.

Was denn, dachte sie. *Kein Wein?*

Sam drehte sich um, und versteckt unter der ausladenden Kücheninsel duckte sich ein Weinkühlschrank wie ein Backenhörnchen aus Edelstahl.

Wann ist meine Familie so vornehm geworden?, dachte Sam. *Ein Weinkühlschrank? Wir haben früher aus Plastikbechern getrunken.*

Sie ging in die Knie, öffnete den Weinkühlschrank und überflog die Regale, die mit einer Auswahl an Weißweinen gefüllt waren. Sam fing an, jede Flasche herauszunehmen und die Etiketten zu lesen. Alle Weine waren Produkte der Dutzende Weingüter, mit denen der Norden Michigans übersät war, einschließlich der beiden Halbinseln, die sich nördlich von Traverse City in die Grand Traverse Bay erstreckten. Es gab eine Fülle von Weißweinen – Chardonnays, Sauvignon blancs, Rieslinge, Rosés und Dessertweine.

Die wurden alle im Umkreis weniger Kilometer von hier produziert, dachte Sam, und ein Gefühl von Stolz erfüllte sie.

Sie zog einen Pinot gris heraus und stand auf. Ein paar Flaschen Rotwein schimmerten im schwindenden Tageslicht: ein Cabernet franc, ein Pinot noir, ein Merlot. Robuste Rotweine waren im nördlichen Michigan wegen des Wetters und der Wachstumsperioden schwerer zu kriegen, aber Sam freute sich, eine solche Auswahl zu sehen.

Auf der Suche nach einem Korkenzieher öffnete Sam die Schubladen.

Nichts?

Da entdeckte sie einen nagelneuen elektrischen Öffner auf der Küchenzeile.

Und auch noch einen schicken Flaschenöffner?

Sam spürte einen schuldbewussten Stich wegen ihrer städtischen Besser-als-alle-anderen-Einstellung. Sie machte sich daran, das Siegel oben an der Flasche abzuziehen, und stellte dann fest, dass es ein Schraubverschluss war.

Leise lachte Sam über sich selbst, doch dann verstummte sie abrupt, als gedämpft geflüsterte Worte vom Sommerwind durch die Fliegengittertür getragen wurden und in die Küche schwebten, wo sie Sam wie ein Stein trafen:

Hat sie Connor getroffen?

Ich weiß es nicht. Redet sie überhaupt noch mit ihm?

Ich glaube nicht. Aber hast du gesehen, sie trägt immer noch seine Halskette.

Und den Schlüssel zur Rezeptsammlung.

Ist sie zurzeit mit jemandem zusammen?

Warum ist sie heimgekommen?

Sie wirkt zu gestresst, um im Urlaub zu sein.

Sam spürte, dass ihr die Knie nachgaben, und setzte sich auf den Holzfußboden der Küche, immer noch die Flasche Wein in der Hand. Das Flüstern ging weiter.

Ist sie gefeuert worden?

Hat sie gekündigt?

Hat sie aufgegeben?

Sam lehnte sich an den Weinkühlschrank. Die Tür fühlte sich kühl an ihrer nun erhitzten Haut an.

Warum bin ich hier?, fragte sie sich. *Warum habe ich gekündigt? Habe ich wirklich aufgegeben?*

Das späte Abendlicht spiegelte sich auf den alten Kieferndielen des Küchenbodens und beleuchtete jede alte Delle und jeden Hundekratzer, den ausgetretenen Weg vom Kühlschrank zur Spüle, scheinbar jede Erinnerung und jeden Schritt von Sams Leben, die in den Boden eingebettet waren.

Sam schraubte den Verschluss ab und setzte die Flasche an die Lippen.

»Harter Tag?«

Erschrocken spuckte Sam einen Sprühnebel aus Weißwein aus.

Sie nickte, worauf Willo sich mit knirschenden Knien bückte und sich neben ihre Enkelin setzte.

»Was dagegen, zu teilen?«, fragte sie, sobald sie neben Sam saß. »Oder ist das eine Flasche für einen allein?«

Sam zuckte mehr zusammen, als dass sie lächelte.

Einen Moment lang saßen die beiden schweigend da, reichten die Weinflasche hin und her und tranken in kleinen Schlucken.

»Ich habe dich wirklich richtig vornehm erzogen, was?«, meinte Willo.

Diesmal lächelte Sam.

»Wir sind alle so froh, dass du zu Hause bist«, sagte Willo sanft, »aber wir … na ja … wir sind einfach nur überrascht, dich zu sehen.«

»Soll ich wieder gehen?«, fragte Sam ein bisschen zu defensiv.

»Natürlich nicht«, protestierte Willo. »Wir wollen dich unterstützen, aber dazu müssen wir wissen, wie. Ich weiß, zu gegebener Zeit wirst du uns erzählen, was los ist.«

Sie verstummte und berührte Sams Arm. »Wir wollen nur, dass du glücklich bist.« Sie zögerte. »Und du wirkst eindeutig nicht mehr so wie früher.«

»Vielleicht ist das auch gut so«, sagte Sam, wieder ein bisschen zu defensiv.

»Vielleicht«, räumte Willo ein. »Veränderung ist gut. Aber manchmal kann man vor etwas, einem Ort oder einer Person nicht weglaufen. Manchmal muss man auf etwas zulaufen.«

»Ist das ein schlauer Spruch von einem Autoaufkleber?«

»Sam«, tadelte Willo, gefolgt von ihrem typischen, kaum hörbaren Ts-ts-ts. »Das ist die Grundlage für ein glückliches Leben.«

Willo nahm Sam die Weinflasche aus der Hand und hob sie an die Lippen, um einen ordentlichen Schluck zu nehmen.

»Grandma!«, rief Sam mit schockiertem Gesichtsausdruck.

»Ich wappne mich nur, um dir eine Geschichte zu erzählen, die ich noch niemandem erzählt habe«, erwidert Willo. »Nur meine Mom wusste davon.«

Sam machte große Augen und nahm ihrer Großmutter die Flasche wieder ab, um selbst einen ordentlichen Schluck zu trinken.

»Ich glaube, ich muss mich auch wappnen, um das zu hören«, meinte sie.

Willo wartete, bis Sam fertig war, dann sagte sie: »Ich hätte deinen Großvater beinahe nicht geheiratet.«

8

Sommer 1965

Willo Beck stand auf der Rollbahn des Flughafens von Charlevoix, mit offenem Mund und Augen so groß wie die Sonne. Sie umklammerte ihren Koffer so fest, dass ihre Knöchel weiß hervortraten, weil sie sich weigerte, ihn loszulassen.

»Der sieht wie ein Spielzeugflieger aus«, sagte sie. Ihr blondes Haar peitschte im warmen Sommerwind, der ihr Halstuch aufblähte. »Der kleine Bruder meiner Freundin hat genau so einen.«

Der Pilot, ein großer Mann mit kantigem Kiefer und grauen Augen, dessen Gesicht verbraucht und rau aussah, wies mit einem Kopfnicken auf das Flugzeug. »Wir fliegen schon seit 1945 nach Beaver Island, Miss«, sagte er. »Der Flieger geht hoch, der Flieger kommt wieder runter. Vögel fliegen an einem Tag weiter.«

»Der Teil mit dem ›runter‹ ist es, der mich nervös macht«, erwiderte Willo, während sie das winzige Flugzeug mit großen Rädern und Propellern an beiden Seiten musterte.

Der Pilot lächelte. »Ich hab im Zweiten Weltkrieg einen Jagdflieger geflogen, Miss. Das hier ist, als würde man mit seinem Hund Gassi gehen.«

Willos Griff um ihren Koffer lockerte sich. Blut strömte wieder in ihre Fingerknöchel.

»Versprochen«, versicherte er ihr. »Hab noch nie jemanden verloren.« Er schaute hoch zum Himmel. »Und sehen Sie sich diesen Tag an. Er ist perfekt. Das wird, wie ins Himmelreich zu fliegen.«

Willo reichte ihm ihren Koffer. Der Pilot ging nach hinten, warf ihr Gepäck ins Flugzeug und reichte ihr dann die Hand.

»Treten Sie hier rauf«, sagte er, während er Willo dabei half, ins Flugzeug zu klettern. »Passen Sie auf Ihren Kopf auf. Und schnallen Sie sich an.«

Willo zog ihren Sicherheitsgurt fest und sah dem Piloten zu, wie er um den Flieger herumging und Türen und Luken überprüfte. Dann sprang er hinein und überprüfte alle Instrumente.

»Bin ich die Einzige im Flugzeug?«, fragte Willo.

»Sieht so aus«, antwortete er. »Viele Leute fahren mit dem Boot rüber zur Insel. Sie haben Glück. Sie werden vor allen anderen dort sein.«

Von einem Mann auf dem Rollfeld bekam der Pilot den Daumen nach oben gezeigt. »Halten Sie sich die Ohren zu«, sagte er. »Wird ziemlich laut. Und vergewissern Sie sich, dass Ihr Sicherheitsgurt fest ist. Manchmal fliegt eine der Türen einfach auf.«

Brüllend heulten die Motoren auf und übertönten Willos Schreie. Bevor sie noch ihren Sicherheitsgurt lösen und die Flucht ergreifen konnte, schoss das Flugzeug schon die Startbahn entlang und erhob sich dann langsam, wacklig, unsicher in die Luft.

Willo kniff fest die Augen zu. Sie konnte spüren, wie das Flugzeug zur Seite kippte und eine Kurve flog, nach links, dann nach rechts, und dann höher stieg, dass ihre Ohren ploppten. Ihr Magen sackte durch, als das kleine Flugzeug vom Wind geschüttelt wurde. Bilder von Willos Mom und Dad schossen ihr in den Kopf, und sie sprach ein kleines Gebet, das ihre Eltern ihr als kleines Mädchen beigebracht hatten, damit sie es jeden Abend vor dem Zubettgehen sprechen konnte, um am nächsten Morgen sicher und wohlbehalten wieder aufzuwachen.

Nun leg ich mich zur guten Nacht, o lieber Gott, gib auf mich Acht …

Willo geriet in Panik, als sie die nächste Strophe aufsagen wollte, in der es darum ging, vielleicht zu sterben, bevor sie wieder aufwachte.

Ich habe bis jetzt nie darüber nachgedacht, was das bedeutet, dachte sie. *Was für ein schreckliches Gebet für ein Kind!*

»Augen auf«, glaubte sie, ihre Eltern zu ihr sagen zu hören.

»Machen Sie die Augen auf!«

Endlich wurde Willo bewusst, dass der Pilot sie anschrie. Seine Stimme war über das Gebrüll der Motoren kaum zu hören.

Willo öffnete die Augen, und der Pilot schaute zu ihr herüber. »Das Leben ist ein Abenteuer, Miss«, sagte er. »Sie müssen die Augen offen halten, sonst verpassen Sie es.«

Sein Blick schweifte über die panoramahafte Aussicht außerhalb des Flugzeugs. »Es ist wunderschön, nicht wahr?«

Langsam drehte Willo den Kopf und lehnte sich zum Fenster. Das Herz sprang ihr in die Kehle. Das Flugzeug war viel dichter über dem Wasser, als Willo je gedacht hätte, und sie kam sich vor wie in einem Traum. Sie holte tief Luft, schloss die Augen und schaute dann schnell wieder hin. Das Wasser des Michigansees war eine Mischung aus Aquamarin, Türkis und Smaragdgrün.

Es sieht genauso aus wie die Fotos von der Karibik im National Geographic Magazin, dachte Willo.

Das Sonnenlicht erhellte den sandigen Grund des Sees und enthüllte ein verschlungenes, geriffeltes Muster unter Wasser. Die schattenhafte Silhouette des Flugzeugs glitt über die Oberfläche. Es sah aus wie ein schwarzer Vogel, der auf ausgebreiteten Schwingen zur Insel flog.

»Es ist wunderschön«, flüsterte Willo leise zu sich, bevor

sie die Stimme hob und dem Piloten zurief: »Es ist wunderschön.«

»Warum sind Sie unterwegs nach Beaver Island?«, rief der Pilot zurück.

Willo sah ihn an und dann wieder aus dem Fenster. »Ich weiß es nicht«, antwortete sie.

»Dann haben Sie ein paar schöne Tage vor sich, um es herauszufinden«, meinte er.

Als das Flugzeug sich Beaver Island näherte, sah Willo, dass dichte Kiefernwälder die Insel bis an ihre sandigen Ufer überzogen. Die Insel sah größtenteils unbewohnt aus, unerforscht, und Willo kam sich vor, als würde sie in einem entlegenen Dschungel abgesetzt. In diesem Moment sah sie die Wellen sanft an die goldenen Ufer schwappen. Sofort entspannte sie sich, bis das Flugzeug plötzlich tiefer sank und der Pilot »Festhalten!« rief.

Willo sah keine offensichtliche Landebahn, nur ein Dickicht aus Bäumen, als das Flugzeug der Erde immer näher kam. Dann, wie aus dem Nichts, tauchte eine Landebahn nicht größer als eine Auffahrt auf einer Lichtung auf, und das Flugzeug sackte einfach herab, als wäre ihm der Treibstoff ausgegangen.

Schreiend überprüfte Willo ihren Sicherheitsgurt, und dann, rasch, waren die Räder des Flugzeugs auf dem Boden und es kam kreischend und holpernd zum Stillstand.

»Sie haben die Augen offen gelassen«, sagte der Pilot, nachdem er die Motoren abgestellt hatte. »Bin stolz auf Sie.«

Er kletterte aus dem Flugzeug und half Willo heraus, bevor er ihr Gepäck aus dem Heck des Flugzeugs holte. »Wo wollen Sie jetzt hin?«, fragte er, als er ihren kleinen Koffer zu Boden stellte.

»Das weiß ich eigentlich nicht«, antwortete Willo.

»Das wissen Sie nicht?« Ein Ausdruck von Belustigung und Besorgnis zuckte über sein Gesicht.

»Ich bin unterwegs zum Haus meiner Freundin beim Leuchtturm«, sagte sie.

»Das ist ein ziemliches Stück von hier«, meinte er. »Am südlichen Ende der Insel. Brauchen Sie eine Fahrgelegenheit?«

Willo sah ihn an und schüttelte den Kopf. »Ich glaube, ich brauche ein bisschen frische Luft«, meinte sie.

»Gehen Sie diese Straße lang und in die Stadt«, sagte er. »Und dann gehen Sie einfach weiter, bis Sie ans Ende der Insel kommen. Der Leuchtturm ist das Größte weit und breit. Sie können ihn gar nicht verfehlen … außer, Sie verlaufen sich.« Er lachte. »Hier kennt jeder jeden«, sagte er. »Irgendjemand wird Ihnen immer weiterhelfen … falls Sie tatsächlich einem anderen Menschen über den Weg laufen.«

»Danke.« Willo hob ihren Koffer auf. Sie kehrte dem winzigen Flughafen den Rücken – einem einzigen kleinen Gebäude, das als Ankunfts- und Abflugsgate diente –, blieb dann jedoch stehen und drehte sich noch einmal um. »Und ich werde von jetzt an meine Augen offen lassen.« Sie lächelte.

Schon gut einen Kilometer später hätte Willo sich ohrfeigen können, dass sie niedliche Oxford-Schuhe trug anstatt ihrer Sneakers. Sie hatte noch kein einziges Auto gesehen, geschweige denn einen Menschen, und kam sich vor wie der letzte Mensch auf Erden.

Ich habe mich noch nie so allein gefühlt, dachte Willo, *trotz …*

Die ganze Insel roch nach Kiefern und Wasser, und sie konnte den Wind und das Rauschen des Sees überall um sie herum hören, als wäre sie in einem Kinosaal. Ihre Schuhe knirschten auf Sand und Kies, und sie wechselte den Koffer von einem Arm zum anderen, wann immer ihre Schulter zu schmerzen begann. Schließlich blieb sie an einem kleinen Picknicktisch mit zwei Bänken neben der Straße stehen, wo ein kleiner, seichter Bach über Steine sprudelte und Kiefernnadeln mit sich trug. Sie stellte ihren Koffer ab und schaute in den Bach auf ihr Spiegelbild im Wasser.

Wer bin ich?, fragte Willo sich.

Sie setzte sich an den Tisch, öffnete ihren Koffer und nahm ein sandwichähnliches Stück Kuchen heraus, das ihre Mutter gebacken und in einem weichen, sicheren Hafen aus Shorts und T-Shirts verstaut hatte.

Danke, Mom, dachte Willo. *Slab Pie. Mein Lieblingskuchen.*

Ihre Mutter und ihre beste Freundin Sally waren die Einzigen, die von ihrer Flucht nach Beaver Island wussten, das ungefähr fünfzig Kilometer von der Küste Michigans entfernt lag. Sally hatte Willo gesagt, dass sie in dem Häuschen ihrer Eltern wohnen konnte.

»Du wirst es ganz für dich allein haben«, hatte sie Willo versichert und sie umarmt. »Die Ruhe wird dir Zeit zum Nachdenken geben.«

Willo wusste, dass die Insel eine gewisse ungewöhnliche Geschichte hatte, aber die Isolation war es, die im Moment einen Reiz auf sie ausübte.

Ich bin wie eine Gefangene auf der Flucht, die um ihr Leben flieht.

Willo tat das Herz weh, sobald ihr dieser Gedanke durch den Kopf schoss.

Wie kann ich nur so herzlos sein?, fragte sie sich.

Als sie gedankenversunken von ihrem Stück Pie abbiss, blitzte die Sonne auf dem Ring an ihrem Finger. Wieder tat ihr das Herz weh.

Sie hob die Hand, um den Verlobungsring zu betrachten und im Licht zu drehen.

Warum habe ich ja gesagt?, dachte Willo.

Zwei Kardinäle landeten neben dem Bach und tauchten ihre Schnäbel ins Wasser. Dann hielten sie inne und fingen an, sich spielerisch mit Wasser zu bespritzen. Die Vögel flatterten mit den Flügeln, dass Wassertröpfchen im Licht funkelten, und hüpften ausgelassen umher. Dann wurden sie einen Moment lang still, warfen die Köpfchen in den Nacken und begannen, einander im Chor zuzusingen.

Das ist Liebe, dachte Willo. *Schau nur, wie sie sich ergänzen, wie sie die Gesellschaft des anderen genießen.* Sie hielt inne und fragte sich erneut, diesmal laut: »Warum habe ich ja gesagt?«

Die Vögel schlugen mit den Flügeln und erhoben sich singend in die Luft. *Ich habe getan, wovon ich glaubte, dass die Gesellschaft es von mir erwartet,* dachte sie.

Willo ging mit Fred aus, seit er sie in der elften Klasse der Highschool von Suttons Bay gebeten hatte, mit ihm auf den Homecoming-Ball zu gehen. Fred war zuverlässig, arbeitsam, ernst, ruhig und beschaulich. Er wollte in Suttons Bay bleiben und eines Tages zusammen mit Willo die Mullins-Obstplantage übernehmen.

Ameisen begannen auf den Picknicktisch zu krabbeln und Krümel hochzuheben, die so groß waren wie sie selbst, um sich dann lautlos wieder auf den Rückweg zu machen.

Ja, dachte Willo. *Fred ist genau wie eine Ameise.*

Nach der Highschool war Willo aufs College gegangen, um Wirtschaft zu studieren, während Fred zu Hause geblieben war, um auf der kleinen Farm seiner Familie zu arbeiten. Das College hatte Willos Leben verändert, ihren Geist geöffnet und ihre Denkweise erweitert. Etwas über die Welt zu erfahren hatte bewirkt, dass ihr ihre eigene Welt klein vorkam, und sie wollte reisen, umherziehen, ihre Spuren an Orten hinterlassen, die sie noch nicht gesehen hatte.

Ist das Leben auf der Obstplantage das Leben, das ich will?, fragte sie sich. *Ist Fred der Mann, den ich will? Für immer erscheint plötzlich wie eine sehr lange Zeit.*

Und beim Abendessen zur Feier ihres Abschlusses – nur Stunden, nachdem sie ihr Diplom bekommen hatte – brachte die Kellnerin einen Kuchen an den Tisch, von dem ein Stück bereits herausgeschnitten war. Als sie es auf Willos Teller legte, thronte ein Ring auf der Glasur. Als Willo aufblickte, war Fred bereits auf sein Knie gesunken, ihre Familien klatschten, Freds Mutter weinte.

Was hätte ich tun sollen?, fragte Willo sich erneut.

Sie aß ihr Stück Pie auf, nahm ihren Koffer und setzte ihre Reise fort, und schließlich schaffte sie es ins »Stadtzentrum« von Beaver Island. Sie trottete die winzige Straße entlang, die in einem leichten Bogen dem Seeufer folgte, bis der Bürgersteig aufhörte und sie auf einer ungeteerten Straße war, die durch ein dichtes Wäldchen führte. Schließlich konnte sie Licht sehen, eine Lichtung, und als sie aus dem Wald herauskam, begrüßte sie das majestätische Ende der Insel, wo der Leuchtturm über dem Ufer des Michigansees Wache hielt.

Auf einem grasbewachsenen kleinen Hügel stand ein einsames, niedriges Häuschen mit verwitterten, ergrauten Schindeln, gleich dahinter der Leuchtturm und die sandige Küstenlinie. Kleine rosafarbene Kletterrosen rankten sich an einem Gitter empor, eine Hängematte schaukelte sanft zwischen zwei knorrigen Kiefern, und drei Schaukelstühle standen auf der kleinen Veranda vor dem Haus.

Es sieht aus wie aus einem Bilderbuch, dachte Willo.

Sie stellte ihren Koffer auf der Veranda ab und kramte den Hausschlüssel hervor. Als sie eintrat, musste sie lächeln: Ein gemauerter Kamin, der vom Boden bis zur Decke reichte, beherrschte das Wohnzimmer – das ganze Haus roch nach Rauch –, und die Vorderseite des Hauses säumten Fenster mit Blick auf den See. Plötzlich wieder voller Energie, lief Willo beschwingt in die Küche, die durch helles Linoleum auf dem Fußboden und Möbel mit leuchtend rot laminierten Oberflächen glänzend und freundlich wirkte. Zwei kleine Schlafzimmer, durch ein blaugefliestes Badezimmer miteinander verbunden, befanden sich auf der anderen Seite des Hauses, beide mit Blick auf das Wasser.

Willo legte ihren Koffer auf Sallys Bett. Sie betrachtete all die Fotos an der Wand: Sally als Baby, Sally beim Strandspaziergang mit ihrer Mutter, Sally als Teenager beim Schwimmen mit ihren Freunden, Sally, die vor Willos Augen aufwuchs.

Willo ging zurück in die Küche und öffnete den Kühlschrank. Dort waren ein paar Grundnahrungsmittel für den bevorstehenden Besuch der Familie am Labor Day, und Willo wusste, dass ihre Mom ihr fürs Abendessen ein Sandwich mit Erdnussbutter und Marmelade und ein weiteres Stück Slab Pie eingepackt hatte.

Genug bis morgen, dachte sie.

Willo ging zur Vorderseite des Hauses und schaute aus den Wohnzimmerfenstern. Da waren keine Vorhänge.

Die sind nicht nötig, dachte Willo. *Keine Nachbarn.* Willo ließ den Blick über die atemberaubende Weite schweifen. *Und diese Aussicht!*

Der See erstreckte sich, so weit ihr Auge reichte – eine Fläche aus wasserblauem Stoff, der sich im Wind bewegte –, und der Leuchtturm wachte über allem. Als Willo zum Leuchtturm hochsah, schien er sie zu rufen. Sie trat hinaus auf die Veranda, streifte die Schuhe ab und ging hinunter zum Strand. Der Leuchtturm war auf weißem Stein erbaut, und ein paar Stufen führten hoch zu einer Tür. Willo zog daran, aber sie war verschlossen. Sie trat einen Schritt zurück und schirmte die Augen gegen die Sonne ab. Nahe der Spitze befand sich ein Rundgang um das gläserne Lampenhaus, auf dem eine amerikanische Flagge im Sommerwind flatterte. Willo spähte durch die Fenster des Leuchtturms.

Sieht dunkel aus drinnen.

Sie umkreiste ihn und fand auf der Seite, die dem Wasser am nächsten war, eine halbkreisförmige Steinmauer, an der eine Reihe von Gedenktafeln befestigt war. Eine der Tafeln erzählte die kurze Geschichte des Leuchtturms, die Daten seiner Eröffnung und wann er schließlich außer Betrieb genommen worden war. Die anderen Tafeln erinnerten an jene, die jenseits des Leuchtturms im Michigansee ihr Leben gelassen hatten. Willo las von Menschen, die bei Flugzeugabstürzen und Schiffbrüchen ums Leben gekommen waren, Fischern, die nicht gerettet werden konnten, Kindern, die in Unterströmungen geraten waren, Familien auf sommerlichen Bootsausflügen und Seenotretter, die gestorben waren, während sie versuchten, alle anderen zu retten.

Menschen wie du und ich, dachte Willo, als sie die Tafeln las, *deren Leben einfach ohne Vorwarnung zu Ende war, die nie wieder zu ihren Lieben zurückkehrten.*

Die letzten Zeilen der Tafel lauteten:

»Sie ließen uns zurück mit kummervollen Herzen,
Doch unsere Lichter müssen weiter leuchtend brennen.«

Willo ging zum Ufer, setzte sich in den Sand und schaute in die Ferne, auf den glatten und ruhigen See.

Wie hatte ihr Leben wohl ausgesehen?, dachte Willo über die Verstorbenen nach. *Was hatten sie gedacht und getan, bevor sie so rasch aus dem Leben gerissen wurden?*

Sie legte sich zurück und schaute hoch zum Leuchtturm.

Waren sie glücklich?

Willos Augen schlossen sich flatternd, und eh sie sich versah, war sie tief und fest eingeschlafen und träumte davon, jenseits des Leuchtturms ihr Leben zu lassen. Als sie wieder aufwachte, dämmerte es bereits, und ihre Haut war kühl. Immer noch schlaftrunken und in Gedanken bei ihren unruhigen Träumen, stand sie auf.

Ich brauche etwas Ruhe, dachte sie. *Ich bin erschöpft und melancholisch.*

Sie ging zurück zum Haus, drehte sich dabei aber alle paar Schritte wieder zum Leuchtturm um, als rufe er sie immer noch zu sich, dann schloss sie die Tür, aß ihr Erdnussbuttersandwich und ging schlafen.

Der nächste Tag dämmerte sonnig, warm und heiter.

Ein perfekter Strandtag, dachte Willo. *Und ein perfekter Tag, um am Strand zu lesen.*

Willo zog einen Badeanzug an und darüber Shorts und ein reizendes ärmelloses Top, schnappte sich einen Dollar, den ihre Mutter ihr gegeben hatte, und eine kleine Strandtasche, steckte ein Handtuch hinein und ging zurück in Richtung Stadtzentrum, wo sie sich in einem kleinen Sandwichladen einen Donut und einen Becher Kaffee sowie ein Käsesandwich und eine Cola für später kaufte. Sie setzte sich auf die Veranda vor dem Laden und verschlang gierig ihren Donut und den Kaffee. Dann fragte sie einen vorbeikommenden Einheimischen, wo der schönste und ruhigste Strand lag.

»Ist `n langer Weg«, sagte der alte Mann mit einer Haut wie Kiefernrinde und spuckte einen dunklen Strahl Kautabak von der Veranda.

»In den Himmel ist es auch ein langer Weg«, erwiderte Willo mit einem ernsten Nicken und trank von ihrem Kaffee.

Der Mann lachte schallend. »Sie haben eine Geschichte, Ma'am«, sagte er. »Das merke ich.«

Er ging in die Hocke, zog einen Bleistift aus der Brusttasche seines Overalls und nahm Willos Serviette, um ihr eine Karte zum Strand aufzumalen.

»Lassen Sie Ihre Geschichte hier hinter sich«, sagte er mit einem Augenzwinkern, dann stand er ächzend auf und ging in den Laden.

Willo stand ebenfalls auf, streckte sich, musterte die Karte des Mannes und machte sich dann zu Fuß auf den Weg.

Die Karte, die der Mann gezeichnet hatte, führte Willo durch ein Labyrinth der Naturwunder von Beaver Island. Sie wanderte durch dichte Kiefernwälder und über klare Bäche mit nichts als Trittsteinen oder umgestürzten Bäumen als Brücke; sie ging durch Wiesen voller Wildblumen, wo das Summen von Bienen die Luft erfüllte; sie erklomm eine Düne, deren Sand von der Sommersonne aufgeheizt war, und kam auf einem Hügel heraus, der eine atemberaubende Aussicht auf den Michigansee und seine reine, unerschlossene Küstenlinie bot.

Willo wanderte den Hügel hinunter, dabei streifte Dünengras ihre Beine, und erreichte außer Puste den Strand. Sie zog ihre Schuhe aus und watete ins Wasser. Die Kälte des Sees raubte ihr wie immer den Atem. Willo wusch sich die Beine, dann drehte sie sich um und suchte den Strand ab.

Kein Mensch in Sicht, dachte Willo lächelnd. *Der Mann hatte recht.*

Sie holte ihre Stranddecke heraus und schüttelte sie im Wind aus, dann warf sie den neuesten Agatha-Christie-Roman darauf und beschwerte die Enden mit ihren Schuhen. Willo wand sich aus Shorts und Oberteil, rieb sich Sonnencreme auf Arme und Beine und ließ sich mit einem tiefen Seufzer auf die Decke fallen. Dann saß sie da und sah den Wellen zu, was sie sofort einlullte.

Lassen Sie Ihre Geschichte hier hinter sich, hallte ihr die Stimme des Mannes durch den Kopf.

Das ist nicht so leicht, dachte sie. *Weil meine Geschichte kein Happy End hat.*

Ohne Vorwarnung fing Willo an zu weinen. Dicke Tränen rollten ihr über die Wangen und fielen auf ihre Oberschenkel. Sie legte sich zurück, um ihre Tränen von der Sonne trocknen zu lassen, und hob ihr Taschenbuch auf.

Bring mich auf andere Gedanken, Agatha, dachte sie.

Trotz der Spannung um Hercule Poirot wurden Willos Lider schwer, und das Buch schwankte in ihren Händen. Langsam ließ sie es sinken, schloss die Augen und ergab sich ihrer Müdigkeit.

Sie werden rot.

Willo träumte, dass Agatha Christies exzentrisch kultivierter belgischer Detektiv über ihr stand und seinen Schnurrbart zwirbelte.

Warum tragen Sie einen Smoking am Strand?, fragte Willo ihn.

Sie werden rot, wiederholte er.

Willo öffnete die Augen und schrie auf. Über ihr stand nicht

Poirot, sondern ein junger Mann ohne Hemd, mit Haar und Haut so golden wie der Sand und Bauchmuskeln wie die sich kräuselnden Wellen.

»Ich wollte Sie nicht erschrecken«, sagte er und machte einen Schritt rückwärts. »Sie sehen aus, als würden Sie einen leichten Sonnenbrand kriegen.«

Willo setzte sich auf und schlang die Arme um sich, während sie versuchte, wieder einen klaren Kopf zu bekommen.

»Wie lange habe ich geschlafen?«, fragte sie benommen.

»Sagen wir mal so, wenn ich nicht aufgetaucht wäre, dann hätten Sie wahrscheinlich lange genug geschlafen, um krebsrot wie ein Hummer zu werden«, sagte der Junge mit einem Lächeln. »Die hier nicht häufig vorkommen. Im Moment haben Sie noch Zeit, sich etwas besser einzucremen.«

Willo musterte sich und nahm die Sonnencreme. »Wer sind Sie?«, fragte sie mit mehr als nur einer leichten Spur von Empörung in der Stimme.

»Wer sind Sie?«, ahmte er sie mit gespielter Empörung nach.

Sie lachte. »Tut mir leid«, sagte sie. »Ich bin Willo. Und ich bin heute nicht ganz ich selbst.«

»Ich bin Gordon«, antwortete er. »Und dieser Strand ist der perfekte Ort, um sich zu verlieren.« Er verstummte kurz. »Oder sich zu finden.«

Er ging zur Wasserlinie und stellte sich knöcheltief in die Wellen. Für Willo sah er aus wie Troy Donahue in *Die Sommerinsel*, und ihr Herz setzte einen Schlag lang aus.

»Was führt Sie an diesen Strand?«, rief er über die Wellen hinweg zu ihr herüber. »Den kennen nicht viele. Nur die Einheimischen.«

»Ein Mann im Sandwichladen hat mir davon erzählt«, antwortete sie. »Sind Sie ein Einheimischer?«

»Irgendwie, aber nicht wirklich«, erwiderte er.

»Was bedeutet das?«

»Mein Dad und ich kommen alle paar Wochen zum Angeln hierher«, sagte er. »Wir haben einen Freund, der hier ein kleines Häuschen besitzt, eigentlich nur eine Hütte, und wir fahren mit dem Boot vom Festland herüber. Beaver Island war mal der größte Lieferant für Süßwasserfische in den Vereinigten Staaten.«

»Sie sind ja ein richtiges Füllhorn an Informationen.« Willo stand auf und ging zu ihm ins Wasser.

»Füllhorn?«, fragte Gordon. »Sie müssen eine College-Studentin sein.«

»Gerade erst meinen Abschluss gemacht«, erwiderte sie. »An der Michigan State.«

»Gratuliere«, sagte er mit einem bewundernden Nicken. »Sie müssen große Pläne für Ihre Zukunft haben.«

Willo ließ den Kopf hängen, wandte sich von ihm ab und schaute hinaus übers Wasser, ohne zu antworten.

»Tut mir leid«, sagte er. »Ich wollte nicht neugierig sein.«

»Ich … Ich …«, setzte Willo an, brachte jedoch nicht heraus, was sie sagen wollte.

»Sie brauchen nichts zu erklären«, meinte er. »Eine Menge Leute flüchten aus vielen Gründen auf diese Insel. Kennen Sie die Geschichte von Beaver Island?«

Willo sah ihn an und schüttelte den Kopf.

Gordon watete aus dem Wasser, setzte sich in den Sand und klopfte neben sich, damit Willo sich zu ihm gesellte. Sie ging zu ihm und setzte sich, die Beine nur Zentimeter von seinen entfernt.

»Früher mal war das hier ein mormonisches Königreich«, sagte er.

»Ein was?« Willo setzte sich aufrechter hin.

»Ein mormonisches Königreich«, wiederholte er nachdrücklich nickend. »Nachdem Joseph Smith, der Gründer der Kirche Jesu Christi der Heiligen der Letzten Tage, gestorben war, betrachteten die meisten Brigham Young als Smiths

Nachfolger, aber viele folgten einem Mann namens James Strang, der seine Anhänger vor über einem Jahrhundert nach Beaver Island brachte. Sie halfen dabei, die Insel aufzubauen, und wurden zu einem wichtigen Faktor hier.«

Willos blaue Augen wurden größer, als Gordon die Geschichte erzählte.

»Strang erklärte sich selbst zum König, und er wurde von seinen Anhängern gekrönt. Aber anderen auf der Insel gefiel sein selbsterklärter Status als Herrscher der Insel nicht, oder die Tatsache, dass er ein Polygamist mit fünf Frauen und vierzehn Kindern war«, fuhr Gordon fort. »Zwei Männer wurden ausgepeitscht, nachdem ihre Frauen sich geweigert hatten, Strangs Dekret zu befolgen, Pluderhosen zu tragen. Nachdem sie sich wieder erholt hatten, begannen sie, ein Komplott gegen ihn zu schmieden.«

»Das ist ja wie im Film«, sagte Willo.

»Eines Sommertages lief die USS *Michigan* hier in den Hafen ein und lud Strang ein, an Bord zu kommen. Als er die Anlegestelle entlangging, schossen zwei Männer von hinten auf ihn und rannten dann aufs Schiff, das ablegte und die Männer auf Mackinac Island wieder absetzte. Sie wurden nie verurteilt, und nachdem Strang kurz darauf starb, kam ein Mob von Mackinac herüber und vertrieb Strangs Anhänger von Beaver Island.«

»Wow«, staunte Willo. »Was für eine Geschichte! Woher wissen Sie das alles? Sind Sie ein College-Student?«

Diesmal ließ Gordon den Kopf hängen, dass seine Ponyfransen die von der Sonne gebleichten Wimpern streiften. »Nein«, antwortete er schüchtern. »In der Stadt ist ein Heimatmuseum, und all die Einheimischen reden über die Geschichte der Insel, wenn wir angeln gehen. Ich bin nur ein Junge aus Traverse Bay, der seinem Dad bei der Arbeit und dem Restaurieren von Booten hilft. Kleines Familienunternehmen. Aber ich wollte immer aufs College gehen.«

»Ich bin aus Suttons Bay«, sagte Willo. »Meine Familie besitzt eine Obstplantage.«

»Welche Obstplantage?«

»Mullins«, antwortete sie.

»Oh, du meine Güte«, sagte er. »Meine Familie ist da früher immer zum Selberpflücken hingefahren.«

»Früher«, wiederholte Willo Gordons Wort mit traurigem Tonfall. Ihre Augen wanderten von seinen hinaus übers Wasser. »Wir haben zurzeit ein paar Probleme, um ehrlich zu sein. Die Farmen werden größer und werden von Unternehmen betrieben. Supermärkte haben ständig gutes frisches Obst und Gemüse im Sortiment.« Sie zögerte. »Die Leute sehen jetzt fern oder gehen ins Kino. Einen Tag auf der Obstplantage zu verbringen hört sich für viele Leute nicht mehr so unterhaltsam an wie früher. Ich wäre tief bekümmert, wenn meine Familie verlieren würde, was sie sich vor so langer Zeit aufgebaut hat.« Sie verstummte kurz. »Und ich weiß nicht, ob ich ein Teil davon sein will, um ehrlich zu sein. So ein anderes Leben, als ich es mir jetzt vorstelle.«

»Ihre Familie wird es nicht verlieren«, meinte Gordon. »Manchmal muss man erkennen, dass die einzige Konstante im Leben die Veränderung ist.«

»Wow! Sehr tiefsinnig«, sagte Willo mit einem Lachen. »Wussten Sie, dass Heraklit, ein griechischer Philosoph, das vor sehr, sehr langer Zeit gesagt hat?«

»Nein«, antwortete Gordon. »Sie haben eine Menge auf dem College gelernt.«

»Schätze, schon«, sagte Willo. Dann lachte sie. »Aber wenn ein toter griechischer Philosoph alles ist, was ich kenne, dann erwarten mich in der richtigen Welt gewaltige Schwierigkeiten.«

»Mein Dad sagt immer: ›Gib einem Mann einen Fisch, und du ernährst ihn für einen Tag; lehre einen Mann zu fischen, und du ernährst ihn für sein ganzes Leben.‹«

»Das ist ein chinesisches Sprichwort«, sagte Willo bewundernd.

»Gewissermaßen die Philosophie meiner Familie, was Leben und Arbeit betrifft«, meinte er. »Ich sage zu meinem Dad, ›Wenn wir keinen Fisch fangen, dann essen wir eben ein Fertiggericht.‹«

»Ich weiß nicht, ob sich dieses Sprichwort durchsetzen wird«, lachte Willo und versetzte Gordon ohne nachzudenken einen Klaps ans Bein. Schnell nahm sie ihre Hand wieder fort und stand auf, um in den See zu waten, weil sie hoffte, das würde die Hitze abkühlen, die sie verspürt hatte, als sie ihn berührte.

Meine Hand kribbelt immer noch von dem elektrischen Schlag, dachte sie.

»Deshalb bin ich hier rausgekommen ... um einfach eine Weile lang zu vergessen«, sagte Gordon. »Ich mache dasselbe durch wie Sie. Das Geschäft meines Dads hat auch zu kämpfen. Die Bootsindustrie verändert sich ... Niemand will mehr die alten Holzboote kaufen oder restaurieren. Sie wollen Aluminium. Neu, neu, neu!« Er verstummte kurz. »Ich fühle mich stark unter Druck gesetzt, zu tun, was alle erwarten. Ich habe vergessen, wie es ist, einfach nur jung zu sein.«

Willo spürte ihre Wangen zittern. Sie drehte sich um und sah Gordon mit einem Nicken direkt an. »Dann lassen Sie uns vergessen«, sagte sie. »Schwimmen, in der Sonne liegen ...« Sie stupste ihre Haut an, die sich rasch von rosa zu braun verfärbt hatte. »... noch etwas mehr Farbe bekommen ... jung sein.«

Gordon stand auf und lief zum Wasser. »Okay!«, sagte er, bevor er stürmisch in den See rannte und dann kopfüber hineinhechtete. Mit einem lauten Freudenschrei, der über den Strand hallte, kam er wieder an die Oberfläche.

Willo lachte und tat es ihm nach. Schreiend tauchte sie ins eisige Wasser. Als sie wieder aufstand, strömte das Wasser in schimmernden Kaskaden von ihrem Körper. Sie fuhr sich mit den Händen durchs Haar und stellte fest, dass Gordon sie anstarrte.

»Sie sehen aus, als wären Sie in Diamanten gehüllt«, sagte er.

Ihr blieb das Herz stehen. *Das war wohl das Romantischste, das je jemand zu mir gesagt hat,* dachte sie.

»Ich wünschte, ich hätte Sie kennengelernt, vor …« Gordon zögerte, und Willo sah, dass er auf ihren Ring starrte, der nass im Wasser und der Sonne glitzerte. »… vor *diesem* Diamanten.«

Die einzige Konstante im Leben ist die Veränderung, dachte Willo, bevor sie wieder die Stimme des alten Mannes im Sandwichladen hörte. *Lassen Sie Ihre Geschichte hier hinter sich.*

Willo ging zurück zu ihrer Stranddecke und legte sich auf den Rücken, um sich von der Sonne trocknen zu lassen. Im dunstigen Licht des Strandes sah Gordon wie ein schöner Geist aus, der aus den hoch aufragenden Dünen um sie herum erschienen war. Er kam auf sie zu und setzte sich zu dicht neben ihr in den Sand. Sie fühlte sich wie gelähmt.

»Mir gefällt der Schlüssel an Ihrem Hals«, sagte er. »Wofür ist der?«

»Das alberne Ding?« Willo hob die Halskette und nahm den Schlüssel, der an ihrem Hals nach hinten gerutscht war.

»Es ist nicht albern, wenn Sie es tragen«, erwiderte er.

»Das ist ein Schlüssel für meine Rezeptsammlung«, sagte sie.

»Sie kochen?«

»Ich backe«, korrigierte sie. »Aber ich weiß nicht, ob ich das will.«

»Vielleicht ist dieser Schlüssel die Antwort«, meinte Gordon. »Wo wohnen Sie?«

»Warum?«

Er lachte. »Ich wollte nicht aufdringlich sein«, sagte er. »Ich wusste nur nicht, ob Sie vorhatten, die Nacht hier draußen zu verbringen. Sie wirken … verloren.«

»Das bin ich«, sagte Willo, schockiert darüber, dass die Worte aus ihrem Mund gekommen waren. »Ich wohne im Haus meiner Freundin. Es liegt gleich neben dem Leuchtturm.«

Gordon legte den Kopf in den Nacken und lachte.

»Was ist daran so lustig?«, fragte sie.

»Jetzt ergibt alles einen Sinn«, sagte er. »Der Leuchtturm hat auch eine Geschichte. Wollen Sie sie hören?«

»Sie sind voller Geschichten«, sagte sie.

»Besser als voller Sie-wissen-schon-Was«, lachte er. »Es war einmal in einer dunklen und stürmischen Nacht vor weniger als einem Jahrhundert ...«

»Eine Geistergeschichte?«, hob Willo die Stimme.

»Das entscheiden Sie«, erwiderte er. »Eine Frau namens Elizabeth war mit einem Mann namens Clement verheiratet, er war der Leuchtturmwächter. Als er krank wurde, kümmerte sie sich um die Öllaterne, was im Winter nicht leicht war. Eines Nachts hörte das Paar das laute Flattern von Segeln in der Ferne und konnte schwach die blinkenden Lichter eines Schiffs in Seenot ausmachen. Schnell erkannten sie, dass es dabei war zu sinken.«

Gordon fuhr fort. »Clement und ein Bootsmann ruderten in der Dunkelheit mit einem Rettungsboot hinaus. Keiner von beiden wurde je wiedergesehen. Elizabeth war untröstlich, widmete ihr Leben jedoch dem Leuchtturm. Sie sagte einmal, dass es stets andere in den tückischen Gewässern geben würde, die das Licht ihres Leuchtturms brauchten, um sie sicher an Land zu geleiten. Ihr Motto war ...«

Willo setzte sich auf. »Ich habe vor kurzem erst die Gedenktafel gelesen. Etwas darüber, die Lichter weiter hell brennen zu lassen.«

»Genau«, sagte er. »Manche Leute sagen, sie können die Öllampe immer noch brennen sehen, obwohl der Leuchtturm schon seit langem außer Betrieb genommen wurde.«

»Davon bekomme ich Gänsehaut.« Willo rieb sich Arme und Beine.

»Möchten Sie zum Abendessen zu uns kommen?«, fragte Gordon plötzlich. »Ich brate ein paar Fische, die mein Dad und ich gefangen haben … Vielleicht können Sie uns ein paar Wirtschaftstipps vom College für unser Familienunternehmen geben.«

»Ich weiß nicht«, erwiderte sie. »Das kommt mir nicht richtig vor.«

Schweigend saßen die beiden eine Weile nebeneinander, dann sagte Willo: »Okay.« Gordon lächelte, und es folgte ein Moment der Verlegenheit, bevor Willo hinzufügte: »Ich habe sowieso Hunger.«

Sie lehnte sich zurück und nahm ihr Sandwich, das vom Wasser und der Sonne feucht und warm war. Sie zog die Brotscheiben auseinander, um es argwöhnisch zu mustern.

»Käse? Das würde ich nicht essen, wenn ich Sie wäre«, warnte Gordon, bevor er sich zurücklehnte und eine Papiertüte nahm. »Ich habe ein paar frische Kirschen von zu Hause dabei, falls Sie welche wollen. Sie schmecken nach Sommer. Vielleicht helfen die Ihnen bis zum Abendessen. Vorsicht mit den Kernen.«

»Danke.« Willo nahm eine Kirsche, zupfte sie mit dem Mund vom Stiel und spuckte den Kern in den Sand.

»Sehr damenhaft«, sagte er.

»Ich bin aus Michigan«, erwiderte sie. »Da muss ich wissen, wie man Kerne spuckt.«

Gordon lachte. »Sie scheinen eine Frau voller unerwarteter Überraschungen zu sein«, sagte er.

Unerwartete Überraschungen, dachte Willo. *Wie erfrischend, das zu hören.*

»Kirschen erinnern mich an eine der Lieblingsnachspeisen meiner Großmutter«, sagte sie. »Cherry Chip Cake.«

»Klingt köstlich«, antwortete Gordon. »Ist das ein Rezept aus Ihrer Sammlung?«

Willo nickte lächelnd. »Ehrlich gesagt, ja.«

»Ich liebe Kirschen, und ich liebe Kuchen.«

»Er hat diese wunderbar üppige Buttercremeglasur und ist mit Kirschen gefüllt«, sagte sie. »Tatsächlich war das die Hochzeitstorte meiner Großeltern.«

»Das Leben auf einer Obstplantage«, sagte Gordon mit sehnsüchtiger Stimme. »Hoffentlich kann ich diesen Kuchen irgendwann mal kosten.«

Willo errötete, und sie war froh, dass ihre Wangen bereits rot von der Sonne waren.

Gordon begleitete Willo nach Hause und holte sie dann mit einem Tandem zum Abendessen ab. Sie mochte seinen Vater, der voller Liebe und Leidenschaft über seine Familie, seine Boote, sein Geschäft, das Fischen und seine Frau sprach.

Als Gordon sie wieder nach Hause brachte, war die Dämmerung hereingebrochen, und sie standen im Schatten des Leuchtturms. Willo fühlte sich zu ihm hingezogen, eine tiefe und vertraute Verbindung, als wären sie sich schon einmal begegnet und dazu bestimmt gewesen, sich wieder zu treffen.

Warum jetzt?, fragte sich Willo.

»Es war schön, Sie kennenzulernen.« Gordon reichte ihr seine Hand.

Ein Gentleman, dachte Willo.

»Falls Sie je rüber nach Traverse City kommen«, fügte Gordon schüchtern hinzu, »dann schauen Sie vorbei, um hallo zu sagen. Ich würde Ihren Mann gern kennenlernen.«

Er drehte sich um und stieg auf sein Fahrrad. »Ich mache mich besser auf den Weg, bevor es zu dunkel wird, um heimzukommen.«

Gordon trat in die Pedale und winkte Willo zu. Sie winkte zum Abschied zurück. Sein Fahrrad wurde langsamer, und plötzlich machte er eine Kehrtwende auf der Kiesstraße.

»Die einzige Konstante im Leben ist die Veränderung, Willo«, sagte er. »Vergessen Sie das nicht.«

Willo konnte spüren, dass ihr das Herz in der Brust pochte.

Und mit diesen Worten fuhr Gordon davon. Staub wirbelte unter dem Hinterreifen seines Fahrrads auf.

Verblüfft drehte Willo sich um und ging zum Ufer. Bei der Steinmauer blieb sie stehen und las noch einmal die Gedenktafel, dabei dachte sie an all jene, die fortgegangen und nie zurückgekommen waren.

Wird Gordon je zurückkommen?, fragte sich Willo. *Und warum schmerzt mein Herz wegen jemandem, den ich gerade erst getroffen habe und kaum kenne?*

Sie drehte sich zum Leuchtturm um und schaute hinauf. »Hilf mir, Elizabeth«, flüsterte sie. »Was soll ich tun? Wie hast du es ertragen, die einzige große Liebe deines Lebens zu verlieren? Wie hast du weitergemacht?«

Willo wandte das Gesicht zum Wasser und atmete den frischen, salzlosen Geruch des Michigansees ein. Dann hob sie den Kopf, um noch ein letztes Mal zum Leuchtturm zu sehen.

Als sie ins Haus ging, begann Licht die Spitze des Leuchtturms mit seinem roten Dach zu erhellen, ein strahlendes Leuchtfeuer, das plötzlich aufs Wasser hinausschien.

Willo blieb wie erstarrt stehen, hatte aber keine Angst. Stattdessen deutete sie das gespenstische Licht als ein Zeichen, ein Leuchtfeuer der Hoffnung.

Die einzige Konstante im Leben ist die Veränderung.

»Danke«, sagte sie zu dem Leuchtturm. »Danke, Elizabeth.«

9

Sam setzte die Weinflasche an ihre Lippen, dabei bemerkte Willo, dass sie inzwischen halb leer war.

»Ich hatte vergessen, dass es so eine gute Geschichte ist«, witzelte sie.

»Ich bin gerade ein bisschen geschockt, Grandma! Heißt das, Grandpa war gar nicht der Mann, den du heiraten solltest?«, stieß Sam mit heiserer und leicht lallender Stimme hervor. Mit der freien Hand schüttelte sie das Bein ihrer Großmutter. »Du bist mit Grandpa fremdgegangen?«

Willo versteifte sich verärgert. »Natürlich nicht«, erwiderte sie. »Das würde ich nie tun. Ich habe mit Fred Schluss gemacht und bin lange mit Gordon ausgegangen, bevor wir geheiratet haben. Fred hat schließlich eine sehr nette Frau kennengelernt, und sie sind seit über fünfzig Jahren verheiratet, genau wie dein Großvater und ich. Wie sich herausstellte, gab es ein Happy End für alle.«

»Hast du mir diese Geschichte deshalb erzählt? Damit ich an ein Happy End glaube?«, fragte Sam. »Oder wolltest du nur, dass ich für immer Angst vor Geistern habe?«

Willo sah ihrer Enkelin in die Augen und schüttelte den Kopf. »Ich möchte, dass du verstehst, dass Veränderung gut sein kann und dass sie manchmal völlig unerwartet kommt.« Sie verstummte kurz. »Eine meiner größten Hoffnungen ist, dass du die Liebe findest, so wie ich.«

Sam erwiderte den festen Blick ihrer Großmutter. Sie nickte, sagte dann jedoch sehr entschieden: »Ich glaube einfach nicht, dass ich einen Mann in meinem Leben brauche, Grandma. Ich brauche niemanden, der mir sagt, was ich tun, wie ich mich verhalten, wo ich leben soll.«

»Stimmt, das brauchst du nicht«, erwiderte Willo. »Du brauchst jemanden, der dich ergänzt, dich herausfordert, das Beste in dir zum Vorschein bringt und selbst deine nervigsten Eigenschaften vergöttert. Die Liebe ist kein Spiel, bei dem man die Kontrolle abgibt. Sie ist eine Partnerschaft.«

Sam ließ den Kopf sinken und betrachtete die Holzdielen vor ihr. »Aber diese Geschichte? Es hört sich so an, als hättest du dich Hals über Kopf in Grandpa verliebt, aber du hast dein ganzes Leben für ihn geändert. Du hast Michigan nicht verlassen, um die Welt zu entdecken. Du hattest keine Karriere. Du bist hier auf der Obstplantage geblieben. Du hast dein Leben für einen Mann geändert. Dasselbe trifft auf Mom zu.«

Willo schnalzte leise mit der Zunge. »O Sam«, sagte sie mit von Traurigkeit erfüllter Stimme. »Mir war nie bewusst, dass du so empfindest.« Sie verstummte kurz. »Aber du liegst falsch, mein Liebes.«

»Wirklich?«

»Ja«, antwortete Willo mit strenger Stimme. »Völlig. Ich habe mich nicht verbogen, um den Bedürfnissen deines Großvaters zu entsprechen.«

»Aber du bist hiergeblieben.«

»Weil ich es wollte.« Willos Stimme wurde lauter. »Das ist es, was du übersiehst.« Sie holte tief Luft und fuhr etwas langsamer fort. »Ich hatte eine anspruchsvolle Karriere ... Die habe ich immer noch. Frauen haben diese Obstplantage gerettet. Frauen haben sie zu einem erfolgreichen Unternehmen gemacht. Deine Mutter und ich haben deine Geschichte verändert. Du bist Konditorin wegen der Entscheidungen, die wir getroffen haben. Bist du unglücklich darüber?«

Sam sah ihre Großmutter an. Ihr Herzschlag raste. »Nein«, antwortete sie mit plötzlich zittriger Stimme. »Ich bin nur ... jetzt gerade unglücklich.«

Willo legte den Arm um Sam und zog sie an sich. »Das merken wir alle«, sagte sie. »Aber einstweilen stellen wir keine Fragen. Dein Glück ist das Allerwichtigste für uns.«

Sie drückte ihre Enkelin. »Der Grund, warum ich dir diese Geschichte erzählt habe, ist, dass nur du entscheiden kannst, was dich glücklich macht. Lass dir das von niemandem sonst abnehmen, sonst wirst du nie glücklich sein. Und versprich mir, dass du auf etwas *zu-* und nicht vor etwas *weg*läufst.«

»Das verspreche ich, Grandma«, antwortete Sam.

»Sich zu verlieben ist wie in einen Spiegel zu sehen«, sagte Willo. »Es spiegelt wider, wer wir sind. Wähle weise, und du wirst es schätzen, dein Spiegelbild zu sehen, ganz gleich, wie sehr es sich im Lauf der Jahre verändert. Denn alles, was du sehen wirst, ist Freude. Also, kein Trübsal blasen mehr«, schloss Willo. Langsam stand sie auf und hielt Sam ihre Hand hin. »Oh, meine Beine sind ein bisschen wacklig vom Wein.« Sie lachte. »Ich mache besser das Abendessen«, fügte sie mit einem Nicken zur Terrasse hinzu. »Die werden sich in einen wütenden Mob verwandeln, wenn sie nicht bald was zu essen bekommen. Wie wär's mit Pampe? Ich weiß, wie gern ihr die alle mögt.«

Sam zuckte zusammen, sagte jedoch kein Wort.

Willos ›Pampe‹ war im Wesentlichen das, was Sams Mutter ihr gegenüber insgeheim ›Auflauf-mit-allem-was-nicht-niet-und-nagelfest-Ist‹ nannte. Willos Pampe bestand größtenteils aus Schmelzkäse, Reis und Buchstaben- und Champignoncremesuppe aus der Dose, und das Ergebnis ähnelte tatsächlich, nun ja, einer Pampe.

Und schmeckt auch so, dachte Sam, während sie sich zu einem Lächeln und einem Nicken für ihre Großmutter zwang.

Für Sam war die größte Ironie in Bezug auf Willo, dass sie

zwar eine wunderbare Bäckerin, aber weit davon entfernt war, auch nur eine durchschnittlich gute Köchin zu sein. Jahrzehntelang hatte die Familie das Abendessen nur durchgestanden, um zum Nachtisch zu kommen.

Irgendwie so wie Kinder Mathe durchstehen müssen, um zur Pause zu kommen, dachte Sam.

»Warum koche ich nicht das Abendessen?«, schlug sie vor.

»Bist du nüchtern genug?«, neckte Willo.

»Ich bin jetzt ein Stadtmädchen, Grandma«, scherzte Sam zurück. »Es braucht mehr als ein paar Schluck Wein, um mich aus der Bahn zu werfen.«

»Dann zeig mal deine Skills«, sagte Willo.

»Skills?«, staunte Sam. »Du bist ja ganz schön hip, Grandma.«

»Ich arbeite mit jeder Menge Highschool- und College-Kids«, erwiderte Willo. »Ich muss meine Sprache up to date halten.«

»Dann zeigst du mir aber auch deine Skills«, meinte Sam. »Wie lange dauerte es, diesen Cherry Chip Cake zu backen?«

»Eine Weile«, antwortete Willo.

Unvermittelt sauste Sam mit beschwingtem Schritt in der Küche umher. Sie öffnete den Kühlschrank und holte einen Schwung verschiedenes Gemüse heraus, dann ließ sie den Blick suchend über die Arbeitsplatten schweifen.

»Ich zaubere uns ein schnelles Abendessen«, sagte sie, während sie die Zutaten musterte, die sie wahllos auf die Kücheninsel geworfen hatte. »Ich grille diese Maiskolben mit frischer Kräuterbutter, dazu Folienkartoffeln mit gewürfelten Zwiebeln. Während die backen, bereite ich diesen leckeren Lachs zu, den Dad gefangen hat, mit viel Zitrone und Kräutern, und ich mache einen Salat aus frischen Tomaten, Radieschen, Karotten und etwas Ziegenkäse. Dauert nur ein paar Minuten, wenn du mir dabei hilfst.« Sie drehte sich zu Willo um. »Und dann kann ich dir dabei helfen, den Cherry Chip Cake zu backen.«

Willo brach in ein breites Lächeln aus. »Es wäre mir eine Ehre«, sagte sie.

Sie ging zum Herd und nahm die Rezeptsammlung ihrer Tochter von einem hübschen Regal. Dann zog sie sich ein Halskettchen vom Kopf und nahm den Schlüssel, der daran hing. »Ich habe genauso einen wie du«, lachte sie. »Und er passt in jedes Rezeptkästchen.« Sie legte den Finger an die Lippen. »Psssst. Deine Mom weiß das nicht.« Sie sah Sam an und berührte ihren Schlüssel. »Schön, den nah am Herzen zu haben, nicht wahr? Gibt einem das Gefühl, sicher und beschützt zu sein, selbst wenn man es vielleicht nicht ist, was?«

Sofort wurde Sams Kopf von der Szene überflutet, wie sie bei Chef Dimples gekündigt hatte. Sie nickte.

Willo blätterte die Karteikarten im Kästchen durch. »Da ist es!«, rief sie und zog eine Karte heraus.

Sam ging zu ihr und musterte die Karte, die mit rosa Flecken übersät war.

Lächelnd sah Willo ihrer Enkelin dabei zu. *Vielleicht backe ich den eines Tages für deine Hochzeit,* dachte sie.

»Das wird eine Weile dauern«, meinte Sam, als sie die Zutaten und Zubereitungsanweisungen studierte.

Willo wies mit einem Nicken zum Weinkühlschrank und dann zur Veranda. »Wir geben ihnen einfach noch eine Flasche Wein ... Nein, besser zwei ... dann wird es ihnen egal sein, wann alles fertig ist.«

Sam lachte und nahm etwas Wein heraus.

»Dir schmeckt meine Pampe nicht, oder?«, fragte Willo.

»Was?« Sam legte den Kopf schief und tat so, als könne sie sie nicht hören. »Was?«

»Du hast mich schon verstanden«, erwiderte Willo.

»Was meinst du?« Gespielt unschuldig zog Sam die Schultern hoch.

Willo lachte. »Ich hatte stets so eine Ahnung«, antwortete sie, »seit ich so viel davon in Servietten versteckt gefunden habe.«

Sam kicherte. Als sie sich umdrehte, strömte Licht durchs Küchenfenster, ein gespenstisches rötlich-rosafarbenes Leuchtfeuer, das zwischen den Wolken am Horizont hervorschimmerte.

Ich frage mich, ob das dasselbe Licht ist, das meine Grandma auf Beaver Island gesehen hat?, dachte Sam. Sie schüttelte den Kopf. *Der Wein ist mir zu Kopf gestiegen.*

Unvermittelt hörte sie eine Stimme, die ihr zuflüsterte: *Die einzige Konstante im Leben ist die Veränderung.* Wieder betrachtete sie suchend das Licht, und ihr Herz raste. »Hast du was gesagt, Grandma?«

Willo schüttelte den Kopf.

Jemand versucht definitiv, mir etwas zu sagen, dachte Sam.

Cherry Chip Cake mit Kirsch-Vanille-Buttercreme

Zutaten für den Kuchen

1 Glas Maraschino-Kirschen (ungefähr 30 Kirschen)
10 bis 15 große, frische Kirschen, entsteint und fein gehackt.
120 g ungesalzene, weiche Butter
350 g Zucker
4 große Eiweiß
1 Teelöffel Vanillearoma
¼ Teelöffel Mandelaroma
250 g Mehl
2 Teelöffel Packpulver
½ Teelöffel Natron
½ Teelöffel Salz
300 ml Buttermilch
5 Esslöffel Maraschino-Kirschsaft

Zutaten für die Buttercreme

¼ Teelöffel Vanillearoma
170 g gesalzene, weiche Butter
420 g Puderzucker
60 ml Schlagsahne
4 Esslöffel Maraschino-Kirschsaft

Zutaten für die Garnierung (falls gewünscht)

Entsteinte frische Kirschen und Maraschino-Kirschen

Zubereitung des Kuchens

Ofen auf 180 Grad vorheizen. Zwei 24er Springformen einfetten und mehlen und die Böden mit Backpapier auslegen.

Die Maraschino-Kirschen abgießen, den Saft dabei auffangen. Die frischen Kirschen in einem Mixer oder mit einem scharfen Messer fein hacken und beiseitestellen.

Butter und Zucker bei hoher Geschwindigkeit in einem Standmixer mit Rührspatel oder in einer großen Schüssel mit einem Handmixer ungefähr 5 Minuten lang schaumig schlagen. Teig vom Rand der Schüssel nach unten schaben und die Eiweiße einzeln nacheinander zugeben, dazwischen immer wieder rühren. Vanille- und Mandelaroma zugeben und unterrühren.

In einer separaten Schüssel Mehl, Backpulver, Natron und Salz miteinander vermischen. In einer kleineren Schüssel die Buttermilch und den Kirschsaft miteinander verrühren. Die Mehlmischung und die Buttermilchmischung abwechselnd in drei Etappen zum Teig in den Mixer geben und nach jeder Zugabe mixen, den Teig am Schüsselrand nach unten schaben, falls nötig. Die gehackten Kirschen und Maraschino-Kirschen unterrühren.

Den Teig gleichmäßig auf die Springformen verteilen und 30 bis 35 Minuten backen, bis bei einer Zahnstocherprobe in der Mitte nur noch wenige feuchte Krümel kleben bleiben. In den Formen 10 Minuten lang auskühlen lassen, dann zum vollständigen Auskühlen auf ein Kuchengitter geben.

Zubereitung der Buttercreme

Butter und Vanillearoma bei mittlerer Geschwindigkeit in einem Standmixer mit Rührspatel ca. 1 Minute lang schaumig schlagen. Puderzucker zugeben und bei niedriger Geschwindigkeit rühren, bis der Zucker sich völlig mit der Butter verbunden hat. Schlagsahne und Kirschsaft zugeben. Geschwindigkeit auf mittlere Stufe erhöhen und 1 bis 2 Minuten rühren, oder bis die Buttercreme leicht und locker ist.

Fertigstellung

Einen der Tortenböden auf eine Kuchenplatte oder einen Tortenständer legen. Mit ½ Tasse der Buttercreme bestreichen. Den zweiten Tortenboden darauflegen und rundum mit der restlichen Buttercreme bestreichen. Falls gewünscht, den oberen Rand der Torte mit entsteinten frischen Kirschen oder Maraschino-Kirschen (oder beidem) verzieren.

Die Torte vor dem Servieren einige Minuten bei Zimmertemperatur fest werden lassen.

Ergibt eine Torte mit 24 cm Durchmesser.

4. Teil

Dreierlei-Beeren-Galette

10

Sommer 2017

Die frühe Morgensonne erfüllte Sams ehemaliges Kinderzimmer mit schockierendem, zu grellem Licht, so als wache sie mitten auf dem Times Square auf.

Sam öffnete die Augen, machte sie jedoch geblendet schnell wieder zu und rieb sich den Kopf, der vom Wein des vorherigen Abends leicht schmerzte. Sie schaute hinüber auf die pinkfarbene Hello-Kitty-Uhr, die immer noch auf ihrem Nachttisch stand: 5:37 Uhr.

Deshalb, dachte Sam und rieb sich die Augen. *Dämliches Licht in Michigan. Kommt viel zu früh.*

Als sie sich auf die Ellbogen aufstützte, schien ihr ein Foto von der Wand entgegenzustarren, das sie als kleines Kind zeigte, wie sie mit einer kleinen Kochmütze und einer Mullins-Schürze in der Bäckerei Teigränder formte.

Zu früh, um aufzuwachen, dachte sie. *Zu spät, um erwachsen zu werden.*

In Michigan brach die sommerliche Morgendämmerung gegen fünf Uhr früh an, und die Dunkelheit senkte sich erst nach elf Uhr abends herab. Der Staat war ständig in Licht gebadet, ein Kontrast zu seinen langen Wintern in dunklem Winterschlaf.

Was schön ist, wenn man nicht erschöpft, ein bisschen depressiv und verkatert ist, dachte Sam.

Sie hörte Geräusche in der Küche ihrer Eltern – das Laufen

des Wasserhahns, das Rascheln eines Kaffeefilters, das Mahlen der Bohnen –, und nach ein paar Sekunden konnte sie hören, wie die Kanne durchlief, und der Geruch von frisch gebrühtem Kaffee erfüllte die Luft.

Schließlich rappelte sie sich langsam hoch, stand aus dem Bett auf, streckte sich und ging hinüber zu ihrem Fenster. Einen Moment lang erlebte sie einen Flashback ihres täglichen Tagesablaufs von noch vor wenigen Tagen. Sam erwartete, die Gewürze des indischen Restaurants zu riechen, das im Erdgeschoss ihres Wohnhauses in Brooklyn lag, und eine Ziegelmauer auf der anderen Seite der schmalen Straße zu sehen, die als eine Art Broadway-Kulisse für das choreographierte Chaos der Straßen New Yorks diente, das sie jeden Morgen begrüßte: Menschen, die zur Arbeit hasteten, laut hupende Taxis, heulende Sirenen, eine Welt der Musik, die zu ihr hochschallte.

Das hier ist eine andere Welt, dachte Sam, als sie stattdessen von der Gelassenheit von Suttons Bay begrüßt wurde.

Die Bucht war ruhig bis auf die Fischer, deren Flachbodenboote bereits an ihren besten Stellen lagen: den Gletscherfelsen, die an der Ostseite der Bucht hinausragten, den Untiefen in der Nähe der Old Mission Peninsula, den klaren, tiefen Stellen in der Mitte, wo die Bucht in den Michigansee überging.

Ich hatte ganz vergessen, wie schön es hier ist, dachte Sam. *Es sieht aus wie ein Gemälde. Eines, das meine Grandma malen würde.*

Unvermittelt wanderten Sams Gedanken zu ihrer Großmutter, zu der Geschichte, die sie ihr erzählt hatte.

Wie gut kenne ich die Frauen in meiner Familie eigentlich?, fragte sie sich.

Jäh schaute sie wieder auf die Uhr aus ihrer Kindheit.

Nein, dachte Sam. *Das macht sie doch nicht immer noch, oder?*

Rasch wühlte Sam in ihrem Koffer und riss ein Tigers-T-Shirt und eine Laufshorts so kräftig heraus, dass Klamotten auf den Fußboden purzelten. Sie hob ein Paar Laufsocken vom Teppich auf, schnappte sich ihre Tennisschuhe und eilte aus ihrem Zimmer und die Treppe hinunter, dabei fuhr sie sich mit der Hand durch ihr blondes Haar und pustete sich den Pony aus den Augen.

Sie bog um den Fuß der Treppe in die Küche. Es war still, die Kaffeemaschine war immer noch an und röchelte alle paar Sekunden. Sam ging zum Küchenfenster, lehnte sich über die Spüle nach vorn und suchte den Hügel ab, der zu den Obstgärten hinaufführte. Sams Haus und das Haus ihrer Großmutter teilten sich beide die Sicht auf die Obstgärten, allerdings von entgegengesetzten Seiten und anderen Perspektiven aus.

Von Sams Blickwinkel aus war die Aussicht idyllisch. Hasen und Eichhörnchen huschten über den Hügel, während Vögel zwischen den Bäumen und Büschen des Obstgartens hin- und hersausten. Das schwache Morgenlicht beleuchtete die Welt dramatisch von einer Seite: Äpfel waren in zwei Hälften geteilt, rot und schwarz; halbe Bäume waren leuchtend grün, ihre anderen Hälften dunkel und brütend.

Das Leben teilt sich in Schatten und Licht, dachte Sam. *Man kann es so oder so betrachten, je nach der eigenen Perspektive.* Sam dachte kurz darüber nach, bevor sie ihren Gedanken umformulierte. *Je nach dem eigenen Level an Licht.*

Zwei lange Gestalten, Schatten, die über den Hügel herabfielen und so groß wie Giraffen waren, zogen Sams Aufmerksamkeit auf sich, und als sie den Obstgarten genauer absuchte, entdeckte sie ihre Mutter und ihre Großmutter.

Ein Lächeln huschte über Sams Gesicht, und eilig fand sie einen Thermobecher hinten in einem Küchenschrank, füllte ihn mit Kaffee, zog ihre Tennisschuhe an und rannte aus dem Haus.

Obwohl Sam müde war, wärmte ihr der Anblick ihrer Mom und ihrer Grandma die Seele. Solange Sam zurückdenken konnte – und solange Deana zurückdenken konnte – waren Willo und Gordon jeden Morgen bei Tagesanbruch die Obstgärten abgegangen, ganz egal, bei welchem Wetter. Sie waren durch den Schnee gestapft, in Stiefeln, auf Schneeschuhen oder mit Langlaufskiern. Sie hatten sich in Wathosen und Gummistiefeln durch Regen und Schlamm gekämpft. Sams Großvater hatte immer gescherzt, dass er und seine Frau persönlich dafür verantwortlich waren, die Obstgärten im Winter ins Bett zu bringen, im Frühjahr wieder aufzuwecken und im Sommer und Herbst mit ihnen zu spielen.

Nach dem Tod ihres Großvaters hatte Sam sich gefragt, ob ihre Großmutter diese Routine wohl beibehalten würde.

»Hey«, rief Sam außer Puste, als sie hinter ihrer Mom und Grandma angetrabt kam und dabei versuchte, ihren Kaffee nicht zu verschütten.

»Na, das ist aber eine Überraschung.« Willos Gesicht verzog sich zu einem breiten Lächeln.

»Besonders nach all dem Wein«, scherzte Deana, und die beiden lachten.

»So viel Wein war es gar nicht«, verteidigte sich Sam, bevor ihre Mom hinzufügte: »Für ein Nashorn.«

»Das Abendessen hab ich noch hinbekommen«, protestierte Sam.

»Es war ausgezeichnet, Liebling«, bestätigte ihre Mom.

»Und Grandma, der Cherry Chip Cake war«, Sam suchte nach dem richtigen Wort, »zauberhaft. Ich werde dir das Rezept womöglich stehlen müssen.«

»Nicht nötig, es zu stehlen. Es ist in deiner Rezeptsammlung«, erwiderte Willo. »Versprich mir nur, dass du nie so unverschämt bist, es jemals diesem widerwärtigen Chef von dir zu geben.«

Bei diesem Satz brach die Außenwelt unvermittelt wieder über Sam herein, und sie trank nervös einen Schluck Kaffee. »Das würde ich nie tun«, sagte sie leise.

Willo warf Deana einen Blick zu, und die drei gingen schweigend weiter.

Tau benetzte das Gras und schimmerte auf den Äpfeln. Aus

der Ferne glitzerten die Blaubeersträucher, als wären sie in Raureif gehüllt, und die Bäume sahen aus, als wären sie mit Eis überzogen.

Die Obstgärten abzugehen hatte eine tröstliche Wirkung auf Sam, beinahe so tröstlich wie Backen. In beiden Unterfangen lag eine gewisse Präzision, die der Welt ein Gefühl von Ordnung verlieh, und doch war beides täglich voller neuer Überraschungen und Entdeckungen.

Die Bäume standen aufgereiht wie bucklige Wachposten, die die Frauen zu beschützen schienen, während sie das Land abschritten. Die Wege zwischen den Bäumen waren grasbewachsen, aber ausgetreten, und zeigten, wo die Touristen und Selberpflücker in geraden Linien entlangzulaufen pflegten, bevor sie nach links oder rechts ausscherten. Gelegentlich war die Erde von Maulwürfen aufgeworfen worden, morastige Erdbeben, die sie auf ihren unterirdischen Wegen hinterlassen hatten.

»Grandpa hasste Maulwürfe, nicht wahr?«, fragte Sam aus heiterem Himmel.

»Leidenschaftlich«, antwortete Willo. Sie war gerührt, dass Sam sich nach so langer Zeit an eine harmlose Tatsache über ihren Großvater erinnerte.

Es wurde noch kühler, als die drei tiefer ins Herz der Obstgärten eintauchten. Nebel tanzte zwischen den Baumreihen, und der See schimmerte dahinter wie eine Fata Morgana. Es war magisch, mysteriös, eine verlorene Welt.

Ich fühle mich immer, als wäre ich in die Welt aus Herr der Ringe *versetzt worden*, dachte Sam.

Sie ließ sich etwas hinter ihre Mom und ihre Grandma zurückfallen, um einen Schluck Kaffee zu trinken. Lächelnd beobachtete sie die beiden, wie sie vorangingen.

Sie sahen sich so ähnlich. Vergeblich versuchte sie, den nächsten Gedanken daran zu unterdrücken. *Der Apfel fällt nicht weit vom Stamm.*

Sam sah zu Boden, auf ihre Schatten, die sich durch die Obstgärten bewegten, diesen Boden, der Generationen miteinander verbunden hatte, das Fundament der Familie bildete, Obst hervorbrachte, das dabei half, zahllose Menschen zu ernähren.

»Wisst ihr noch, wie ihr als kleine Mädchen in diesen Obstgärten gespielt habt?«, fragte Willo Deana und Sam.

Deana drehte sich um, um Sam anzusehen, und die beiden lächelten. »Ja«, antworteten sie gleichzeitig.

Diese Obstgärten waren ihr Spielplatz gewesen.

Sam wurde noch langsamer und betrachtete sie aufmerksam.

Ich bin hier gerannt, habe Verstecken gespielt, Glühwürmchen gefangen, bin auf Bäume geklettert, habe Äpfel und Pfirsiche direkt vom Baum gepflückt, Kerne mit der Schleuder durch die Gegend geschossen und in den Rasensprengern getanzt, dachte Sam. *Darüber hinaus habe ich etwas über Pflanzen und Naturwissenschaft gelernt: Ich lernte die Jahreszeiten zu verstehen, wann man Bäume und Samen pflanzt, wie man sie pflegt und vor Insekten schützt, was man den Rehen im Winter und den Kolibris im Sommer füttert.*

Wieder dachte Sam an ihren Großvater.

Wenn wir gut zu Mutter Natur sind, dann ist sie auch gut zu uns, hatte er immer zu ihr gesagt. *Dasselbe gilt für die Menschen.*

Sams Gedanken kehrten zurück zu Chef Dimples, und ihr Magen zog sich zusammen.

Er ließ Güte wie eine Masche wirken, dachte sie. *Er ließ Männer wirken wie … nun ja, nicht wie meinen Vater oder meinen Großvater.*

Ohne nachzudenken, sagte Sam: »Ich wusste nicht, ob du weiter durch die Obstgärten gehen würdest, nachdem Grandpa nicht mehr da war. Ich war irgendwie überrascht, euch heute Morgen hier draußen zu sehen.«

Willo verlangsamte ihr Tempo, als sie aus den Gärten heraustraten und in der Nähe des Hügels, der auf die Bucht hinausblickte, um eine Ecke bogen. Ein kleines Stück erhöhtes, abgeflachtes Land befand sich am Ende des Hügels, umgeben von einem Wildzaun und mit einem Schild gekennzeichnet: *Willos Pillow.*

Das Fleckchen sah tatsächlich wie ein flauschiges Kissen aus, das sich aus der Erde erhob wie ein friedlicher Ort, an den ein Riese sein Haupt betten könnte. Solange Sam zurückdenken konnte, hatten ihre Großeltern dieses Stück Land am Ende der Obstplantage als ihren eigenen Garten bewirtschaftet, um dort die anderen Schätze des Sommers anzubauen, die die Obstgärten nicht hervorbrachten.

Die langen Beetreihen kennzeichneten Schilder mit den Aufschriften *Rhabarber, Salat, Tomaten, Erdbeeren, Spargel, grüne Bohnen, Paprika.* Eine Bank aus Teakholz stand in der Ecke neben einem kleinen Pflanzschuppen. Und an einem hübschen, dick mit alten Schichten grüner Farbe gestrichenen Gartentor, neben dem sich rosa Kletterrosen an einem Gitter emporrankten, hing eine kleine Tafel.

Willo ging zu der Tafel und begann zu lesen. Sie lächelte, als sie die Strophen eines einfachen Gedichts über die Schönheit und Wichtigkeit dessen, was jenseits eines Gartentors lag, rezitierte. Ihre Stimme wurde heiser, als sie die letzten Zeilen las:

Doch suchst du Seelenfrieden, der dein Herz berührt,
Geh durch ein Tor, das dich in einen kleinen Garten führt.

Schließlich drehte Willo sich zu Sam um, ein melancholisches Lächeln auf dem Gesicht. »Dein Großvater hat diese Tafel für mich gemacht«, sagte sie. »Er hatte das Gedicht in einer alten Zeitung gelesen, wo es E.M. Boult zugeschrieben wurde. Meine Mom hat diesen Garten angelegt, nachdem ihre Mutter gestorben war. Alice hatte einen kleinen Garten oben bei ihrer alten Blockhütte, den meine Mutter verwildern ließ, nachdem sie starb. Eines Winters ging meine Mom ihre Rezeptsammlung durch, und da waren so viele altmodische

Rezepte, für die frisches Obst und Gemüse nötig war. Sie wollte das Vermächtnis ihrer Mutter ehren – und ihre Familie in harten Zeiten ernähren –, also legte sie den Garten wieder an, genau hier, an einem der schönsten Fleckchen der ganzen Obstplantage. Hier saß meine Mom gern und betrachtete den Sonnenuntergang, oder las ein Buch, ein großes Glas Eistee neben sich.«

Willo nahm Sams freie Hand und hielt sie fest. »Um deine Frage zu beantworten: Ich habe nicht damit aufgehört – und werde auch nie aufhören, jeden Morgen durch diese Obstgärten zu gehen, bis ich nicht mehr dazu in der Lage bin. So rede ich mit deinem Großvater«, sagte sie. Über ihre Augen legte sich ein feuchter Schein, der zu dem Dunst in der Luft passte. Willo zögerte und wendete sich wieder ab, um den Blick über die Obstgärten schweifen zu lassen. »Ich kann nicht damit aufhören, weil er immer noch hier ist … in jedem Blatt und Zweig und Apfel und Grashalm. Ich kann ihn sehen, ihn riechen, mit ihm reden, ihn hören.«

Sie nahm Sams Hand. »Horch«, flüsterte sie. »Schließ die Augen. Sei still. Pssst.«

Sam schloss die Augen und kam sich einen Moment lang albern vor, wie damals, als sie zum ersten Mal Yoga gemacht hatte. Aber langsam kam ihr Verstand zur Ruhe, und ihre eigenen Gedanken hörten damit auf, ihr zu widersprechen und ihren Kopf zu verstopfen. Vögel sangen fröhlich, der Wind seufzte, die Bucht schwappte in der Ferne, und in jedem einzelnen Laut konnte Sam tatsächlich die Stimme ihres Großvaters hören.

Hi, Grandpa, sagte sie für sich. *Du bist direkt neben mir, nicht wahr?* Sie hielt inne und atmete aus. *Das warst du immer, nicht wahr?*

Als Willo ihre Hand fester drückte, öffnete Sam wieder die Augen. »Deine Ururgroßeltern haben dasselbe getan, genauso wie deine Urgroßeltern«, fuhr ihre Großmutter fort. »Sie sind jeden einzelnen Tag durch diese Obstgärten gegangen. Meine Mom hat mir erzählt, dass sie alle einen Pakt geschlossen hatten, einander ebenso gut kennenzulernen wie das Land, niemals einen Tag auf dem falschen Fuß zu beginnen, sicherzugehen, dass sie auf demselben Weg waren.«

Willo hielt inne und schüttelte leicht Sams Hand, dann sah sie zu Deana. »Sie hatten nichts außer dieser Obstplantage und einander. Und sie sorgten füreinander mit großer Liebe und Respekt.«

Sie schaute auf ihren Garten, auf rankende Tomatenstauden und Erdbeeren, auf Spargelpflanzen, die Spinnweben glichen, als die Morgensonne durch ihre taubenetzten Spitzen schien.

»Wenn wir durch diese Obstgärten gehen, treten wir in die Fußstapfen unserer Vorfahren«, sagte sie. »Und das ist eine Ehre und ein Privileg.«

11

Winter 1942

Madge und Wilbur Beck hielten mitten im Obstgarten an, während überall um sie herum heftig der Schnee fiel. Sie hoben die Nasen in die Luft, und ihr gelber Labrador Babe tat es ihnen gleich.

Die ganze Welt roch nach Popcorn.

Das Paar sah sich an, und Madges Augen füllten sich mit Tränen.

»Bitte nicht, Liebes«, sagte Wilbur leise. Er zog seine Frau in die Arme, worauf Babe sich zwischen sie zwängte und sich auf die Hinterbeine stellte, um bei der Umarmung mitzumachen. Mit feuchten Augen stieß Madge ein kleines Lachen aus.

Meine Mutter, mein Vater, die Wirtschaftskrise, und jetzt das, dachte sie, während sie sich angestrengt bemühte, nicht wieder in Tränen auszubrechen. *Wie viel kann ich noch ertragen?*

Madge und Wilbur waren auf die Obstplantage zurückgekehrt, um sich um ihre Mutter zu kümmern, nachdem sie Eierstockkrebs bekommen hatte.

Der leise Tod, dachte Madge. *Unentdeckt. Sie wusste es nicht, bis es zu spät war.*

Ihr Vater war zwei Jahre später an gebrochenem Herzen gestorben.

Sie haben nicht einmal mehr von dir erfahren. Madge strich sich über den größer werdenden Bauch und brach plötzlich erneut in Tränen aus.

»O Schatz«, flüsterte Wilbur.

Die Weltwirtschaftskrise und der Krieg waren schon schwer genug für ihre kleine Obstplantage gewesen, aber jetzt drohte die Wirtschaftslage sie zu ruinieren. Ihre Eltern hatten hart gearbeitet, um während des Krieges große Mengen von Feldfrüchten zu produzieren, aber jetzt waren die Preise gefallen, und je härter sie arbeiteten, desto weiter fielen sie. Der Preis für ein Bushel Mais betrug nur noch acht Cents, und viele Familien verheizten ihren eigenen Mais, weil der billiger als Kohle für ihre Öfen war.

»Sie verbrennen ihren eigenen Lebensunterhalt«, sagte Madge mit zittriger Stimme, als sie erneut schnuppernd einatmete. »Sie verbrennen ihre eigene Geschichte. Das ist nicht fair.«

»Stimmt, das ist es nicht«, erwiderte Wilbur. »Aber die Menschen müssen irgendwie überleben.«

»Was ist mit uns?«, fragte sie. »Wenn wir das hier verlieren?«

Wilbur blieb stumm. Madge schaute hinunter und strich sich erneut über den Bauch. Wieder stiegen ihr Tränen in die Augen. »Was wird aus unserem Baby, wenn wir das hier verlieren? Was wird unser Kind haben?«

Wilbur zog seine Frau eng an sich, umarmte sie und streichelte ihr mit behandschuhten Händen den Kopf. »Uns«, sagte er leise. »Es wird uns haben.«

Madge hob den Blick und sah ihrem Mann in die Augen. »Ich kann mir nicht mehr vorstellen, irgendwo anders zu leben, seit wir wieder hier sind.«

»Dann tu es nicht«, meinte Wilbur. »Und vergiss nicht, wir sind immer noch besser dran als viele Städter.«

Babe bellte und rannte wie der Blitz durch den Schnee hinter einem Hasen her. Der Pulverschnee stob in einer Wolke hinter ihm auf, dass es aussah, als wäre ein Truck gerade eine trockene Kiesstraße entlanggefahren.

Madge nahm die Hand ihres Mannes, und die beiden setzten ihren Rundgang fort.

Er hat recht, dachte sie, als sie sich im Obstgarten umsah, der im Winter kahl und dunkel war, die nassen schwarzen Äste schneebedeckt. Das Paar bog um eine Ecke, und dort – auf einem Hügel mit Blick auf die Bucht – lag der Garten, den sie angelegt hatten, nachdem Alice gestorben war. *Wenigstens können wir etwas von unserem Essen selbst produzieren.*

Fast alle Farmen und Obstplantagen in der Gegend arbeiteten doppelt so viel oder trieben Tauschhandel untereinander, legten große Gemüsegärten an und konservierten Obst von den Plantagen. Die meisten hielten Milchvieh und Hühner. Madge kaufte Zucker und Mehl in Fünfzigpfundsäcken, backte ihr Brot selbst und nähte dann Kleidung aus dem Sackleinen. Sie kochte Eintöpfe zum Abendessen, und die Frauen ihrer Kirche organisierten Treffen, bei denen jede etwas zu essen mitbrachte, um es mit den anderen zu teilen und ein wenig Spaß zu haben.

Wir haben gelernt, mit sehr wenig auszukommen, dachte Madge. *Aber wie weit kann ein wenig reichen?*

Madge streckte ihr Essen und ihre Haushaltskasse mit etwas, das sie gern »Pampe« nannte: Aufläufe, die zwar den Bauch satt machten, aber für die Geschmacksknospen nur wenig taten.

Deshalb liebe ich es zu backen, dachte sie. *Ich kann es kaum erwarten, bis es wieder Äpfel gibt … und Apple Crisp.*

Unvermittelt fühlte sich ihre Seele so warm an wie ein heißer Ofen, und wieder streichelte sie ihren Bauch.

»Wenn ich an Apple Crisp denke, dann tritt das Baby«, sagte Madge. Ihr Atem kam in kleinen weißen Wolken heraus.

»Mein Baby auch«, lachte Wilbur, als Babe mit hechelnder Zunge zu ihnen zurückgerannt kam, das ganze Gesicht ein einziges glückliches Lächeln. Wilbur bückte sich und streichelte den Hund. »Braver Junge«, sagte er, während er dem

Hund eine Schicht Schnee vom Fell wischte. »Wir müssen lernen, wie Babe zu sein. Glücklich und dankbar für die kleinsten Dinge auf dieser Welt.«

Während das Paar weiter durch den Obstgarten ging, der durch den dämpfenden Schnee still und leise dalag, betrachtete Madge ihren Mann, wie er ihr Land inspizierte. Nach dem Tod ihres Vaters hatte er jeden Penny genommen, den er besaß, um noch mehr Land zu kaufen und das, was ihre Familie ihnen hinterlassen hatte, zu erweitern. Er hatte unermüdlich geschuftet. Im Frühling wurden Körbe voll Äpfel auf Pferdewagen geladen und in die Scheune auf der anderen Seite der Obstplantage gezogen. Die Äpfel wurden gewaschen und in Seidenpapier gewickelt, bevor sie zum Verkauf in handgemachte Holzkisten gelegt wurden. Selbst in den schlechtesten Zeiten hatte Wilbur nie daran gedacht, aufzugeben oder zu verkleinern. Er hatte zusätzlich noch Pfirsich- und Kirschbäume angepflanzt, Blaubeersträucher, Kürbisse.

»Wir können nicht nur eine einzige Saison haben«, hatte er gesagt. »Wir brauchen drei. Es ist ein langer Winter.«

Jetzt wollte Wilbur seine Erzeugnisse konservieren und verkaufen. Er hatte darüber nachgedacht, die Leute herkommen und ihr Obst selbst pflücken zu lassen. Er hatte Madge sogar gebeten, ihre Pies und Kuchen bei Kirchenveranstaltungen und an örtliche Restaurants zu verkaufen.

Das Paar ging am Rand des Obstgartens entlang, von wo aus man einen Blick auf die Bucht hatte, die zugefroren war, so weit das Auge reichte, dann kürzten sie mitten durch die Bäume hindurch ab. Schnee türmte sich in hohen Haufen, das Schimmern der eisigen Bucht hinter ihnen verblasste, und ihre Welt wurde noch dunkler.

Es wird immer schwerer, unsere Zukunft zu sehen, dachte Madge.

Wilbur wurde langsamer und blieb dann stehen. »Schau«, sagte er. Seine Stimme hallte in dem Hain aus kahlen Bäumen wider. »Was siehst du?«

Madge schaute sich um. »Nichts«, antwortete sie.

»Schau genauer hin.«

Sie musterte die Obstgärten. Sie waren kahl. Sie suchte den Hügel ab, die Äste, die Scheune in der Ferne. Nichts. Selbst die Vögel hatten sich im Schnee einen Unterschlupf gesucht. Madge wollte gerade antworten, doch dann schweifte ihr Blick ein letztes Mal über das Land, und sie sah es.

»Unsere Fußstapfen«, sagte sie.

Wilbur lächelte. »Unsere Geschichte«, sagte er mit rauer Stimme. »Uns.« Er nahm ihre Hand. »Ich möchte, dass dieser Obstgarten unser Ort ist ... nicht nur, wo wir arbeiten, sondern wo wir zusammen sind. Lass uns versuchen, jeden Tag durch diese Obstgärten zu gehen, um nicht nur das Land, sondern auch einander besser kennenzulernen. Wir werden uns unterhalten, über Dinge klarwerden, Pläne schmieden ... und meistens einfach nur eins miteinander und unserem Land sein. Dankbar dafür sein, womit Gott uns gesegnet hat ... dem Land, der Natur, einem Kind, einander.«

Er drehte sich um und sah seiner Frau in die Augen. »Ich möchte, dass unsere Kinder durch diese Obstgärten laufen. Ich möchte sie lachen hören. Ich möchte sehen, wie sie Äpfel pflücken und Pfirsichkerne spucken. Ich möchte, dass sie hier alt werden, wie wir. Ich möchte, dass sie Fußspuren hinterlassen, eine Geschichte.«

Wilbur zog sie an sich. »Das hier ist alles, was wir haben, was uns verbindet, das Einzige, was wir alle haben: die Erde und die Familie. Das ist alles, was bleiben wird, nachdem wir fort sind, aber es wird unsere Geschichte erzählen, durch die Eindrücke lebendig bleiben, die wir mit unseren Fußspuren hinterlassen haben. Deine Rezepte tun dasselbe. Dein Eindruck wird in der Welt zurückbleiben. All das hier ist unser Vermächtnis.«

Madge stellte sich auf die Zehenspitzen und küsste ihren Mann innig. »Genau wie unser Baby«, fügte sie hinzu und legte die Hand ihres Mannes auf ihren Bauch.

»Ich habe gerade einen Tritt gespürt«, sagte er. »Zeit für etwas Nachtisch.«

»Die Sonne ist doch noch gar nicht richtig aufgegangen, Wilbur.« Spielerisch versetzte sie ihm einen Klaps auf die Brust. Aber dann dachte sie an das, was er gerade gesagt hatte, darüber, dass ihre Rezepte ein Vermächtnis waren, und fügte hinzu: »Aber ich habe eine Idee.«

Als sie nach Hause kamen, heizte Madge den Ofen an und begann, Zucker und Mehl aus dem Schrank zu nehmen. Sie hielt inne.

Ich habe kein frisches Obst, dachte sie. *Nur was ich konserviert oder eingemacht habe.*

Madge überlegte, was sie für Wilbur und ihr Baby machen konnte – eine Mischung aus Frühstück und Nachspeise, eine Art frühmorgendlichen Crisp –, und etwas, das ihre Mutter gebacken hatte, kam ihr in den Sinn.

Wie hieß dieses Rezept noch gleich?, zermarterte Madge sich das Gehirn. *Was war es?*

Madge schloss fest die Augen und ließ sich durch die Zeit zurückversetzen. Sie konnte sich selbst im Schneidersitz auf dem Fußboden der alten Blockhütte ihrer Eltern sitzen sehen, sie trug ein kleines Kleidchen und malte.

»Ich werde heute Morgen etwas ganz Besonderes zum Frühstück machen«, erinnerte sie sich an die Worte ihrer Mutter. »Dein Vater hat Geburtstag, und obwohl wir nicht viel Geld haben, will ich, dass du lernst, dass man auch mit dem, was wir hier haben, überall um uns herum, eine königliche Speise zubereiten kann.«

»Wie?«, fragte Madge mit großen Augen und stand auf.

»Komm mit.« Ihre Mutter nahm ein Sieb und die Hand ihrer Tochter und ging nach draußen. Sie führte Madge in den Garten und zum Waldrand, der daran grenzte.

»Was siehst du?«, fragte Alice.

»Unkraut«, antwortete Madge.

Alice lächelte. »Schau genauer hin.« Sie trat vorsichtig einen Schritt ins Dickicht und hob eine dornige Ranke hoch. »Was siehst du jetzt?«

»Himbeeren.«

»Du liebst Himbeeren, genau wie dein Dad.« Sie pflückte die roten Früchte. »Das Leben ist im Moment genau wie dieser Strauch: dornig und schwierig durchzukommen, aber es gibt immer etwas Schönes zu entdecken. Manchmal muss man einfach sehr genau hinsehen.« Sie drehte sich um und sah ihre Tochter an. »Ich hoffe, du vergisst das nie.«

Sie bahnte sich ihren Weg ein wenig tiefer in den Wald und fing an, ein paar Brombeeren zu pflücken, dann befreite sie sich von ein paar Dornen, und sie gingen zurück in den Obstgarten, wo sie frische Blaubeeren pflückten.

Als die beiden in die Küche zurückkamen, zog Alice einen kleinen, gepolsterten Fußschemel heran, den sie für ihre Tochter bereithielt, damit sie sich draufstellen konnte. »Du kannst mir dabei helfen, alle Zutaten abzuwiegen, okay?«

»Okay!«

»Wir machen eine Tarte mit dreierlei Beeren«, sagte ihre Mom.

»Was ist das?«, fragte Madge.

»Das ist ein bisschen wie ein belegtes Brot«, erklärte ihre Mom. »Wir machen einen Teig für den Boden, aber anders als bei einer Pie, ist dieser Kuchen oben offen, damit man alle Früchte, alles, was drin ist, sehen kann.«

Sie fuhr fort. »Und weißt du noch, wie ich gesagt habe, dass diese Speise königlich ist? Ich habe ein Gedicht für dich, damit du dich immer daran erinnerst, was wir hier machen. Es geht so:

Herzkönigin buk eine Tarte,
gar fruchtig süß und schmelzend zart,
an einem Sommertag, juchei!

Herzbube, dieser Bösewicht,
der scheute einen Diebstahl nicht,
und stahl die Tarte, auwei!

»Was bedeutet das?«, fragte Madge, als sie fertig war. »Und warum hat dieser böse Mensch sie gestohlen?«

Ihre Mutter lachte. »Es bedeutet, dass Tartes etwas Königliches sind«, erklärte sie. »Sie sind süß und schön, wie eine Königin. Und …«, ihre Mutter hielt inne und beugte sich zu ihrer Tochter, um ihr zuzuflüstern: »Es bedeutet, dass du niemanden deine Tartes stehlen lassen solltest.« Wieder lachte sie und kitzelte ihre Tochter. »Und lass niemanden unsere Rezepte stehlen. Denk an unser kleines Gedicht, wenn du dich daran erinnern musst, wie man das Rezept macht.«

Babes Bellen riss Madge aus ihrer Erinnerung. Sie ging hinüber zu ihrem Schrank, nahm das Kästchen mit ihren Rezepten heraus und steckte den Schlüssel ins Schloss, den sie an einem Kettchen nah am Herzen trug. Sie schloss das Kästchen auf, blätterte die Karten durch und lächelte, sobald sie das Rezept gefunden hatte.

Ich hatte ganz vergessen, dass ich etwas draufgezeichnet hatte, dachte sie mit einem breiten Lächeln auf dem Gesicht. *Eine Krone für eine Königin.*

Madge ging zu ihrem Gefrierschrank und fand ein paar eingefrorene Blaubeeren, Brombeeren und Himbeeren.

»Herzkönigin buk eine Tarte, gar fruchtig süß und schmelzend zart, an einem Wintertag, juchei!«, sang sie vor sich hin und änderte die Strophe passend zur Jahreszeit ab.

Sie schaute hinüber zu ihrem Mann und ihrem Hund. *Sie haben recht*, dachte sie. *Ich muss dankbar für die einfachsten Dinge sein. Sorgen stehlen dir den Augenblick.*

Während sie heißes Wasser in die Spüle laufen ließ, um die Beeren aufzutauen, schaute sie aus dem Fenster, lächelte und beugte sich noch weiter vor.

Die Fußspuren ihrer Familie waren immer noch da, klar und deutlich führten sie im Zickzack wie Vogelspuren durch den Schnee, vom Haus zum Obstgarten und wieder zurück. Als ihr Blick weiter zu den Apfelbäumen wanderte, die bald wieder voller Früchte hängen würden, spürte Madge ihr Baby treten.

12

»Ich liebe Äpfel immer noch«, sagte Willo mit einem Lachen. »Und Apple Crisp am allermeisten.«

Sie ließ den Blick durch den Obstgarten schweifen und fuhr fort. »Das war auch mein Spielplatz, genau wie eurer. Ich habe Blaubeeren und Brombeeren gepflückt, mich in den Bäumen versteckt, Glühwürmchen in der Dämmerung mit Einmachgläsern gefangen und in den Rasensprengern gespielt, genau wie ihr beide.« Willo hielt inne und sah Sam an. »Du bist immer wieder, Reihe um Reihe, durch diese Obstgärten gelaufen, als du für die Crosslaufmannschaft deiner Schule trainiert hast. Du hast eine Menge Fußspuren hier hinterlassen.«

Sam betrachtete den Weg zwischen einer Reihe von dicht mit Äpfeln beladenen Bäumen, den sie gerade entlanggekommen waren. All ihre Fußspuren waren im Morgentau sichtbar, sanfte Konturen, als wären sie gerade in feuchten Beton getreten.

Meine Fußspuren sind überall. Die hier mögen zwar trocknen, aber sie werden nie weggehen. Sie blieb stehen und sah ihre Mom und ihre Grandma an. *Außer ich tue es.*

»Sam?«, hörte sie ihre Mutter fragen. »Ist alles okay?«

»Wer von euch hat Hunger?«, fragte Sam aus heiterem Himmel.

»Ich bin am Verhungern«, antwortete Willo. »Wir können ein paar Donuts essen, wenn wir zur Bäckerei kommen.«

»Was dagegen, wenn ich uns heute Morgen etwas zaubere?«

»O Liebes«, wandte Deana ein. »Du hast doch gestern schon das Abendessen gekocht. Und du bist so früh aufgestanden. Du musst noch müde sein.«

Sam atmete tief ein, und der Geruch nach Gras und Äpfeln, Holz und Wasser erfüllte ihre Sinne. Eine Nebelwolke tanzte durch den Obstgarten, ein geisterhaftes Bild, das jeden Baum zu umarmen schien. Plötzlich erreichte die Sonne den Rand des Obstgartens und erhellte die Welt Zentimeter für Zentimeter. Sam sah zu, wie sich der Nebel vor ihren Augen auflöste, langsam zuerst, und dann fast auf einen Schlag verschwand und seinen taufeuchten Kuss auf allem zurückließ.

»Ehrlich gesagt, fühle ich mich ziemlich lebendig«, erwiderte sie. »Ich musste schließlich wegen meiner Arbeit jeden Morgen schon vor Sonnenaufgang aufstehen, schon vergessen?«

Kaum hatte sie das gesagt, krampfte sich ihr Magen zusammen. Das Wort *musste* hing in der Luft und schien nachzuhallen. Sie wünschte sich, es zurückzuholen, die Zeit zurückdrehen zu können, aber sie sah wie in Zeitlupe, wie ihre Mom und ihre Grandma sich einen Blick zuwarfen.

»Muss ich immer noch«, schob sie zu fröhlich und zu schnell nach. »Musste mich wohl nicht lange daran gewöhnen, im Urlaub zu sein. Seht ihr«, sie lachte albern, »ich hab schon wieder *musste* gesagt.«

Ich höre mich an wie eine Verrückte, dachte sie.

»Es wäre wunderbar, wenn du uns Frühstück machst«, tat Willo, als wäre nichts passiert, genau wie sie es tat, wenn Kunden vor ihr darüber stritten, welche Pie sie mit nach Hause nehmen wollten. »Um wie viel Uhr soll ich rüberkommen? Ich muss vorher noch bei der Bäckerei vorbeischauen und nach allem sehen.«

»Ich hatte gehofft, dass ich rüber in deine Küche kommen

könnte, um dort zu backen«, entgegnete Sam. »Ich wollte einfach nur …« Sie zögerte, unsicher, wie sie ihre Gefühle erklären sollte. »… dort sein.«

Willo strahlte. »Nichts wäre mir lieber.«

Die drei gingen zur Bäckerei, wo Willo und Deana sich am Eingang von ihr verabschiedeten. »Leg du schon los«, sagte Willo. »Wir sind bald da. Du kannst schon mal Kaffee aufsetzen.«

Sam nickte und rannte die kleine ungepflasterte Auffahrt entlang, die am Eingang des Obstgartens und der Bäckerei vorbei zum Haus ihrer Großmutter führte.

»Die Tür ist offen«, rief Willo ihr hinterher.

Sam lächelte. *So was schreit man in der Stadt nie.* Als sie an der alten Blockhütte und dem Ford Pick-up vorbeikam, winkte sie einem gähnenden Teenager zu, der noch im Halbschlaf zu dem kleinen Schuppen schlurfte und dabei auf seinem Handy tippte. Der Junge hatte schlaksige Gliedmaßen und glänzendes Haar wie das Fell eines Ponys, und Sam sah, wie er die selbstgenähten Vorhänge aufzog und dann immer noch tippend zur Bäckerei schlurfte, um sich eine Ladung Außenseiter für frühmorgendliche Besucher zu holen.

Sofort tastete Sam nach ihrer Tasche. *Ich habe mein Handy nicht mal mitgenommen,* dachte sie. *Was ist los mit mir?* Sie zögerte, wurde langsamer und sah sich um. *Vielleicht bemerke ich deshalb alles um mich herum. Ich brauche mich hier nicht abzulenken.*

Sam überquerte die kleine ungepflasterte Straße, winkte ihrem Vater zu, der – im Sommer stets in Bewegung – mit seinem alten Pick-up unterwegs in den Obstgarten war und zurückhupte, und lief weiter den gewundenen Pfad aus Steinfliesen entlang zum Haus ihrer Großmutter. Das alte Farmhaus sah immer noch genauso aus wie früher: leuchtend rote Fensterläden mit apfelförmigen Ausschnitten lächelten auf sie herab, und die breiten Holzbohlen der Veranda knarrten noch an genau derselben Stelle, als Sam auf sie trat. Sie öffnete die Eingangstür, und sofort überwältigten sie die Gerüche ihrer Kindheit.

Grandmas Haus riecht nach Zimt und frisch gebackenen Keksen, dachte sie.

Eine schmale Treppe mit kunstvoll geschnitztem Handlauf und glänzenden Sprossen führte nach oben, gesäumt von Familienfotos an der ganzen Wand entlang. Sam trat auf die erste Stufe und starrte auf ein Foto, in die Augen ihres Großvaters.

Du fehlst mir, Grandpa, sagte Sam zu dem Bild. *Ich hatte keine Ahnung von deiner geheimen Geschichte mit Grandma. Du warst ein ziemlicher Romantiker.*

Sie schaute hoch zu der Collage aus Familienfotos, die die ganze Wand neben der Treppe einnahmen.

Geschichte, dachte sie. *Fußspuren.*

Sam ging weiter in die Küche und lächelte. Die Küche war hell und sonnig, und auch sie war erfüllt von der Geschichte ihrer Großeltern. Die Aquarelle ihrer Großmutter von den Obstgärten und der Bucht übersäten die Wände, Siebe und andere Küchenutensilien baumelten willkürlich an Haken, gesprenkelte Emailleschüsseln stapelten sich in den Vitrinen, und McCoy-Keksdosen in einer Vielzahl von Formen und Farben – von weisen alten Eulen bis zu, natürlich, Äpfeln – reihten sich oben auf den Küchenschränken.

Sam strich mit der Hand über den glatten, abgenutzten Rand der alten Spüle. Sie war tief und weiß und hatte eine gerillte, leicht schräge Stellfläche an der Seite, auf der immer ein hölzernes Abtropfgestell stand. Sie schaute aus dem Fenster, und ihr Herz tat einen Satz. Vor ihr schimmerten die weitläufigen Obstgärten und die Bäckerei im frühen Morgenlicht, in der Ferne funkelten die Bucht und der Michigansee. Für Sam sah es so aus, als wäre eines der Gemälde ihrer Großmutter lebendig geworden: Rote Äpfel wippten an den Ästen der Bäume, die sich im Wind wiegten; Büsche voll mit den blausten

Blaubeeren wogten; leuchtende, flaumige Pfirsiche schmiegten sich eng an die Zweige; glänzende Autos und Menschen in bunten T-Shirts tänzelten in die Pie Pantry und die Obstgärten; nicht weit entfernt wogten Maisfelder, als machten sie eine Welle bei einem Footballspiel, während Kirschbäume voller dunkelroter Früchte wie Stechpalmen in der falschen Jahreszeit aussahen.

Und doch hatte die Szene etwas unglaublich Einheitliches an sich, trotz ihrer optischen Überladenheit: Alles war in sauberen Reihen angeordnet, als wäre sich jeder Baum, Strauch und Mensch seines Zwecks in diesem Moment bewusst.

Diese Aussicht hatte ich völlig vergessen, dachte Sam und erinnerte sich wieder an den Blick aus ihrem eigenen Schlafzimmer heute Morgen. *Das Chaos des Lebens hat eine Ordnung an sich, sei es in der Stadt oder auf dem Land, wenn wir nur einen Moment lang innehalten, um sie zu sehen.*

Noch vor gar nicht langer Zeit hatte Sam es stets eigenartig gefunden, dass sich die Küche ihrer Großeltern an der Vorderseite des Hauses befand, aber jetzt verstand sie, warum.

Diese Aussicht, dachte Sam. *Das ist die ganze Welt für meine Großmutter.* Sie hielt inne und formulierte diesen Gedanken um. *Nein, das ist seit langer Zeit die ganze Welt für meine Familie.*

Die Standuhr im Wohnzimmer schlug, und ihre tiefe Stimme hallte durchs Haus und Sams Körper. *Ich fange besser mit dem Frühstück an,* dachte sie, als sie die Schläge zählte. *Mir war gar nicht bewusst, dass wir so lange spazieren waren und geredet haben.*

Ihr Blick schweifte über die Küchenzeile, wo Blaubeeren, Äpfel, Pfirsiche und Rhabarber in kleinen Körbchen und Schüsseln standen. *So viele Möglichkeiten mit all dem frischen Obst.* Sam ging zum Kühlschrank und riss etwas zu hastig die Tür auf. Sie glitt ihr aus der Hand und knallte gegen den großen Küchenschrank.

Peng!

»Uups.« Sam packte die Tür und machte sie wieder zu, dabei zog der Schrank plötzlich ihre Aufmerksamkeit auf sich.

Der antike Küchenschrank, der inzwischen weiß gestrichen war, aber im Lauf der Jahre so viele verschiedene Farben gehabt hatte, stand schon seit einer Ewigkeit an derselben Stelle. Sam schaute nach unten; sogar der Fußboden sah aus, als wäre er mit der Zeit durch das Gewicht des Schranks etwas eingesunken.

Oben und unten zierten ihn hübsche Endknöpfe, und die verzogenen Holzregale waren vollgestopft mit Michigan-Souvenirs und Nippes, noch mehr Fotos und Keksdosen, Antiquitäten und Kochbüchern.

Und dann sah Sam es endlich: Das Kästchen mit der Rezeptsammlung ihrer Großmutter stand direkt vor ihr, fast auf Augenhöhe, und starrte sie an. Sam nahm es heraus und strich mit den Fingerspitzen über das polierte Holz und die eingeschnitzten Buchstaben. *REZEPTE.* Sie trug es hinüber zur Arbeitsplatte und stellte es ab, um es zu öffnen, doch als sie das Schloss sah, stutzte sie.

»Ich frage mich, ob …«, sagte sie zu sich selbst und nahm den Schlüssel, der an ihrem Halskettchen baumelte und den sie nie abnahm. Sie steckte ihn in das alte Schloss, das sofort aufsprang. »Grandma«, sagte Sam und lächelte vor sich hin. »Du hast mich gestern Abend entweder auf den Arm genommen oder auf die Probe gestellt. Wir sind alle gleichberechtigt, nicht wahr?«

Aus irgendeinem Grund hielt Sam den Atem an, als sie das Kästchen öffnete, beinahe als würde dadurch ein Flaschengeist in die Welt entlassen.

Der Geruch nach Holz, nach der freien Natur, nach den Obstgärten schien aufzusteigen, als sie es öffnete.

Sam strich mit dem Finger über die bunten Registerkarten, die die unterschiedlichen Kategorien der Rezepte kennzeichneten.

»Brote, Muffins, Kekse, Pies, Kuchen«, las Sam laut vor.

Ihr Finger blieb an einer Karte hängen, die sich dicker anfühlte als die anderen, und als sie sie herauszog, stand darauf: *Alice Mullins' geheimes Familienrezept für Apple Crisp!* Am Rand der Karte klebte Mehl, und sie war übersät mit kleinen kreisrunden Flecken, wo Butter und Apfelsaft auf die Karte getropft waren. Die Handschrift war geschwungen, verwischt und stark verblasst – schwer zu lesen –, deshalb hielt Sam sie sich dicht vor die Augen.

Oh, du meine Güte! Ist das das Originalrezept meiner Ururgroßmutter? Die Handschrift sieht genauso aus wie die von meiner Großmutter. Und es ist mit Bleistift geschrieben.

Hat sie dieselbe Aussicht bewundert, während sie in ihrer Blockhütte backte?, fragte Sam sich, als sie aus dem Küchenfenster sah. *Wie hat es wohl damals ausgesehen?*

Sam steckte die Karte zurück in das Kästchen. Dann hielt sie inne und schaute erneut aus dem Fenster.

Sehe ich jetzt gerade das, was du gesehen hast? Sam stellte sich ihre Ururgroßmutter vor, wie sie sie von den Fotos an der Wand kannte. Dann dachte sie an ihre Urgroßmutter und deren Aussicht von genau dieser Stelle aus. *Bitte helft mir, Ladys. Leitet mich. Ich muss in meinem Leben die richtige Entscheidung treffen.*

Wie bei einem Glücksspiel schloss Sam die Augen und strich wieder mit den Fingern über die Karten. Dann hielt sie unvermittelt an und zog völlig wahllos ein Rezept aus der Mitte. Als sie die Augen öffnete, lächelte sie.

Madges Sommer-Tarte

»Eine Tarte!«, rief Sam begeistert. Sie lehnte sich an den Schrank und las die Rezeptkarte, die mit einer kleinen, von einem Kind gezeichneten Krone verziert war. »Von Grandmas Mom!«

Jäh wurde Sam wieder zurück nach New York versetzt. Sie dachte an ihre Tage in der Kochschule und wie sie zusammen mit Trish in der Bäckerei von Chef Dimples gearbeitet hatte. Ihre Gedanken wirbelten, als sie an die verschiedenen Tartes dachte, die sie gemacht hatte, herzhafte und süße.

Aber mir scheint, Michigan-Rezepte sollten ein bisschen weniger aufwendig sein, dachte sie.

Wieder sah sie aus dem Fenster, und ein noch breiteres Lächeln überzog ihr Gesicht. »Hast du etwas dagegen, wenn ich eine kleine Veränderung an deinem Rezept vornehme?«, fragte Sam die Karte.

Und dann machte sie sich an die Arbeit. Sie wusch frische Blaubeeren, die auf der Arbeitsplatte standen, dann schnappte sie sich ein großes Küchensieb und ging in den Garten hinterm Haus, der an einige Morgen Wald grenzte. Dort am Waldrand wuchsen wild und dicht rankende Brombeeren und Himbeeren. Vorsichtig bahnte Sam sich ihren Weg durch die stachligen Ranken, dabei blieb ihr Laufshirt an einem Dorn hängen.

»Mist«, murmelte sie.

Brombeeren sind rot, wenn sie noch grün sind, konnte sie ihren Großvater zu ihr sagen hören, wenn sie früher welche gepflückt hatten. Aber heute, an einem strahlenden Sommertag, waren die Brombeeren dunkellila, fast schwarz, und jede glich einem kleinen Bienenstock.

Sam zupfte eine frische, von der Sonne bereits warme Brombeere, steckt sie in den Mund und genoss ihre natürliche Süße, dann pflückte sie, bis das Sieb halbvoll war, bevor sie weiter durch das Dickicht ging und einen dicht mit Früchten bewachsenen Himbeerstrauch fand. Schließlich suchte sie sich vorsichtig wieder ihren Weg aus dem dornigen Gestrüpp heraus und ging zurück in die Küche, wo sie den Ofen vorheizte und damit begann, die Brombeeren und Himbeeren zu waschen.

Sam nahm kalte, ungesalzene Butter aus dem Kühlschrank und schnitt sie in kleine Stücke, dann holte sie Mehl und Zucker und eine große Schüssel aus dem Schrank und suchte anschließend nach dem alten Teigmischer ihrer Großmutter.

Sie machte den Teig, rollte ihn dann zu einer Kugel, bestäubte ihn leicht mit Mehl und wickelte ihn in Frischhaltefolie, bevor sie ihn in den Kühlschrank legte. Für die Füllung gab sie Zucker, Mehl und frischen Orangensaft zu den Beeren.

Sie war gerade dabei, das Ganze miteinander zu vermischen, als ihre Mutter und ihre Großmutter ins Haus kamen.

»Ich rieche noch gar keinen Kaffee«, rief ihre Großmutter.

Sam zuckte mit den Schultern, die Hände tief in der Schüssel mit Beeren vergraben. »Hab ich vergessen.«

»Macht nichts«, meinte ihre Grandma, schnappte sich einen Filter und eine Tüte Kaffee. »Du hast alle Hände voll zu tun … im wahrsten Sinne des Wortes.« Sie gab den Kaffee in den Filter, ohne ihn abzumessen. »Sieht nach einer ziemlichen Aktion aus.«

»Ehrlich gesagt, ist es ziemlich einfach«, erwiderte Sam. »Und ich hatte ein bisschen Hilfe und Inspiration.«

»O Sam«, sagten ihre Mom und ihre Grandma gleichzeitig. Deana nahm die Rezeptkarte. »Das Rezept habe ich schon ewig nicht mehr gemacht.«

»Na ja, ich ändere es ein bisschen ab, um ihm einen moderneren Touch zu geben«, sagte Sam. »Außerdem glaube ich nicht, dass wir Margarine im Kühlschrank haben.« Sam lachte, dann sah sie ihre Mom und ihre Grandma eindringlich an. »Ich hoffe, das ist okay.«

»O Schätzchen, meine Mom wäre so geehrt und so stolz«, sagte Willo. »Ich kann mich sogar noch daran erinnern, dass sie das meinem Dad zum Geburtstag gebacken hat.« Willo schloss die Augen und sagte dann:

Herzkönigin buk eine Tarte,
gar fruchtig süß und schmelzend zart,
an einem Sommertag, juchei!
Herzbube, dieser Bösewicht,
der scheute einen Diebstahl nicht
und stahl die Tarte, auwei!«

»Gemeiner Herzbube«, sagte Sam.

»Meine Mom meinte, so würde ich mich immer daran erinnern, wie man sie macht«, erklärte Willo. »Ich habe die gelegentlich für deinen Großvater gebacken, bevor wir durch die Bäckerei so beschäftigt waren. Wie veränderst du das Rezept denn?«

Sam rührte die Früchte in der Schüssel um und stellte sie dann beiseite. »Ich mache eine Galette anstelle einer Tarte«, sagte sie.

»Raffiniert«, meinte Deana.

»Genau genommen ist es das gar nicht«, widersprach Sam. »Es ist rustikaler. Passt besser zu Michigan, finde ich.«

Willo nahm drei bunt zusammengewürfelte Tassen aus dem Schrank und schenkte Kaffee ein.

»In der Kochschule habe ich gelernt, dass eine Galette irgendwie der Abkömmling einer Pie und einer Tarte ist – ein Mittelding zwischen einfach und raffiniert –, aber leichter zu machen als seine Eltern. Der größte Unterschied ist, dass eine Galette ein frei gestaltetes Gebäck ist, das ohne eine Pie-Form oder eine Springform gebacken wird. Sie ist rustikal. Und sie verzeiht Fehler. Man rollt den Teig einfach flach aus und faltet ihn dann grob um die Füllung herum.« Sam verstummte kurz, um von ihrem Kaffee zu trinken. »Das Wunderbare daran ist, dass man nichts falsch machen kann; der Teig reißt vielleicht und ist an manchen Stellen stärker durch, der Saft kann auslaufen, aber solange man richtig frische Zutaten nimmt, wie das Obst, das wir hier haben, und echte Butter für den Teig, dann wird das Ganze beim Backen zu etwas Magischem. Eine Galette zu machen hat mir wirklich das Selbstvertrauen gegeben, mich an kompliziertere Rezepte heranzuwagen. Aber es ist immer noch eines meiner Lieblingsrezepte. Und man kann süße oder herzhafte Galettes machen. Ich habe heute doppelt so viel Teig gemacht, weil ich dachte, vielleicht backe ich noch eine herzhafte Galette zum Abendessen. Ich habe ein Rezept für eine Galette mit Spargel, Champignons, Ziegenkäse und Speck, die werde ich machen, denke ich.«

Sam sah ihre Mom und ihre Grandma an, die sie mit offenem Mund anstarrten. »Mir war gar nicht bewusst, wie gut ausgebildet du bist«, sagte Deana. »Aber ich wusste, du hast – wie haben wir es genannt, Mom?«

»Die Gabe«, antwortete Willo. »Du hattest schon immer das Verlangen und das Talent, zu backen.« Willo nahm einen Schluck Kaffee und fuhr fort. »Weißt du, du stehst an genau derselben Stelle, wo meine Mom, deine Mom und ich so viele Desserts gebacken und so viele Mahlzeiten gekocht haben«, sagte sie. »Es ist auch der Ort, an dem wir experimentiert haben, an dem wir die Zukunft dieser Obstplantage geplant haben. Du bist ein Teil der Geschichte.«

Was ist, wenn ich nicht Teil dieser Geschichte sein will?, dachte Sam und wurde sofort wütend auf sich selbst, weil das der erste Gedanke war, der ihr in den Sinn gekommen war. *Was ist, wenn ich meine eigene Geschichte schreiben will?*

Als würde sie die Gedanken ihrer Tochter lesen, sagte Deana: »Wir definieren unsere eigene Geschichte, Sam.«

»Wo ist deine Rezeptsammlung?«, fragte Willo aus heiterem Himmel.

Sams Herz raste, als sie sich umdrehte und feststellte, dass ihre Großmutter sie von der Seite ansah, die Häkelmütze schräg auf dem Kopf. »Ich glaube, sie ist auf dem Dachboden«, stotterte Sam, und ihr Gesicht färbte sich rot. »Ich glaube, ich hab sie zusammen mit meinen Highschool-Sachen weggepackt, als ich zur Kochschule ging.«

»Du hast sie nicht mit nach New York genommen?«, fragte Willo. »Warum nicht?«

Sam antwortete nicht, und ein paar Sekunden lang folgte unbehagliches Schweigen, bevor Deana munter trällerte: »Warum frühstücken wir heute Morgen nicht im Obstgarten? Machen ein Picknick daraus. Wie hört sich das an?«

»Toll«, antwortete Sam ein bisschen zu schnell und zu fröhlich.

»Mom, willst du mir helfen?«, fragte Deana. »Holen wir einen Quilt und ein paar Teller. Liebes, wir schauen noch mal in der Bäckerei vorbei und lassen dich hier alles fertigmachen. Komm einfach rüber, wenn du so weit bist, okay?«

»Okay«, antwortete Sam.

Als sie gegangen waren und die Galette im Ofen backte, nahm Sam die Rezeptsammlung noch einmal zur Hand und begann, die Karteikarten durchzusehen und die Rezepte der Frauen zu studieren, die vor ihr da gewesen waren.

Inzwischen ist alles online, dachte sie, während sie die Handschrift auf den Karten berührte. *Aber das hier fühlt sich einfach anders an, persönlicher … Es fühlt sich wichtiger an … wie Geschichte.*

Sie zögerte. *Warum habe ich meine Rezeptsammlung zu Hause gelassen?*, fragte Sam sich. *Du weißt, warum. Du dachtest, die Rezepte wären nicht gut genug.*

Der Duft der backenden Galette versetzte Sam in die Vergangenheit, und sie dachte an die Slab Pie, die sie gebacken hatte, bevor sie ihren Job gekündigt hatte.

Oder vielleicht doch nicht, dachte sie. *Vielleicht habe ich meine Rezeptsammlung gar nicht wirklich zurückgelassen.*

Sam warf einen Blick aus dem Fenster. Ihre Mom und ihre Grandma gingen zurück zur Bäckerei, und ihre Körper warfen in der Sonne lange Schatten.

So ist das mit dem Backen, dachte Sam. *Man backt für jemanden, weil es familiär und vertraut ist, neu und doch vererbt, eine Möglichkeit, Generationen miteinander zu verbinden.*

Als die beiden am Pick-up und der Blockhütte vorbeikamen, wurden ihre Schatten kleiner und verschwanden schließlich. Die schlichte Szene ließ Sams Herzschlag rasen, und als sie sich vom Fenster abwandte, merkte sie, dass sie die Rezeptkarte für die Tarte fest an die Brust gedrückt hielt, die Zeichnung einer Krone, gemalt von einem kleinen Mädchen, über einem Schlüssel, den dieses kleine Mädchen, nachdem es erwachsen geworden war, an seine Enkelin weitergegeben hatte.

Dreierlei-Beeren-Galette

Zutaten für den Teig

120 g Mehl
1 Teelöffel koscheres Salz
2 Esslöffel feinster Zucker
je eine Prise Zimt, Muskat, Piment und Ingwer
120 g gekühlte, ungesalzene Butter, in kleine Stücke geschnitten
3 Esslöffel Eiswasser
Zimt und braunen Zucker zum Bestäuben

Zutaten für die Füllung

75 g Blaubeeren
100 g Brombeeren
120 g Himbeeren
½ Teelöffel frischer Zitronensaft
2 Esslöffel weißer Zucker
1 Esslöffel brauner Zucker
2 Esslöffel Mehl
je eine Messerspitze Zimt, Muskat, Piment und Ingwer
½ Teelöffel Orangensaft
1 Esslöffel weiche Butter

Zubereitung des Teigs

Mehl, Salz, feinsten Zucker und Gewürze in einer großen Schüssel mit einer Gabel vermischen.

Nach und nach die gekühlten Butterstückchen zugeben und rasch mit der Gabel oder den Fingern im Mehl wenden.

Mit einem Teigmischer die gekühlte Butter in die Mehlmischung einarbeiten, dabei die Schüssel immer wieder drehen und die Butter, falls nötig, vom Teigmischer schaben, bis die Mischung die Konsistenz von kleinen Streuseln oder erbsengroßen Kieseln hat.

Das Eiswasser esslöffelweise in die Schüssel träufeln und untermischen, bis sich ein Teig bildet (zusätzliches Wasser zugeben, falls nötig).

Den Teig mit den Händen zu einer Kugel formen. Leicht mit Mehl bestäuben, in Frischhaltefolie wickeln und mindestens eine Stunde lang im Kühlschrank kaltstellen.

Zubereitung der Füllung

Blaubeeren, Brombeeren und Himbeeren in eine große Rührschüssel geben.

Weißen Zucker und Zitronensaft hinzugeben und mit einer Gabel unterrühren.

Nacheinander braunen Zucker, Mehl Gewürze und Orangensaft unterrühren.

Butter in Flöckchen auf die Obstmischung geben und unterrühren.

Fertigstellung

Ofen auf 220 Grad vorheizen.

Teigkugel auf leicht bemehltes Backpapier legen, mit einem leicht bemehlten Nudelholz zu einem Kreis von 25 cm Durchmesser ausrollen.

Teig auf ein AirBake-Backblech geben, leicht mit braunem Zucker und Zimt bestäuben.

Obst in die Mitte des Teigs geben, dabei einen Rand von 5 cm frei lassen. Das Obst mit Zucker und Zimt bestreuen.

Den Rand des Teigs nach innen schlagen (ohne das Obst zu bedecken) und dabei festdrücken. (Das ist ein rustikaler Teig, deshalb wird der Rand einem Pizzateig ähneln; die Mitte mit dem Obst bleibt unbedeckt).

Galette in den vorgeheizten Ofen schieben und ca. 25 Minuten goldbraun backen. Vor dem Servieren 5 Minuten abkühlen lassen.

Ergibt 6–8 Portionen.

5. Teil

Thumbprint Cookies

13

Sommer 2017

Sam lag auf einer Badeplattform, die am Ende des langen Stegs ihrer Eltern in der Bucht trieb. Sie hatte die Augen geschlossen, das Wasser war spiegelglatt, und die leichten Wellen, die sanft an die Seite der Plattform schwappten, wiegten sie in den Schlaf. Aber alle paar Minuten zischte ein Boot oder ein Jetski in kurzer Distanz vorbei, dann versteifte Sam den Rücken und klammerte sich an der riesigen aufblasbaren Plattform fest, um die Kielwelle heil zu überstehen. Die Plattform schaukelte, manchmal ziemlich heftig, und Wasser spritzte über ihren Rand und überschüttete Sam mit den kalten Wellen des Michigansees. Als dieselben zwei Jetskis immer wieder in ihrer Nähe ihre Kreise zogen, richtete Sam sich auf die Knie auf und brüllte: »WELLENSCHLAG-FREIE ZONE!«

Aber jedes Mal, wenn sie sich gerade wieder hingelegt hatte, geschah dasselbe wieder.

Sam drehte sich auf ihrem Handtuch um, worauf die Sonne ihr sofort den Rücken wärmte, und nahm eine Taschenbuchausgabe eines alten Agatha-Christie-Romans, dessen Seiten vergilbt und vom Wasser gewellt waren und den sie bei ihrer Großmutter gefunden hatte. Sand rieselte aus den Seiten des Buchs.

Dieses Buch muss eine Geschichte haben, dachte Sam, und das Wort *Geschichte* blieb ihr im Gedächtnis haften. *Viel Geschichte hier.*

Sam schaute hoch auf die Landschaft. *Und auch viel Geschichte hier in der Gegend.*

Gletscher hatten das Land vor Tausenden von Jahren zu einem Objekt atemberaubender Schönheit geformt. *Gott ist ein Künstler*, sagte ihre Großmutter immer. *Ein Maler, Bildhauer, Musiker, Schriftsteller.*

Sam hatte eine Panorama-Rundumperspektive auf alles, was Michigan im Sommer schön machte. Die Majestät des Michigansees – in umwerfenden Blau- und Grüntönen – schimmerte jenseits der Bucht, die sich in eine sandige Ecke eines üppig grünen Hügels schmiegte; die dichten Zweige hochaufragender Kiefern winkten ihr zu. Der Hang war von Häuschen aller Größen übersät, ihre Fenster ließen sie aussehen wie fröhliche Gesichter, lange Stege ragten ins Wasser. Die Obstgärten, bunt und symmetrisch, lagen oben auf dem Hügel.

Die Kirsche auf dem Kuchen, sinnierte Sam. *Oder der Apfel auf der Pie.*

Sam dachte an ihren Ausflug in die Hamptons vor wenigen Wochen. Deren Schönheit konnte es mit Suttons Bay aufnehmen, und – trotz all der Urlauber aus Chicago, Detroit und St. Louis – es fehlte in Michigan eine gewisse Intensität und urbane Elektrizität.

Vermisse ich diese Intensität?, fragte sie sich.

Sams Handy klingelte, rasch wühlte sie in ihrer Strandtasche zwischen Sonnencremes und Zeitschriften danach. Das Display zeigte einen eingehenden Anruf von Trish. Sam hatte Trishs Nummer mit einem Foto abgespeichert, das sie bei der Arbeit von ihr gemacht hatte, eine lächelnde Trish mit einer hohen weißen Dimples-Bakery-Kochmütze schief auf dem Kopf.

»OMG, Süße! Ich hab buchstäblich gerade erst von deinem epic Mic-Drop bei Chef Arschloch gehört!«, rief Trish mit ihrem New Yorker Akzent. »Dagegen hast du meinen Abgang geradezu wie eine Amateurnummer aussehen lassen. Ich bin so stolz auf dich!«

Sam lachte, und es hallte vom Wasser zu ihr zurück. »Danke«, sagte sie. »Denke ich.«

»Du bist das absolute Stadtgespräch. Ehrlich«, fuhr Trish fort. »Jeder in der Branche redet davon. Alle sind stolz auf dich. Ich bin stolz auf dich. Und angeblich sagte eine Produzentin von *Good Morning America*, dass eine Pie, die du gemacht hast, die beste war, die sie je hatte.«

Sam lächelte, und sie konnte spüren, dass sie vor Stolz rot wurde.

»That girl is on fire«, begann Trish ein bisschen schief zu singen.

»Jetzt reicht's aber, Alicia Keys«, scherzte Sam.

»Wo bist du?«, wollte Trish wissen.

Sam zögerte. »Zu Hause«, antwortete sie. »In Michigan.«

»Michigan?«, rief Trish aus. »Wo? Was? Warum?«

»Ich brauchte eine Pause«, erklärte Sam. »Dieser Job – dieser Mann – hätte mich fast gebrochen. Ich fühle mich einfach …«, wieder zögerte sie auf der Suche nach dem richtigen Wort, »verloren.«

»Nun, dann bin ich dein Kompass«, erwiderte Trish. »Ich habe einen Job für dich.«

»Was?«, fragte Sam. »Wo?«

»Wir stellen heute ziemlich oft dieselben Fragen«, lachte Trish. »Ich habe gerade bei *Doux Souvenirs* angefangen.«

»Two Souvenirs?«, fragte Sam verwirrt.

Trish lachte. »Nein, das ist Französisch und heißt ›Süße Erinnerungen‹. Die Konditorin des Ritz in Paris hat gerade in Midtown ihren eigenen Laden aufgemacht. Sie ist eine phantastische Konditorin und ein noch netterer Mensch.« Trish holte tief Luft und sagte dann mit ansteigender Stimme: »Und sie will mit dir reden.«

»Was? Wann?«, fragte Sam.

»Du klingst allmählich wie eine kaputte Schallplatte«, sagte Trish. »Ich habe ihre Nummer. Ich habe ihr gesagt, du würdest sie anrufen.«

Sam antwortete nicht.

»Also ruf an«, drängte Trish.

»Okay«, antwortete Sam.

»Und«, fuhr Trish mit noch höher steigender Stimme fort, »Ich habe zufällig Angelo im *Doux Souvenirs* getroffen.«

»Wirklich?« Sam richtete sich auf der Badeplattform auf. »Was hat er gesagt?«

»Na ja, er war derjenige, der mir erzählt hat, wie du Chef Narzisst alles hingeschmissen hast«, meinte sie. »Und er hat mir gesagt, wie sehr du ihm fehlst. Sam, er hat dich wirklich gern.«

Sam antwortete nicht.

»Jedenfalls, er sagte, dass er deine Nummer hat und dass er dir geschrieben hat«, fuhr Trish beiläufig fort. »Er meinte, du hast ihm ein Daumen-hoch-Emoji oder irgendwas anderes total Kindisches geschickt. Ich hab ihm gesagt, dass du wahrscheinlich deine Medikamente nicht genommen hast …« Sie zögerte. »Und ich hab ihm gesagt, er soll dich anrufen.«

»Du hast, was? Trish, er ist so anders. Er ist ein Lieferfahrer aus Jersey.«

»Und du bist eine Farmerstochter aus Michigan.«

»Autsch.«

»Sam, das ist nichts Schlechtes«, tadelte Trish. »Du musst aufhören, dich für deine Vergangenheit zu entschuldigen. Dafür, wer du bist. Du bist ein wunderbarer Mensch und eine wunderbare Konditorin. Und du brauchst vor Männern nicht wegzulaufen.«

»Ich laufe gar nicht weg«, protestierte Sam.

»Nicht alle Männer sind wie dein Highschool-Freund oder Chef Armleuchter«, sagte Trish. »Ob du's glaubst oder nicht, viele Typen stehen eigentlich auf starke, kluge Frauen, die ihrer Leidenschaft folgen.« Sie zögerte. »Aber leider geben ihnen viele starke, kluge Frauen keine Chance, weil sie nicht an sich glauben.«

»Noch mal autsch.«

»Also wirst du Colette anrufen und Angelo anhören, klar?«

Sam antwortete nicht.

»Klar?«

»Klar wie dicke Suppe.«

»Ihr Bauern mit euren putzigen Landausdrücken«, lachte Trish.

»Und ihr Schickimickis mit euren putzigen Stadtausdrücken«, gab Sam zurück.

»Du meinst so was wie ›Aus dem Weg!‹ oder ›Dämlicher Taxifahrer!‹«, erwiderte Trish. »Apropos, ich muss die U-Bahn erwischen. Hab dich lieb!«

»Hab dich auch lieb«, antwortete Sam.

Sie hatte gerade aufgelegt, als das Telefon erneut klingelte, und sofort ging Sam wieder ran.

»Was denn jetzt noch?«, fragte sie, weil sie dachte, es wäre noch mal Trish.

»Das ist ja eine nette Begrüßung.«

»Wer spricht da?«, fragte Sam, als sie eine Männerstimme hörte. Sie nahm ihr Handy vom Ohr und kniff die Augen gegen die Sonne zusammen, um die Nummer zu erkennen.

»Hier ist Angelo. Angelo Morelli.« Er zögerte. »Hast du meine Stimme schon vergessen, Michigan?«

Trish! Du hast mir nicht gesagt, dass er sofort anrufen würde, dachte Sam, und ihr Pulsschlag beschleunigte sich. Sie setzte sich aufrechter, strich sich das Haar glatt, pustete sich die Ponyfransen aus den Augen und zog den Bauch ein, als wäre sie auf FaceTime.

»Oh, hey, Jersey«, sagte sie lässig. »Wie geht's dir?«

»Mir geht es gut«, antwortete er. »Schön, deine Stimme zu hören. Die wichtigere Frage ist: Wie geht es *dir*?«

Es hatte etwas Vertrautes und Tröstliches an sich, Angelos raue Stimme und seinen Jersey-Akzent zu hören, wie der Ruf der Seetaucher in der Abenddämmerung in der Bucht oder das sanfte Schwappen der Wellen gegen die Plattform. Sam ertappte sich dabei, dass sie lächelte.

»Es geht mir gut«, sagte sie.

»Wirklich?«, fragte Angelo.

»Wirklich«, wiederholte Sam.

»Als ich dich das letzte Mal sah, ging es dir nicht so gut«, meinte Angelo. »Und dann, *puff*, warst du fort. Du hast mich geghostet … bist ohne ein Wort verschwunden.« Angelo verstummte kurz, und seine Stimme schwankte. »Ich fühle mich irgendwie … zurückgelassen.«

Bei dem Gefühl in seiner Stimme wurde Sam schwer ums Herz.

»Wusste gar nicht, dass wir einander gedatet haben«, sagte sie. Sie hatte es sanft gesagt, wünschte sich aber trotzdem, sie könnte die Worte wieder zurücknehmen, kaum, dass sie sie ausgesprochen hatte.

»Ich hab's versucht«, meinte Angelo. »Ich habe dich gefragt, ob du mit mir essen gehen willst, zu Baseball-Spielen … Ich habe sogar gesagt, dass ich für dich kochen würde, wenn du den Nachtisch mitbringst.«

Wieder wurde Sams Herz schwer.

»Vielleicht wurde ich von Anfang an geghosted und war nur zu dumm, es zu merken«, sagte er leise.

»Es tut mir leid«, antwortete Sam. »Der Job hat mich einfach so fertiggemacht. Ich hatte Angst, dass ich gefeuert werde, wenn ich etwas tue, das ihm nicht passt.« Sie zögerte. »Ich wollte dich nicht ghosten. Ich musste einfach nur da raus … eine Weile aus New York raus.«

»Das verstehe ich«, meinte Angelo. »Wo wir gerade davon reden, ich werde auch für eine Weile aus der Stadt rausfahren.« Er zögerte. »Ich komme nach Michigan.«

»Du machst, was?« Sams Stimme wurde plötzlich laut und hallte vom Wasser wider.

»Du hörst dich nicht besonders glücklich darüber an«, sagte Angelo mit einem kleinen Lachen.

»Es ist nur …« Sam fand keine Worte. »Warum?«

»Ich muss übers Labor-Day-Wochenende arbeiten, und ich habe noch ein paar Urlaubstage, die ich nehmen muss, sonst verfallen sie, also habe ich beschlossen, spontan zu sein.«

»Warum hierher?«, fragte Sam ein bisschen zu eisig.

»Du hast immer davon gesprochen, wie schön Michigan ist, besonders im Sommer«, meinte Angelo. »Du hast gesagt, es ist himmlisch, genauso schön wie die Hamptons. Also dachte ich, ich seh's mir mal an.« Er verstummte kurz, holte Luft und fuhr fort. »Ich vertraue dir, Sam. Du bist … echt.« Er zögerte einige lange Sekunden, als suche er nach den richtigen Worten. »Du hast deinen Fingerabdruck in den Herzen von vielen Menschen in New York hinterlassen … einschließlich meinem.«

Sam erwiderte kein Wort.

»Du brauchst dich nicht mit mir zu treffen«, sagte Angelo, um das Schweigen zu füllen. »Wirklich. Ich wollte nur, dass du es weißt. Und ich wollte nur hören, wie es dir geht.«

Sam öffnete den Mund, um zu sagen, dass es ihr leidtat, um Angelo von dem potentiellen Job zu erzählen, um irgendetwas zu ihm zu sagen, egal was, aber stattdessen sagte er: »Bis dann, Michigan«, und legte auf.

Sam starrte ihr Handy an und wartete, dass es wieder klingelte. Als es das nicht tat, ließ sie den Kopf sinken, als wäre er zu schwer für ihre Schultern, und starrte auf das Wasser unter dem Gewebe der Plattform.

Vielleicht ist meine Sicht der Welt zu eng, dachte sie. *Vielleicht sehe ich alles aus dem falschen Blickwinkel?*

Sam steckte ihr Handy zurück in die Strandtasche, stand auf, fand auf der Plattform ihr Gleichgewicht und hechtete dann in den See.

Sie öffnete die Augen, während sie durchs Wasser schnitt, und die Unterwasserwelt tanzte im Licht: der sandige Grund schimmerte, und schöne Seekiesel – Leland Blues, Achat, Hornstein, Jaspis und Petoskey-Steine – übersäten die Tiefen wie vergessene Juwelen.

Von Gänsehaut überzogen, tauchte Sam wieder auf, und die Welt funkelte, über allem thronend die Obstplantage ihrer Familie über der Bucht. Sam zog sich am Steg hoch, um sich darauf zu setzen. Mit den Füßen brachte sie die immer noch schaukelnde Badeplattform zur Ruhe und ließ sich dann vorsichtig wieder darauf nieder. Als sie hochschaute, konnte sie ihre nassen Fingerabdrücke auf dem Steg sehen, jede geschwungene Linie klar definiert, die Lebenslinien ihrer Handflächen schlängelten sich in verschiedene Richtungen. Noch einmal schaute Sam hoch zur Obstplantage. Als sie wieder hinunter auf die Plattform sah, waren ihre Fingerabdrücke verschwunden, so rasch von der Sonne getrocknet, als wären sie nie da gewesen.

14

Die Pie Pantry hatte einen vertrauten Geruch an sich, warm und bodenständig wie Mehl, Hefe und Teig, mit einer Kopfnote von Äpfeln und Gewürzen.

Unbewusst schlang Sam die Arme um sich, da die Gerüche sie empfingen wie eine warme Umarmung, und lächelte.

Ich habe tatsächlich gerade das Wort *Kopfnote* benutzt, lachte sie innerlich und dachte dabei an ihre Mitbewohnerin Lily, die auf dem College bei Yankee Candle gejobbt hatte, und obwohl sie außer Oreo-Keksen nie auch nur irgendetwas an Lebensmitteln zum Haushalt beigesteuert hatte, kaufte sie ständig Duftkerzen für ihr winziges Apartment und beschrieb die Düfte in blumigen, übertriebenen Tönen.

Eine Zimtkerze roch nicht einfach nur nach Zimt, versuchte Sam sich daran zu erinnern, wie Lily sie beschrieben hatte. *O ja: die Kopfnote war Zimt, die Herznote war Gewürznelke und Kardamom, und die Basisnote war Zedernholz und Lorbeer.*

Die Bäckerei platzte aus allen Nähten vor Sommerurlaubern. Eine lange Schlange reichte zur Tür hinaus und die Einfahrt entlang, überall wurden Außenseiter verteilt, zusammen mit Pappbechern mit frischem Apfelsaft.

Die Sommerfrischler waren verzaubert von dem nostalgischen Kitsch der alten Scheune: den antiken Farmgerätschaften und Backutensilien, Willos Aquarellen und Gemälden auf dem Fußboden, den Einmachgläsern mit hausgemachten Marmeladen, Gelees, Fudge und Toffee-Bonbons. Kinder wischten sich die klebrigen Finger an ihren T-Shirts ab, Eltern standen mit stapelweise Pies an der Kasse, während Kellnerinnen Tabletts mit Pfannkuchen, Apfelsaftkrügen und Kuchenstücken, garniert mit schmelzender Apfelsaft-Eiscreme, balancierten.

Hier ist es wie in einer Bilderbuch-Kleinstadt aus den Fünfzigern, dachte Sam. *Das hier ist die Welt, die die Menschen für ihre Familien wiedererschaffen wollen.*

Das Wort *Familien* hallte in Sams Kopf wider, und sie dachte an ihre eigene. Verstohlen warf sie einen Blick durch den vollgestopften Café-Bereich und entdeckte ihre Großmutter an der hölzernen Theke, wo sie die Kunden an der Kasse bediente, als kenne sie sie alle persönlich, während ihre Mutter von Ofen zu Ofen eilte, um nach den Pies zu sehen, und dann in die Küche, um nach den Rezepten zu sehen.

Der ultimative Annoncier, dachte Sam. Diese Bezeichnung hatte sie in der Kochschule gelernt, und sie beschrieb die Person in einem Restaurant, die dafür sorgte, dass hinter den Kulissen alles geordnet und effizient ablief. *Das war sie schon immer in unserer Familie. Wenig Anerkennung für harte Arbeit. Immer hinter den Kulissen.*

Wieder blieb das Wort *Familie* in Sams Kopf hängen, und aus irgendeinem Grund drehte sie sich um und betrachtete die Reihen von Gästen.

Alles Familien, erkannte Sam endlich. *Keine jüngeren Paare ohne Kinder. Keine jungen Frauen auf Mädelsausflug. Keine verliebten Pärchen, die dem Stress der Stadt für ein paar Tage entfliehen wollen. Wo sind sie?,* fragte sich Sam. *Auf den Weingütern? In den schickeren Restaurants in Traverse City?*

Veränderung ist die einzige Konstante, war ein Mantra eines ihrer Dozenten auf der Kochschule gewesen, eines erfolgreichen Restaurantbesitzers, der die angehenden Köche in Betriebswirtschaft unterrichtete. *Man muss sich anpassen, egal ob McDonald's oder eine kleine Bäckerei.*

»Apfelsaft?«

Beim Klang der quiekenden Stimme zuckte Sam zusammen. Ein junges Mädchen, wahrscheinlich von einer hiesigen Highschool, hielt ein Tablett mit kleinen Kostproben naturtrüben Apfelsafts in der Hand. Das Mädchen war zuckersüß, fast wie eine Freundin von Alvin oder einem der anderen Chipmunks.

»Oh«, sagte Sam. »Danke.«

Sam nahm den Becher und leerte ihn auf einen Schluck. Den Apfelsaft zu trinken war, als nippe man direkt von einem frisch gepflückten, zuckersüßen, würzigen Apfel.

Fast schon so auserlesen wie Cider, dachte Sam an das seit kurzem beliebte Getränk, das inzwischen bei Hipstern und Städtern gleichermaßen mit feinen Weinen und Craftbieren konkurrierte.

»Du wirst schon braungebrannt wie reife Brombeeren«, sagte Willo und erwischte Sam wieder unvorbereitet. »Hattest du einen entspannten Vormittag am See?«

Sam nickte. *Meine Lügen gehen weiter,* dachte sie.

»Wie schmeckt der Apfelsaft?«, fragte Willo.

»Himmlisch«, antwortete Sam mit einem Lächeln. »Den sollten sie bei der heiligen Kommunion anbieten. So viel besser als Traubensaft.«

Willo lachte. »Kirchen hatten wir bisher noch nicht für unseren Marketingplan in Betracht gezogen.« Sie verstummte kurz und musterte ihre Enkelin sorgfältig. »Irgendwelche anderen Ideen? Sah so aus, als hättest du etwas auf dem Herzen gehabt, als ich dich erschreckt habe. Warst sehr tief in Gedanken versunken.«

Sam senkte den Blick. »Nein«, sagte sie. »Alles bestens.«

»Also gut«, meinte Willo, bevor sie das Thema wechselte. »Willst du uns hinten eine Weile helfen? Wir könnten dich gebrauchen. Heute ist hier die Hölle los.«

Sam nickte und folgte Willo nach hinten, wo sie ihre Großmutter und ihre Mutter bei der Arbeit begleitete und einsprang, wo es nötig war. Sie bediente an der Kasse, holte Pies aus dem Ofen, bereitete Teller vor, rührte die Töpfe mit Chili um und schnitt eine Auswahl von Äpfeln in hübsche Spalten, die die Kunden als »Obstgarten-Amuse-Bouche« erhielten.

Als die Menge sich ausdünnte, setzten Sam, Deana und Willo sich in eine Nische im hinteren Teil des Restaurants. Die Holzbänke waren mit bunt zusammengewürfelten Sitzauflagen und Kissen gepolstert, die Sams Großmutter und Urgroßmutter genäht hatten. Dasselbe fröhliche Mädchen, das vorhin den Massen Apfelsaft serviert hatte, kam an ihren Tisch, dasselbe breite Lächeln auf dem Gesicht. Sie schenkte ihnen drei große Gläser Apfelsaft ein, zusammen mit drei Gläsern Wasser.

»Es ist schön, bedient zu werden, Amanda«, sagte Willo zu dem Mädchen. »Danke.«

»Es ist schön, nützlich zu sein.« Das Mädchen zwinkerte. »Besonders für die Mullins-Matriarchinnen.« Sie straffte die Schultern und schaute sich im Restaurant um. »So viel Geschichte hier. Meine Mom war so glücklich, als ich diesen Job hier bekam. Sie sagte, es kommt ihr so vor, als hätte unsere Familie schon immer mit Ihrer Familie zusammen gegessen.«

Als das Mädchen außer Hörweite war, sagte Sam: »Matriarchinnen? Wir hören uns an wie eine aussterbende Königsfamilie.«

»Ich denke, sie hat es als Kompliment gemeint«, erwiderte Deana. »Bei dir alles okay? Du bist ein bisschen nervös, seit du nach Hause gekommen bist.«

Sam schaute zu, wie Amanda fröhlich die Tische um sie herum bediente. Die Worte *glücklich, Geschichte* und *Familie* klangen ihr in den Ohren. Sie wollte erneut abstreiten und ablenken, aber als sie den Mund öffnete, erklang *Young at Heart* von Frank Sinatra über die Stereoanlage – eines der Lieblingslieder ihrer Großmutter – und erfüllte leise das Restaurant.

Ihre Großmutter neigte den Kopf, lächelte und sang den Text mit: »*You can go to extremes with impossible schemes, You can laugh when your dreams fall apart at the seams*«.

Die Worte schnitten Sam mitten ins Herz, und sie brach in Tränen aus. Schluchzend ließ sie den Kopf auf den Tisch sinken.

»Ich komme später wieder«, sagte Amanda und zog sich rasch zurück, die Speisekarten immer noch in der Hand.

»Sam? Liebes?«, fragte Deana. »Was ist los?«

Sie zog ihre Tochter in die Arme und sah Willo an, während Sam schluchzte. Als sie sich wieder beruhigt hatte, reichte Deana ihrer Tochter eine Serviette.

»Sie braucht vielleicht noch eine.« Willo hielt ihr ihre eigene hin.

Ihr Scherz brach die Spannung, und ein winziges Lächeln zeigte sich um Sams Mundwinkel. Sie stieß ein kleines Lachen aus, dabei sprühten nasse Tränen von ihren Wangen wie bei einer Sprinkleranlage. Willo betupfte ihr Gesicht, um es zu trocknen, worauf Sams Schultern sich zu entspannen schienen. Sie holte tief Luft und schüttete dann ihr Herz aus. Sie erzählte ihrer Mutter und ihrer Großmutter alles, was passiert war: von ihrer Kündigung bei Chef Dimples, ihrer überraschenden Heimreise, ihrem Flirt mit Angelo und seinem Anruf, sowie dem Anruf von Trish wegen eines möglichen Vorstellungsgesprächs in New York.

Als sie fertig war, nahm Willo über den Tisch hinweg die Hände ihrer Enkelin. »Danke, dass du es uns erzählt hast«, sagte sie. »Danke, dass du dich uns anvertraust.«

Sam nickte. Sie schmiegte sich noch enger an die Seite ihrer Mutter und fühlte sich – zum ersten Mal seit langem wieder – sicher und erleichtert, aber auch völlig erschöpft.

Die drei bestellten riesige Kuchenstücke – Apple Pie, Cherry Pie, Blaubeer-Pie – mit Apfelsaft-Eiscreme und Schlagsahne obendrauf.

»Ich glaube, mir ist ganz schwindlig von all dem Zucker«, sagte Sam, nachdem sie ihre Desserts verdrückt hatten. Sie gähnte und blinzelte träge, einmal, zweimal, dreimal. Ihre Lider fühlten sich schwer wie Beton an.

»Es geht doch nichts über Süßes, um einen harten Tag leichter zu machen, nicht wahr?«, meinte Willo. »Ich glaube, du brauchst ein Nickerchen.«

Sam gähnte noch einmal und nickte.

»Aber bevor du das tust, kann ich dir noch etwas zeigen?«, fragte Willo.

Sie führte Sam und Deana zu dem winzigen Büro, das hinten in die Küche gequetscht war. Auf dem Schreibtisch mit einem Laptop und einer kleinen Lampe stapelten sich Papiere: Bestellungen, Lieferscheine, Rechnungen. Eine alte hölzerne Anrichte stand hinter dem Schreibtisch. Darauf, zwischen noch mehr Papieren, befanden sich ein paar Familienfotos. Willo ging zu der Anrichte, schob ein paar Papiere beiseite und drehte sich dann mit einem Kästchen in den Händen wieder um.

»Du weißt, dass das hier das Originalkästchen mit den Originalrezepten ist, oder?«, fragte Willo. »Die anderen sind Nachbildungen, die für mich, deine Mom und für dich zu unseren dreizehnten Geburtstagen gemacht wurden. Aber das hier«, sie strich mit den Händen über das Holz des Kästchens, »war das Kästchen, das dein Ururgroßvater für deine Ururgroßmutter gemacht hatte.« Sie verstummte kurz. »Das sind ziemlich viele Urs.«

Willo setzte sich auf den Bürostuhl und stellte das Kästchen auf den überfüllten Schreibtisch. »Und ich habe immer noch den Originalschlüssel dafür«, sagte sie mit einem Augenzwinkern, »aber er ist zu Hause an einem besonderen Ort.« Sie steckte den Schlüssel, der an ihrem Hals hing, ins Schloss und öffnete es. Sie lächelte und begann zügig durch die Karteikarten zu blättern, als kenne sie die Reihenfolge jeder einzelnen auswendig.

»Da ist sie.« Sie hielt bei einer Karte an und reichte sie Sam. »Ich wollte, dass du sie siehst.«

»Thumbprint Cookies?«, fragte Sam, als sie die Karte las. Verwirrt legte sie das Gesicht in Falten. »Die hatte ich schon seit Ewigkeiten nicht mehr.« Sie zögerte und sah dann ihre Mom und ihre Grandma an. »Okay. Was bekomme ich hier gerade nicht mit?«

»Was siehst du?«

Sam schaute die Rezeptkarte an und las die Zutaten.

»Ich sehe, dass man frische Erdbeer-, Himbeer- oder Aprikosenmarmelade verwenden kann«, antwortete sie. »Die mag ich alle gern. Wir stellen die alle her und verkaufen sie.«

»Schau weiter«, drängte Willo.

»Oh!« Sam kniff die Augen zusammen und hielt sich die Karte dichter vor die Nase. »Was ist das? Es ist ziemlich verblasst. Ist das ein Fingerabdruck?«

Willo lächelte. »Ja«, antwortete sie und stand auf. »Das ist der Daumenabdruck deiner Ururgroßmutter. Sieht so aus, als habe sie ihn mit Tinte geschwärzt, oder vielleicht mit Bleistift, und einen Abdruck davon auf die Karte gemacht.«

»Erstaunlich, dass er so lange erhalten geblieben ist«, sagte Sam. »Total cool.«

»Ich möchte dir noch etwas anderes zeigen, bevor du dich ein bisschen ausruhst.« Willo führte sie aus dem Büro, durch die Hintertür der Bäckerei hinaus und um die Scheune herum nach vorne zur Eingangstür. Dort blieb sie stehen und zeigte auf das steinerne Fundament der alten Scheune. Ein Grundstein aus Beton, glatt und mit Rissen, ragte daraus hervor. Gras wuchs überall um ihn herum, und Klee und Löwenzahn – fröhlich und gelb – lugten zwischen den Spalten hervor.

»Warum ist mir der noch nie aufgefallen?«, fragte Sam. »Mein ganzes Leben lang nicht?«

Sie ging in die Hocke und musterte den Grundstein. »›Erbaut 1927‹«, las sie. »›Für Alice: Meinen Augapfel.‹«

»Mein Grandpa hat das für sie gebaut, ungefähr zehn Jahre nachdem sie mit der Obstplantage angefangen hatten«, sagte Willo.

Sam strich mit der Hand über den Grundstein, hielt inne und schaute noch genauer hin. Sie rupfte den Klee und den Löwenzahn weg und rieb die Erde vom alten Beton fort. Dann wurde es sichtbar. Drei verblasste Abdrücke unterschiedlicher Form und Größe waren im Beton zu erkennen: die Handabdrücke eines Mannes und einer Frau, zusammen mit dem Pfotenabdruck eines Hundes.

»Das verstehe ich nicht«, sagte Sam.

»Ich denke, das tust du doch«, erwiderte Willo.

Sam setze sich auf den Boden und strich weiter mit der Hand über den Stein. »Ja, das tue ich«, antwortete sie leise. »Sie haben ihre Spuren hinterlassen, und sie sind immer noch da. Nicht nur in diesem Stein, sondern auch in diesen Obstgärten.«

»Und du wirst das auch tun, Sam«, sagte Deana. »Ich weiß, du bist im Moment verwirrt, in welche Richtung sich dein Leben entwickeln wird, aber du musst wissen, dass du nur einen dauerhaften Eindruck hinterlassen kannst, wenn du glücklich bist.«

»Du musst dich entscheiden, was dich glücklich machen wird«, ergänzte Willo.

»Was ist, wenn ich das nicht weiß?«, fragte Sam.

»Dann weißt du es eben noch nicht«, erwiderte Deana. »Aber kehre einer Gelegenheit, die dir die Antwort geben könnte, nicht den Rücken. Wenn du dich um diesen Job in New York bewerben willst, dann solltest du es tun.«

»Wenn du Angelo sehen willst, dann solltest du es tun«, fügte Willo hinzu. »Aber leb nicht mit Bedauern, Liebes. Du willst nicht auf dein Leben zurückblicken und sagen, du hättest dies oder das tun sollen, weil du nie eine zweite Chance bekommen wirst, jung zu sein oder es zu tun.«

»Aber im Moment solltest du wahrscheinlich ein Nickerchen machen«, meinte Deana. Sie hielt ihrer Tochter die Hände hin und half ihr auf die Füße. »Wichtige Entscheidungen kann man nicht müde treffen.«

Sam schaute den Grundstein an und dann zu ihrer Mom und ihrer Grandma. »Ehrlich gesagt würde ich lieber ein paar Cookies mit euch backen, wenn es euch nichts ausmacht. Thumbprint Cookies.«

Willo und Deana lächelten. »Sehr gern«, sagten sie einstimmig.

»Mit welcher Marmelade?«, fragte Deana.

»Aprikose? Himbeere? Erdbeere?«, wollte Willo wissen.

»Mit allen«, antwortete Sam.

Thumbprint Cookies

(Mit frischer Aprikosen-, Erdbeer- oder Himbeermarmelade)

Zutaten für den Teig

150 g Zucker
250 g weiche Butter
½ Päckchen Vanillezucker
250 g Mehl

Zutaten für die Füllung

70 g Aprikosenmarmelade, Erdbeermarmelade oder Himbeergelee (Lieblingsmarmelade verwenden oder eigene Marmelade kochen … köstlich!)

Zutaten für den Zuckerguss

120 g Puderzucker
1½ Päckchen Vanillezucker
2 bis 3 Teelöffel Wasser

Zubereitung des Teigs

Zucker, Butter und Vanillezucker in eine kleine Rührschüssel geben und bei mittlerer Geschwindigkeit 2 bis 3 Minuten lang schaumig rühren.

Mehl hinzugeben und 2 bis 3 Minuten lang rühren.

Den Teig zu einer Kugel formen, in Frischhaltefolie wickeln und mindestens eine Stunde im Kühlschrank kühlstellen.

Fertigstellung

Ofen auf 180 Grad vorheizen.

Teig zu Kügelchen mit 2,5 cm Durchmesser formen. Im Abstand von ca. 5 cm auf ein ungefettetes Backblech setzen. Mit dem Daumen eine Vertiefung in die Mitte der Cookies drücken, die Ränder bekommen dabei Risse.

Jeden Cookie mit ¼ Teelöffel Marmelade füllen.

14 bis 18 Minuten backen.

Vollständig auskühlen lassen.

Die Zutaten für den Zuckerguss in einer kleinen Schüssel miteinander verrühren und den Guss über die ausgekühlten Cookies träufeln.

(Verschiedene Marmeladen verwenden, damit jeder seine Lieblingsmarmelade bekommt!)

Ergibt etwa 3½ Dutzend Cookies

6. Teil

Eiscreme-Sandwiches mit Ahornsirup-Schoko-Kirsch-Cookies

15

Sommer 2017

Die Sonne schimmerte durch die Apfelbäume, schräge Lichtstrahlen, die auf den grasbewachsenen Boden des Obstgartens fielen. Sams Vater stand im Licht, und auf Sam wirkte er wie ein Schauspieler, der gleich einen herzergreifenden Monolog am Broadway halten würde.

Er sieht immer noch gut aus, dachte sie.

Die meisten Menschen liebten den Sommer, besonders die Bewohner Michigans, die das ganze Jahr über auf eine Atempause vom Winter warteten, aber als Kind waren Sams Gefühle in Bezug auf diese Jahreszeit gemischt gewesen. Ihr Vater arbeitete in den Sommermonaten ständig, er stand früh auf, kam spät nach Hause, aß im Vorbeigehen. Er war so beschäftigt mit der Obstplantage, dass er in Sams Sommererinnerungen …

Verschwommen war, dachte sie, während sie ihn betrachtete. *Nein, ein Geist.*

Der Wind zerzauste das struppige blonde Haar ihres Vaters. Sein Gesicht und sein Nacken waren tief gebräunt von der Arbeit in der Sonne, seine Hände staubig und schwielig. Als Kind hatte Sam sich über die »Bauernbräune« ihres Vaters lustig gemacht, aber jetzt verstand sie, dass er nie die Gelegenheit gehabt hatte, eine Pause einzulegen, wie sie es an diesem Vormittag getan hatte. Ihr Magen krampfte sich vor Schuldgefühl zusammen, und dieses Gefühl wurde stärker, als ihr bewusst wurde, dass ihr Dad – der genau wie ihr Bruder aussah – ein bisschen gealtert war, seit sie ihn das letzte Mal gesehen hatte.

Genau wie Grandma, dachte sie.

Gary Nelson drehte sich im Lichtkegel, als wüsste er, dass seine Tochter in der Nähe war, und lächelte so strahlend wie der Sonnenstrahl, in dem er stand.

Mein Baby, konnte Sam seine Lippen formen sehen, als er die Arme ausbreitete.

Sam rannte zu ihrem Vater, und er drückte sie fest an sich. Seine Umarmung löschte ihre Erschöpfung aus und gab ihr das Gefühl, als gäbe es niemanden auf der Welt außer ihnen. Er hielt sie im Arm, und sie wiegten sich hin und her, aus dem Sonnenlicht und wieder zurück.

»Du hast mir gefehlt«, sagte Gary.

»Du hast mir auch gefehlt«, antwortete Sam.

»Ich bin so froh, dass du für eine Weile zu Hause bist«, gestand er.

Er riecht immer noch genauso, dachte sie. *Nach Sonnenschein und Äpfeln.* Sie hielt inne. *Nach Zuhause.*

»Oh, ich habe Cookies mitgebracht.« Sam ließ ihren Dad los und hielt ihm ein quadratisches Päckchen Alufolie hin.

»Ein Bestechungsversuch?«, fragte ihr Vater, während er geräuschvoll die Folie aufmachte.

»Woher weißt du das?«

»Ein Vater weiß alles.« Er zwinkerte ihr zu. »Thumbprint Cookies? Wow. Die haben deine Mom und Grandma schon ewig und drei Tage nicht mehr gemacht.«

»Genau genommen habe ich sie gemacht.«

Gary zog die von der Sonne gebleichten Augenbrauen hoch und biss von einem Cookie ab. Lächelnd schloss er die Augen. »Aprikose«, seufzte er. »Besser, als ich sie in Erinnerung hatte.« Er öffnete die Augen wieder, die im Sonnenlicht noch blauer funkelten. »Du hast Talent.«

»Danke, Dad«, sagte Sam.

Gary nahm die Hand seiner Tochter und führte sie in die Mitte einer Reihe von Bäumen, fort von der Menge. Sie setzten sich unter einen Apfelbaum, und ihr Vater lehnte sich an den Stamm.

»Der Bestechungsversuch hat funktioniert«, sagte er, während er noch einen Cookie verdrückte. »Ich bin bereit. Also, raus damit. Warum bist du zu Hause?«

Sam erzählte ihm alles, genau wie vorhin ihrer Mom und ihrer Grandma. Ihr Vater sagte kein Wort, er hörte einfach nur aufmerksam zu, bis sie fertig war und er alle Thumbprint Cookies aufgegessen hatte, die Sam mitgebracht hatte.

»Es war richtig von dir, diesen Job hinzuschmeißen«, sagte er schließlich. »Das weißt du doch, oder?«

»Ja«, antwortete sie. »Aber ich fühle mich trotzdem wie eine Versagerin.«

»Du bist alles andere als das«, widersprach er. »Du bist eine erstaunliche junge Frau, voller Intelligenz, Talent und Leidenschaft. Das ist alles, was sich Eltern auf dieser Welt nur wünschen können. Ich bin so, so stolz auf dich.«

»Danke, Dad«, sagte Sam. Sie verstummte kurz und scharrte mit ihrem Tennisschuh in der Erde. »Aber aus irgendeinem Grund bin ich nie stolz auf mich selbst.«

Gary wischte sich die Hände an der Jeans ab und lehnte den Rücken wieder an den Baumstamm. Suchend schaute er hoch zu den Ästen und dem Himmel, dann sah er seiner Tochter musternd in die Augen.

»Du hast dir schon immer selbst so viel Druck gemacht«, sagte er leise. »Schon seit du ein kleines Mädchen warst. Du wolltest die schnellste Läuferin sein. Du wolltest die Klügste in deiner Klasse sein. Du wolltest die beste Bäckerin sein.« Er verstummte kurz. »Und ich habe mir deswegen viele Vorwürfe gemacht.«

»Warum, Dad?«, fragte Sam.

»Wir sind eine Familie, die nie aufgibt oder nachgibt. Wir

strengen uns an, Erfolg zu haben, jeden Tag. Das liegt uns im Blut. Aber das ist nicht immer etwas Gutes. Wir vergessen, eine Pause zu machen … Wir vergessen, uns selbst eine Pause zu gönnen.«

Er holte tief Luft und verscheuchte dann sanft eine Biene, die um sein Gesicht herumsummte.

»Diese Familie ist genau wie Bienen«, sagte er. »Immer in Bewegung.« Er zögerte. »Ich habe einfach das Gefühl, dass ich so viel von deiner Kindheit verpasst habe und das nie zurückbekommen kann.«

»Du hattest ein Geschäft zu führen«, erwiderte Sam. »Das ist okay.«

Gary sah seine Tochter an. »Ehrlich gesagt ist es das nicht. Es tut mir leid.«

Wieder zögerte er. »Darf ich dich etwas Persönliches fragen?«

Sam nickte.

»Und ich möchte nicht, dass du das falsch auffasst.«

Sams Augen weiteten sich. »Au weia.«

»Warum scheinst du dir absichtlich Männer auszusuchen, die dich unglücklich machen – persönlich und beruflich –, selbst wenn du von Anfang an weißt, dass es nicht gut ausgehen wird?«

Vor Verblüffung lief Sams Gesicht rot an. »Was willst du damit andeuten, Dad?«

»Ich wusste, dass du dich aufregen würdest«, sagte er. »Und das war nicht meine Absicht. Aber ich wollte mit dir darüber reden, warum du dich auf Beziehungen mit Männern einzulassen scheinst, bei denen du tief in deinem Herzen weißt, dass sie nicht richtig für dich sind.«

»Zum Beispiel?«, fragte Sam mit blitzenden Augen.

»Zum Beispiel Connor«, antwortete er. »Ihr zwei wart so unterschiedlich wie Tag und Nacht, und trotzdem warst du mit ihm zusammen – während der ganzen Highschoolzeit und im College, obwohl wir alle wussten, dass du letzten Endes von zu Hause weggehen würdest.«

»Dad«, sagte Sam. »Ich habe ihn wirklich geliebt … auf meine Weise.«

»Hast du das?«, fragte er. »Oder hat er dir Sicherheit gegeben? Wie diese kleine Schmusedecke, die du bis zur ersten Klasse überall mit dir herumgeschleppt hast?«

Sams Augen säumten sich mit Tränen.

»Und Chef Dimples«, fuhr Gary fort. »Warum hast du für einen solchen Mann gearbeitet?«

»Es war eine großartige Gelegenheit, Dad«, erwiderte sie. »Es ist nicht leicht, solche Jobs in New York zu finden. Es war ein Geschenk. Und jetzt führt es zu anderen Gelegenheiten.« Sie konnte spüren, wie ihr Ärger durch das Nachfragen ihres Vaters wuchs. »Das würdest du nicht verstehen.«

»Würde ich das nicht?«, fragte er mit eisigerer Stimme, als Sam es seit Ewigkeiten von ihm gehört hatte. Ein Apfel plumpste neben ihm zu Boden, glänzend und rot, zu schwer, um auf dem Baum zu bleiben. Er hob ihn auf, rieb ihn an seiner Jeans und biss dann kräftig hinein.

»Weißt du, die meisten Leute glauben, der Sommer ist eine Atempause von der ganzen Arbeit für uns: die Bäume tragen Früchte, wir pflücken sie und verkaufen sie, Ende der Geschichte. Aber die Arbeit hier ist nie getan.« Er nahm einen weiteren Bissen vom Apfel, dann musterte er ihn. »Wir hatten so ausgezeichnetes Frühlings- und Sommerwetter, was zu einer Rekordernte geführt hat. Aber jetzt bekommen wir die Früchte kaum alle von den Bäumen.«

Gary ließ den Blick über den Obstgarten schweifen, wo Reihen von Saisonarbeitern die Äpfel pflückten.

»Das hier ist kein leichtes Leben für diese Familie«, fuhr er fort. »Aber stell dir vor, wie es für deren Familien ist. Die knochenharte Arbeit für nicht viel Geld. Die fehlenden Sozialleistungen. Der Versuch, die Kluft zwischen ihrer Kultur und der unseren zu überbrücken. Kein festes Zuhause, immer unterwegs auf der Suche nach Saisonarbeit. Einfach nur zu versuchen zu überleben. Aber zu wissen, dass sie ihren Kindern eine bessere Chance auf eine bessere Zukunft geben.«

»Ich weiß«, erwiderte sie. »In der Stadt sehe ich das auch.«

»Sie wollen einfach nur den Traum, den wir alle haben«, sagte er. »Und sie werden sich dafür umbringen, ihn zu erreichen.« Er zögerte. »Deshalb wusste ich nicht, ob ich mich auf all das hier einlassen wollte, Sam«, fuhr ihr Dad leise fort. »Ich sah, was Deanas Familie durchmachte, die Jahre der Anstrengungen, das wenige Geld, die Sorgen und die Frage, wie sie die Plantage aufrechterhalten konnten.

Ich wollte eigentlich Bauingenieur werden. Das wusstest du, oder? Ich wollte weit von Michigan fortgehen und an Straßen, Brücken und Gebäuden in der Stadt arbeiten«, sagte er. »Und dann traf ich deine Mutter.«

»Also hast du dich für die Liebe verraten?«, fragte Sam.

Ihr Vater schüttelte den Kopf, bevor er den Apfel fertig aß und das Kerngehäuse neben sich legte. »Nein, das ist es, was ich dir zu sagen versuche«, meinte er. »Ich habe mich nicht verraten. Ich habe mich gefunden. Und das musst du auch irgendwann tun.«

»Aber …«, setzte Sam an.

»Ich will nicht grob klingen, wirklich nicht«, sagte er. »Ich bin so, so stolz auf dich. Du wirst ein phantastisches Leben und eine tolle Karriere haben, aber ich will einfach nur nicht, dass du in die Falle tappst, immer wieder dasselbe zu tun. Ich glaube, du suchst dir Männer wie Connor oder Chef Dimples, weil sie dir erlauben, weiter davonzulaufen und dich nicht festlegen zu müssen.«

»Dad«, protestierte Sam. »Das ist nicht nett. Willst du gemein zu mir sein?«

»Das will ich nicht, Liebes«, sagte er und nahm ihre Hand.

»Ehrlich. Ich glaube einfach nur, dass du den Großteil deines Lebens lang hin- und hergerissen bist, genau wie ich.«

»Hin- und hergerissen?«

»Zwischen dem Wunsch, hier zu sein, und so weit wie möglich weglaufen zu wollen«, erklärte er. »Dich neu zu erfinden. Und das verstehe ich. Aber hör auf, dir Männer als Sicherheitsnetz auszusuchen, um diese Entscheidung nicht treffen zu müssen. Das ist ungesund.«

Gary verstummte und hob das Kernhaus des Apfels auf. Er holte aus, schleuderte es fort, und das Kernhaus hüpfte in der Ferne, bis es verschwand. »Es ist okay, dich selbst zu suchen. Nimm dir alle Zeit, die du brauchst. Geh auf Reisen. Probier verschiedene Jobs aus. Jette in der ganzen Welt herum. Aber hör auf damit, dir die falschen Männer als Auslassungspunkte in deinem Leben auszusuchen. Such dir jemanden, der deinem Leben ein Ausrufezeichen gibt.«

Er fuhr fort. »Als ich deine Mutter traf, hat sie alles klar werden lassen. Ich wusste, dass ich hierbleiben wollte. Ich wusste, dass ich fortführen wollte, was ihre Großeltern begonnen hatten. Ich wusste, dass ich ihr Vermächtnis annehmen und ausbauen wollte. Deine Mutter und ich hatten darüber gesprochen wegzugehen.«

»Warum habt ihr es nicht getan?«, fragte Sam.

»Ich versuchte mir einzureden, dass das hier nicht gut genug für mich wäre«, antwortete er. »Dass zu bleiben sich zu drücken hieße. Aber eines Sonntagnachmittags sah ich deiner Großmutter dabei zu, wie sie deiner Mom in der Küche ein Rezept beibrachte, und ich fing an zu weinen.«

»Dad«, hob Sam leise an und griff nach seiner Hand.

»Es war so ein schlichter Augenblick, aber auch so ein wichtiger und wunderschöner«, sagte er. »Willo zeigte deiner Mom, wie man Eiscreme-Sandwiches mit ihren Lieblingskeksen macht. Und während ich ihnen dabei zusah, musste ich mich fragen, was ich im Leben wirklich wollte. Was fehlte mir? Was suchte ich? Liebe? Abenteuer? Bestätigung? Eine herausfordernde Karriere? All diese Dinge hatte ich bereits. Und da wurde mir klar, dass ich mir nicht die richtige Frage stellte.«

»Und zwar?«, wollte Sam wissen.

»Was würde ich im Leben am meisten bereuen, wenn ich morgen sterben würde?«

»Und was wäre das?«, fragte sie.

»Wegzugehen«, antwortete er.

16

Sommer 1988

Gordons geliebter Fernsehsessel schaukelte heftig. Er schaute zu, wie die Detroit Tigers die Boston Red Sox vernichtend vom Platz fegten und ihrer Erfolgsserie aus vierundzwanzig Heimsiegen im Fenway Park ein Ende machten, und bei jedem Run, den die Tigers erzielten, sprang er aus seinem Sessel hoch. Jedes Mal, wenn er aufsprang, hüpfte ihr Jack-Russell-Terrier Peachy auf den Sessel, ritt darauf wie auf einem Surfbrett, wartete, bis er langsamer schaukelte, und rollte sich dann auf dem eben frei gewordenen, warmen Platz zusammen.

»Liebling, du bekommst noch einen Herzinfarkt«, sagte Willo. »Beruhige dich.«

Peachy sprang wieder runter, als Gordon sich zurück in seinen mit Cord bezogenen Schaukelsessel setzte. Er nahm seine Detroit-Baseballkappe ab und winkte seine Frau fort, als wäre sie eine lästige Mücke. »Ich hätte nie gedacht, dass sie zu Hause wieder mal verlieren«, sagte er. »Die Tigers haben es geschafft.« Er verstummte, setzte seine Kappe wieder auf und rückte sie auf seinem gebräunten, kahl werdenden Kopf zurecht.

»Was dagegen, mir ein Bier zu bringen, um zu feiern?«, fragte er Willo.

»Was hast du denn mit den ersten beiden Bieren gefeiert?«, erwiderte sie.

Die Fenster ihres Farmhauses waren offen, und ein warmer Sommerwind bewegte die Vorhänge. Willo sah ihren Mann an, der seine Aufmerksamkeit wieder auf das Spiel gerichtet hatte, und lächelte.

»War ein heißer Sommer«, sagte sie und dachte daran, wie hart ihr Mann in dem schwülen Wetter geschuftet hatte. »Du hast es dir verdient.«

Sie kam mit einem eiskalten Bier für ihn und einem Ginger Ale für sich zurück.

»Ein Hoch auf die Tigers«, sagte sie mit einem Nicken zum Fernseher und stieß mit ihrer Flasche an das Bier ihres Mannes.

Gordon fing den Blick seiner Frau auf und sah sie intensiv an, dann nickte er ihr zu. »Gleichfalls«, sagte er mit plötzlich emotionaler Stimme.

Willo lehnte sich zu ihm, zog ihrem Mann die Baseballkappe herunter und gab ihm einen Schmatz auf den Kopf. »Ich denke, ich backe uns was, während du dir das Spiel zu Ende anschaust«, sagte sie und setzte ihm die Kappe wieder auf.

»Wie wär's mit Eiscreme-Sandwiches?«, fragte sie. »Mit deinen Lieblingskeksen.«

»Deinen geheimen Ahornsirup-Schoko-Kirsch-Cookies? Bevor ich mich schlagen lasse …« Gordon lachte und rieb sich den Bauch.

Schweigend sah Gary seinen Schwiegereltern von der Treppe im Flur aus zu. Er war auf halber Strecke vom Schlafzimmer, das er und Deana sich im Haus ihrer Eltern teilten, seit sie das College abgeschlossen und vor kurzem geheiratet hatten, auf dem Weg nach unten, doch die süße Szene hatte ihn dazu gebracht, stehenzubleiben und zuzusehen. Peachy – ständig auf der Pirsch nach unerwünschten Schädlingen oder Besuchern im Obstgarten und dem Haus – flitzte plötzlich in den Flur und entdeckte Gary auf der Treppe. Sein drahtiger Körper versteifte sich, und er wölbte den Rücken, um zu bellen.

»Peachy!«, raunte Gary mit einem gedämpften, aber energischen Flüstern. »Nicht bellen!«

Peachy starrte Gary an, als wollte er sagen, *Du bist jetzt der Besucher*, und wölbte erneut den Rücken.

»Willst du einen Cookie?«, flüsterte Gary mit säuselnder Stimme, um dem Hund ein Leckerli vorzutäuschen. »Komm her.«

Peachy flitzte die Treppe hoch und blieb mit unkontrolliert wedelndem Schwanz vor Gary stehen. Aber als Gary ihm nichts anbot, bellte der Hund missbilligend, und Gary zuckte zusammen.

»Peachy!«, rief Gordon aus dem Wohnzimmer. »Was ist denn? Geh und zeig's ihnen!«

Peachy rannte zu Gordon, und Gary sah dem Hund zu, wie er auf den Schoß seines Schwiegervaters sprang, sich einem Moment lang immer wieder um die eigene Achse drehte und dann zu einer Kugel zusammenrollte und sofort einschlief.

Ich wünschte, das Leben wäre so einfach, dachte er.

Er schaute hinunter auf den Brief in seiner Hand, und die Worte verschwammen vor seinen Augen.

Sehr geehrter Mr Nelson,
Essex Engineering freut sich, Ihnen den Posten eines stellvertretenden Projektingenieurs an unserem Firmensitz in San Francisco, Kalifornien, anzubieten. Mr Essex, wie Sie ebenfalls Absolvent der Ingenieurwissenschaften an der University of Michigan, ist der Meinung, Ihre Ausbildung und Qualifikationen machen Sie …

Ein begeisterter Aufschrei von Gordon ließ Gary zusammenzucken. Er sah zu, wie sein Schwiegervater aus seinem Fernsehsessel aufsprang, einen Schluck von seinem Bier nahm und sich dann wieder setzte, worauf Peachy es sich wieder auf seinem Schoß bequem machte.

Will ich, dass mein Leben derselben Routine folgt?, dachte Gary. *Demselben, nie endenden Muster eines Lebens auf einer Obstplantage*

– Jahreszeit um Jahreszeit, an diesen Ort, dieses Haus gebunden – immer und immer und immer wieder?

Gary dachte an seine eigenen Eltern, die ihr ganzes Leben lang in der Automobilindustrie von Detroit gearbeitet und auch jeden Tag dasselbe gemacht hatten. Gordon und Willo wollten, dass Gary und Deana ihr Vermächtnis fortführten …

Aber wollen wir das?, dachte er. *Wir haben unser Leben noch nicht mal angefangen, und schon wollen es alle für uns festlegen.*

Nervös drehte Gary den Brief in seinen Händen, und das Papier wurde immer zerknitterter. Er legte ihn auf die Treppe und betrachtete dann seine eigenen Hände. Nachdem er und Deana ihren Collegeabschluss gemacht hatten, waren sie nach Hause zurückgekehrt, um auf der Obstplantage zu arbeiten und zu wohnen, bis sie wussten, was sie wollten. Seine Hände waren von glatt und geschmeidig zu äußerst schwielig geworden, und die tägliche Arbeit hatte sich vom Verstand auf den Körper verlagert. Die Obstplantage wuchs – immer mehr Menschen reisten in den Norden Michigans, um seine Schönheit zu entdecken –, aber die Gewinne waren klein, die Arbeit immens.

Gary drehte sich um und betrachtete die Familienfotos, die die Wand neben der Treppe einnahmen. Ihrer aller Leben war von den Obstgärten und Michigans Jahreszeiten gezeichnet: Pfirsichblüten und Schneestürme, Apfelernte und Kürbisse. Gary Herz begann zu rasen, und er verspürte den Drang wegzurennen, bevor diese kleine Welt und dieses kleine Heim über ihm zusammenbrachen.

»Was machst du da?«

Garys Panik legte sich, sobald er die Stimme seiner frisch angetrauten Frau hörte.

»Ich mache Eiscreme-Sandwiches«, hallte Willos Stimme in den Flur. »Möchtest du mir helfen?«

»Gern«, antwortete Deana.

»Wie ist das Gästezimmer?«, wollte Willo wissen. »Habt du

und Gary es bequem? Ich weiß, es ist klein, und es ist nicht euer eigenes Zuhause.«

»Mom, hör auf«, erwiderte Deana. »Es ist wunderbar. Wir können euch gar nicht genug dafür danken.«

Gary hatte Deana in der Halbzeit des Spiels Michigan gegen Michigan State gefragt, ob sie ihn heiraten wollte. Das mochte für andere Leute nicht romantisch klingen, aber für echte Michiganer entsprach das einem Heiratsantrag vor dem Eiffelturm in Paris, während ein Orchester spielte.

»Du bist mehr als mein Schwiegersohn«, hatte Willo über Weihnachten zu Gary gesagt. »Du bist wie mein eigener Sohn. Ich hatte nie einen Jungen, also ist es schön, zur Abwechslung mal einen hier zu haben. Aus irgendeinem Grund bekommen die Frauen in unserer Familie einfach keine Jungen. Ich glaube, das hat etwas mit unserer Rezeptsammlung zu tun … Ich denke, es gab da vor langer Zeit irgendeinen geheimen Pakt, damit wir sie für immer weitergeben können. Du solltest übrigens wissen, dass man hier in der Gegend darüber Witze macht: ›Was sind die zwei Dinge, die man auf der Mullins-Obstplantage nicht kriegt? Eine schlechte Pie und einen Jungen.‹«

Gary hatte gelacht, aber Willo war ernst gewesen. »Du und Deana werdet ein Mädchen bekommen, das verspreche ich«, hatte sie gesagt. »Aber vielleicht könnt ihr die Strähne brechen.«

Schließlich hatten die beiden an jenem Weihnachten über die Zukunft gesprochen, darüber, ob er und Deana aus Michigan fortgehen würden und wohin es sie verschlagen würde, und Gary hatte Deana und ihren Eltern von der Liste an Vorstellungsgesprächen erzählt, die er im Frühjahr haben würde.

Aber nicht von diesem Brief, dachte er.

Leise rutschte Gary auf der Treppe ein paar Stufen nach oben, wie ein umgekehrtes Slinky, um einen besseren Blickwinkel in die Küche zu bekommen. Er sah zu, wie Willo und

Deana die Zutaten für die Eiscreme, das Fudge und das Karamell zusammenstellten. Sie nahmen Butter aus dem Kühlschrank und Schokoladensplitter, Kakaopulver, Mehl, weißen und braunen Zucker, Vanillezucker und Ahornsirup aus dem Küchenschrank.

»Und das *pièce de résistance*?« Willo hielt eine Tüte getrocknete Kirschen aus dem Obstgarten hoch. *»Voilà.«*

Deana schob die Hand in die Tüte und steckte sich ein paar davon in den Mund. »Die schmecken himmlisch«, sagte sie.

Gary hörte die Frauen in der Küche rascheln, reden und lachen, während sie die Zutaten vermischten. Ihre Stimmen drangen zu ihm hoch, zusammen mit den abendlichen Geräuschen des Lebens entlang der Bucht und des Obstgartens: zwitschernde Vögel, zirpende Zikaden, quakende Frösche, das Baseballspiel, das dumpfe Brummen von Booten und Rasenmähern.

»Das Geheimnis liegt in den Kirschen und dem Ahornsirup«, erklärte Willo ihrer Tochter. »Das ist eine so perfekte Kombination mit der Schokolade und der Eiscreme.«

»Eiscreme-Sandwiches«, sagte Deana. »Das erinnert mich an meine Kindheit. Erinnert mich an Sommer.«

Der Klang der Unterhaltung seiner Frau mit seiner Schwiegermutter war beruhigend, wie der Livekommentar des Baseballspiels.

Sie hat recht, dachte Gary. *Das erinnert mich tatsächlich an Sommer.*

Gary sah zu, wie die beiden in der Küche herumflitzten, ebenso viele Schokoladenstückchen aßen, wie sie in den Teig gaben, sich dabei ununterbrochen unterhielten und Willo dabei durch alte Geschichten ihr Wissen vermittelte, genau wie sie es auch in der Bäckerei tat.

Als seine Schwiegermutter das Kästchen mit der alten Rezeptsammlung aus dem Schrank nahm, erinnerte sich Gary daran, einmal gescherzt zu haben, der Schrank wäre so groß, dass er glaubte, das Haus wäre um ihn herum gebaut worden. Willo öffnete das Kästchen mit einem Schlüssel, den sie immer um den Hals trug, und ging dann wie aus der Erinnerung direkt zu einer Rezeptkarte und zog sie aus dem Kästchen.

»Schau dir die Karte für diese Cookies an«, sagte Willo zu Deana. »Sie ist übersät mit Schokoladenfingerabdrücken.«

»Sieht aus wie ein Dalmatiner«, lachte Deana. »Überall Flecken. Also das nenne ich Geschichte.«

»Und ziemlich alte DNA«, lachte Willo. »Und hör dir das an. Ich liebe die Beschreibungen deiner Großmutter einfach. ›Gehäufte Teelöffel davon auf ein ungefettetes Backblech geben … und dann in den Mund.‹ Oder hier unten auf der Karte: ›Warme Cookies sofort mit den Enkelkindern zusammen essen.‹«

Willo nahm eine weitere Rezeptkarte aus dem Kästchen.

»Nicht nur, dass alle ihre Rezepte unglaublich sind, die meisten haben auch noch ihre eigenen besonderen Anweisungen darauf. Deshalb liebe ich diese Rezeptsammlung so sehr. Es ist, als wäre meine Mom immer noch hier, genau jetzt, bei uns.«

»Das glaube ich«, sagte Deana. »Ich kann sie zusammen mit uns backen spüren.«

»Oh, und sieh dir das an«, fuhr Willo fort. »Eine ihrer Freundinnen aus der Kirche hat ihr ein Familienrezept für Götterspeise gegeben – sie nannte sie ihre ›Sonntagssalate‹, obwohl nie auch nur ein einziges Salatblatt oder sonst etwas Gesundes drin war –, und am Ende heißt es: ›Schütteln, bis nichts mehr schwabbelt … im Gegensatz zu meinen Oberschenkeln.‹« Die beiden brüllten vor Lachen.

Während die beiden sich ausschütteten, stieg Gary das Herz in die Kehle, und ihm war, als müsste er gleich anfangen zu weinen. Die beiden dabei zu beobachten, wie sie geliebte Rezepte miteinander teilten, rührte Gary und brachte ihn dazu, seine Schwiegermutter – und seine neue Familie – in einem neuen Licht zu sehen.

»Warum nimmst du die nicht ins Sortiment der Bäckerei auf?«, sagte Deana plötzlich.

»Was meinst du?«, fragte Willo.

»Eiscreme steht für Sommer«, erklärte Deana. »Sie sollte auf der Speisekarte der Pie Pantry stehen. Die Leute würden ausflippen. Ihr könntet die Eiscreme und die Eiscreme-Sandwiches sogar abpacken und verkaufen. Ich meine, was wäre, wenn wir unsere eigenen Sorten entwickeln, wie zum Beispiel Apfelsaft-Eiscreme?«

»Auf die Idee bin ich noch gar nicht gekommen«, meinte Willo. »Gerade wenn man denkt, man hat an alles gedacht. Wie würden wir das denn machen?«

»Ich werde ein Modell und eine Prognose erstellen«, sagte Deana. »Setzen wir uns morgen zusammen und berechnen die Kosten, wie wir sie machen würden, sie verpacken, welche Arbeitsgeräte wir brauchen, welche Gesundheitsvorschriften wir einhalten müssen.« Sie hielt inne. »Das alles ist es, warum die Leute hierherkommen. Ich weiß, es werden einige logistische und wirtschaftliche Schwierigkeiten zu überwinden sein, aber ich glaube, das Ganze ergibt Sinn.«

Diesmal füllten sich Garys Augen mit Tränen, als seine Frau mit Hauptfach Betriebswirtschaft aufgeregt eine neue Vision mitteilte, eine neue Vision über …

Unser Geschäft, sagte Gary zu sich.

»Was gefällt dir am besten daran, Wirtschaft zu studieren?«, wollte Willo von Deana wissen.

»Unternehmerin zu sein«, antwortete sie. »Was gefällt dir am besten daran, ein Geschäft zu führen?«

»Dasselbe«, antwortete Willo. »Ich liebe es, Menschen lächeln zu sehen. Ich liebe es, von dem Land leben zu können, das unsere Familie aufgebaut hat. Ich liebe es, das für uns selbst zu tun. Es ist unser Unternehmen. Am Ende jedes einzelnen Tages können Gordon und ich uns ansehen und sagen: ›Wir haben unser Bestes gegeben.‹ Was kann man mehr verlangen?«

Willo zögerte kurz, dann fuhr sie fort. »Und ich weiß, am Ende meines Lebens kann ich zurückblicken und sagen, dass ich nichts bereue. Ich glaube, das ist das Geheimnis eines glücklichen und langen Lebens: zurückzublicken – sei es am Ende eines Tages oder am Ende des Lebens – und sagen zu können, ›Ich habe es geschafft. Ich bereue nicht das Geringste.‹ Zu viele Menschen beenden ihr Leben mit dem Wunsch, sie hätten dies oder jenes getan, und sind von Reue erfüllt. Das will ich nicht für Gary und dich. Ihr beiden müsst tun, was euch am glücklichsten macht.«

Gary sah, wie die beiden sich umarmten.

»Oh, ich glaube, die Cookies sind fertig«, sagte Willo. »Nimm die Eiscreme.«

Sie fuhr fort: »Weißt du, es passt, dass wir Eiscreme-Sandwiches machen, nicht wahr? Alle Bestandteile ergänzen einander, machen sie besser … vervollständigen sie. Genau wie bei uns.« Sie lachte, während sie begann, die Eiscreme-Sandwiches zusammenzusetzen, indem sie einen großen Löffel voll kalter Eiscreme zwischen zwei warme Cookies gab. »Eiscreme-Sandwiches sind wie das Teamwork der Nachspeisen.«

Wir sind ein gutes Team, dachte Gary. *Wir alle machen einander besser und vollständiger.* Unvermittelt wurde seine Seele von Stolz darüber erfüllt, wie viel Deanas Eltern und Großeltern – sowie seine eigenen – erreicht hatten, und welche Vision seine Frau für die Zukunft hatte. *Sie haben wirklich ein gutes Leben.*

Gary betrachtete die Wand aus Familienfotos, und sein Blick blieb auf den Vorfahren der Obstplantage hängen.

Wir *haben wirklich ein gutes Leben*, änderte er seinen Gedanken ab.

Ein gutes Leben. Vielleicht ist es so einfach, dachte Gary. *Vielleicht ist das wirklich alles, was es mit dem Leben auf sich hat.*

Gary schaute auf den Brief in seiner Hand. Während er das Jobangebot anstarrte, die Gelegenheit zu einem neuen Leben irgendwo weit weg von hier, konnten seine Augen nicht anders, als den Namen Essex durch Nelson auszutauschen.

Werde ich es bereuen hierzubleiben?, fragte sich Gary.

»Wer will Eiscreme-Sandwiches?«, hörte er Willo rufen.

Nein, erkannte er. *Ich würde es bereuen wegzugehen.*

Gary las den Brief noch einmal durch, ein allerletztes Mal, und dann faltete er ihn zu einem winzigen Rechteck zusammen und steckte ihn in ein geheimes Fach seiner Geldbörse, wo er für immer verborgen bleiben würde.

»Ich«, rief er plötzlich, stand auf und kam die Treppe herunter. »Macht zwei draus!«

17

»Lebe, ohne etwas zu bereuen, Sam«, sagte Gary. »Das ist der einzige Rat, den ich dir geben kann. Das Leben geht so schnell vorbei – ein einziger Wimpernschlag Gottes, wie deine Großmutter gern sagt –, also sorg dafür, dass du nichts bereust. Tu, was dich glücklich macht.«

Er nahm seine Geldbörse heraus, deren schwarzes Leder auf beiden Seiten schon fast völlig abgewetzt war, öffnete sie und zog aus einem kleinen Fach den Brief, den er vor Jahrzehnten bekommen hatte.

»Du weißt, was das hier bedeutet, nicht wahr?«, fragte er.

»Dass du eine neue Geldbörse brauchst«, antwortete Sam lachend.

»Ich hatte mir nicht nur eingeredet, dass dieses Leben hier nicht gut genug wäre – dieser Ort, dieser Beruf –, sondern dass ich nicht gut genug wäre«, sagte er. »Doch das war ich. Das bist du auch. Ganz egal, wo du landest.«

Er verstummte kurz. »Eins der schwersten Dinge für Eltern ist es, loszulassen«, sagte er. »Alles zu tun, was man für richtig hält, und dann darauf zu vertrauen, dass man seine Aufgabe gut genug gemacht hat, und einfach … loszulassen.« Gary sah seine Tochter an. »Eins der schwersten Dinge, die ich je getan habe, war, dir einen Abschiedskuss zu geben, genau hier in diesem Obstgarten, und dich nach New York aufs College gehen zu lassen. Das Schwerste für deine Mom und deine

Grandma war es, dich dort zurückzulassen, dich auf dich allein gestellt zu lassen … dich eine Erwachsene sein zu lassen, dich deine eigenen Entscheidungen treffen zu lassen, dich fliegen zu lassen.« Er verstummte. »Aber ich habe nicht Kinder bekommen, damit sie Ebenbilder von mir werden.«

Er faltete den Brief zusammen und steckte ihn zurück in die Brieftasche. »Eltern sollten respektiert, aber nicht idolisiert werden.«

»Du bist mein Idol, Dad«, sagte Sam leise. »Das warst du immer.«

»Nicht«, widersprach Gary und sah seiner Tochter fest in die Augen. »Eltern sind Menschen, genau wie du. Wir treffen gute Entscheidungen und schlechte. Wir haben Fehler. Aber ich habe nicht Kinder bekommen, damit sie nur tun, was ich sage, oder so sein wollen wie ich. Und ich werde mit Bedauern sterben, falls ich je das Gefühl habe, du oder dein Bruder lebt euer Leben nur, um eurer Mutter und mir zu gefallen.« Er hielt inne und betrachtete die Arbeiter beim Pflücken der Früchte. »Wir haben Wahlmöglichkeiten. Sie haben oftmals keine. Wir dürfen uns auf so viele Weisen glücklich schätzen. Also bitte, ich flehe dich an, sei, wer du sein willst. Ob es hier oder in New York ist, ob allein oder mit jemandem zusammen … aber lass dich nicht durch Schuldgefühle zu einem Leben zwingen, das du nicht willst. Ich liebe dich, und ich werde dich immer lieben, egal, welche Entscheidungen du triffst, weil du ein wunderbarer Mensch bist. Ich will nur, dass du daran glaubst, ein wunderbarer Mensch zu sein.«

»Dad«, sagte Sam sanft.

»Und eine letzte Sache noch«, fügte er hinzu. »Du weißt, dass ich in der Highschool auch Crosslauf gemacht habe. Das ist ein harter Sport, nicht wahr?«

Sam nickte, als sie sich an ihre Tage des Trainings erinnerte, an denen sie über die Hügel gelaufen war, oft allein.

»Wenn wir laufen, dann sind die einzigen Menschen, auf die

wir uns verlassen müssen, wir selbst«, sagte Gary. »Wenn ich an sonnigen Tagen lief, redete ich oft mit meinem Schatten. Mein Schatten blieb immer mit mir im Gleichschritt, wich mir nie von der Seite. Ich glaubte immer, dass ich alles allein tun müsste. Als ich deine Mutter an einem sonnigen Tag im College kennenlernte, gingen wir spazieren und redeten. Ich erinnere mich daran, dass ich unsere Schatten betrachtet habe, während wir spazieren gingen.«

»Ich glaube, ich kann dir nicht folgen, Dad«, sagte Sam mit einem fragenden Ausdruck auf dem Gesicht.

»Ich hatte meinen Schatten getroffen«, antwortete er leise. »Ich hatte den Menschen getroffen, von dem ich wusste, dass er für den Rest meines Lebens im Gleichschritt mit mir an meiner Seite sein würde. Dein Schatten ist da draußen, Sam. Vielleicht ist es dieser Angelo, wer weiß? Aber es ist schwer, sein Leben wie einen Marathon zu laufen, besonders, wenn man allein ist.«

Gary lehnte sich zu Sam und umarmte sie. »Zurück an die Arbeit«, sagte er dann und stand auf. »Danke für die Cookies.«

»Danke für die aufmunternden Worte«, erwiderte Sam.

Ihr Vater zwinkerte ihr zu. »Hab dich lieb.«

»Ich dich auch«, antwortete sie.

Sie sah ihrem Vater nach, wie er fortging und zusammen mit den Arbeitern Äpfel zu pflücken begann. Sie beobachtete die Arbeiter, dachte über die Opfer nach, die sie jeden Tag brachten, die Unsicherheiten, denen sie und ihre Kinder sich stellen mussten.

Ein Apfel plumpste neben ihr zu Boden, genau wie wenige Momente zuvor neben ihrem Vater. Sam hob ihn auf, rieb ihn an ihren Shorts und biss dann kräftig hinein. Nachdenklich betrachtete sie den Apfel, wie seine Schönheit und Einfachheit – wie die Schönheit und Einfachheit dieses Landes – sie dazu gebracht hatten, Konditorin zu werden.

Mit wackligen Beinen stand sie auf.

Dieses Land erdet mich, und doch fühlt es sich wie Treibsand an, dachte sie, während sie einen weiteren Bissen vom Apfel nahm. *Bin ich schon immer davongelaufen?*

Sam aß ihren Apfel zu Ende, dann ging sie hinüber, nahm einen Korb und hängte ihn sich um den Hals. Sie fand einen Baum und begann, neben den anderen Arbeitern Äpfel zu pflücken und in dem gebrochenen Spanisch, das sie konnte, mit ihnen zu plaudern.

»Graçias«, sagte eine junge Frau zu ihr.

Sam brach es das Herz. *»No«*, antwortete sie. *»Usted … graçias. Por …«* Sam stockte und suchte in ihrem Gedächtnis nach dem Wort. *»Todo.«*

Die Frau lächelte, dabei funkelten ihre dunklen Augen, während ihre Hände immer in Bewegung blieben, niemals langsamer wurden. Sie sah Sam an und sagte: *»La vida es bella. La familia lo es todo.«*

Sam neigte den Kopf schief und versuchte, es in Gedanken zu übersetzen. Die Frau sah einen Mann neben ihr an, und er nickte. »Sie hat gesagt, ›Das Leben ist schön. Familie ist alles.‹«

Sams Augen weiteten sich, und ihr Herz tat einen Satz. *»Graçias«*, sagte sie.

Sie schaute zu ihrem Vater hinüber und sah, dass er sie beobachtete, lächelnd, immer noch gefangen in einem Strahl aus Licht, sein Schatten so lang wie die Apfelbäume. Sie pflückte einen weiteren Apfel, und als sie sich wieder umwandte, war ihr Vater fort, aber das Licht blieb.

Eiscreme-Sandwiches mit Ahornsirup-Schoko-Kirsch-Cookies

Zutaten

120 g weiche Butter
120 g Zucker
50 g brauner Zucker
1 großes Ei
1 Päckchen Vanillezucker
2 Teelöffel Ahornsirup
180 g Mehl
½ Teelöffel Natron
¼ Teelöffel Salz
1½ Esslöffel Kakaopulver
175 g zartbittere Schokotropfen
175 g weiße Schokotropfen
20 g Kokosflocken
85 g getrocknete Kirschen oder Cranberrys
Vanilleeiscreme

Zubereitung

Ofen auf 180 Grad vorheizen.

Butter in einer großen Rührschüssel schaumig rühren, dabei Zucker und braunen Zucker langsam zugeben. Langsam das Ei, den Vanillezucker und Ahornsirup zugeben und verrühren.

Mehl, Natron, Salz und Kakaopulver in eine separate

Schüssel sieben. Die Mischung langsam zur Buttermischung geben und unterheben (nicht zu stark rühren, nur genug, um die Masse zu durchfeuchten).

Die Schokotropfen, Kokosflocken und getrockneten Kirschen unterrühren.

Teig in gehäuften Teelöffeln auf ein ungefettetes Backblech geben. 10 bis 12 Minuten backen oder bis die Cookies leicht goldbraun sind.

Eine Stunde lang abkühlen lassen. Eine Kugel Vanilleeis zwischen zwei Cookies geben (oder deine Lieblingssorte! Oder deine eigene Eiscreme machen, was einfach am BESTEN ist!) und vorsichtig zusammendrücken, um ein Sandwich zu formen. Sofort vernaschen oder in Frischhaltefolie wickeln und einfrieren.

7. Teil

Der perfekte Pie-Teig

18

Sommer 2017

Sam schreckte aus dem Schlaf hoch. Verwirrt und panisch setzte sie sich kerzengerade im Bett auf. Das Haar hing ihr über die Augen, und sie strich es zurück, aber die Welt war immer noch dunkel. Und dann zuckte ein Blitz direkt vor ihrem Schlafzimmerfenster, und Sekunden später … *BUMM!*

Sam zuckte zusammen.

Wieder blitzte es, und sie zählte – wie ihre Eltern es ihr beigebracht hatten –, bis es erneut donnerte.

Das Gewitter ist direkt über uns.

Sie schaute auf ihren Hello-Kitty-Wecker, auf dem 6.08 Uhr stand, stieg langsam aus dem Bett und schlurfte zum Fenster.

BUMM!

Das Haus bebte. Genau genommen schien die ganze Welt zu erzittern. Donner hallte von den Hügeln der Obstplantage wider und rollte wie Paukenwirbel hinunter in die Bucht, wo das Grollen über das Wasser hinaus auf den Michigansee zu schweben schien, wie der letzte aufwühlende Ton einer Symphonie.

Es war dunkel, doch für Sekundenbruchteile wurde die Welt von den Blitzen erhellt. Es erinnerte Sam an einen Club in der Stadt, in den ihre Freunde samstagabends gern gingen.

Sam war mitten in einem Traum gewesen, als der Donner sie geweckt hatte. Sie hatte Äpfel gepflückt, als plötzlich die ganze Welt einzustürzen begann. Die Erde um sie herum brach in großen Stücken fort – der Obstgarten, das Haus ihrer Grandma, die Bäckerei, die Bucht, bis sie nur noch auf einem winzigen Fleckchen Land stand und sich an den Ast eines Apfelbaums klammerte, das Einzige, was sie davor bewahrte, ins Nichts zu stürzen.

Sam schlurfte ins Bad und wusch sich das Gesicht mit kaltem Wasser.

Vielleicht war es gar kein Traum, dachte sie, während sie sich das Gesicht abtrocknete und dann ihr müdes Spiegelbild anstarrte. *Vielleicht war es eine Vorahnung. Vielleicht löst sich meine ganze Welt – meine Zukunft und meine Familie – vor meinen Augen auf, und ich kann nichts tun, um es zu verhindern.*

Sam dachte an den Brief ihres Vaters und an die Arbeiter auf der Obstplantage.

Gibt Gott uns einen freien Willen?, fragte sie sich. *Oder ist alles vorherbestimmt?*

Sie tupfte sich etwas Augencreme und Feuchtigkeitsfluid auf das Gesicht, bevor sie sich mit der Bürste durch die Haare fuhr.

Ist mein Schicksal bereits besiegelt?

Sam schlüpfte in Jeans und ein langärmeliges T-Shirt, dann ging sie hinunter in die Küche. Das Haus war still. Sie beugte sich zum Fenster vor und suchte den Obstgarten nach ihrer Mom und ihrer Grandma ab.

Das Wetter muss sie von ihrem Rundgang abgehalten haben, dachte sie. *Aber sie sind schon in der Bäckerei.*

Sam lief zur Tür hinaus, dann blieb sie stehen.

Kein Schlüssel, fiel ihr plötzlich wieder ein.

Sie schüttelte den Kopf, als ihr bewusst wurde, dass sie keinen brauchte. Ihre Eltern schlossen nie die Haustür oder die Autotüren ab, und sie wusste nicht mal, ob ihre Großmutter überhaupt einen Schlüssel für irgendetwas außer ihrer Rezeptsammlung besaß.

Sam trabte los den Hügel hoch und in den Obstgarten. Es

begann zu tröpfeln, der Wind frischte auf, und es war kühl – beinahe kalt. Die Temperaturen waren über Nacht stark gesunken.

Als Sam den Obstgarten erreichte, wurde sie langsamer. Es war erst August, aber der rasche Temperatursturz erinnerte sie daran, dass hier schon in wenigen Wochen Schnee fallen konnte.

Wie oft habe ich als Kind Wintermäntel über meinen Halloween-Kostümen getragen?

Der Norden Michigans war im Winter eine andere Welt, atemberaubend schön, aber erschreckend trostlos.

»Wie in *Shining*«, sagte sie laut mit einem wissenden Lachen zu den Bäumen.

Sam war der Winter in New York lieber. Er war kalt, aber voller Leben, und sie liebte es, sich in gemütlichen Coffee-Shops und winzigen Bars einzukuscheln. Nachdem die Urlauber Michigan verließen, blieben nur noch die hartgesottenen Einheimischen zurück. Die Feiertage waren natürlich reizend – wenn sich die Stadt in Lichter hüllte –, aber von Januar bis März war es eine dunkle, anstrengende Zeit, nur etwas für die winterhärtesten Seelen, Körper und Herzen.

Nicht weit entfernt funkelten die Lichter der Bäckerei in der Dunkelheit. Die alte Scheune sah aus, als würde sie mit strahlenden Augen lächeln, bereit für den bevorstehenden Tag.

Es ist, als wäre die Seele meiner Familie dort drin lebendig, dachte Sam.

Die schwere Holztür war unverschlossen, und ächzend zog Sam sie auf. In der Bäckerei war es warm und einladend, und die Gemälde ihrer Großmutter auf dem Boden begrüßten Sam fröhlich.

Sie konnte sich ein Lächeln nicht verkneifen.

Sie ging in Richtung Küche, blieb dann jedoch vor der langen Theke aus Scheunenholz stehen und versteckte sich hinter einem großen Balken, der vom Boden zu den Deckenbalken verlief, um die Bäckerinnen bei der Arbeit zu beobachten.

Seit Jahrzehnten versammelte sich hier fast dieselbe Gruppe Frauen im Morgengrauen, um zu backen. Sie arbeiteten nebeneinander an Kücheninseln und Edelstahltischen, in Jeans und Mullins-Schürzen, mit lächelnden Gesichtern, die Hände, Körper und Münder ständig in Bewegung, unabhängig und doch einträchtig nebeneinander, und erzählten sich Geschichten und Geheimnisse über das Leben und das Backen.

Im Lauf der Jahre war ein Großteil der Arbeit mechanisiert worden – große Maschinen entsteinten die Kirschen und schälten und entkernten die Äpfel. Und Mixer, Töpfe und Öfen in Industriegröße rührten und kochten nun die Zutaten für die Teige, Streusel und Füllungen.

Aber die Pie Pantry war immer noch stolz auf die Bezeichnung »handgemacht«. Jede einzelne Pie und jedes Dessert wurde von Hand hergestellt, was bedeutete, dass die Teigböden individuell geknetet, ausgerollt und von Hand geformt wurden, und die Füllungen wurden in kleinen Portionen zubereitet, damit sie perfekt gewürzt werden konnten.

»Die Leute merken es, wenn etwas mit Liebe gemacht wird«, sagte Willo immer. »Man kann die Mühe schmecken … und die Liebe.«

Davon war Sam überzeugt. Sie glaubte, dass einfache Zutaten und sorgfältige Zubereitung stets das beste Essen hervorbrachten.

Man muss keine ausgefallenen oder komplizierten Meisterwerke kochen, einfach nur gutes Essen aus frischen Zutaten, erinnerte sich Sam an etwas, das Julia Child einmal gesagt hatte, eine Philosophie, die auch in der Kochschule gelehrt wurde. Sam beobachtete, wie die Frauen in der Küche herumwirbelten, und erinnerte sich an ein weiteres Zitat von Julia, ein Schild, das sie in ihrem Apartment in New York hängen hatte: *Bis ich das Kochen für mich entdeckte, hatte ich an nichts wirklich Interesse.*

Genauso war es bei Sam. Genauso war es bei dieser eingeschworenen Gruppe von Frauen: Ihr Leben schien sich um eine Freude am Backen zu drehen. Während Deana und Willo wie Bienen in der Küche herumschwirrten, die Arbeit überwachten und ausgehende Lieferungen noch einmal überprüften, beobachtete Sam drei Frauen, die gelassen Seite an Seite arbeiteten, als wären sie das Auge eines Wirbelsturms, ruhig inmitten des Chaos.

Donna, Debbie und DeDe Cupertino waren in der Pie Pantry – und in ganz Suttons Bay – als die ›D-Cups‹ bekannt, ein Quell nie endenden Gelächters, da die Drillinge drahtiger als ein Kuchengitter und dünner als eine Pie-Form waren. Donna und Debbie hatten jede sechs Jungen, und DeDe hatte fünf Mädchen, genug Kinder, scherzte Donna, »um zwei Basketball-Teams, ein Football-Team und alle Cheerleader zu stellen.«

Die Frauen waren alle etwa im Alter von Sams Mom, aber sie sahen viel älter aus: kein Make-up, graue, zurückgebundene Haare mit Mittelscheitel und ausgebeulte T-Shirts. Die Cupertino-Familie hatte nicht gerade ein leichtes Leben gehabt, aber sie liebten es wirklich, in der Pie Pantry zu arbeiten, und Willo behandelte sie wie Familienmitglieder.

Sam war mit vielen ihrer Kinder zur Schule gegangen. Sie hatten Sam oft auf Abstand gehalten und so behandelt, als wäre sie etwas Besseres, eine stellvertretende Arbeitgeberin, wie Willo und Deana es für ihre Mütter waren. Sam hatte sich dabei unwohl gefühlt. Aber für viele der Kinder in Sams Highschool wie die Cupertinos hatte das College nicht zur Wahl gestanden. Nordmichigan zu verlassen hatte auch nicht zur Wahl gestanden.

Es gab eine unterschwellige Rivalität zwischen jenen in der Gegend, die kleine Geschäfte besaßen, und jenen, die für sie arbeiteten. Manche Leute dachten, Sam hielte sich für etwas Besseres, weil sie die Stadt verlassen hatte, und viele ihrer

Schulfreunde hatten aufgehört, mit ihr zu reden, als sie nach New York gegangen war. Sam hatte versucht, ihnen zu erklären, dass sie sie nicht im Stich ließ, sondern dass sie einfach lernen wollte, was sie am liebsten tat, und zwar von jenen, die es am besten konnten.

Vielleicht habe ich sie wirklich im Stich gelassen, dachte Sam, als sie den Schwestern beim Arbeiten zusah.

»Na, schau an, wen es da hereingeschneit hat!«

Der Klang von DeDes dröhnender Stimme ließ Sam zusammenzucken, genau wie vorher der Donner.

»Wenn das nicht Julia Child ist«, fuhr DeDe fort.

Der Vergleich ärgerte und freute Sam zugleich.

»Willo und Deana haben schon gesagt, dass du in der Stadt bist«, meinte Donna. »Müssen dich verpasst haben, als du ankamst.«

Die Schwestern hatten ähnlich lange Arbeitszeiten, wie Sam sie in New York gehabt hatte, fingen hier aber früher an, oft schon um drei Uhr früh, um Teig vorzubereiten.

Sam ging in die Küche, und die Schwestern umarmten sie, gefolgt von den anderen, die sie noch nicht gesehen hatten.

»Wie läuft`s in New York?«, fragte Debbie. »Wurdest du schon ausgeraubt?«

Alle lachten, aber Sam hasste solche Klischees. »Warst du je in New York?«, fragte sie ein bisschen zu barsch.

Willo warf ihrer Enkelin einen strengen Blick zu, hielt mit der Arbeit inne und wischte sich die Hände an der Schürze ab.

Debbie machte ein noch längeres Gesicht, und die Tränensäcke unter ihren Augen zuckten. »Nein«, antwortete sie. »Nur ein paarmal im Jahr in Traverse City.«

Sams Magen krampfte sich zusammen, und sie dachte an das, was ihr Vater übers Alleinsein gesagt hatte.

Ich halte die Menschen wirklich auf Abstand, dachte sie. *Warum?*

»Ich hoffe, du kommst eines Tages hin«, sagte Sam sanft

und lächelte Debbie an. »Es wird dir gefallen. Und sogar das Essen auf der Straße ist gut.«

»Erzähl uns davon«, baten sie alle lächelnd, während sie sich wieder an die Arbeit machten. »Erzähl uns, wie es ist, mit diesem berühmten Fernsehstar zu arbeiten.«

Sam tat ihnen den Gefallen, und wieder machten die Frauen vor Enttäuschung lange Gesichter, als sie ihnen erzählte, wie es wirklich war.

»Aber es gab ein paar wirklich gute Geschichten«, fügte Sam hinzu, um sie aufzumuntern, und erzählte ihnen von den Stars und Bachelorettes, die in den Laden kamen, und beschrieb ihnen, wie es bei Frühstücksfernsehsendungen wie *Good Morning America* ablief.

»Die sollten mal hierherkommen«, erklärte DeDe mit gestrafften Schultern und Stolz in der Stimme. »Das hier ist eine richtige Bäckerei.«

Alle nickten zustimmend, während Willo tadelnd »Aber, aber« sagte.

Die Küche brummte vor Geschäftigkeit, und Sam musste zugeben, dass es ihr fehlte, in einem größeren Team zu arbeiten. In der Kochschule und während ihrer Lehre hatte ein Gefühl von Aufregung geherrscht, ein Gefühl von Kameradschaft beim Arbeiten in einem Team, alle immer in Bewegung, auf Trab, unter Zeitdruck. Sam liebte es, mit Trish zu arbeiten, aber die Arbeit in Dimples Bakery machte wenig Spaß und war streng geregelt.

Als Sam diese Gruppe arbeiten sah, wurde ihr endlich bewusst, wie gut ausgebildet die Bäckerinnen in der Pie Pantry waren, etwas, das ihr als Kind nie aufgefallen war. Sie kannten die wichtigen Grundlagen in der Küche: Sie verstanden die Rezepte und hatten sie immer wieder gemacht und dabei perfektioniert. Die Pie Pantry benutzte Digitalwaagen, um die Zutaten abzuwiegen, was genauer war, als Messbecher zu verwenden. Ihre Mom und ihre Grandma hatten in teure Rührgeräte mit Knethaken und Rührspateln investiert. Und sie alle unterhielten sich über die Rezepte, während sie arbeiteten, zum Beispiel, ob ein bisschen mehr Muskatnuss einem bestimmten Dessert vielleicht mehr Tiefe verleihen würde.

In der Küche war es heiß und kalt zugleich: dampfig von den Öfen und der anliegenden Arbeit, kühl von der leichten Brise, die durch die Scheunenfenster und offenen Türen hereinwehte. Draußen leuchteten Blitze. Drinnen glänzten Kuchenformen, Messer und Arbeitsflächen.

»Erzähl uns etwas, Julia Child«, riss DeDe Sam mit dröhnender Stimme aus ihren Gedanken.

»Was denn?«, fragte Sam.

»Du warst auf dieser vornehmen Schule, und es wird höchste Zeit, dass wir alle mal eine Pause machen«, meinte DeDe. »Bring uns etwas bei, das du gelernt hast.«

Sams Herz raste. Sie kam sich vor, als wäre sie wieder in die Schule zurückversetzt und von einem Lehrer aufgerufen worden, für die Klasse eine Sauce zu machen.

»Alle sind so beschäftigt«, erwiderte sie. »Und ich hatte noch nicht mal einen Kaffee.«

»Hier hast du etwas Kaffee.« Willo kam mit einer dampfenden Tasse und einem Apfelsaft-Donut zu ihr herüber.

»Ich würde gern sehen, wofür ich bezahlt habe«, sagte Deana mit einem Augenzwinkern. Sie kam zu Sam und stieß sie leicht mit dem Ellenbogen an. »Ehrlich, wir alle würden gern etwas Neues lernen.«

Sam nahm einen großen Schluck von der Tasse, und der heiße Kaffee verbrannte ihr die Zunge. Sie schaute nach draußen, als es gerade blitzte, und ihr kam eine Idee.

»Pâte brisée sucrée«, sagte sie.

»Was ist das?«, wollte Willo wissen.

»Wörtlich übersetzt heißt es gebrochener süßer Teig«, erklärte Sam. »Aber im Wesentlichen ist es der perfekte Teig für Pies.«

Diesmal machte Willo ein langes Gesicht. »Ich dachte, wir machen hier schon den perfekten Teig für Pies«, erwiderte sie spitz.

»O Grandma, so habe ich das doch nicht gemeint«, warf Sam rasch rein. »Euer Pie-Teig ist phantastisch. Der hier ist einfach nur, wie ich ihn gelernt habe.« Sie sah DeDe an. »So hat Julia Child ihn gemacht, und unsere Lehrer haben es uns so beigebracht.«

Sie zögerte und legte ihrer Grandma die Hand auf den Arm. »Ich verspreche, du wirst ihn mögen«, sagte sie. »Und man kann ihn auch in einer Küchenmaschine machen.« Sam hielt inne und sah ihre Mom und ihre Grandma an. »Ihr habt durch eure Rezeptsammlungen so viel mit mir geteilt. Lasst mich etwas mit euch teilen.«

Als die beiden nickten, lächelte Sam, nahm noch einen Schluck Kaffee und band sich dann eine Schürze um.

Sie begann Zutaten zusammenzustellen – Mehl, Butter, Zucker, Salz, Backfett –, und erzählte dabei aufgeregt vom ersten Mal, als sie dieses Rezept gemacht hatte.

»Meine Mom und meine Grandma haben mir beigebracht, dass eine großartige Pie wie eine großartige Familie ist«, sagte Sam. »Sie muss eine großartige Grundlage haben, um zu funktionieren.«

Willo und Deana strahlten.

»Der Schlüssel zu einer großartigen *Pâte brisée sucrée* ist gekühlte Butter und kaltes Wasser.«

Die Frauen versammelten sich um Sam, während sie die Zutaten von Hand zusammenfügte, die Butter und das Backfett mit den Fingerspitzen unter die trockenen Zutaten knetete und dabei immer wieder kaltes Wasser zugab, bis der Teig eine Kugel bildete.

»Aber der wichtigste Teil eines perfekten Teigs ist die *fraisage*«, sagte Sam.

»Die was?«, fragte Deana und rückte näher.

»Wörtlich übersetzt heißt das Fräsen, aber es ist das endgültige Verkneten des Teigs«, erklärte Sam. Sie legte den Teig auf eine leicht bemehlte Arbeitsfläche und drückte ihn mit dem Handballen in kleinen, raschen kreisenden Bewegungen flach. »Der Grund, warum man das so macht, in kleinen Schritten, ist, die Butter gleichmäßig in den Teig einzuarbeiten. Das ist es, was einen blättrigen Teig ergibt.«

Sam formte den Teig wieder zu einer Kugel, wickelte ihn in Frischhaltefolie und legte ihn in einen der Kühlschränke der Küche. »Jetzt muss er ruhen«, sagte sie.

»Können wir es mal versuchen?«, fragte Debbie, dabei sah sie erst Sam und dann Willo an.

»Natürlich«, antwortete Willo. »Es ist schön, etwas Neues zu lernen.«

Als Sam anfing, die Bäckerinnen durch das Rezept zu führen und dabei von einer zur anderen herumging, um sie anzuleiten, wie sie es in New York gelernt hatte, wehte ein kalter Wind durch die Küche.

»Nordwind«, sagte Willo. »Der Bauernkalender hat bereits einen kalten Winter vorhergesagt.«

»Wie jedes Jahr«, lachte DeDe.

Willo ließ den Blick durch die Küche schweifen und lächelte beim Anblick der Gruppe von Frauen, die in fröhlicher Eintracht zusammenarbeiteten.

Sie sah ihrer Enkelin zu, und das Herz ging ihr vor Liebe auf.

Wird sie bleiben?, fragte sie sich. *Oder wird mein unabhängiges kleines Mädchen fortwehen wie dieser Wind?*

Einen Moment lang hielt Willo inne, legte die Arme um sich und ließ sich von dem kalten Wind und der Stärke und Kameradschaft der Frauen davontragen.

Sie rückte näher an Sams Seite. »Hättest du etwas dagegen, wenn ich euch eine Geschichte erzähle, während wir backen?«

Sam schüttelte den Kopf. »Es ist schön, etwas Neues zu lernen.« Sie lächelte.

»Frauen haben diese Obstplantage gerettet«, sagte Willo. »An einem kalten Tag wie heute. Das solltest du wissen.«

19

März 1967

Die Apfelbäume standen in voller Blüte, und der Obstgarten sah aus wie mit rosafarbenem Schnee überzuckert. Alle paar Sekunden fegte ein warmer, böiger Wind den Hügel herab und in die Bucht, ein Tosen, gefolgt von kurzer Stille, in der ein anderer Laut zum Vorschein kam: Das Summen von Bienen an den Blüten.

»Erinnert mich an *Der Zauberer von Oz*, wenn der Film zu Technicolor übergeht.« Willo schob die langen Ärmel ihres Shirts zurück. »Fühlt sich an wie Mai.«

Madge zog ihre Jacke aus und band sie sich um die Taille, während Wilbur und Gordon vor ihnen durch den Obstgarten gingen, immer wieder stehen blieben, zeigten, Äste inspizierten.

»Vögelchen!«, kreischte Deana, ließ die Hände ihrer Mutter und Großmutter los und zeigte auf einen Kardinal im rasch grüner werdenden Gras des Obstgartens. Sie beobachtete den Vogel und sah dann die Bäume an. »Äpfel!«

»Wollen wir's hoffen«, murmelte Madge vor sich hin, während sie Deanas blondes Haar zerzauste. Sie gingen einen Moment lang weiter, bis Madge stehen blieb und Willo ansah. »Es ist März, und es hat schon fast sechsundzwanzig Grad. Das ist schlecht. Sehr schlecht.«

Der Frühling war mitten im Winter ausgebrochen. Der Norden Michigans erlebte eine Rekordwärme zu einer Zeit, in der normalerweise dichter Schnee und eisige Kälte den ganzen Staat überzogen.

»Beten wir, dass es anhält«, fuhr Madge fort. Erst jetzt bemerkte Willo, dass die Stimme ihrer Mom zitterte. Als sie genauer hinsah, merkte sie, dass ihre Wangen bebten.

»Alles okay?«, fragte sie.

»Nein«, antwortete Madge.

Seit Tagen verfolgte die Familie wie gebannt den örtlichen Wetterbericht. Sie besuchten andere Obstplantagen, sprachen mit anderen Farmern. Sie knieten nieder, bevor sie ins Bett gingen, und beteten um ein Wunder, dass das Wetter nicht wieder zur Normalität zurückkehren würde.

Aber die Temperaturen begannen, genau wie ihre Hoffnung, rasch wieder zu sinken, von über zwanzig Grad auf um die fünf. Und dann hörten sie den örtlichen Meteorologen sagen, dass eine kanadische Kaltfront – die kälteste des Winters, eine der kältesten seit Jahrzehnten – nach Michigan hereinbrechen und Minusgrade und Schnee mit sich bringen würde.

»Wird es wirklich so schlimm werden?«, fragte Willo, die gerade Deana fütterte. »Haben wir nicht eine Versicherung, die alles abdeckt?«

Madge lächelte über die Unschuld und den unerschütterlichen Optimismus ihrer Tochter.

Ich war auch einmal so, dachte sie, *aber die Belastungen durch die Plantage haben diesen Zügen einen Dämpfer versetzt.*

Obwohl Willo auf der Obstplantage aufgewachsen war, hatte sie als Kind nur oberflächliche Erfahrung mit der wahren Arbeit in den Obstgärten gemacht. Dann war sie aufs College gegangen, hatte Gordon kennengelernt und geheiratet, und dann hatten ihre junge Ehe, die Schwangerschaft und die inzwischen fast zwei Jahre alte Tochter sie beschäftigt. Gordon, Wilbur und Madge trugen die ganze Last.

»Eine Ernteversicherung deckt nur einen kleinen Teil unserer Verluste ab, wenn es schlimm wird«, erklärte Madge. »Sie ist sehr teuer, Willo. Wir konnten uns nicht mal leisten, die neuen Bäume zu versichern, die wir in den letzten paar Jahren gepflanzt haben.«

»Was bedeutet das?«, fragte Willo mit schief geneigtem Kopf.

Madge sah erst Willo und dann Deana an, und es brach ihr das Herz. Ihre Gesichter waren so jung, so hoffnungsvoll, so unschuldig.

»Ich weiß es nicht«, log sie.

Am nächsten Morgen wurde der Himmel grau, Sturmwolken rollten wie wütende Steppenläufer heran, und der Nordwind begann so heftig zu wehen, dass sich die Kiefern bogen, erzitternd und knarzend. Schnee kam schräg in Flocken daher, die nicht größer als Staubkörner waren, aber langsam wurden sie dichter, nasser, schwerer. Madge hielt ihre Kaffeetasse dicht vor dem Gesicht und starrte durchs Küchenfenster hinaus; Schnee begann die Schneeglöckchen und Osterglocken zu bedecken, die zu früh geblüht hatten, und sie konnte regelrecht sehen, wie sie in der Kälte die Köpfe hängen ließen.

»Nein«, hauchte sie, und ihr Atem hinterließ ein trauriges O am Fenster. »Neeeeiin.«

Der Schnee schmolz auf der Straße und dem Gras, aber als Madge die Augen zusammenkniff, sah es aus, als schneiten rosa Flocken vom Himmel.

Die Apfelblüten erfrieren und werden fortgeweht, dachte sie.

Zwei Gestalten bewegten sich wie Gespenster im Schnee. Madge kniff erneut die Augen zusammen und konnte ihren Mann und ihren Schwiegersohn zum Haus traben sehen. Sie zogen die Reißverschlüsse ihrer Jacken hoch und schrien einander mit roten Gesichtern zu. Hastig eilten sie ins Haus, und der kalte Wind folgte ihnen.

»Wir konnten keine Knospen finden, die nicht erfroren sind.« Wilbur zog seine Handschuhe aus und hauchte sich in die Hände.

»Habt ihr alle überprüft?«, fragte Madge.

»Da sind Millionen Knospen. Man kann nicht alle überprüfen«, erwiderte Wilbur. »Die, die wir überprüft haben …« Er verstummte und sah Gordon an.

»Wir haben keine gefunden, die keinen Schaden genommen haben«, beendete Gordon, die Augen niedergeschlagen.

Madge wusste nicht, was sie sagen oder tun sollte. Sie drehte sich um, nahm zwei Tassen aus dem Schrank, füllte sie mit Kaffee und reichte sie ihrem Schwiegersohn und ihrem Mann. Deana tapste ins Zimmer, gefolgt von Willo, und unvermittelt brach Madge in Tränen aus.

»O Liebling.« Wilbur stellte den Kaffee ab und zog seine Frau an sich. Sie weinte an seiner Schulter.

»Was ist mit Heizungen?«, fragte sie schließlich, einen hoffnungsvollen Tonfall in der Stimme.

»Kein Geld für Heizungen«, sagte er. »Wir sind nicht wie die Großen, die sich Heizungen oder Hubschrauber oder Windmaschinen mieten können, um den Frost abzuhalten«

Madge sah zu, wie Willo Deana auf die Arme nahm, und fühlte sich, als würde ihre Zukunft vor ihren Augen erfrieren und vom grausamen Winterwind fortgeweht werden.

»Also …?«, fragte sie ihrem Mann mit zitternder Stimme. »Ein paar der Äpfel? Galas? Granny Smiths? Red Delicious? Was ist mit den Pfirsichen? Irgendetwas?«

»Liebling«, sagte Wilbur sanft. »Wir haben keine Knospen gefunden, die nicht erfroren sind. Das wird das erste Jahr in unserer Geschichte sein, in dem die gesamte Ernte vernichtet wird.«

Madges Schluchzen hallte durchs Haus.

Deana begann ebenfalls zu weinen, und Willo wurde bewusst, welche Auswirkungen das auf die Familien überall hatte, von den Besitzern der Obstplantagen bis hin zu den Sommerarbeitern, die das Obst pflegten, pflückten und verpackten.

»Werden wir …?«, setzte Madge an, nicht in der Lage, den Satz mit »überleben« zu beenden.

»Ich weiß es nicht«, flüsterte Wilbur mit heiserer Stimme. »Gordon und ich treffen uns mit ein paar Farmern im Saatgutladen, um darüber zu reden, was als Nächstes zu tun ist. Wir werden bald wieder zurück sein.« Er küsste seine Frau auf die Wange. »Wir geben nicht auf, hast du gehört? Wir haben schon mehr als einen Kälteeinbruch überlebt.«

Als Madge nichts sagte, schüttelte Gordon sie leicht an den Schultern. »Stimmt's?«

»Stimmt«, antwortete sie mit einem nicht überzeugenden Flüstern.

Die beiden gingen, vorher gab Gordon seiner Frau und seiner Tochter noch einen Kuss und rang sich ein Lächeln für Madge ab. Als Deanas Weinen nachließ, tobte der Wind draußen heulend ums Haus.

»Was kann ich für dich tun, Mom?«, fragte Willo.

Madge drehte sich um und sah Wilburs Truck nach, wie er aus der Einfahrt bog. Die Scheinwerfer leuchteten hell ins Haus und wurden dann schwächer. Der Obstgarten sah noch trostloser aus, das Rosa und Grün verblasste wie bei einem schönen neuen Aquarell auf einer Staffelei, die man im Regen stehen gelassen hatte.

»Ich weiß es nicht«, antwortete Madge. »Ich weiß es nicht. Ich fühle mich so verloren und nutzlos. Jahrzehnte der Arbeit fort, von einem Augenblick zum andern.«

»Dad sagte, wir hätten die Obstplantage schon einmal fast verloren«, meinte Willo. »Dass es Zeiten gab, in denen wir nicht wussten, ob wir den Winter überstehen würden oder ob wir mit anderen Obstplantagen konkurrieren könnten oder ob irgendjemand unser Obst kaufen würde. Wie haben wir es damals geschafft?«

»Ich weiß es nicht«, antwortete Madge. »Wir waren jünger. Dummer Optimismus, schätze ich.«

Kaum hatte sie die Worte ausgesprochen, wünschte sie sich, sie könnte sie wieder zurücknehmen. Das Letzte, was sie wollte, war, Willos stets sonniges Gemüt zu trüben.

»Dann lass uns beten«, schlug Willo vor. Sie setzte Deana auf den Boden, nahm ihre Hände und die ihrer Mutter und senkte den Kopf. »Lieber Gott, bitte hilf uns in unserer Zeit der Not. Ich weiß, wir beten zu oft, wenn wir etwas brauchen, und das tut mir leid, aber wir brauchen wirklich ein Wunder. Wir brauchen ein Zeichen, eine Idee, ein klein bisschen Hoffnung für diese Obstplantage. Wir werden all die schwere Arbeit übernehmen, nur bitte, gib uns ein Zeichen. Darum bitten wir dich, O Herr. Amen.«

»Aus, Äpfel, Amen«, plapperte Deana fröhlich einen Spruch nach, den sie vor kurzem aufgeschnappt hatte und gern wiederholte, besonders bei den Mahlzeiten.

Endlich lächelte Madge. »Fast, Kleines«, sagte sie. »Aber es heißt nur *Amen.* Kannst du das sagen?«

»Aus, Äpfel, Amen«, wiederholte Deana.

Madge lächelte und schaute aus dem Fenster, auf die Obstgärten in der Ferne, und plötzlich klangen die Worte ihrer Enkelin noch wahrer.

Alles aus, dachte sie. *Du hast recht, Kleine.*

»Ich mache noch etwas Kaffee, nur damit wir etwas wacher werden«, sagte Willo und rieb ihrer Mom aufmunternd die Schultern.

Sie ging in die Küche, nahm die Kanne und spülte sie aus. Dann kippte sie den Kaffeesatz in den Müll, fand einen Kaffeefilter und ging zum Schrank, um den Kaffee zu holen. Dabei stieß sie gegen den großen Küchenschrank, der schon so lange sie denken konnte in der Küche stand.

»Autsch«, sagte sie zu sich selbst. Ihre Schulter pochte, und ein gerahmtes Foto fiel mit einem lauten Knall um. »Tollpatsch.«

Sie blieb stehen, um den Bilderrahmen wieder aufzustellen. Als sie ihn wiederaufrichtete, musste sie lächeln. Es war ein Schwarzweißfoto von ihrer Mom und ihrer Grandma, die zusammen mit ihrem Grandpa die Obstplantage aufgebaut hatten. Zusammen hielten sie stolz eine hausgemachte Pie hoch, auf deren Teigdeckel eine dunkle Schleife thronte. Willo stellte das Foto in einem Winkel zurück in den Schrank, und dabei fiel ihr etwas anderes ins Auge: die Rezeptsammlung ihrer Mom.

»Ich sollte ein Schild mit einem Warnzeichen an diesen Schrank kleben«, scherzte Madge und kam zu Willo herüber. »Alles okay, Schatz?«

Zeichen, dachte Willo, und ihr Herz raste. Sie erinnerte sich an ihr Gebet. *Das ist ein Zeichen!*

»Mehr als okay«, schrie sie plötzlich mit schriller und aufgeregter Stimme. Sie packte das Kästchen mit den Rezepten. »Komm mit, Mom.« Hastig warf sie sich und Deana Jacken, Handschuhe und Strickmützen über.

»Wo gehen wir hin?«, wollte Madge wissen. »Was ist mit dem Kaffee? Was machen wir?«

»Wir retten diese Obstplantage«, erwiderte Willo mit einem energischen Nicken. »Komm schon. Verschwenden wir keine Zeit!«

Madge folgte Willo zur Tür hinaus und versuchte, mit ihrer Tochter Schritt zu halten, die schneller als ein Wiesel voranlief und dabei auch noch das Kästchen mit den Rezepten und ihre Enkelin auf den Armen balancierte.

»Willo?«, rief Madge durch den fallenden Schnee. »Bist du verrückt geworden?«

Willo fegte in die alte Scheune, die die Familie nun als Verpackungs- und Lagerhalle für Obst und Maschinen nutzte. Regale mit konserviertem und eingemachtem Obst säumten die Wände. Eine Gefriertruhe und ein Kühlraum befanden sich abgetrennt an einer Seite, aber der Rest der alten Scheune war weit offen.

»Willo?«, wiederholte Madge, sobald sie in der Scheune waren. »Was um alles in der Welt hast du vor?«

Willo stellte Deana auf dem Betonboden ab und hielt ihrer Mom dann aufgeregt die Rezeptsammlung entgegen. »Als wir gebetet haben, habe ich um ein Zeichen gebeten«, sagte Willo und schüttelte das Rezeptkästchen noch aufgeregter. »Das hier ist es. Das … hier … ist … es!«

Willos funkelnde Augen schwammen, und Tränen rollten ihr über die Wangen. Zuerst dachte Madge, die Augen ihrer Tochter tränten von der Kälte, doch dann wurde ihr bewusst, dass sie weinte.

Willo ging zu einem Picknicktisch, an dem die Arbeiter oft ihr Mittagessen aßen, und setzte sich. Madge folgte ihr, worauf Willo den Schlüssel, den sie um den Hals trug, in das Kästchen steckte.

»Die Obstplantage ist nicht das einzige Vermächtnis dieser Familie«, sagte sie.

»Was meinst du damit?«

»Das hier«, Willo strich mit der Hand über das Holz des Kästchens, »ist *unser* Vermächtnis.«

»Das ist eine Rezeptsammlung«, erwiderte Madge sanft, die ihr nicht folgen konnte.

»Nein, ist es nicht«, widersprach Willo. »Warum glaubst du, hast du sie mir geschenkt, als ich dreizehn wurde? Warum hat Grandma damit angefangen? Es ist das Vermächtnis der Frauen in unserer Familie. Und das wird diese Obstplantage retten.«

Sie öffnete das Kästchen und begann Karteikarten herauszuziehen. »Schau«, sagte sie und begann, ihrer Mutter die Rezepte laut vorzulesen. »Apple Pie, Pfirsich-Pie, Cherry Pie, Erdbeer-Rhabarber-Pie, Blaubeer-Pie, Cherry-Berry-Pie, Himbeer-Pie, Pumpkin Pie, Apfel-Karamell-Pie, Apple Crisp, Cherry Crisp, Aprikosenschnitten, Apfel-Walnuss-Kuchen, Kirschtaschen, Rührkuchen, Cookies …«

»Willo!« Madge streckte die Hand aus, um ihrer Tochter, die Karteikarten nach links und rechts warf, als verteile sie Spielkarten, Einhalt zu gebieten. »Was tust du da? Ich verstehe immer noch nicht.«

»Grandmas Rezepte sind ein Tribut an diese Obstplantage und ein Geschenk für diese Familie«, erklärte Willo. Sie sprang kerzengerade auf, immer noch ein paar Karten in der Hand, und begann, heftig gestikulierend vor Madge auf und ab zu marschieren. »Was wäre, wenn du und ich anfangen würden, Pies zu backen und sie zu verkaufen? Sieh dir all das eingemachte und tiefgefrorene Obst an, das wir von der letzten Saison noch übrig haben. Wir können Pies backen, ein paar davon an örtliche Restaurants verkaufen, aber die meisten davon einfrieren und im Sommer verkaufen. Die Leute lieben unsere Pies jetzt schon. Wir gewinnen jeden Backwettbewerb, an dem wir in der Kirche und bei den Jahrmärkten teilnehmen. Die Leute fragen nach diesen Rezepten. Sie betteln um unsere Pies.« Sie hielt inne, um Luft zu holen. »Was hältst du davon?«

»Das ist unmöglich.« Madge schüttelte den Kopf. »Wir haben nicht die richtigen Gerätschaften. Wir brauchen wahrscheinlich eine Genehmigung des Countys. Du bist mit einem Kleinkind beschäftigt. Wir werden den ganzen Sommer lang arbeiten müssen, um die Obstplantage für die nächste Saison wieder in Schuss zu bringen. Wir werden in Gerätschaften investieren müssen, damit wir das nicht noch einmal durchmachen müssen. Wir …«

Willo ging zu ihrer Mutter und stellte sich vor sie. »Wir können das schaffen«, sagte sie mit fester Stimme. Sie sah ihrer Mutter in die Augen und wiederholte: »Wir. Können. Das. Schaffen. Mom.«

Sie nahm ihre Mutter an der Hand und führte sie hinüber zu den Obstkonserven. »Schau dir diesen Schatz an«, sagte sie, während sie Einmachgläser von den Regalen nahm. »Und schau dir diesen Schatz an«, wiederholte sie und schüttelte die Karten, die sie immer noch in der Hand hielt. »Grandma hat uns die hinterlassen – für zukünftige Generationen – zu einem Zweck. Sie wollte ihre Geheimnisse mit uns teilen.«

»Und sie sollten Geheimnisse bleiben«, protestierte Madge.

»Das werden sie auch«, erwiderte Willo. »Niemand wird die Rezepte erfahren. Wir werden nur das wunderbare Endprodukt mit den Leuten teilen. Denk darüber nach. Wie viel kosten Mehl, Zucker, Butter und Eier? Vielleicht können wir mit anderen Farmern tauschen, oder mit dem Lebensmittelladen? Wir können einen kleinen Gewinn machen. Vielleicht genug, um uns bis nächstes Jahr über Wasser zu halten.«

»Wo würden wir die Pies verkaufen?«, fragte Madge, die sich plötzlich von der ungezügelten Begeisterung ihrer Tochter mitreißen ließ. »Wie würden wir sie verkaufen?«

Willo wirbelte um die eigene Achse, wie ein Kreisel, der nicht aufhören wollte, sich zu drehen. Mitten in der Bewegung hielt sie inne, mit Augen so groß wie die Scheunenlampen, die hinter ihr baumelten. »Was wäre, wenn wir Grandmas und Grandpas alte Blockhütte an die Vorderseite des Grundstücks versetzen?«, fragte sie. »Sie steht jetzt nur leer herum. Du hast gesagt, es würde zu viel kosten, sie zu renovieren und zu modernisieren. Sie hat nicht mal Zentralheizung oder eine Klimaanlage. Mom, sie hat sogar noch ein Plumpsklo.«

Madge schüttelte den Kopf. »Nein«, sagte sie. »Das ist … meine Geschichte.«

»Dann lassen wir sie so«, erwiderte Willo. »Wenn wir sie an den Eingang der Plantage versetzen, könnten wir eine Tafel mit ihrer Geschichte aufstellen, und die Leute würden etwas über die Menschen erfahren, die sie gegründet haben. Wir könnten Pies daraus verkaufen. Wir machen Werbung. Stellen eine Reklametafel auf.« Unvermittelt sprang Willo in die Luft. »Und was, wenn wir die Plantage nächstes Jahr zu einer Selbstpflückerplantage machen? Die Leute in der Stadt fahren gern aufs Land, um ihr Obst selbst zu pflücken, im Herbst Kürbisse zu holen und all die schönen Sachen. So hätten wir immer mehrere Einkommensquellen: Obst, Speisen, Selbstpflücker. Wir wären nicht mehr von einer einzigen Sache abhängig, falls das Unglück wieder zuschlägt.«

»Ich muss darüber nachdenken«, meinte Madge. »Wir müssen das erst mit Wilbur und Gordon besprechen.«

»Ich weiß«, erwiderte Willo. Eindringlich sah sie ihre Mom an, dann ging sie zum Picknicktisch, wo sie die Rezeptkarten wieder zurück ins Kästchen ordnete. »Mom, wir sind im Krieg. Die Menschen brauchen etwas Glück und Nostalgie in ihrem Leben. Ich glaube wirklich, dass das funktionieren kann.«

Madge ging zu ihrer Tochter und gab ihr die Rezeptkarten, die sie in der Hand hielt. Doch plötzlich hielt sie inne, und ihr Gesicht fror ein wie das Wetter draußen.

»Ich kann mich gar nicht erinnern, diese Karte schon einmal gesehen zu haben«, sagte sie. »Sie muss sich hinten versteckt haben oder so was.«

»Was für ein Rezept ist es denn?«

»Es ist kein Rezept«, sagte Madge und sah die Karte an.

»Was ist es dann?«

»Ein Zeichen«, antwortete Madge. »Von meiner Mutter.« Ihre Augen füllten sich mit Tränen. Sie wischte sie fort und las die Karte vor: »*›Man backt aus Liebe für jemanden.‹*«

Madge verstummte, hob ihre Enkelin hoch und gab ihr einen dicken Kuss auf den Kopf. Sie sah Willo an. »Ich glaube, es könnte funktionieren«, sagte sie.

Sie fing an, sich wie ein Kreisel zu drehen, genau wie Willo vor wenigen Augenblicken. »Ich backe die besten Pies der Welt, dank meiner Mom. Und wir haben das Rezept für den besten Pie-Teig aller Zeiten.« Lachend hob sie Deana in die Luft. Dann drehte sie sich zu Willo um und sagte: »Deine Grandma war ein zäher Knochen. Sie und dein Grandpa haben sich zu Tode geschuftet, um diese Obstplantage an ihre

Familie weiterzugeben. Ich werde sie nicht enttäuschen.« Sie zögerte, und ihre Stimme wurde emotional. »Die Frauen dieser Familie werden diese Plantage retten.«

»Dann lass uns ein paar Pies backen«, antwortete Willo.

20

»Warum hast du mir das alles noch nie erzählt?«, wollte Sam von ihrer Grandma wissen, als sie mit ihrer Geschichte fertig war. Sie sah ihre Mom an. »Oder du?«

Die beiden Frauen wechselten einen Blick. »Du wolltest immer die Rezepte wissen«, antwortete ihrer Mutter, »aber nie die Geschichte hinter ihnen.«

»Du schautest immer nach vorn«, fügte Willo hinzu. »Aber manchmal ist es der Blick zurück, der einem Perspektive gibt.«

Sams Herz wurde schwer, und sie dachte an ihre Unterhaltung mit ihrem Vater.

»Dem, was dieser Ort sein kann, sind keine Grenzen gesetzt«, sagte Deana. »Auf vielerlei Weise haben deine Grandma und ich das Gefühl, dass wir nur an der Oberfläche kratzen.«

Sam war gerade damit beschäftigt sauberzumachen, hielt jedoch inne. »Ich dachte, das hier wäre eine gutgeölte Maschine? Dass die Plantage und die Bäckerei genauso sind, wie ihr sie haben wolltet?«

»Wir haben ein erfolgreiches kleines Unternehmen aufgebaut«, erwiderte Willo, »aber das bedeutet nicht, dass es so ist, wie *du* es haben wollen würdest.«

»Was?«

»Ich glaube, du neigst dazu, diesen Ort so zu betrachten wie dein Highschool-Jahrbuch«, erklärte Willo. »Wie ein Relikt. Etwas aus der Vergangenheit. Etwas, an das du dich liebevoll erinnerst, aber das du weggepackt hast und womit du dich nicht wirklich wieder beschäftigen willst.«

»Grandma«, setzte Sam an, dann dachte sie an ihr eigenes Rezeptkästchen.

»Schon okay«, lenkte sie ein. »Ich verstehe. Ich glaube, manchmal müssen Menschen den Ort, an dem sie aufgewachsen sind, verlassen, um sich neu zu erfinden. Ein Neuanfang, richtig?« Sie zögerte, und ein Lächeln schlich sich langsam auf ihr Gesicht. »Aber ohne diese Geschichte kann man zu einem Geist dessen werden, der man war, eine Fata Morgana dessen, wer man werden will.« Ihre Hand schloss sich fester um das Geschirrtuch, das sie hielt.

»Ich glaube, es ist Zeit, unseren Teig in den Ofen zu schieben«, wechselte Willo das Thema. »Was schlägst du vor, womit wir die Pies füllen sollen?«

»Von jeder Sorte einen?«, meinte Sam.

»Ich finde, das ist eine wunderbare Idee«, antwortete Willo.

Jede der Frauen machte ihre eigene Pie – Apple Pie, Pfirsich-Pie, Cherry Pie, Erdbeer-Rhabarber-Pie, Blaubeer-Pie, Cherry-Berry-Pie, Himbeer-Pie, Viererlei-Beeren-Pie – und schob sie in den Ofen. Als sie zum Abkühlen wieder herauskamen, schlug Deana vor: »Machen wir eine Verkostungs-Party daraus.«

Die Frauen holten hausgemachte Eiscreme und Schlagsahne, probierten die Pies und unterhielten sich fröhlich miteinander – alles noch bevor der Morgen für die meisten Leute überhaupt angefangen hatte.

»Das ist eine wunderbare Teigkruste«, flüsterte Willo Sam zu, während sie aßen. »Leicht, blättrig, buttrig … Danke, dass du uns etwas Neues beigebracht hast.«

Als Gelächter durch die Küche schallte, schaute Sam zu ihrer Mutter, die mit den Bäckerinnen scherzte. Sie hatten sich wieder ihrer üblichen Routine gewidmet und machten Teig, legten Kuchenformen aus, frittierten Donuts.

Diese Frauen, dachte Sam, *haben mehr Erfahrung im Backen, als ich in meinem ganzen Leben je haben werde. Wo haben sie das gelernt? Hier. Bei ihnen zu Hause. Durch unermüdliches Ausprobieren.*

Genau wie ich, fügte sie hinzu.

Ein weiteres Zitat von Julia Child schoss ihr durch den Kopf: *Man wird nie alles über etwas wissen, besonders nicht über etwas, das man liebt.*

Endlich erkannte Sam: Wenn sie ihnen etwas beibringen konnte, dann konnten sie ihr auch etwas beibringen.

Alles, was ich tun muss, ist fragen, dachte sie. *Warum fällt mir das so schwer?*

»Jetzt seid ihr dran«, sagte sie und ging zu den Bäckerinnen hinüber.

Verblüfft hoben sie die Köpfe.

»Was?«, fragte Donna.

»Jetzt seid ihr dran, mir etwas beizubringen.«

»Was wissen wir denn schon?«, meinte DeDe mit errötendem Gesicht.

»Eine Menge«, erwiderte Sam. »Ihr seid die Expertinnen. Jetzt bin ich an der Reihe zuzusehen, zuzuhören und zu lernen.«

Langsam, eine nach der anderen, fingen sie an zu strahlen. Die D-Cups sahen einander an und begannen mit Rezepten, Gedanken und Ideen um sich zu werfen.

»Ich weiß es«, übertönte DeDe die anderen schließlich. »Der Pie-Teig deiner Familie! Wie lange ist es her, dass du ihn gemacht hast?«

Sams Gesicht lief rot an, und sie zuckte mit den Schultern. »Deine Grandma hat uns euer Familienrezept für den Teig beigebracht, und er ist so ähnlich, wie unsere Mom und unsere Grandma ihn immer gemacht haben, nicht wahr, Mädels?«

Donna und Debbie nickten aufgeregt, ein breites Lächeln auf den Gesichtern.

»Mom und Grandma Eleanor haben einfach alles zusammengerührt, ausgerollt, gefüllt und gebacken!«, fuhr DeDe fort. »Sie hatten keine Zeit für viel Getue.« Sie warf Sam einen Blick zu. »Deiner ist toll, versteh mich nicht falsch, aber sie hatten viele Kinder satt zu bekommen. Keine Zeit für Schnickschnack.«

»Meine Grandma hat für den Teig nur Schmalz genommen«, bemerkte Willo. »Aber ich habe unseren schließlich etwas abgeändert, weil ich auch ein bisschen Buttergeschmack mag. Eines Tages war mir das Schmalz ausgegangen, und ich bekam Panik, also experimentierte ich mit Butter herum. Ich war die Erste, die ein bisschen Butter zu dem geheimen Teigrezept dazugetan hat. So ist es noch besser als das Original, finde ich.«

»Bereit?«, fragte DeDe Sam.

Sam lächelte und hörte aufmerksam zu, als DeDe ihr zeigte, wie man den Teig machte.

Warum habe ich den schon ewig nicht mehr gemacht?, fragte sie sich, und das Wort *Schnickschnack* ging ihr durch den Kopf. *Halte ich mich für etwas Besseres? Habe ich das immer gedacht, vielleicht im Hinterkopf, dass ich ein bisschen besser bin als alle anderen?* Ihr wurde schwer ums Herz. *Schäm dich, Sam.*

Als Sam, von Willo mit einem breiten Lächeln auf dem Gesicht beaufsichtigt, anfing, ihren Teig zu machen, rückte Donna an Sams Seite, rieb ihren Arm und sagte sehr leise: »Danke, dass du gefragt hast.«

Sams Herz fühlte sich an, als würde es jeden Moment platzen.

Als die Teigböden fertig waren, füllten sie sie wieder mit verschiedenen Früchten und schoben sie in den Ofen.

»Ich sage noch mal, was Sam vorhin schon gesagt hat«, erklärte Willo. »Wie meine Großmutter mir beigebracht hat, kann man kein großartiges Leben, ein großartiges Zuhause, eine großartige Familie oder eine großartige Pie haben ohne eine großartige Grundlage. Dieser Teig – dieser Ort hier – ist eine großartige Grundlage. Ich hoffe, ihr findet das auch.«

Als die Pies aus dem Ofen kamen und Sam die Teigkruste kostete, schaute sie mit strahlendem Gesicht zu ihrer Großmutter hinüber. »Julia Child kann dir nicht das Wasser reichen«, verkündete sie. »Oder irgendeiner meiner vornehmen Lehrer.«

Sam brach ein Stück vom butterzarten Rand der Pie ab und steckte es in den Mund. »Phantastisch«, sagte sie zu den Bäckerinnen. »Genau wie ihr. Was könnt ihr mir noch zeigen?«

»Genug jetzt übers Backen«, wischte DeDe lautstark Sams Vorschlag fort, als wäre er eine lästige Mücke. »Kommen wir zur Sache. Erzähl uns von diesem Angelo, von dem wir so viel gehört haben.«

»Jaa!«, begannen die Bäckerinnen zu rufen.

Sam warf ihrer Mom und ihrer Grandma einen Blick zu, doch die beiden zuckten unschuldig mit den Schultern und nahmen noch einen Bissen von den Pies vor ihnen.

»Komm schon, spuck die Kirschkerne aus, wie wir hier sagen«, verlangte DeDe.

Sam verdrehte die Augen und seufzte. »Na ja, wir hatten nie ein Date«, antwortete sie. »Mein Boss hätte das nicht erlaubt. Nicht, dass das jetzt noch wichtig wäre.«

Sam sah, wie ihre Gesichter länger wurden. Die Behaglichkeit und Verbundenheit zwischen den Frauen und die Wärme und der Gemeinschaftsgeist der Küche an einem kalten Tag hatten etwas an sich, das Sams harten Schutzpanzer weicher werden ließ.

»Er ist wirklich traumhaft«, platzte sie atemlos heraus und kam sich ein bisschen dumm vor, weil ihr bewusst wurde, dass sie sich wie ein Teenager anhörte. »Dunkle Haare und Augen, Wahnsinnsgrübchen, und dieser Körper … wie der von Zac Efron.«

»Okay.« DeDe fächelte ihrem Gesicht mit der Schürze Kühlung zu. »Mach mal einer ein Fenster auf!«

Die Frauen lachten schallend.

»Obwohl wir nie miteinander ausgegangen sind«, fuhr Sam fort, »haben wir uns ein Jahr lang fast jeden Tag früh am Morgen unterhalten, wenn er das frische Obst lieferte.« Sie zögerte und schaute aus dem Fenster. »Das war wirklich das Einzige, worauf ich mich jeden Tag gefreut habe«, fuhr sie leise wie zu sich selbst fort.

Die Frauen gurrten im Chor wie Tauben, auch wenn ein Seufzen vielleicht passender gewesen wäre.

»In den meisten romantischen Filmen oder Liebesromanen verfallen die Hauptpersonen einander Hals über Kopf«, sagte DeDe, als sie sich wieder dem Schneiden von Äpfeln zuwandte. »Aber weißt du, was das Problem mit dem Fallen ist? Es tut für gewöhnlich weh. Besser ist es, sich ganz langsam auf die Liebe einzulassen, erst mal beste Freunde zu werden, mit dem Wissen aufzuwachen, dass der andere das Beste an deinem Tag ist. Wenn du ihm dann verfällst, dann geschieht es in Zeitlupe.«

Wieder machten die Frauen Aaah und Oooh.

»Wow«, staunte Willo mit großen Augen über den untypisch sanften und romantischen Tonfall der sonst so lauten Cupertino-Schwestern.

»War es so bei euch und euren Männern?«, wollte Sam wissen.

»Nein«, tönte DeDe mit einer Stimme, die wieder zu ihrer üblichen Dezibelstärke zurückgekehrt war. »Ich wurde in der Highschool schwanger.«

Die Frauen schütteten sich aus vor Lachen, und Sam stellte überrascht fest, dass sie mit ihnen lachte, ihre Gesellschaft genoss und Backen sich wieder richtig nach Freude und Entdeckungen anfühlte.

Sie brach ein weiteres Stück vom Rand des Kuchens ab und kostete den warmen, blättrigen Teig, der ihr auf der Zunge zerging. Mit einem zufriedenen Seufzen schloss sie die Augen.

Als sie sie wieder aufmachte, spürte sie, dass jemand sie beobachtete, und als sie sich umdrehte, lächelte ihre Großmutter, während ihre Finger geschickt den Rand einer Pie formten.

Tante Eleanors Teig für gedeckte Pie

Zutaten

300 g Mehl
1 Teelöffel Salz
120 g kalte Butter, in 1 cm große Würfel geschnitten
60 g kaltes Schmalz, in 1 cm große Würfel geschnitten
5 bis 6 Esslöffel Eiswasser

Zubereitung

Mehl mit Salz in eine große Schüssel geben. Butter und Schmalz hinzufügen und in die Mischung einarbeiten, bis sich erbsengroße Klumpen bilden. Das Eiswasser esslöffelweise hinzugeben und mit einer Gabel untermischen, bis sich ein Teig bildet, dabei zusätzliches Wasser zugeben, falls nötig.

Den Teig zu einer Kugel formen und halbieren. Jede Hälfte zu einer Scheibe flachdrücken, jede Scheibe in Frischhaltefolie wickeln. Den Teig mindestens eine Stunde lang oder über Nacht im Kühlschrank kaltstellen. Teig auf bemehlter Oberfläche ausrollen und für gewünschtes Rezept verwenden.

8. Teil

Erdbeer Shortcakes

21

Sommer 2017

Als Sam auf die Anzeigetafel für Ankünfte und Abflüge schaute, erhaschte sie ihr Spiegelbild in der Glasscheibe des Monitors. Sie war gebräunter, ihr blondes Haar bereits von der Sonne noch heller gebleicht, und sie trug einen Hauch Make-up, das ihre Haut schimmern ließ. Sie beugte sich zum Monitor vor und betrachtete sich genauer.

»Vielleicht lässt es sich besser lesen, wenn Sie die Sonnenbrille abnehmen, Schätzchen.«

Als Sam sich umdrehte, stand eine ältere Frau mit dicker schwarzer Sonnenbrille gegen grauen Star hinter ihr.

»Ich kann meine nicht abnehmen, aber Sie schon«, sagte sie. »Sie sehen nervös aus. Ich wette, Sie treffen jemand Besonderen.«

Sie klopfte Sam auf den Rücken und wackelte davon.

Jemand Besonderen?, dachte Sam, nahm ihre Sonnenbrille ab und steckte sie in ihre Handtasche. *Tue ich das?*

Sie rannte zum Gate, um dort zu warten, und war innerhalb weniger Sekunden dort, weil sie vergessen hatte, dass das hier der Flughafen von Traverse City war und nicht LaGuardia. Sie setzte sich, nippte an dem Kaffee in ihrer Hand, schlug immer wieder die Beine übereinander, stand auf und setzte sich wieder.

Ein Mann schaute von seinem Handy hoch, beobachtete sie argwöhnisch und rückte dann so viele Plätze von Sam fort, wie er konnte.

Sie warf einen Blick auf ihren Starbucks-Becher. *Warum habe ich einen extra Espresso in meinen Latte bestellt?*

Obwohl es erst ein paar Tage her war, dass sie unangekündigt zurück nach Hause geflogen war, kam es Sam wie eine Ewigkeit vor.

Und bin ich zu einem Besuch nach Hause geflogen?, fragte sie sich. *Oder bin ich weggerannt, wie mein Dad gesagt hat?*

Sam drehte den Becher in der Hand und hielt mitten in der Bewegung inne.

Sad stand da mit Filzstift anstelle ihres Namens auf dem Becher geschrieben.

Sad?, dachte sie. *Traurig? Im Ernst? Machen die das mit Absicht? So viel zum Thema Zeichen, Grandma.*

»Hey, Michigan!«

Sam zuckte zusammen, und ein Mini-Geysir aus Kaffee schoss aus der Becheröffnung.

»Wollte dich nicht erschrecken«, sagte Angelo. »Ist das zu fassen? Ich bin tatsächlich in Michigan, Michigan.«

Sam stand auf, um Angelo zu begrüßen, und war eine Sekunde lang wie erstarrt, als wäre sie in einem dieser altmodischen Liebesfilme, in denen die Zeit stehenbleibt und die Schauspieler sich in extremer Zeitlupe bewegen. Angelos dunkle Locken waren länger und noch glänzender, und das Gold in seinen dunklen Augen funkelte im Licht des Flughafens. Obwohl er sich rasiert hatte und es noch Vormittag war, zog sich bereits ein leichter Bartschatten über seine glatte, dunkle Haut und betonte seinen kräftigen Kiefer. Er trug dunkle Jeans, einen schwarzen Gürtel, ein enganliegendes Polo-Shirt – lässig hinter die Gürtelschnalle gesteckt – und hochgeschnittene Chuck Taylors.

Und diese Grübchen, dachte Sam, als er sie anlächelte. *Warst du in New York auch schon so gutaussehend?*

»Hi, Jersey«, quiekte sie.

»Du siehst …«, Angelo verstummte kurz, und ein noch

breiteres Lächeln erhellte sein Gesicht, was seine Grübchen noch anbetungswürdiger machte, »… phantastisch aus.«

Er umarmte sie und zog sie an sich. »Danke, dass du das tust«, sagte er. »Ich musste mal eine Weile aus der Stadt raus. Genau wie du.«

Angelo roch nach Seife, Leder und Gewürzen, der Stadt und der freien Natur, dem Vertrauten und Unbekannten. Sams Herz machte einen Satz.

Lily hätte ihre helle Freude daran, seine Kopfnote herauszufinden, dachte sie, als sie seinen Duft einatmete und an die Liebe ihrer Mitbewohnerin für Duftkerzen dachte.

Angelo hielt Sam auf Armeslänge von sich. »Hab ich dir gefehlt?«, fragte er.

»Ich war beschäftigt«, antwortete sie, und sobald die Worte aus ihrem Mund gekommen waren, fragte sie sich, warum sie das sagte.

Angelos Lächeln verblasste, und seine Grübchen zogen sich zurück.

»Das kam jetzt nicht richtig rüber«, sagte Sam schließlich. »Du hast mir gefehlt. Mir fehlen die Stadt und meine Mitbewohnerinnen.«

»Mir hat es jedenfalls gefehlt, dich jeden Tag zu sehen«, erwiderte er. »Es ist einfach nicht mehr dasselbe.«

Sams Gesicht rötete sich, und Gänsehaut überzog prickelnd ihre Arme. »Hast du irgendwelches Gepäck aufgegeben?«, fragte sie, um davon abzulenken.

»Nein.« Er schob die Tasche an seiner Schulter etwas höher und gab dem kleinen Rollkoffer neben ihm einen leichten Schubs. »Nur das hier. Ich reise gern mit wenig Gepäck. Nur ein paar Jeans, Shorts, Badehose … Sommersachen eben.«

Badehose, dachte Sam und fühlte sich plötzlich schwindlig.

»Nun, du hast gerade einen Kälteeinbruch verpasst«, meinte sie. »Es wird schon wieder deutlich wärmer. Du hast dir die richtige Zeit für einen Urlaub ausgesucht.«

»Dann wollen wir uns Michigan mal ansehen, Michigan«, sagte Angelo mit einem Lachen.

»Na, dann komm mit.« Sam machte sich auf den Weg zum Ausgang.

Die beiden stiegen in Sams Mietwagen, und sie fuhr durch Traverse City und auf die M-22, dabei bat Angelo sie gelegentlich anzuhalten oder langsamer zu fahren, damit er Fotos vom See und der Bucht machen konnte.

Die Fenster waren heruntergekurbelt, und ein warmer Wind erfüllte das Auto, zusammen mit verunsicherndem Schweigen. Sam schaltete das Radio ein, um die Stille zu füllen. Es war immer noch auf den Oldie-Sender eingestellt, den sie bei ihrer Ankunft entdeckt hatte.

»Das wusste ich gar nicht über dich«, lachte Angelo. Sein dunkles Haar wurde vom Wind zerzaust. »Du bist altmodisch.« Er wandte sich zu ihr. »*Richtig* altmodisch.«

Sam wollte lachen, wusste, dass sie lachen sollte, aber ihre Nervosität war stärker, also starrte sie stattdessen stur geradeaus, während sie fuhr. »Es gibt einiges, das du nicht über mich weißt«, sagte sie.

Angelo wandte sich zu ihr um, einen überraschten und verblüfften Ausdruck auf dem Gesicht.

»Das hier ist ein bisschen unbehaglich, oder nicht?«, fuhr sie fort. »Das musst du doch zugeben.«

Sie wünschte sich, sie könnte die Worte zurücknehmen, aber es war zu spät.

Angelo gluckste leise, und es wuchs langsam zu einem Lachen.

»Stimmt irgendwas nicht?«, fragte Sam.

»Das ist nur einfach typisch du«, sagte er.

»Was soll das heißen?«, wollte sie wissen. »Du kennst mich doch kaum.«

Angelos Gesicht war zur Bucht gewandt, die parallel zur gewundenen Landstraße verlief. Cottages lagen versteckt zwischen den dichten Kiefern entlang des Wassers, und jede vorbeiziehende Szenerie glich einem wunderschönen Aquarell.

»Es sieht geradezu unecht aus«, murmelte Angelo vor sich hin. Er wandte sich zu Sam um. »Macht es dir was aus, kurz anzuhalten, damit ich schnell ein paar Fotos schießen kann? Ich würde gern ein paar machen ohne den Außenspiegel drauf.«

Dann antwortest du mir eben nicht, dachte Sam. *Auch gut.*

»Klar«, sagte sie stattdessen. Sam fand einen kleinen malerischen Aussichtspunkt – nicht mehr als ein halbkreisförmiger, mit Kies aufgeschütteter Wendeplatz –, von dem aus man einen umwerfenden Blick auf die Bucht hatte, ungefähr wie der, an dem sie bei ihrer Ankunft angehalten hatte. Angelo stieg aus dem Wagen und ging zu einem einsamen Picknicktisch, um hinaufzusteigen und sich und die Kamera hierhin und dorthin zu neigen. Schließlich setzte er sich auf die Tischplatte.

»Willst du dich zu mir setzen?«, rief er Sam zu, ohne sich umzudrehen.

Sam schüttelte den Kopf und blieb einen Moment lang im Wagen sitzen, bevor sie ausstieg und auf der Picknickbank Platz nahm. Schweigend saßen die beiden da und betrachteten die sommerliche Szene.

»Nein, ich finde nicht, dass das hier unbehaglich ist«, sagte Angelo schließlich, immer noch, ohne Sam anzusehen. »Ich habe das Gefühl, als würde ich dich sehr gut kennen. Wir haben uns über ein Jahr lang jeden Tag unterhalten. Ich habe dir Dinge erzählt, die ich nie jemandem von meinen Freunden oder meiner Familie erzählt habe. Du warst diejenige, die mich ermutigt hat, wieder zur Schule zu gehen. Du hast mir gesagt, dass ich alles tun und sein kann, was ich will, genau wie du.« Er drehte sich um und sah Sam an. Die Sonne schien in einem perfekten Winkel auf sein attraktives Gesicht, was seine Wangen rot leuchten und seine Haut so goldbraun wie den Sand schimmern ließ. »Ich habe rund um die Uhr gearbeitet. Ich habe die Abschlussprüfungen hinter mir. Ich bin erschöpft und hatte einfach eine Pause nötig.« Traurig lächelte er Sam an. »Also gönn mir eine Pause, okay?«

Sam zog den Kopf ein.

»Du brauchst dich nicht mit mir zu treffen, während ich hier bin«, sagte er. »Ich meine, nach unserer letzten Unterhaltung war ich überrascht, als du mir geschrieben hast, dass du mich vom Flughafen abholen würdest.« Er zögerte. »Setz mich einfach an meinem Hotel ab, und dann fahre ich mit dem Taxi überall hin.«

Sam sah ihn an. Langsam stahl sich ein Lächeln auf ihr Gesicht, und ein kleines Lachen entschlüpfte ihr. »Wir haben hier keine Taxis«, sagte sie. »Das hier ist Nordmichigan. Wir haben höchstens eine Fahrradrikscha mit einem Fass hinten drauf.«

Angelo lachte.

»Du bist schon ein interessanter Vogel«, sagte er, während er eine Gruppe Schwäne und quakende Enten beobachtete, die in der Hoffnung, sie hätten Futter, auf sie zupaddelten. »Das machst du oft, nicht wahr?«

»Was?«

»Das hier«, antwortete er. »Dieses Hin und Her. Dieses Spielchen, bei dem du Leute an dich ranlässt, aber auf Abstand hältst.«

»Ich spiele keine Spielchen«, widersprach Sam mit lauter werdender Stimme.

»Tust du nicht?«, fragte Angelo. »Okay. Es ist nur … Ich komme aus einer lauten italienischen Familie. Wir sagen, was wir fühlen und was wir meinen.«

»Meine Familie ist genauso«, protestierte Sam.

»Ich glaube, du bist daran gewöhnt, alle glücklich machen zu wollen. Aber am Ende ist das niemand, weil *du* nicht wirklich glücklich bist.«

»Das ist nicht fair.«

»Bist du glücklich?«, fragte er.

Sam sah ihn an und schüttelte den Kopf. »Nein.«

»Warum nicht?«

»Ich weiß es nicht.«

»Doch, das weißt du«, widersprach er.

Angelo rutschte vom Tisch und neben Sam auf die Bank. »Bäcker sind faszinierende Menschen«, sagte er. »Das habe ich schon immer gewusst.«

»Ich bin Konditorin«, korrigierte Sam ihn.

»Ooooh, entschuldige«, scherzte er. *»You say potayto, I say potahto.«*

»So viel zum Thema altmodisch«, erwiderte Sam auf seine Anspielung auf den alten Schlager von Gershwin, den kaum noch jemand kannte.

»Beim Backen – entschuldige bitte, ich meinte natürlich, wenn man Konditorin ist – geht es hauptsächlich darum, Anweisungen zu folgen, nicht wahr? Backen ist in vielerlei Hinsicht eine Wissenschaft. Es gibt präzise Anweisungen, denen zu folgen ist, die Mengenangaben müssen stimmen … man befolgt die Regeln. So warst du auch immer im Leben, nicht wahr? Einser-Schülerin. Leistungsorientiert. Auf Perfektion getrimmt.«

Er sah Sam an.

»Red weiter«, sagte sie.

»Du hast einen Plan im Kopf, und du kannst nicht davon abweichen, weil du sonst im Irrtum wärst. Unvollkommen. Eine Enttäuschung«, sagte er mit tiefer Stimme. »Aber wer stellt diese Regeln auf? Du. Und es besteht die Chance, dass du diesen Erwartungen nie gerecht wirst. Du weißt doch, was meine Mom mir immer sagt, oder? Erwartungen sind nur programmierter Ärger. Du verurteilst dich selbst zum Scheitern, sogar wenn du gar nichts falsch machst.«

Sam ließ den Kopf sinken und zeichnete mit dem Finger

die in Herzen eingeschlossenen Namen junger Liebender nach, die im Lauf der Jahre in den Picknicktisch geschnitzt worden waren. Auf Sam wirkte der Tisch wie ein aufwendig entworfenes Kunstwerk. Plötzlich erinnerte sie sich daran, dass Connor vor Ewigkeiten ihre Namen ebenfalls in diesen Tisch geritzt hatte. Nervös suchte ihr Blick die Tischplatte ab, und da am gegenüberliegenden Rand waren ihre Namen, verblasst, abgewetzt, aber immer noch da.

Mit ihm habe ich mich auch zum Scheitern verurteilt, dachte Sam. *Wessen Regeln habe ich da befolgt?*

Angelo schaute zu Sam hinüber, dabei streifte sein nackter Arm den ihren. Ihr Herz raste, ihr Körper versteifte sich, und sie bewegte ihren Arm kaum merklich, ganz vorsichtig, näher an seinen.

»Du bist auch eine Künstlerin, Sam«, fuhr Angelo fort. »Du befolgst diese Regeln beim Backen, aber du lebst auch dafür, Rezepte neu zu interpretieren und zu erfinden. Du gehst häufig Risiken ein. Und das ist das perfekte Gleichgewicht im Leben, wenn du dir nur erlauben könntest, das auch zu erkennen und anzunehmen. Du musst dich also fragen: ›Welches Risiko wiegt meine Liebe zum Backen auf?‹ Wie verbindest du beides?«

Wer ist dieser Mensch?, dachte Sam. *Ein Zen-Lieferfahrer?*

Die Schwäne und Enten watschelten die Uferböschung hoch und umringten Sam und Angelo. Quakend begannen sie, nach ihren Beinen zu picken. Als sie erkannten, dass die beiden kein Futter hatten, brachten sie schließlich schnatternd ihr Missfallen zum Ausdruck und watschelten zurück zum Wasser. Nachdem sie sich hineingestürzt hatten und davonschwammen, drehte Sam sich um, streckte Angelo die Hand hin und sagte: »Hi, ich bin Sam, und ich würde gern noch mal neu anfangen.«

Angelo nahm ihre Hand und antwortete mit einem Tausend-Watt-Lächeln, das so hell strahlte wie die Sonne hinter ihm: »Hi, ich bin Angelo, und es freut mich sehr, dich kennenzulernen, Sam.«

»Möchtest du sehen, wo ich herkomme?«, fragte Sam und stand auf.

»Was glaubst du wohl, warum ich hier bin?«

22

»Grandma … Mom«, sagte Sam. »Das ist Angelo. Angelo, das sind Deana und Willo.«

»Schön, dich kennenzulernen«, sagte Deana und umarmte ihn. »Willkommen in Michigan!«

»Das ist also der berühmte Angelo?«, lächelte Willo breit.

»Berühmt?«, fragte Angelo an Sam gewandt. »Du hast von mir gesprochen?«

»Noch besser«, verriet Willo mit einem spitzbübischen Ausdruck in den Augen. »Sie hat für dich gebacken.« Sie beugte sich vor und zog Angelo zu einer festen Umarmung an sich. »Und ja, sie hat von dir gesprochen«, flüsterte sie ihm ins Ohr. »Komm, komm«, sie drängte ihn in die Bäckerei, »hier ist Sam aufgewachsen.«

Angelo drehte sich um, und seine Augen versuchten jede Einzelheit des Ortes in sich aufzunehmen: die hohe Decke, die rauen Deckenbalken, die lange Holztheke, die offene Küche, in der es vor Geschäftigkeit brummte, die Regale, Vitrinen und Kühltruhen voller Pies.

Er lächelte. »Jetzt weiß ich, wo sie all ihr Talent und ihre Leidenschaft herhat«, sagte er mit gerührter Stimme. »Jetzt verstehe ich es endlich.«

Willo und Deana wechselten Blicke und ein überraschtes Lächeln, und Sam zog verlegen den Kopf ein.

»Es riecht himmlisch hier drin«, sagte er. »Und wer hat all

die Malereien auf dem Boden gemacht? Sie sind toll ... so voller Freude und Fröhlichkeit.«

»Das war ich«, strahlte Willo. »Ich glaube, dieser junge Mann hier hat sich gerade ein kostenloses Stück Pie verdient. Welche möchtest du gern?«

Lächelnd überflog er die Speisekarte auf der Kreidetafel, die so lang wie die Schlange entlang der Kassen war. Die Tafel war voll mit einem endlosen Angebot an Speisen und Desserts, zusammen mit süßen, bunten Zeichnungen von fröhlichen Früchten und tanzenden Pies sowie lustigen Witzen und Sprüchen, wie *Sagt ein Apfel zum andern: Heute ist bei mir irgendwie der Wurm drin!*

»Ich denke, es muss Apple Pie sein«, sagte er, »mit Apfelsaft-Eiscreme drauf.«

»Ein Mann nach meinem Geschmack«, schwärmte Willo. »Bin gleich wieder da.«

»Also, was führt dich nach Michigan, Angelo?«, fragte Deana und schaute zwischen Angelo und Sam hin und her, die ihrer Mom einen finsteren *Hör-schon-auf-damit*-Blick zuwarf.

»Ich brauchte einen kleinen Kurzurlaub von der Arbeit und der Schule«, antwortete er.

»Sam sagte, du lieferst wunderbares Obst und Gemüse an einige der besten Restaurants von New York?«, sagte Deana.

»Ja«, bestätigte er. »Aber ich möchte mehr tun.«

»Ich finde, alles, was mit frischem Obst zu tun hat, ist schon allererste Sahne«, erklärte Deana mit einem Augenzwinkern. »Was studierst du?«

»Wirtschaft«, antwortete Angelo.

»Das habe ich auch studiert«, erwiderte sie.

»Ihre Tochter war es, die mich ermutigt hat, wieder aufs College zu gehen.«

»Wirklich?« Deana sah Sam an, deren Gesicht bereits rot wurde.

»Ist es nicht so, Michigan?«, fragte Angelo.

»Stimmt, Jersey«, antwortete Sam.

Willo kam mit einem Stück heißer Apple Pie, garniert mit schmelzender Eiscreme, auf einem Teller aus altem grünen Pressglas zurück. »Danke«, sagte Angelo und probierte sofort einen Bissen. Genüsslich kauend schloss er die Augen. »Wow. Das ist die beste Pie, die ich im Leben je hatte«, sagte er. »Kein Wunder, dass du bei Chef Dimples gekündigt hast. Dieser Laden hier ist so viel besser als sein überteuerter Südstaaten-Grusel-Promi-Schuppen.«

»Ein Mann, der sagt, was er denkt, und unsere Pie liebt«, sagte Willo. »Ich glaube, ich mag dich jetzt schon.«

»Danke«, erwiderte Angelo mit vollem Mund. Er machte sich über den Teller her und begann, die Pie zu verdrücken, als ginge es um sein Leben.

»Hast du diese Woche schon was gegessen?«, fragte Willo und lachte.

»Die Tüte Salzbrezeln im Flugzeug hat einfach nicht gereicht«, erwiderte er. »Was dagegen, wenn ich mir die Obstgärten ansehe?«

»Kein Problem«, meinte Sam, während Deana ihm den leeren Teller abnahm, und führte Angelo zur Tür hinaus.

»Sie haben schon Spitznamen für einander«, flüsterte Deana ihrer Mom zu. »›Michigan‹ und ›Jersey‹. Das ist so süß.«

»Kommt ihr, ihr Klatschtanten?«, fragte Sam, als sie ihr gedämpftes Flüstern hörte.

»Direkt hinter euch«, flötete Willo.

Sam führte Angelo aus der Bäckerei hinaus, den Kiesweg entlang und in den Obstgarten, in dem es an diesem zauberhaften Sommertag vor Selbstpflückern nur so wimmelte. Gary sah sie und kam mit ausgestreckter Hand herbeigeeilt.

»Angelo, nehme ich an«, sagte er. »Ich bin Gary Nelson, Sams Vater.«

»Es ist mir eine Freude, Sie kennenzulernen, Sir.«

»Ohne Sir«, widersprach Gary. »Nur Mr Nelson.«

»Dad«, protestierte Sam.

»Ich mach doch nur Spaß. Nenn mich Gary. Und willkommen in unserer Obstplantage.«

»Ich hörte, Sie haben ein großes Jubiläum anstehen?«, fragte Angelo. »Und einen großen Geburtstag auch.«

Willo strahlte. »Fünfundsiebzig und hundert«, sagte sie. »Ich werde fünfundsiebzig, für den Fall, dass du dich fragst.«

Angelo lachte. »Ich hätte geschätzt, dass Sie gerade erst alt genug sind, um legal Alkohol trinken zu dürfen«, meinte er.

Willo lachte einstimmig mit ihm. »Schätzchen, das würde bedeuten, dass ich seit Jahrzehnten illegal trinke.«

»Soll ich dich rumführen?«, fragte Gary.

Angelo nickte. Während die fünf durch den Obstgarten spazierten, wandte Angelo den Kopf hierhin und dorthin, nach oben und unten.

»Es ist so …« Er verstummte kurz, um nach dem richtigen Wort zu suchen. »Grün.«

»Das ist es ganz gewiss«, antwortete Deana.

»Durch das Leben in New York bin ich so daran gewöhnt, dass alles grau ist: Beton und Stahl, Baustellen und Trucks«, sagte Angelo. Er verstummte kurz und ging zu einem Apfelbaum. »Die liefere ich aus«, sagte er mit vor Staunen großen Augen. »Aber ich habe sie noch nie wachsen sehen, in natura … Ich sehe nie, wo alles herkommt. Das hier ist echt.« Er drehte sich um und sah die Familie an. »Es ist magisch.«

»Ein Junge aus der Stadt, der das Land liebt«, meinte Gary.

»Meine Familie hatte früher ein kleines Weingut mit einem Bauernhof in Italien«, sagte er. »Meine Großeltern verkauften ihn und zogen hierher. Es liegt mir im Blut, denke ich.« Er ließ den Blick durch den Obstgarten schweifen, über die Früchte, die Hügel und die Bucht. »Ich frage mich, wie mein Leben wäre, wenn sie es behalten hätten. Es ist nicht leicht, so etwas so lange in der Familie zu halten.« Angelo wandte sich zu Sam um. »Du hast wirklich Glück.«

Sam nickte. »Wir quartieren dich besser in deinem Inn ein«, sagte sie. »Du willst doch nicht deine Zimmerreservierung verlieren. Hier ist es an den Wochenenden sehr trubelig.«

Sie drehten um und gingen zur Scheune zurück.

»Wo wohnst du?«, fragte Deana.

»Im Bayview Inn«, antwortete Angelo. »Sam hat es vorgeschlagen. Das Inn sieht sehr nett aus.«

»Das ist doch albern«, warf Willo ein. Sie wandte sich an Sam. »Warum hast du uns nicht früher gesagt, dass er kommt?« Plötzlich hellte sich ihre Miene auf. »Aaron ist doch im College. Angelo könnte in seinem Zimmer schlafen.«

»Grandma«, sagte Sam. Ihre Stimme war voller Anspannung.

»Nein, ist schon in Ordnung, Ma'am«, erwiderte Angelo.

»Du arbeitest und gehst gleichzeitig zur Schule«, wandte Willo ein. »Es wäre albern, dein hart verdientes Geld für ein Hotel auszugeben, wenn es nicht nötig ist.«

»Er würde seine Anzahlung trotzdem verlieren«, gab Sam zu bedenken.

»Sylvia vom Bayview Inn ist schon ewig eine gute Freundin von mir«, sagte Willo. »Ich rufe sie einfach an.« Sie blieb stehen, und wieder erhellte sich ihr Gesicht. »Hör mal, wenn es Sam zu unangenehm ist, dass du bei ihr im Haus übernachtest …«

»Grandma!«

»Nun, das denkst du doch, oder?«, fragte Willo. »Dann wohnst du einfach bei mir. Ich habe so viel Platz, und in dem alten Farmhaus schleiche nur ich herum. Es wäre schön, ein paar Tage lang etwas Gesellschaft zu haben.«

»Das könnte ich nicht annehmen, Ma'am«, wandte Angelo ein.

»Da gibt es keine Diskussion«, widersprach sie. »Und hör auf, mich Ma'am zu nennen, sonst bekommst du keine Pie mehr.«

Angelo lachte, und Sam warf ihrer Grandma einen finsteren Blick zu. Willo lachte vergnügt.

»Okay, ich rufe Sylvia an und richte dir das Gästezimmer her«, sagte sie. »Und warum fahrt ihr zwei dann nicht mit dem Boot raus? Es ist ein schöner Tag, und es gibt keine bessere Weise, Michigan zu entdecken, als vom Wasser aus. Nicht wahr, Sam?«

»Es ist vollgetankt«, bemerkte Gary. »Und Sam ist ein sehr guter Kapitän.«

»Und sie hat schon Nachtisch für dich gemacht«, fügte Willo hinzu. »Komm mit.«

Sie nahm Angelos Hand, und Sam ließ sich zurückfallen und sah ihrer Grandma zu, wie sie mit Angelo plauderte, während ihre Eltern ihnen folgten. Die Sonne warf lange Schatten hinter sie, als ginge Sam zwischen ihren Geistern. Unvermittelt wurde Sam von Gefühlen überwältigt. Als niemand hinsah, streckte sie die Hand aus und nahm Angelos Schattenhand mit ihrer eigenen, als wäre das hier ihr Obstgarten und sie wären auf ihrem morgendlichen Rundgang. Als könne Angelo ihre unsichtbare Berührung spüren, drehte er sich um und lächelte Sam an.

23

Das türkisweiße Motorboot schnitt durch das Wasser der Bucht.

»Halt dich fest!«, schrie Sam Angelo zu.

Das Boot traf auf eine Welle eines größeren Boots, das in die entgegengesetzte Richtung fuhr, schoss jäh aus dem Wasser und landete wieder mit einem harten Aufprall, der Sam auf dem Steuersitz hüpfen ließ. Als sie sich umdrehte, um nach Angelo zu sehen, hatte er sich an seinem Sitz festgekrallt, die Sonnenbrille war ihm von der Nase gehüpft, und er starrte sie mit überrascht aufgerissenen Augen an.

Sam lachte.

»Das war wie ein Schlagloch, nur im Wasser«, schrie Angelo. Lachend nickte Sam.

Die Bucht ist praktisch wie eine Wasserautobahn, dachte sie, während sie das acht Meter lange Sportboot durch die Mitte der offenen Wasserfläche steuerte. Der Wind wirbelte ihr das blonde Haar um den Kopf.

Früher war Sam mit ihren Eltern und ihrem Bruder am Wochenende oft zum Brunchen rüber nach Elk Rapids gefahren, einem beliebten Urlaubsort auf der anderen Seite der Bucht. Oft legten sie mit dem Boot an der Old Mission Peninsula an und aßen in einem Weingut zu Mittag. Und die Küstenlinie war voll mit Stränden – öffentlichen und privaten –, an denen sie entweder mit Freunden feiern oder sich zurückziehen konnte, um sich zu sonnen und ein Buch zu lesen.

Michigan war ein Paradies für Bootsfahrer. »Die längste Süßwasserküste des Festlands der Vereinigten Staaten«, erklärte Willo Kunden aus anderen Bundesstaaten stets, »und die zweitlängste nach Alaska.«

Obwohl Sam auch in New York von Wasser umgeben war, fühlte sie sich dort ein wenig fern davon. Aber jetzt war sie wieder zu Hause und steuerte ein Boot, und ein Gefühl von Ruhe kehrte zu ihr zurück.

Lächelnd betrachtete Angelo Sam hinter dem Steuerrad. Ihre Haut leuchtete, ihr Haar war ein blonder Wirbelwind.

Sie sieht hier so entspannt aus, dachte er. *Als habe sie den Schutzpanzer und die Fassade, die sie in der Stadt trug, abgeworfen.*

Das Boot wurde langsamer, und endlich bemerkte Angelo, dass das Wasser spiegelglatt war.

»Da drüben!«, rief Sam und zeigte mit dem Finger in die Richtung. Suchend schaute Angelo in die Ferne und kniff die Augen hinter der Sonnenbrille zusammen, um das blaue Wasser vom blauen Horizont zu unterscheiden. Die Welt war in funkelndes Licht getaucht. Als das Boot weiter vorwärtstuckerte, konnte er endlich eine dichtbewaldete Insel erkennen, breit und rund, umgeben von, wie es aussah, Hunderten von Booten. Sam steuerte näher heran, und nun konnte Angelo sehen, dass es eine regelrechte Partybucht voller Boote war, die alle um die Insel herum vor Anker lagen. Menschen schwammen, sonnten sich, tranken. Musik, Schreie und Gelächter hallten über das Wasser und das Dröhnen des Bootsmotors herüber.

»Power Island«, schrie Sam ihm zu. »Dachte, hier würde es Spaß machen.«

Sam drosselte den Motor noch stärker und überprüfte den Tiefenmesser: drei Meter, zwei Meter, ein Meter. Sie stellte den Motor ab, stand auf und spähte über den Bug des Bootes und dann an beiden Seiten hinunter, während sie es vorsichtig über die Untiefen steuerte. Der sandige Grund war nun deutlich zu sehen. Sam fand eine Stelle in der Nähe einer Gruppe größerer Boote und warf den Anker, dabei achtete sie darauf, dass sie genug Platz hatte, um das Boot mit dem Wind schwojen zu lassen. Sie stellte das Radio an, worauf Popmusik die Luft erfüllte. Dann klappte sie eines der Sitzkissen hoch, holte eine Kühlbox darunter hervor, nahm zwei Bier heraus und reichte Angelo eins davon.

»Ich glaube, das hast du schon mal gemacht«, sagte Angelo.

»Das eine oder andere Mal«, antwortete Sam mit einem Augenzwinkern.

Sie streifte ihr Tanktop ab und wand sich aus ihrer Jeansshorts, darunter kam ein neongelber Bikini zum Vorschein. Dann öffnete sie die kleine Tür im Heck des Bootes, die auf die Badeplattform führte, setzte sich und hüpfte mit einem Schrei ins Wasser, ohne dabei ihr Bier loszulassen.

Wow, dachte Angelo. Er konnte den Blick nicht von Sams geschmeidigem Körper und ihrer gebräunten Haut abwenden.

Sam drehte sich um und ertappte ihn dabei, dass er sie anstarrte.

»Wie ich gerade sagte«, versuchte Angelo abzulenken. »Ich glaube, das hast du schon mal gemacht.«

»Sommer in Michigan«, erwiderte sie. »Du wolltest ihn erleben. Das hier ist alles, was ihn ausmacht. Kommst du jetzt rein, oder was?«

Angelo stellte sein Bier in einen Becherhalter und zog sein T-Shirt und die Surfershorts aus, unter der er eine orangefarbene Badehose trug, die über und über mit dem Miniaturlogo der Mets bedruckt war.

Diesmal war Sam es, die den Blick nicht abwenden konnte. Angelo war nicht nur gut in Form, er war wahnsinnig durchtrainiert.

Das ist kein Sixpack, dachte sie und zählte tatsächlich die

Muskeln seines Waschbrettbauchs. *Das ist ein Eightpack. Sein Körper ist womöglich noch besser als der von Zac Efron.*

Angelos Haut war goldbraun, und in der Sonne sah er fast wie ein animierter Kinoheld aus.

Und seine Grübchen sind größer als die von Mario Lopez, dachte Sam.

Angelo ertappte Sam dabei, dass sie ihn anstarrte, und er lächelte, was seine Grübchen noch breiter werden ließ.

»Du kannst den New Yorker in dir einfach nicht verleugnen«, versuchte diesmal Sam mit einem Nicken auf seine Badehose abzulenken und trank einen Schluck von ihrem Bier.

Angelo nahm seine Bierflasche und sprang ins Wasser. Er nahm ebenfalls einen Schluck und spritzte Sam neckend nass, was ihr einen kleinen Aufschrei entlockte.

»Das Wasser ist kalt in Michigan, Michigan«, lachte er.

»Genau wie das Bier«, antwortete sie. Sie prostete ihm zu, und Angelo stieß mit seiner Flasche an ihre. »Prost. Willkommen in Michigan, Jersey.«

»Was ist das alles hier?«, fragte Angelo mit einem Nicken zu den vielen Booten, die die kleine Insel umgaben.

»Hier kommen alle Einheimischen her. Die Insel gehörte früher mal Henry Ford. Hat eine ziemliche Partygeschichte, ich glaube, darum kommen die Leute gern hierher.«

»Wirklich?« Angelo starrte die Insel an. »Erzähl mir davon.«

»Nun ja«, setzte Sam an. »Die Insel hatte früher einen riesigen Tanzpavillon, und ganze Orchester wurden mit dem Dampfschiff hergebracht, damit sie bei diesen verrückten Bällen spielten, die die ganze Nacht dauerten. Ford kaufte die Insel Anfang des 20. Jahrhunderts, und er ging mit seiner Yacht in der Grand Traverse Bay vor Anker und brachte Freunde wie Thomas Edison mit hierher. Die Legende besagt, dass Ford einmal Babe Ruth nach einer durchzechten Nacht von der Insel geworfen hat.«

»Wow«, staunte Angelo. »Ich wette, der hat ziemlich viel vertragen.«

Sam fuhr fort. »Einer indianischen Legende nach ist die Insel verflucht, aber das schien die Einheimischen nie davon abzuhalten, in Scharen hierherzukommen. Jetzt gibt es auf der Insel ein paar Campingplätze, aber sie ist noch komplett unerschlossen. Ziemlich viel Geschichte.«

Sam trank einen Schluck Bier und schaute unverwandt zur Insel. »Meine Grandma brachte mich oft hierher und erzählte mir all die Legenden«, sagte sie. »Ich träumte davon, wie es gewesen sein muss, Ford oder eine Angehörige der feinen Gesellschaft zu sein, die zum Tanzen auf die Insel kam.«

»Hast du schon immer davon geträumt, jemand anderes zu sein?«, fragte Angelo und beobachtete Sam dabei aufmerksam.

Sie drehte sich um und sah ihn mit schief geneigtem Kopf an. Plötzlich ließ sie sich unter die Oberfläche sinken, das Bier weiter über Wasser haltend, dann tauchte sie wieder auf und fuhr sich mit der Hand durchs Haar, um es zurückzustreichen. Sie trank einen Schluck Bier, während Wasser ihr von Gesicht und Körper strömte.

»Schätze schon«, antwortete sie schließlich. »Man lebt so lange im Schatten einer Familie wie meiner. Die Obstplantage hat eine bewegte Geschichte genau wie diese Insel.« Sie hielt inne und sah Angelo an. »Aber manchmal hat man das Gefühl, dass man ein neues Drehbuch braucht oder dass man einfach mal ausnahmsweise eine Figur in einer anderen Geschichte sein möchte. Ergibt das einen Sinn?«

»Ja«, antwortete Angelo. »Ich meine, das war es, was meine Großeltern getan haben. Sie brachen zu einem neuen Leben in Amerika auf, um ihr Leben umzuschreiben. Sie waren nicht unglücklich, das haben sie mir immer versichert, sie hatten einfach das Gefühl, dass sie … mehr wollten.«

»Genauso habe ich mich immer gefühlt«, erwiderte Sam.

»Sie wollten neue Möglichkeiten und Freiheit«, sagte Angelo. »Was willst du?«

»Ich will meine Spur in der Welt hinterlassen, aber ich will nicht jeden Tag an dasselbe gebunden sein.«

»Oder an denselben Mann?«, fragte er.

Sam sah ihn an, nahm einen Schluck Bier, antwortete jedoch nicht.

»Ich verstehe schon«, fuhr Angelo fort. »Aber das Leben – ganz egal, wo man ist – besteht größtenteils aus Routine.«

»Nein, tut es nicht«, widersprach Sam.

»Was hast du denn in New York getan?«, fragte Angelo. »Du bist aufgestanden, du bist zur Arbeit gegangen, du hast Sport gemacht, du bist nach Hause gegangen.«

»Das ist nicht fair«, sagte Sam. »Ich hatte die ganze Welt zu Füßen, wenn ich nicht gearbeitet habe.«

»Oder müde warst«, wandte Angelo ein. »Wie oft im Monat haben dir Zeit und Geld erlaubt, auszugehen und die Stadt zu erkunden?«

Sam trank von ihrem Bier und schleuderte Angelo einen finsteren Blick zu. »Man braucht kein Geld, um die Stadt zu erkunden.«

»Stimmt, braucht man nicht«, pflichtete Angelo ihr bei. »Ich mache es schon mein ganzes Leben lang.«

Sam lachte. »Ich verstehe, was du damit sagen willst. Wir alle neigen dazu, uns in konzentrischen Kreisen zu bewegen, ganz egal, wo wir leben. Aber ich weiß nicht, ob ich mich hier in konzentrischen Kreisen bewegen kann. Es fühlt sich irgendwie so an, wie, na ja, ein Hund, der seinem eigenen Schwanz hinterherjagt. Ich meine, die Obstplantage ist so, wie sie ist. Sie wird sich nie verändern.«

»Woher willst du das wissen?«, fragte Angelo. »Hast du deine Familie schon mal gefragt, ob sie offen für Veränderungen wären?«

»Ein wenig«, erwiderte Sam.

»Hattet ihr eine mutige Unterhaltung?

»Eine was?«, fragte Sam.

»Meine Mom ist Lehrerin«, lachte Angelo. »Sie redet ständig von mutigen Unterhaltungen … davon, dass Schüler, Lehrer und Eltern den Mut haben sollten, mit jemandem darüber zu reden, was sie stört oder belastet, anstatt es nur innerlich gären zu lassen.«

»Du meinst, ich sollte meine Eltern fragen, warum sie mich Sam getauft haben?«, fragte sie. »Um herauszufinden, dass sie eigentlich einen Jungen wollten? Oder sie fragen, ob sie es in Betracht ziehen würden, mehr als nur Pies und Donuts in die Speisekarte aufzunehmen?«

»Warum nicht?«, fragte Angelo. »Manchmal muss man der Welt seine Seele zeigen.«

»Hast du das bei deinen Eltern getan?«, wollte Sam wissen.

Angelo nickte. »Ich habe ihnen gesagt, dass ich die Stadt vielleicht eines Tages verlassen werde«, sagte er. »Für die richtige Gelegenheit.« Er zögerte. »Oder die richtige Frau.«

»Du würdest wegziehen?«, fragte Sam. »Für jemand anderen?«

»Klar«, antwortete er. »Du nicht?«

Sam fühlte sich wie von einem Ziegelstein getroffen. Sie schaute Angelo an, dann hinüber zu Power Island, und alles schien aus dem Gleichgewicht geraten zu sein, als wäre sie gerade aus einer Achterbahn gestiegen.

Sam trank ihre Flasche leer, stellte sie auf die Badeplattform und watete ein paar Schritte vom Boot fort, dann tauchte sie unter. Als sie wieder hochkam, war alles wieder normal, bis Sam ein bekannt aussehendes Boot nicht weit von ihr Anker werfen sah.

Connor's Honor stand auf dem Heck des Bootes.

Nein, dachte Sam und tauchte schnell wieder unter.

»Sam?«, hörte sie sofort, als sie wieder an die Oberfläche kam.

Connor stand im Heck seines Bootes. Während ihr Wasser über die Augen strömte, konnte Sam sich im Geiste immer noch dort an Bord sehen, als schaue sie einen alten Film.

»Sam«, wiederholte Angelo ihren Namen in Stereo. »Ich glaube, dieser Typ ruft nach dir.«

»Wer?«, fragte Sam. »Was? Wo?«

»Spielst du jetzt Journalistin?«, scherzte Angelo und zeigte vor der ganzen Welt auf Connor. »Dieser Typ da. Genau dort drüben.«

»Oh«, sagte Sam. »Stimmt.«

»Sam?«, rief Connor erneut. »Was machst du denn hier?«

Sam watete durch das seichte Wasser, bis sie wenige Schritte von ihrem Exfreund entfernt war. Er sah immer noch genauso aus wie immer – jungenhaft, blond und fröhlich wie ein Labrador –, obwohl er im Lauf der Jahre etwas zugenommen hatte. Ein kleiner Junge und ein kleines Mädchen rannten an Deck umher, und eine Frau versuchte sie einzufangen.

»Wow«, sagte Connor. »Ich hätte nie gedacht …« Er ließ den Satz unbeendet ausklingen und schüttelte den Kopf. »Wie läuft's in New York?«

»Großartig«, antwortete Sam. »Toller Job. Tolle Freunde. Alles ist phantastisch.«

»Das freut mich für dich«, sagte Connor.

»Wie geht es dir?«

»Gut«, antwortete er. »Hab viel zu tun. In der Sommersaison geht es beim Angel-Charter zu wie im Irrenhaus … na ja, deine Familie weiß, wie es im Sommer ist. Hab mir heute einen Tag Nervenurlaub genommen.« Mit einem Nicken zum Boot drehte er sich um. »Meine Frau und die zwei Kinder sind auch dabei.«

Sam lächelte »Hab ich gehört. Das freut mich sehr für dich«, wiederholte sie Connors Worte.

Seine Kinder kreischten, während ihre Mutter – eine freundlich aussehende Frau, die Sam nicht kannte – Sonnencreme auf ihre Oberkörper und ausgestreckten Arme schmierte.

Sam schaute zu Angelo hinüber, der wieder auf die Badeplattform gesprungen war und sich flach ausgestreckt hatte, um etwas Sonne zu tanken.

Mutige Unterhaltungen, konnte sie seine Stimme hören.

»Genau genommen geht es mir nicht so großartig«, hörte sie sich selbst sagen. »Ich habe die Kochschule abgeschlossen und einen tollen Job bei einem nicht gerade tollen Boss bekommen … Ich habe gekündigt. Und ich bin hierher zurückgekommen, um meine Wunden zu lecken.«

Sam zögerte. »Und da ist noch etwas«, setzte sie an. »Ich möchte mich entschuldigen.«

Connors Augen wurden groß.

»Für so ziemlich alles«, fuhr sie fort. »Dass ich dich hingehalten habe. Dass ich nicht der Mensch war, der ich für dich sein sollte. Dass ich nicht der Mensch war, der ich sein wollte.«

»Du musst dich nicht entschuldigen«, widersprach Connor. »Das ist Schnee von gestern«, fügte er mit einem Lächeln hinzu.

»Doch, das muss ich«, beteuerte sie. »Ich stelle fest, dass ich dazu neige, mich in Situationen zu bringen, von denen ich weiß, dass sie nicht wirklich richtig sind, und dann … na ja, renne ich weg.«

»Bist du nach Hause gerannt?«

Sie nickte.

»Rennst du vor diesem Typen da drüben weg?«

Wieder nickte Sam.

Connors Gesicht wurde ruhig. Sein Blick schweifte über das Wasser, die Insel, den Horizont. Er ging in die Hocke, sah Sam in die Augen und sagte: »Tu es nicht. Erinnerst du dich noch ans Crosslaufen?«

Sam nickte noch einmal.

»Wunderschöne Landschaft«, sagte er. »Aber du bemerkst sie nicht wirklich, wenn du in vollem Lauf bist.« Er verstummte kurz und lächelte sie an. »Man kann hier ein schönes Leben haben. Man kann auch in New York ein schönes Leben haben. Das bedeutet nicht, sich mit weniger zufriedenzugeben. Es bedeutet nur, zu begreifen, was man will und braucht, um glücklich zu sein.«

»Daddy!«, schrie der kleine Junge plötzlich. »Schwimmen!«

»Du wirst gerufen«, lachte Sam.

»Du auch«, meinte Connor mit einem Nicken in die Ferne.

Sam drehte sich um und sah Angelo an, den See, Michigan, den Himmel.

»Es war schön, dich zu sehen, Sam.«

»Dich auch.«

Sam wandte sich um, um durchs Wasser wieder zurückzugehen, als Connor ihr zurief: »Danke.« Sie drehte sich um und lächelte.

»Übrigens, ist das die Halskette, die ich dir zu deinem dreizehnten Geburtstag geschenkt habe?«, fragte er.

Sam schaute hinunter auf das Kettchen um ihren Hals. »Ja«, antwortete sie. »Jetzt trage ich den Schlüssel zu meiner Rezeptsammlung daran.« Sie hielt inne. »Die ich auch an meinem dreizehnten Geburtstag bekommen habe.«

Connor stand im Heck seines Bootes und nahm seine Kinder an den Händen. »Du rennst nicht vor allem davon«, sagte er, »wenn du immer ein Stück von zu Hause nah am Herzen trägst.« Er lächelte. »Sagt hallo zu Miss Nelson«, trug er seinen Kindern auf.

»Hallo!«, schrien sie. »Komm jetzt schwimmen, Daddy!«

Sam sah Connor zu, wie er ins Wasser stieg und dann seinen Kindern nacheinander hineinhalf.

Sie winkte ihnen zu, dann schlich sie sich leise an Angelo heran und begann, die unheimliche Titelmelodie von *Der weiße Hai* zu summen, als sie nur noch wenige Schritte von ihm entfernt war. Abrupt setzte er sich auf, als habe er ein Nickerchen gemacht, und seine Bauchmuskeln spannten sich an. Bevor er irgendetwas tun konnte, hatte Sam ihn schon nassgespritzt.

Angelo sprang ins Wasser, duckte sich in den kalten See und begann auf Sam zuzukommen, mit einer Hand eine Haifischflosse imitierend.

»Da-dam«, drehte er den Spieß um. »Da-dam.«

Je näher er kam, desto schneller wurde das Summen – genau wie im Film.

Sam kreischte und versuchte wegzuschwimmen, aber Angelo machte einen Satz und bekam ihr Bein zu fassen. Er tat so, als wolle er sie in den Knöchel beißen, aber Sam trat um sich, um von ihm wegzukommen. Vor Schmerz aufstöhnend griff er nach seiner Lippe.

»Au«, sagte er, dann bemerkte er ein kleines Rinnsal Blut im Wasser. »Das ist ja genau wie bei *Der weiße Hai.* Ich sehe besser zu, dass ich rauskomme, bevor ich noch ernsthaft verletzt werde.«

»O nein«, Sam stand auf und folgte ihm zurück zum Boot. »Das tut mir leid.« Sie hielt inne. »Das sage ich heute ziemlich oft.«

Sam sprang aufs Boot, gefolgt von Angelo, und reichte ihm ein Handtuch. Angelo drückte es kurz an seine Lippe. »Nichts passiert«, sagte er. »Ich bin ein zäher New Yorker.« Er lächelte. »Ich nehme an, du hast dich bei dem Typen auf dem Boot entschuldigt?«

»Connor«, erklärte sie. »Mein Ex.«

Angelo drückte das Handtuch wieder an die Lippe. »Hast du ihm auch so viel Schaden zugefügt?«

Sam nickte. »Schlimmer«, sagte sie. »Hab seinem Herzen ziemlich weh getan, denke ich.«

Angelo ging zu Sam hinüber. »Du hattest eine mutige Unterhaltung«, sagte er mit einem Lächeln.

»Ja«, antwortete sie. »Ich habe auf dich gehört.«

Eine Sekunde lang sahen sie einander in die Augen. Die Sonne wärmte ihre Körper und entspannte Sam, und zum ersten Mal seit Ewigkeiten verspürte sie nicht das Bedürfnis wegzurennen, sondern stillzustehen, einfach hier zu sein, den Moment zu genießen. Angelo lehnte sich ihr leicht entgegen, und sie hob ihr Gesicht zu seinem.

Ist es so weit?, fragte sie sich. *Unser erster Kuss?*

Unvermittelt hupte ein Boot, und erschrocken zuckten sie beide zusammen, dabei stieß Sams Kopf an Angelos Kinn und Lippe, was ihn erneut vor Schmerz aufstöhnen ließ.

»Alles okay?«, fragte sie, seine Lippe unter die Lupe nehmend.

»Ja«, antwortete er. »Ich glaube, du versuchst mir etwas zu sagen.«

»Es tut mir so leid«, beteuerte Sam. »Siehst du, ich hab es schon wieder gesagt.«

Angelo lächelte. »Autsch.«

Sam langte in die Kühlbox und nahm eine weitere Flasche Bier heraus. »Vielleicht hilft das hier«, meinte sie.

Angelo hielt sich die kalte Flasche an die Lippe und zuckte zuerst leicht zusammen, doch dann entspannte sich sein Gesicht ein wenig. »Besser«, sagte er. Dann machte er das Bier auf und nahm einen Schluck. Erneut zuckte er zusammen, als die Flasche seine Lippe berührte, doch dann trank er die Hälfte davon aus. »Viel besser«, verkündete er.

Sam lachte. Sie drehte sich um, um das Radio lauter zu stellen, hielt jedoch inne, als sie Connor und seine Kinder sah, die beide fröhlich mit ihren Schwimmflügeln im See planschten und ihren Vater nassspritzten.

»Alles okay?«, fragte Angelo.

Manchmal muss man der Welt seine Seele zeigen, konnte Sam ihn zu ihr sagen hören.

»Da gibt es etwas, das ich dir zeigen möchte«, sagte sie und startete augenblicklich den Motor. »Genau genommen ist es etwas, das ich sagen muss«, fügte sie mehr zu sich selbst flüsternd hinzu. Der Motor übertönte ihre Worte, bevor sie Angelo erreichen konnten.

Sie lenkte das Boot zu einem abgelegenen schmalen Wasserlauf, der in eine kleine Bucht führte, die an drei Seiten von einem halbmondförmigen Stück Land geschützt wurde.

»Sieht aus wie eine Folge von *Lost*«, meinte Angelo.

»Ich glaube, wir schauen beide zu viele alte Filme und Serien«, lachte Sam.

Die Bucht war ruhig, still im Vergleich zu Power Island, und das Motorengeräusch des Bootes hallte von den umliegenden Dünen und Bäumen wider und ließ Vögel verschreckt aufflattern. Sam stellte den Motor ab und schaute über den Rand des Bootes, während sie hierhin und dorthin navigierte.

»Da!«, rief sie schließlich aufgeregt. »Schau.«

Zuerst suchte Angelo die Küstenlinie ab und dann die Wasseroberfläche, aber er begriff nicht, was Sam ihm zeigen wollte. Doch dann sah er es: Auf dem Grund des klaren Wassers lag das hölzerne Gerippe eines alten Schiffswracks. Die Spanten des Schiffs klafften auseinander, wie die Rippen eines längst verendeten Tieres mitten in der Wüste. Mächtige Balken lagen zwischen hölzernen Planken, und ein riesiger Mast ragte schief aus dem Sand. Das ganze Schiff war von der Sonne erleuchtet, deren Strahlen wie von einem Prisma gebrochen durch die Oberfläche drangen und vom Wasser wie unter einem Mikroskop vergrößert wurden.

»Wow«, staunte Angelo. »Was ist da passiert?«

»Kinder fanden es, als ich noch klein war«, erklärte Sam, während sie ins Wasser starrte. »Sie dachten, es wäre ein hölzernes Whirlpool-Becken oder so etwas Albernes. Wie sich aber herausstellte, war es ein Schiffswrack aus dem 19. Jahrhundert, ein Schoner, der angeblich Weizen und Bier geladen hatte.«

»Na, dann los«, scherzte Angelo und tat so, als wolle er vom Rand des Bootes hechten.

Sam lachte. »Möchtest du es dir aus der Nähe ansehen? Wir könnten schnorcheln.«

»Klar«, sagte Angelo aufgeregt. Sam holte die Ausrüstung hervor, dann setzten sie sich auf die Badeplattform, zogen Schwimmwesten und Flossen an und sprangen ins Wasser.

Sam hielt ihre Taucherbrille hoch.

»Bevor du die aufsetzt, musst du zuerst so reinhauchen.« Sam demonstrierte es Angelo und zog sich die Taucherbrille dann über die Augen. »Das verhindert, dass sie beschlägt.«

Sie wartete, bis Angelo es ihr gleichgetan hatte.

»Bist du so weit?«, fragte sie, dann nahm sie den Schnorchel in den Mund und tauchte mit dem Gesicht voran ins Wasser.

Die beiden schwammen über dem Schiffswrack umher. Seegras und Moos wogte an den hölzernen Balken und Spanten. Fische in allen Farben und Größen flitzten um das alte Schiff herum. Diese Unterwasserwelt erinnerte Sam an ihr Leben in Michigan: ruhig und atemberaubend schön, und doch gespenstisch, reglos, unveränderlich.

Als Sam ein Brummen hörte, kam sie an die Oberfläche und stellte fest, dass Angelo ununterbrochen redete.

»Es ist so schön«, staunte er. »Wie tief ist es hier? Was ist da passiert?«

Sam musste über seine kindlich neugierigen Fragen lächeln und begann sie alle zu beantworten.

»Dieses Wrack gehört dem Staat Michigan«, erklärte sie. »Niemand darf es berühren oder etwas daran verändern. Solche Schiffswracks gibt es überall hier entlang der Küste.« Ihr wurde bewusst, dass sie immer noch ihre Taucherbrille aufhatte und klang, als habe sie eine Erkältung. Sie nahm die Brille ab und sah Angelo an. »Gespenstisch, nicht wahr? Die Vergangenheit, einfach so an Ort und Stelle stehengeblieben.«

Angelo nahm seine Taucherbrille ab, die um seine Augen

herum einen Ring wie bei einem Waschbären hinterließ, und legte den Kopf schief. Wasser tropfte von den Spitzen seiner dunklen Locken. »Irgendwie ist es auch romantisch«, meinte er. »Da gibt es eine schöne Geschichte, an die die Menschen erinnert werden, wenn sie das hier sehen, eine Lebensweise, die zwar vergangen ist, aber prächtig und faszinierend und schön war. Es erinnert mich an diese alten Restaurants in New York, Gebäude, die seit Jahrhunderten existieren. Man kann die Wände beinahe reden hören.« Er sah Sam an. »Geschichte hat etwas Wichtiges an sich. Die Vergangenheit meiner Familie – die Erbstücke meiner Mutter und ihrer Eltern aus Italien – bedeuten die Welt für uns. Wir sind, wer wir sind, durch die Geschichte und die Opfer all derer, die vor uns kamen.«

Die Obstplantage, dachte Sam. *Die Rezeptsammlung.*

Noch einmal schaute Angelo hinunter zum Skelett des Schiffes und sagte wie aufs Stichwort: »Manchmal muss man der Welt seine Seele zeigen.«

Spielerisch spritzte Sam ihn nass. »Was ist das nur mit dir?«, fragte sie. »Du findest immer die richtigen Worte.«

»Vielleicht bin ich einfach nur ein netter Kerl«, erwiderte er.

Vielleicht, dachte Sam. *Vielleicht.*

»Also, wie ich deiner Grandma zufolge hörte, hast du etwas ganz Besonderes für mich gebacken«, sagte er und zwinkerte ihr zu. »Ich bekomme allmählich Hunger.«

»Komm mit.« Sam schwamm zum Boot, zog ihre Schnorchel-Ausrüstung aus und ging zur Kühlbox. »Erdbeer Shortcakes nach dem Rezept meiner Familie.«

Sie nahm ein paar kleine Törtchenböden aus einer Tüte und legte sie in zwei Schalen, dann öffnete sie eine Frischhaltedose und löffelte tiefrote Erdbeeren und ihren zuckrigen Saft darauf. Sie reichte Angelo eine Schale und einen Löffel. Er probierte einen Bissen, schloss die Augen und stöhnte genüsslich. »So lecker«, sagte er. »Schmeckt nach Sommer.«

»Frische Erdbeeren aus dem Garten meiner Großmutter«,

erwiderte Sam. »Das Shortcake-Rezept meiner Familie mit meinem eigenen Dreh.«

»Und der wäre?«, fragte er.

»Ich mag biskuitähnliche Törtchenböden lieber«, antwortete sie. »Die halten den festen Erdbeeren gut stand, sind aber trotzdem noch zart genug, um den ganzen Saft aufzusaugen.«

»Siehst du?«, meinte Angelo. »Du kannst deine Geschichte in Ehren halten und trotzdem deine eigene schreiben.«

»Fängst du schon wieder damit an.« Kopfschüttelnd machte sie sich über ihre eigene Schale her. »Sollten wir nicht jung sein und an einem schönen Sommertag Spaß haben?«

»Da bin ich dabei«, erwiderte er. »Gib mir noch ein Bier.«

Sam machte ein Bier auf, trank einen Schluck und reichte es ihm dann.

»Ich glaube, ich mag Michigan, Michigan«, sagte er mit einem sexy Zwinkern seiner dunklen, schweren Wimpern.

Und ich glaube, ich könnte dich mögen, Jersey, dachte Sam, während die beiden über dem Skelett des alten Schiffes trieben.

Erdbeer Shortcakes mit frischer Erdbeersoße

Zutaten für die Böden

250 g Mehl
60 g Zucker
1 Esslöffel Backpulver
1 Teelöffel Salz
300 g kalte Schlagsahne
Zimt und Zucker

Zutaten für Soße

300 g frische Erdbeeren
60 g Zucker, oder nach Geschmack

Zubereitung

Ofen auf 180 Grad vorheizen.

Mehl, Zucker, Backpulver und Salz in eine große Schüssel geben und sanft mit einer Gabel verrühren, dabei langsam die Sahne untermischen.

Es sollte sich eine zusammenhängende Masse ergeben, aber nur gerade eben.

Den Teig mit den Händen zu Kügelchen mit ca. 6 cm Durchmesser formen und in Zimt und Zucker wälzen.

Die Kugeln im Abstand von 7 bis 8 cm auf ein ungefettetes Backblech setzen. 25 bis 30 Minuten goldbraun backen.

Erdbeeren von Stielansätzen befreien und in Scheiben

schneiden. Zucker hinzugeben. Die Erdbeeren durch den Zucker Saft ziehen lassen, während die Böden backen.

Die Böden (warm oder kalt) mit der Erdbeermischung und Schlagsahne oder Eiscreme belegen.

9. Teil

Rhabarber-Schmandkuchen mit Zimtstreuseln

24

Sommer 2017

»Wie war euer Tag?«, fragte Willo, als die beiden in die Bäckerei zurückkamen. »Ihr seht frisch und erholt aus.«

»Scheint so, als hättet ihr ordentlich Sonne getankt«, fügte Deana hinzu.

»Es war unglaublich«, schwärmte Angelo. »Sam hat mich nach Power Island mitgenommen und dann zu einem alten Schiffswrack. Und das Allerbeste war, sie hat mir Erdbeer Shortcakes gebacken.« Er zögerte, und ein spitzbübisches Funkeln trat in seine dunklen Augen. »Oh, und sie hat sich bei einem alten Freund entschuldigt.«

»Connor?«, stießen Deana und Willo gleichzeitig hervor.

Spielerisch knuffte Sam Angelo in die Schulter. »Ja«, antwortete sie. »Total zufällig. Sein Boot ankerte in der Nähe von unserem vor Power Island. Er war mit seiner Familie da.« Sie verstummte kurz und sah Angelo an. »Etwas, das Angelo gesagt hat, hat mich dazu gebracht, reinen Tisch machen zu wollen. Es hinter mir zu lassen.«

Willo ging zu Angelo, legte einen Arm um seinen Rücken und drückte ihn liebevoll von der Seite. »Guter Junge«, sagte sie. »Ich denke, du hast dir ein weiteres Gratisstück Kuchen verdient.«

»Ich denke, ich brauche zuerst etwas Vernünftiges zum Abendessen«, erwiderte er. »Ich bin voll mit Bier und Erdbeeren.«

»Keine schlechte Kombination«, scherzte Willo.

»Hey, es ist so schön draußen«, meinte Deana. »Wir haben überlegt, ins Sunset Inn zu gehen, für etwas frischen Fisch und …«, sie verstummte und stupste Angelo an, »… noch mehr Bier. Dein Dad kommt auch mit, Sam.«

»Ich hatte eher daran gedacht, dass wir uns vielleicht einfach eine Pizza holen und an den Strand gehen, um den Sonnenuntergang zu betrachten, wenn das für euch okay ist.« Sam zog den Kopf ein und sah Angelo an, der sie anlächelte. »Er hatte einen langen ersten Tag. Dachte, es wäre schön, ein bisschen zu chillen. Verschieben wir's auf morgen?«

»Hört sich gut an«, sagte Deana.

Willo sah Angelo an. »Dein Zapfenstreich ist um zehn, junger Mann«, neckte sie ihn. »Bei mir im Haus gibt es Regeln.«

»Um zehn ist die Sonne doch noch nicht mal richtig untergegangen«, protestierte Sam.

»Ich ziehe ihn doch nur auf«, erwiderte Willo. »Wir sehen uns später.«

Als sie hinausgegangen waren, sagte Angelo: »Deine Grandma ist schon was Besonderes. Und dieser Ort hier auch. Würde es dir was ausmachen, mich ein bisschen in der Bäckerei rumzuführen? Ich war so begeistert davon, die Pie zu essen und den Obstgarten zu sehen, dass mir das hier entgangen ist.«

»Wirklich?«, fragte Sam. »Okay.«

Bevor sie überhaupt in die Küche kamen, johlten die D-Cups bereits: »Das muss Angelo sein.« DeDe sauste mit einem Kuchenspatel herbei, gab Angelo damit einen Klaps auf den Hintern und sagte mit ihrer heiseren Stimme: »Die wachsen prächtig in Jersey.«

Angelo lachte. »Die wachsen auch prächtig in Michigan.« Er bückte sich. »Geben Sie mir noch einen Klaps.«

DeDe lachte schallend und schlug ihm noch einmal auf den Hintern. »Ich glaube, diese Pie ist fertig«, lachte sie. »Scheint schön fest zu sein.«

»Ich will ihn nicht gleich verschrecken«, protestierte Sam.

»Das wär ganz was Neues«, erwiderte DeDe unter lärmendem Gelächter.

»Was machen Sie denn gerade?«, fragte Angelo die Bäckerinnen.

»Jede Menge Apple Pies«, antwortete Debbie. »Frisch vom Baum. Wir versuchen, vor der großen Jubiläumsfeier für die Obstplantage und deine Grandma am Labor-Day-Wochenende so viele wie möglich zu backen«, fügte sie hinzu. »Wir schieben Überstunden.«

»Ich erinnere mich, dass du davon gesprochen hast«, sagte Angelo zu Sam. »Das ist ja toll. Wie trägst du dazu bei?«

Seine Frage überrumpelte Sam völlig.

Ich war so mit meinem eigenen Leben beschäftigt, dass ich nicht mal danach gefragt habe, dachte Sam mit wachsendem Schuldgefühl in der Magengrube. *Werde ich überhaupt hier sein? Werde ich bis dahin schon einen neuen Job haben?* Sie dachte an ihren Anruf bei Colette, den sie gemacht hatte, als sie zum Flughafen gefahren war, um Angelo abzuholen.

Sie sagte, sie würde mich anrufen, um einen Termin für das Vorstellungsgespräch zu vereinbaren, dachte Sam. *Ich fühle mich wie eine Verräterin.*

»Vielleicht ein neues Rezept für die Feier?«, schlug DeDe vor, um Sam zu retten. »Eine Mischung aus Alt und Neu, wie diese Pies und dein Pie-Teig?« DeDe verstummte kurz und versuchte, sich sehr sittsam zu geben, brach jedoch in wildes Gekicher aus und brachte die Worte kaum hervor: »Oder wie ich und Angelo.«

»Ich bringe dich besser hier raus, bevor es zu spät ist«, meinte Sam.

»Wir machen hier bald Schluss«, rief Donna, als Sam Angelo aus der Küche führte. »War ein langer Tag.«

»Okay«, antwortete Sam. »Ich kann alles ausschalten.«

In der Bäckerei begann das Geschäft zum Ende des Tages

schon nachzulassen. Ein paar der Kellnerinnen hatten sich an einen der hinteren Tische gesetzt, um Sandwiches zu essen und ihr Trinkgeld aufzuteilen. Sie plauderten über ihren Tag, zwischen ihnen auf der laminierten Tischplatte Stapel aus Dollarnoten und Teller voller Pie und Eiscreme.

Angelo blieb alle paar Schritte stehen, um die historischen Erinnerungsstücke in jeder Nische und jedem Winkel des Restaurants zu betrachten. Er las alte Zeitungsschlagzeilen über den Krieg und den großen Frühlingsfrost, der beinahe Michigans Obstplantagen vernichtet hätte. Er berührte alte Backutensilien und war fasziniert von den antiken Obstgartenleitern, die die Wände säumten. Auf einer der alten, kurzen Holzleitern kletterte er ein Stück hoch – wobei er jede wacklige Sprosse vorsichtig testete – und drehte sich dann zu Sam um. »Mach ein Foto von mir.«

Sie nahm seine Kamera und machte einen Schnappschuss. »Ich bestelle dann mal die Pizza … bevor noch jemand verletzt wird.«

»Okay«, antwortete Angelo wie in Trance. »Die Sachen hier sind faszinierend.«

Wirklich?, dachte Sam, während sie anrief, um die Pizza zu bestellen. Als sie fertig war, trat sie neben Angelo und versuchte zu sehen, was er sah: diesen Ort durch seine Augen, zum ersten Mal. Allmählich, als seine Begeisterung auf sie abzufärben begann, wurde sie engagierter und erzählte ihm von der Geschichte der verschiedenen Erinnerungsgegenstände.

»Was ist das?«, fragte er, als sie zur Vorderseite der Pie Pantry in der Nähe der Küche zurückkamen. Eine Glastür – die von Frost überzogen war, als wäre es mitten im Winter – stand neben zwei großen Edelstahltüren, die sich beide ebenfalls kalt anfühlten.

»Oh, das ist unser Kühllager«, sagte Sam. Sie öffnete die erste Tür und bedeutete Angelo, hineinzugehen.

»Sperrst du mich ein?«, fragte er. »Hast du mich schon über?«

»Noch nicht«, lachte Sam. Der Raum war gesäumt von kleinen Kisten mit Äpfeln, während in Regalen literweise Apfelsaft lagerte. »Hier bewahren wir die Äpfel und den Apfelsaft auf, den wir täglich und wöchentlich brauchen. Du hast wahrscheinlich gesehen, dass unsere Kellnerinnen hier rein- und rausflitzen, um Äpfel für Kunden zu holen oder Apfelsaft zu servieren.«

»Das ist wie ein großer Kühlschrank«, sagte Angelo.

»Größer als mein ganzes Apartment in New York«, erwiderte Sam. »Und wärmer auch.«

Angelo lachte. »Da hast du recht. Du betrachtest es als selbstverständlich, hier zu sein. So viel Platz zum Atmen zu haben ist ein Geschenk.«

»Wo wir gerade von Atem sprechen«, Sam hauchte eine Wolke weißen Dunst in die kalte Luft. »Wir gehen besser wieder raus, bevor unserer hier gefriert.«

Als sie den Kühlraum verließen, hallte Lärm durch die Bäckerei. Die vier Kellnerinnen, die vorhin ihr Trinkgeld gezählt hatten, versuchten nun, einen großen, mit Klapptischen beladenen Rollwagen durchs Restaurant zu schieben. Ein widerspenstiges Rad des Wagens berührte allerdings nicht mal den Betonboden, sondern drehte sich nur im Kreis wie bei einem kaputten Einkaufswagen. Ächzend versuchten die vier Frauen, den Wagen auf dem welligen, abschüssigen Betonboden in der richtigen Richtung zu halten.

»Was macht ihr denn da, Mandy?«, fragte Sam eine der Frauen.

»Oh«, sagte die Kellnerin. »Hab dich gar nicht gesehen, Sam. Deine Grandma wollte, dass wir diese Tische raus in die Scheune des Obstgartens bringen, bevor wir gehen. Sie will möglichst schnell mit den Partyvorbereitungen loslegen. Sie ist schon sehr aufgeregt. Und begeistert, dass der Wetterbericht keinen Regen vorhersagt.«

Sam lächelte, trotz eines Stichs Schuldgefühl. »Ich weiß«,

sagte sie. »Aber ihr hattet alle schon so einen langen Tag. Kümmert euch einfach morgen darum.«

»Aber …«, setzte Mandy an.

»Und ich kümmere mich um meine Grandma«, fügte Sam mit einem Lachen hinzu.

»Danke«, sagte die Kellnerin. »Die D-Cups sind gerade gegangen … Willst du, dass wir alle Lichter ausschalten und abschließen, oder möchtest du das tun, wenn du gehst?«

»Ich mach das schon, Mandy«, antwortete Sam. »Danke. Wir gehen auch gleich. Einen schönen Abend noch.«

Mandy winkte, und sie und ihre Freundinnen ließen den Rollwagen stehen und gingen hinaus. Sam öffnete die größeren Türen, und Angelo steckte den Kopf hinein.

»Das ist unser großer Kühlraum«, sagte Sam.

»Für richtig große Äpfel?«, lachte Angelo. »Was dagegen, wenn ich mal reinsehe?«

Sam schüttelte den Kopf und stellte ihre Tragetasche ab.

Angelo betrat den riesigen Kühlraum, und Sam folgte ihm. Äpfel aller Farben und Sorten stapelten sich in größeren und kleineren Holzkisten. »Wir sortieren sie in Einheiten von halben Pecks, ganzen Pecks und Bushels für den Verkauf an Lebensmittelgeschäfte und Restaurants«, erklärte Sam, »sowie in Körben für den Verkauf an unsere Kunden.«

»Klingt wie ein Countrysong.« Angelo begann, schief zu trällern, und tat so, als spiele er Gitarre. *»Bushels and pecks … my life is a wreck … now that the apple of my eye has turned to mush.«*

Sam lachte. »Hast du dir diesen Text gerade spontan ausgedacht?«

Angelo nickte stolz.

»Beeindruckend … Obwohl ich an deiner Stelle meinen Brotberuf noch nicht dafür aufgeben würde«, sagte sie mit einem Lächeln. »Allerdings hat dein Song etwas Eingängiges an sich. Und etwas Wahres. Der Kühlraum verhindert, dass die Äpfel matschig werden.«

Angelo ging zu einer Kiste, nahm einen Apfel und biss herzhaft hinein.

»Hey«, protestierte Sam. »Iss nicht unseren Gewinn auf.«

»Obst zu liefern ist mein Beruf«, erwiderte er. »Ich weiß genau, wie viel Gewinn ich esse.« Er nahm noch einen Bissen vom Apfel, kaute und schloss die Augen. »Ich habe ungefähr ein Zweiunddreißigstel von eurem Gewinn pro Peck gegessen.«

»Wow«, sagte Sam. »Du hast recht. Ein Peck sind ungefähr zweiunddreißig Äpfel, oder fünf Kilo, und ein Bushel sind hundertsechsundzwanzig Äpfel, oder ungefähr zwanzig Kilo.« Sie sah sich in dem großen Kühlraum um. »Kühlhauslagerung ist ein Segen, um während der mageren Wintermonate weiterhin für Einkünfte zu sorgen. Mein Grandpa sagte, früher verloren wir Äpfel, noch bevor sie überhaupt vom Baum kamen. Jetzt können wir die Temperatur und die Sauerstoffkonzentration perfekt kontrollieren.« Sam ging zu einer Kiste und nahm einen schönen, roten, glänzenden Apfel heraus. »Dieses Baby hier«, sagte sie, »wird ein Geburtstagsapfel.«

»Ein was?«, fragte Angelo.

»Ein Geburtstagsapfel«, wiederholte Sam. »In ungefähr einem Jahr könnte jemand den hier in einem Lebensmittelladen kaufen, ein Jahr, nachdem er gepflückt wurde. Aber er wird immer noch so köstlich sein wie jetzt.« Sie biss ein großes Stück davon ab. »Viele von denen hier wandern in unsere Apfelschälmaschine, um für Pies verwendet zu werden, und viele werden in der Presse zu Apfelsaft verarbeitet. Manche werden in Geschäften verkauft werden. Und manche werden gleich hier gegessen.« Sam nahm noch einen Bissen.

»Wo wir gerade von essen sprechen«, fuhr sie fort. »Unsere Pizza dürfte bald fertig sein.« Sie rieb sich die nackten Arme, die von Gänsehaut überzogen waren. »Und ich bin nicht bereit, mich tiefkühlen zu lassen.«

Sam drückte gegen die Tür, doch sie öffnete sich nicht. Sie versuchte es noch mal, aber vergeblich.

»Das ist seltsam«, sagte sie. »Was ist da los?«

»Du brauchst einen großen, starken Mann aus Jersey«, meinte Angelo mit einem Augenzwinkern.

»Wo könnte ich hier nur so einen auftreiben?«, scherzte Sam.

»Sehr witzig.« Angelo ging zur Tür und drückte kräftig dagegen, aber sie gab nicht nach. Er versuchte es stärker. Nichts. Dann stemmte er die Füße in den Boden, holte Schwung und warf sich mit voller Wucht gegen die Tür, dass seine Schulter von der Stahltür abprallte.

Angestrengt spähte er mit einem Auge durch den Spalt, um etwas, irgendetwas zu erkennen.

»Du denkst doch nicht ...«, setzte Sam an.

»Ich denke nie«, erwiderte Angelo. »Dadurch hab ich es so weit gebracht.«

»Du denkst doch nicht, der Transportwagen ist vor die Tür gerollt, oder? Die alten Böden hier drin sind so uneben. Sie gehen bergauf und bergab. Was, wenn der Wagen mit all den Tischen drauf uns hier drin eingesperrt hat?«

Kopfschüttelnd ging Angelo zu ihr und versuchte, ruhig auszusehen. »Keine Sorge«, er legte den Arm um Sam. »Lucy und Ethel sind schon aus viel Schlimmerem heil wieder rausgekommen.«

Sam konnte sich ein Lachen nicht verkneifen. »Siehst du?«, sagte sie. »Du bist wirklich eine alte Seele.«

»Meine Eltern haben *I Love Lucy* geliebt«, erwiderte er. »Also, was würden die beiden tun, um aus einem solchen Schlamassel wieder rauszukommen?«

Nachdenklich legte Sam das Gesicht in Falten. Unvermittelt hellte es sich wieder auf. »Ihre Handys benutzen!«, sagte sie.

»Sie hatten gar keine Handys«, wandte Angelo ein.

»Sie nicht, aber wir schon«, erwiderte sie. Sofort holten beide ihre Handys hervor, machten dann jedoch lange Gesichter vor Enttäuschung. »Kein Netz hier drin. Die Wände sind zu dick.«

Sie sah Angelo an, und ihr Gesicht verwandelte sich in das eines wirklich verängstigten Kindes.

»Sam, alles wird wieder gut«, sagte er. »Keine Sorge.« Angelo ging zur Tür und begann, dagegen zu hämmern. »Hallo?«, schrie er. »Wir sitzen hier fest! Hilfe! Ist da jemand?«

Außer Puste hielt er inne, und sein Atem kam in frostigen Stößen heraus.

»Keine Sorge«, wiederholte er, obwohl Sam diesmal merkte, dass er nicht mehr so überzeugt klang.

Er ging zu einer geschlossenen Kiste, nahm darauf Platz und klopfte neben sich auf das Holz. Mit gesenktem Kopf ging Sam zu ihm und setzte sich neben ihn.

»Was ist, wenn wir hier nie wieder rauskommen?«, fragte sie mit weit aufgerissenen Augen. »Was, wenn es das gewesen ist? Was, wenn sie hier drin unsere erfrorenen Leichen finden?«

»Sam, du reagierst übertrieben«, erwiderte Angelo.

»Wirklich?«, fragte sie, und ihre Stimme wurde lauter. Angelo legte den Arm um sie, und Sam atmete tief durch.

»Was würdest du bereuen?«, fragte er aus heiterem Himmel. Als Sam sich mit einem verwirrten Blick zu ihm umwandte, fügte er hinzu: »Wenn es das hier tatsächlich gewesen ist. Was würdest du bereuen?«

»Jetzt machst du mir Angst«, sagte Sam.

»Das wollte ich nicht«, erwiderte er. »Aber manchmal – zu den merkwürdigsten Zeiten – glaube ich, zwingt Gott uns, einen Moment lang innezuhalten, in uns zu gehen und über unser Leben nachzudenken. Wir entschließen uns entweder, dem Beachtung zu schenken, oder wir tun es nicht … und ich glaube, das entscheidet oft, welchen Weg wir im Leben nehmen.«

»Alte Seele«, wiederholte Sam, was sie vorhin gesagt hatte. »Würdest du mir vielleicht ein Beispiel geben?«

Angelo lachte leise. »Klar«, antwortete er. »Als du mir gesagt hast, ich sollte aufs College gehen. Die meisten Typen meines Alters, die ich kenne, hätten das mit einem Lachen abgetan. Sie hätten gesagt, dass sie zu beschäftigt damit sind, zu arbeiten, sich zu amüsieren, Dates zu haben … und dass ihr Lebensweg bereits festgelegt ist.«

»Aber du?«, fragte Sam.

»Ich dachte: ›Warum interessiert sich diese kluge, ehrgeizige Person für mich? Warum sagt sie mir das?‹ Und ich glaube, das war, weil ich es hören musste. Meine Mom hat dasselbe zu mir gesagt, aber ich habe nie darauf gehört, bis du es gesagt hast.« Er zögerte. »Ich liebe meine Freunde, aber so viele von ihnen werden sich nie verändern. Sie werden denselben Job die nächsten vierzig Jahre lang machen, aber als du das sagtest, wurde mir klar, dass ich mehr will. Ich will nicht mit vierzig noch ein Lieferant sein.«

»So ging es mir auch«, sagte Sam. »Das war ein Hauptgrund, warum ich nach New York ging. Ich wollte nicht immer dasselbe.«

»Ich finde, du kannst dich sehr glücklich schätzen, eine Familie wie deine zu haben, die dich kritiklos unterstützt, und Teil von einem Ort wie diesem mit so viel Geschichte und Möglichkeiten zu sein«, sagte Angelo leise.

»Möglichkeiten?«, fragte Sam. »Für mich?«

»Ja«, antwortete Angelo. »Hast du je daran gedacht, dass du New York hierherbringen könntest?«

»Was?«, fragte Sam. »Friert dein Gehirn etwa schon ein?«

»Ich sehe hier nur so viele Möglichkeiten, Sam.« Unvermittelt stand Angelo auf und marschierte im Kühlraum umher. »Ich meine, denk nur mal daran, was in New York gerade der heißeste Scheiß ist …« Er nahm einen Apfel. »Habt ihr je darüber nachgedacht, euren eigenen Cider herzustellen oder eure eigene Weinkelterei zu gründen?«

»Was?«, fragte Sam. »Wir sind bekannt für unseren naturtrüben Apfelsaft. Wir servieren hier nicht mal Limonade. Es gibt haufenweise Weingüter um uns herum.«

»Und woraus macht man den besten Cider?« Er warf einen Apfel in die Luft und fing ihn wieder auf. »Aus den besten Früchten.«

Mit schief geneigtem Kopf dachte Sam über Angelos Worte nach.

»Und was ist in New York gerade am angesagtesten?«, fuhr er fort. »Jede Bar serviert hochwertigen Cider. Der ist wie das neue Craft Beer.«

»Red weiter«, sagte Sam.

»Ihr könntet einen völlig neuen Markt erreichen«, erklärte Angelo, »ohne euren jetzigen zu verlieren. Ihr könntet abends Konzerte in den Obstgärten veranstalten, so wie die Weingüter.«

Sofort erinnerte Sam sich daran, wie sie die Leute in der Bäckerei gemustert und sich gefragt hatte, wo die jungen Kunden waren.

»Und so viele Leute lieben heutzutage hochwertige, erstklassige Wohlfühlgerichte«, fuhr er fort. »Was, wenn die Pie Pantry einen ländlichen Kartoffelauflauf mit auf die Speisekarte nehmen würde, oder vegetarische Gemüsepasteten mit deinem Spezialteig? Was, wenn deine neuen Versionen althergebrachter Desserts Teil einer neuen Speisekarte würden?«

»Die Leute, die hierherkommen, würden das nicht annehmen«, meinte Sam. »Das hier ist Tradition. Es ist wie unsere Freunde. Manche Dinge ändern sich nie.«

»Woher willst du das wissen, wenn du es nie versuchst?«, hielt er dagegen. »Ich wusste nicht, wozu ich in der Lage bin, bis du etwas zu mir gesagt hast und ich endlich zuhörte.«

Sam lächelte. »Das ist lieb, aber …«

»Denk einfach darüber nach«, sagte er. »Du bist stark, Sam. Das musst du einfach nur erkennen. Du kannst eine großartige Konditorin sein, in Paris oder New York oder hier. Aber du kannst nicht überall du sein, sonst wirst du nie eine Spur hinterlassen.«

Sam dachte an den Grundstein der Bäckerei, an die Thumbprint Cookies, die sie gebacken hatte, an die Fußspuren, die sie, ihre Mom und ihre Grandma im Obstgarten hinterlassen hatten.

Angelo ging zu ihr und setzte sich wieder neben Sam auf die Kiste. Er legte den Arm um sie, um sie zu wärmen, und rieb ihr die Schultern.

»Weißt du, was ich bereuen würde, falls wir hier drin erfrieren?«, fragte Sam.

»Wir werden nicht erfrieren«, beharrte Angelo.

»Ich würde es bereuen, dass ich eine Versagerin war«, sagte sie.

»Das bist du nicht«, erwiderte er. »Warum glaubst du das?«

»Ich weiß es nicht«, antwortete sie. »Ich habe einfach das Gefühl, dass alles, was ich tue, nicht gut genug ist.«

»Du machst dir diesen Druck selbst«, entgegnete er.

»Ich weiß«, sagte Sam. »Ich will einfach nur, dass die Menschen sich an mein Essen erinnern.«

»Das werden sie«, erwiderte Angelo. »Aber vergiss nicht, dass Essen ebenso sehr mit unseren Herzen, unserer Geschichte und unseren Seelen verbunden ist, wie mit unseren Geschmacksknospen. Wenn meine Mom eins der Lieblingsrezepte ihrer Großmutter kocht, dann sagt sie, ist es so, als wäre sie immer noch bei ihr in der Küche. Du hast das hier«, fügte er hinzu.

»Was würdest du bereuen, falls wir hier drin erfrieren?«, wollte Sam wissen.

»Wir werden *nicht* hier drin erfrieren, Sam«, wiederholte Angelo und schüttelte sie dabei leicht.

»Ich frag ja nur«, sagte sie.

»Ich würde es bereuen, das hier nicht getan zu haben.« Angelo beugte sich vor und küsste Sam auf die Lippen, zuerst sanft, dann leidenschaftlicher, ihre erst kühlen Münder wurden plötzlich hitzig. Sam spürte, wie ihr von eiskalt zu glühend heiß wurde, und sie rückte dichter an Angelo und strich mit den Händen durch seine dunklen Locken. Seine Lippen waren geschmeidig und groß. Sie legte den Kopf in den Nacken, und Angelo küsste ihren Hals, worauf erneut Gänsehaut über Sams Körper lief.

Sie öffnete die Augen und stellte fest, dass Angelos dunkle Augen ihren Blick erwiderten, ihr suchend in die Seele zu blicken schienen.

»Ich mag dich, Sam«, flüsterte er mit heißem Atem, seine Worte bebten. »Sehr sogar.«

»Wir hatten doch noch nicht mal ein richtiges erstes Date«, meinte Sam spröde.

»Ich mache dir schon ewig den Hof«, erwiderte er.

Dieser Ausdruck – *den Hof machen* – hatte etwas an sich, das Sam liebte.

Es ist so altmodisch, aufrichtig und süß, dachte sie. *Wie er es sagt, klingt es respektvoll und ehrlich.*

»Es gefällt mir, den Hof gemacht zu bekommen«, antwortete Sam. Sie verstummte und nahm Angelos Gesicht in die Hände, wobei ihr das Herz einen Schlag lang aussetzte, weil er so gut aussah.

»Mein erster Kuss hat offensichtlich nicht gereicht«, meinte Angelo. »Du hast immer noch Gänsehaut.«

»Das ist, weil du einen Schauer durch mich hast hindurchlaufen lassen«, flüsterte Sam mit heiserer Stimme.

»Das liegt dann wohl an diesem Raum«, sagte er. »Ich bemühe mich nämlich, dass dir heiß wird.«

Er beugte sich vor und küsste sie erneut, als plötzlich die Tür aufging.

»Was ist denn hier los?«, fragte Willo.

Angelo und Sam schossen hoch wie Kinder, die dabei erwischt worden waren, sich ins Kino geschmuggelt zu haben.

Ihre plötzliche Bewegung ließ die Kiste mit Äpfeln, auf der sie gesessen hatten, wackeln, und Äpfel kullerten über den kalten Boden.

Willo lächelte.

»Grandma!«, schrie Sam auf und rannte zu ihr, um sie zu umarmen. »Danke. Wir hätten hier drin sterben können.«

»Ihr seht mir ganz in Ordnung aus«, entgegnete Willo.

Sam schaute zur Tür hinaus. »Nein, wirklich. Der Transportwagen war vor die Tür gerollt und hat uns eingesperrt. Wir hätten erfrieren können.«

»Bei all der Hitze?«, neckte Willo sie weiter.

»Grandma!«

»Nun, ich bin froh, dass ich das Licht hier drin bemerkt habe, bevor ich zum Abendessen gehen wollte«, sagte sie. »Wer weiß, was sonst passiert wäre.«

Willo trat zur Tür und hob Sams Tragetasche auf. »Außerdem habe ich deine Tasche vor der Tür stehen sehen. Ich bin ein richtiger MacGyver.«

Mit schief geneigten Köpfen sahen Sam und Angelo sie an. »Wer?«, fragten beide gleichzeitig.

»Nicht so wichtig«, meinte Willo. Ihr Blick flog von Angelo zu Sam, und ein schelmisches Lächeln wuchs auf ihrem Gesicht. »Wollt ihr, dass ich die Tür hinter mir zumache und euch zwei noch ein bisschen länger allein lasse?«

»Okay, Grandma, jetzt ist es aber genug.« Sam verdrehte die Augen, während Angelo damit begann, die Äpfel aufzuheben. »Geh zum Abendessen. Wir werden hier zumachen.«

»Rummachen, meinst du wohl«, flüsterte Willo ihrer Enkelin zu. »Viel Spaß.« Sie drehte sich zu Angelo um. »Zapfenstreich ist um zehn, junger Mann.«

»Jawohl, Ma'am«, antwortete Angelo mit einem Lachen.

Als Willo gegangen war und sie alle Äpfel aufgehoben hatten, schloss Sam die Türen des Kühlraums. Obwohl ihre Haut vom Eingesperrtsein ausgekühlt war, kam Sam sich vor, als stünde sie in Flammen und brenne innerlich von dem Kuss mit Angelo. Sie lehnte sich an die Türen, um ihr Verlangen zu kühlen, dann drehte sie sich um und strich leise vor sich hin lächelnd mit den Händen über den kalten Stahl, als wolle sie eine kostbare Erinnerung wegschließen, damit sie ebenso frisch und erhalten blieb wie die Äpfel dort drinnen.

»Bist du bereit?«, fragte Angelo.

Sam nickte und schaltete die Lichter der Pie Pantry aus.

25

»Wie hast du geschlafen?«

Angelo kam in Willos Küche und rieb sich die Augen.

»Traumhaft«, antwortete Angelo. Er fühlte sich ausgeruhter als seit ewigen Zeiten. »Schön, das Fenster offen zu haben, einen leichten Sommerwind zu spüren und nichts anderes zu hören als Grillen und Vögel und den See.«

Bevor er ein weiteres Wort sagen konnte, zwinkerte Willo ihm zu und sagte: »Ich bin sicher, du hattest eine Menge, wovon du träumen konntest.«

Angelo begann zu protestieren. »Ich weiß nicht, was Sie glauben, gesehen zu haben«, hob er an.

»Ich mag zwar bald fünfundsiebzig werden«, erwiderte Willo, »aber meine Augen sind immer noch ausgezeichnet.«

Mit roten Wangen suchte Angelo stammelnd nach Worten.

»Ich nehm dich doch nur hoch«, meinte Willo. »Genau genommen kann ich kaum noch was sehen.« Sie zwinkerte ihm zu. »Komm. Setz dich. Kaffee?« Angelo nickte und nahm an dem kleinen Tisch neben der Küche Platz. Willo brachte ihm eine Tasse. »Sahne? Zucker?«

Angelo schüttelte den Kopf.

»Ein Mann nach meinem Geschmack«, sagte sie. »Ich fand immer, wenn ich schon in einer Welt lebe, die vor Zucker nur so glitzert, dann brauche ich nicht auch noch welchen im Kaffee.«

Lächelnd trank Angelo einen Schluck. Obwohl er vor wenigen Sekunden noch verschlafen gewesen war, hatte Willos Neckerei ihn jetzt wach und munter gemacht. Er saß aufrecht, beinahe steif auf seinem Stuhl, den Rücken an die hölzernen Stäbe gepresst.

»Nicht nötig, verlegen zu sein«, meinte Willo. Sie füllte ihre eigene Tasse und setzte sich an den Tisch. »Es freut mich, dass Sam anscheinend einen netten jungen Mann kennengelernt hat.«

»Danke«, sagte er.

»Aber weißt du, sie ist kein Durchschnittsmensch«, fuhr Willo fort. Sie trank einen Schluck von ihrem Kaffee und sah Angelo an. »Sie ist willensstark. Sie ist schwer festzunageln.«

»Ich will sie nicht festnageln«, erwiderte Angelo. »Ich möchte, dass sie fliegt.«

Bei der Überzeugung und Leidenschaft in seinen Worten spürte Willo ihr Herz flattern, wie die Flügel des Kolibris, der an der roten Futterstation draußen vor ihrer Verandatür schwebte, mit rubinroter Kehle und Flügeln so leuchtend wie ein Smaragd.

»Und was ist, wenn sie allein fliegen will?«, fragte Willo.

Angelo dachte über Willos Worte nach, während er einen weiteren Schluck Kaffee trank, und folgte dann ihrem Blick zu dem Kolibri. »Meine Grandma hat mir oft diese Geschichte von zwei Kolibris erzählt, die jedes Jahr wieder zu ihrem Haus kamen«, sagte er. »Sie war fest davon überzeugt, dass sie den Moment beobachtet hatte, in dem die beiden Vögel sich ineinander verliebten.« Er lachte und schloss eine Sekunde lang die Augen, bevor er seinen Blick wieder hinaus auf die Veranda richtete. »Meine Grandma sagte, Kolibris machen diese Sache namens Balzflug, bei dem das Männchen über einem interessierten Weibchen sehr hoch in die Luft steigt und dann plötzlich im Sturzflug herabstürzt. Sie sagte, es wäre wie bei einem Sturzbomber, und dass die Beschleunigungskräfte so stark sind, dass Kampfpiloten dabei ohnmächtig werden würden.« Wieder lachte Angelo und trank einen Schluck Kaffee. »Meine Grandma schien immer die ungewöhnlichsten Dinge zu wissen. Wie zum Beispiel den Unterschied zwischen einem Hasen und einem Kaninchen, oder das einzige nicht zusammengesetzte Wort mit den meisten aufeinanderfolgenden Konsonanten? Jedenfalls …«

»Was ist denn das einzige nicht zusammengesetzte Wort mit den meisten aufeinanderfolgenden Konsonanten?«, unterbrach Willo ihn.

Angelo lachte. »Borschtsch.«

»Jetzt weiß ich es«, lächelte Willo. »Erzähl weiter.«

»Ich schätze, wenn sie herabstürzen, produziert der Luftstrom durch die Schwanzfedern ein hohes Geräusch, das einem langen, sehnsüchtigen Zirpen ähnelt. Vor ein paar Jahren, nachdem meine Großmutter gerade alle Fenster geputzt hatte, flog das Kolibriweibchen so heftig gegen das Küchenfenster, dass meine Grandma es sogar noch über den Fernseher hinweg hörte. Sie rannte nach draußen, und da lag es im Gras. Zuerst dachte sie, es wäre tot, doch dann sah sie, dass es noch atmete, seine kleine Brust bewegte sich kaum noch. Sie fasste es nicht an, aber sie brachte ihm etwas Zuckerwasser in einer kleinen Schale, hielt über ihm Wache und betete, dass es nicht sterben würde.«

Angelo verstummte kurz und schaute hinaus zum Futterspender, wo sich zu dem einzelnen Kolibri nun ein zweiter gesellte. Flink steckten sie ihre langen Schnäbel in die Löcher der kleinen Plastikblumen.

»Die ganze Zeit über, während sie über dem Kolibriweibchen wachte, war der andere Kolibri auch da und flitzte zuerst wie verrückt umher«, fuhr er fort. »Aber schließlich setzte er sich auf das Ende eines Olivenzweiges und beobachtete sie. Meine Grandma sagte, das war die längste Zeit, die sie einen Kolibri je hatte stillsitzen sehen. Der verletzte Vogel lag sehr lange auf dem Boden, und irgendwann legte sich meine Großmutter neben ihn, das Gesicht neben dem kleinen Körper. Sein Atem wurde so langsam, dass meine Grandma dachte, er würde seine letzten Atemzüge tun. Schließlich, gegen Abend, setzte das Weibchen sich irgendwie auf, trank etwas Zuckerwasser, prüfte seine Flügel und Schwanzfedern, stand eine Weile lang da, ohne sich zu bewegen, und flog dann plötzlich davon und in ihrem Garten umher. Und als es das tat, stieg das Männchen in große Höhe auf – genau wie es das vor Jahren getan hatte – und stürzte sich im Sturzflug auf das Weibchen herab, dabei gab es den glücklichsten Laut von sich, den meine Grandma je gehört hatte.«

Angelo verstummte, wandte sich von den Vögeln ab und sah Willo an. »Wenn Sam fliegt, fliege ich auch«, sagte er.

Sofort schossen Willo Tränen in die Augen. »Heuschnupfen«, murmelte sie und griff nach einer Serviette.

»Wissen Sie«, sagte Angelo, »Wir hatten noch nicht mal eine richtige Verabredung. Das ist wahrscheinlich das ungewöhnlichste Dating, das ich je hatte. Ich folge irgendwie ihrer Führung.«

»Aber du bist nach Michigan gekommen, um sie zu sehen, oder nicht?«, fragte Willo. »Nicht nur, um den Staat Michigan zu sehen. Du wolltest Michigan sehen, nicht wahr, Jersey?«

Angelo schüttelte den Kopf. »Sie sind genauso geradeheraus wie meine Familie«, sagte er. »Nichts wird im Verborgenen gelassen.« Er verstummte kurz und sah Willo direkt an. »Ja, das wollte ich. Ich spürte eine solche Leere in meinem Leben, nachdem sie ihren Job gekündigt hatte. Ich kann es ihr nicht verdenken – Chef Dimples war ein furchtbarer Mensch –, aber ich habe ihre Leidenschaft und ihre Begeisterung vermisst. Ich …« Er zögerte. »Ich habe sie einfach vermisst.«

Willo lächelte.

»Die Frauen in meiner Familie sind den Frauen in Ihrer Familie ähnlich, denke ich«, sagte er. »Klug, ehrgeizig …

Ihre Opfer haben unserer Familie dabei geholfen, dorthin zu kommen, wo wir heute sind. Meine Mom ist Lehrerin. Meine Großmutter ist vor ein paar Jahren gestorben, aber sie war diejenige, die meine Familie nach Amerika brachte.« Er sah Willo an. »Ich will einfach nur, dass Sam weiß, dass stark und unabhängig zu sein nicht bedeutet, allein zu sein. Ich weiß nicht, ob sie das begreift.«

»Ich auch nicht«, erwiderte Willo. »Okay, genug Ernsthaftigkeit. Ich habe eine Idee. Möchtest du mir helfen, etwas zum Frühstück zu machen? Wir können Sam damit überraschen. Etwas für sie backen. Zeigen wir ihr, dass du dich in einer Küche ebenso gut auskennst wie mit dem Herzen einer Frau. Mein Bauchgefühl sagt mir, dass es so ist.«

Angelo zögerte. »Ich wohne mit zwei anderen Jungs in einem winzigen Apartment«, lachte er. »Wir können Cornflakes in eine Schüssel kippen und Pizza bestellen wie die Profis, aber das war's dann auch schon.«

»Was ist mit deiner Großmutter?«, wollte Willo wissen. »Sie muss doch ein Lieblingsrezept gehabt haben.«

»Stimmt«, antwortete Angelo sofort.

Willo richtete sich auf ihrem Stuhl auf. »Wusste ich's doch. Was war es?«

»Sie hat diese unglaublichen sizilianischen Cannoli gemacht«, sagte er, »mit frischem Ricotta und etwas Ziegenkäse und frittiertem Teig, der so locker wie Luft war. Ungefähr wie Ihre Donuts.«

»Ich habe sogar etwas Ricotta da.« Willos Stimme hob sich. »Und da ist eine kleine Ziegenfarm die Straße rauf, wo sie den frischesten Ziegenkäse verkaufen. Ich mache mich nur noch schnell fertig.«

»Moment, Moment«, warf Angelo ein. »Meine Grandma hat das jeden Sonntagabend zum Nachtisch mitgebracht. Alle schlangen das Abendessen hinunter, nur um schnell zu ihren Cannoli zu kommen. Sie tat so, als wäre es ein großes Geheimnis, und sie weigerte sich, das Rezept irgendjemandem zu verraten. Als sie krank wurde, flehte meine Mom sie schließlich an, ihr das Rezept zu geben und ihr zu zeigen, wie man sie macht, bevor es zu spät war. ›Gib mir etwas zu schreiben‹, flüsterte meine Grandma meiner Mom zu. Meine Mom brachte ihr einen Stift und einen Block Papier. Mit zitternder Hand schrieb meine Grandma *Nanas Cannoli* und darunter *Farrelli's*. ›Was bedeutet das?‹, fragte meine Mom sie. ›Das verstehe ich nicht.‹ ›Ich kaufe die Cannoli bei der Bäckerei Farrelli's in Bensonhurst‹, sagte meine Grandma zu ihr.«

Willo brach in Gelächter aus.

»Es war nie ein geheimes Familienrezept«, sagte Angelo. »Genau wie ihre berühmte Sonntagssoße, wie jede italienische Familie ihre besondere hausgemachte Spaghettisoße nennt. Meine Mom erfuhr, dass es nur Würstchen, Hackfleisch und Ragú-Fertigsoße aus dem Glas war.«

Wieder lachte Willo.

»Wollen Sie wissen, was eigenartig ist?«, fragte Angelo. »Sogar obwohl ihre Rezepte keine echten weitervererbten Familienrezepte waren, schmecken die Cannoli und die Soße, die wir jetzt haben, einfach nicht mehr genauso. Sie sind nicht mehr so gut, obwohl wir uns größte Mühe geben, sie genauso zu machen.«

»Du weißt, warum, oder?«, fragte Willo.

Angelo schüttelte den Kopf.

»Es fehlt eine einzige Zutat«, fuhr sie fort. »Deine Grandma.«

Angelo ließ den Kopf sinken, und Willo nahm seine Hand. »Danke«, sagte er. »Sie fehlt mir.«

»Ich weiß«, erwiderte Willo sanft. »Mir fehlen meine Mom und meine Grandma auch.«

Sie drückte leicht seine Hand und fuhr fort. »Auch wenn jedes Dessert, das wir in der Pie Pantry machen, ein Familienrezept ist, und ich sie für die besten der Welt halte, weiß ich auch, dass es die Erinnerungen sind, die die Leute kaufen: den Duft nach Zimt, Muskat und Äpfeln, die im Ofen backen, den Geschmack einer hausgemachten Teigkruste oder Streuselgarnitur … Sie lösen Erinnerungen aus an Mom und Grandma in der Küche, an Feiertage, an Sommer in einer geliebten Hütte. Sie erinnern uns an eine Zeit, in der wir behütet, behaglich und geliebt waren. Davon brauchen wir heutzutage sogar noch mehr. Das ist es, was Backen ist: schöne Erinnerungen wieder zu erschaffen.«

»Sie wissen, dass Sam deshalb Konditorin geworden ist?«, fragte Angelo.

»Ich hatte es immer gehofft«, antwortete Willo.

»Sie wissen, dass sie Ihre besondere Slab Pie für *Good Morning America* gemacht hat, oder? Das war der Tag, an dem Trish, die Konditormeisterin, gekündigt hatte. Ich glaube, es war Sams Art und Weise, Sie zu ehren und gleichzeitig … nun ja … wie kann ich das vorsichtig ausdrücken?« Angelo verstummte und dachte einen Moment lang nach, wobei seine langen, dunklen Wimpern flatterten. »Und gleichzeitig Chef Dimples den Mittelfinger zu zeigen.«

»Das ist mein Mädchen«, lachte Willo. »Nun, lass mich dir etwas beibringen, das meine Familie schon seit vielen Jahren macht … Es ist eins der ältesten Rezepte in der Sammlung unserer Familie.«

»Was ist es?«, fragte Angelo.

»Es ist ein Rhabarber-Schmandkuchen mit Zimtstreuseln«, antwortete sie. »Mir läuft jetzt schon das Wasser im Mund zusammen. Meine Familie macht ihn schon ewig. Meine Mom sagte, eine großartige Rezeptsammlung sollte immer einen großartigen Rührkuchen haben. Das war unser Standardkuchen zum Kaffee an den Wochenenden.« Sie stand auf und hielt Angelo ihre Hand hin, der sie nahm und ihr in die Küche folgte. Willo nahm das Rezept aus dem Kästchen und zeigte es Angelo.

»Die Handschrift«, hob Angelo staunend an. »Das Alter der Karte. Sie ist wie ein Stück Geschichte.«

»Und man kann sie jedes Mal wieder zum Leben erwecken, wenn man ihn backt«, erwiderte Willo, während sie begann, Zutaten aus dem Kühlschrank und dem Vorratsschrank zu holen. Sie legte ein Bündel Rhabarber auf die kleine Kücheninsel. »Aus meinem Garten heute Morgen. Damit solltest du dich auskennen«, sagte sie. »Mach dich ans Schnippeln.«

Während Willo den Teig zubereitete, begann Angelo, die hübschen roten Rhabarberstangen zu schälen und kleinzuschneiden. Dann zeigte sie ihm, wie man die Streusel machte, indem man den braunen Zucker mit der Butter vermengte und dann über den Teig streute. Als Willo den Kuchen in den Ofen geschoben hatte, drehte sie sich zu Angelo um und sagte: »Siehst du? Er geht schnell und erfüllt das Haus mit den besten Düften.«

Während der Kuchen backte, half Angelo Willo, die Küche sauberzumachen. »Sind Sie schon aufgeregt wegen Ihres großen Geburtstags?«, fragte er.

»Jeder Geburtstag ist ein großer, wenn man in mein Alter kommt«, entgegnete Willo, während sie eine Schüssel in der großen Spüle abspülte. »Aber ja, das bin ich.« Sie zögerte, und ihr Blick glitt suchend über den Obstgarten außerhalb des Küchenfensters. Sie schüttelte etwas Seifenschaum von den Händen und schien mehr zu sich selbst zu murmeln: »Ich hoffe nur, dass Sam da sein wird.«

»Ich auch«, sagte Angelo. Willo öffnete die Augen, als habe sie vergessen, dass er mit ihr in der Küche war. Sie trocknete sich die Hände ab, nahm die Rezeptkarte und steckte sie zurück ins Kästchen.

»Wissen Sie, meine Grandma hielt ihre Rezeptsammlung stets verschlossen«, sagte sie. »Sie war der Überzeugung, dass sie – abgesehen von ihrer Familie und der Obstplantage – der wichtigste Gegenstand in ihrem Besitz war. Sie wollte, dass niemand je ihre Rezepte hatte außer ihrer Familie. Und obwohl wir die unseren aus Tradition immer noch verschließen, hatte ich immer irgendwie das Gefühl, dass diese Geheimnisse mit der Welt geteilt werden sollten. Was haben wir denn, wenn wir unsere Geschenke nicht mit der Welt teilen? Das wäre ein ziemlich einsamer Ort. Man kann nicht alles verschlossen halten.«

Plötzlich hielt Willo inne und sah Angelo an. »Behalt den Kuchen im Auge«, sagte sie. »Ich bin gleich wieder da.« Jäh lief Willo aus der Küche und die Treppe hoch. Angelo konnte ihre Schritte über sich hören und mehrmaliges dumpfes Poltern und Klappern. Außer Puste kehrte Willo in die Küche zurück, etwas hinter dem Rücken versteckend.

»Halt die Hände auf«, sagte sie immer noch schwer atmend. »Ich möchte dir etwas geben.«

Auf Angelos Gesicht lag ein fragender Ausdruck, aber er tat wie gebeten. Willo nahm ihre Hände hinter dem Rücken hervor und legte einen kleinen alten Schlüssel in seine.

»Das ist der Schlüssel zur ursprünglichen Rezeptsammlung meiner Grandma«, sagte sie mit belegter Stimme. Sie zeigte Angelo den Schlüssel, den sie um den Hals trug. »Der hier ist nur eine Nachbildung, wie der, den auch Sam trägt.« Sie hielt inne und lächelte. »Weißt du, meine Mom sagte, meine Grandma trug ihn auch an einem Kettchen um den Hals, genau wie wir alle jetzt. Ich denke, das liegt uns im Blut. Sie glaubte, dass ihn so niemand je stehlen könnte und dass sie ihn so immer dicht am Herzen haben würde.« Willo zögerte, und Angelo konnte sehen, dass sich ihre blauen Augen mit Tränen füllten. »Ich hoffe, du kannst Sams Herz aufschließen.« Sie legte Angelos Finger um den Schlüssel.

»Das kann ich nicht annehmen«, widersprach er.

»Doch, das kannst du«, erwiderte Willo. »Du hast meinen Segen. Und …« Sie zögerte. »Ich brauche es, dass du ihn nimmst.« Sie verstummte. »Ich vertraue dir. Ich weiß, dass du das Richtige damit tun wirst … und mit Sam.«

Angelo breitete die Arme aus und umarmte Willo. »Danke«, sagte er, bevor er den Schlüssel in seine Brieftasche steckte.

»Nein, ich danke *dir*«, entgegnete Willo. Der Ofen-Timer summte, und Willo öffnete die Tür. Sie nahm einen Ofenhandschuh und einen Zahnstocher, zog das Backblech heraus und drehte sich zu Angelo um. »So prüft man, ob er fertig ist«, sagte sie und steckte den Zahnstocher in die Mitte des Kuchens. »Wenn er sauber wieder rauskommt, ist er fertig. Und das ist er!«

Sie stellte das Blech auf den Herd und nahm zwei Teller und ein Messer, dann schnitt sie zwei große Stücke für sie beide ab und stellte die Teller auf den Tisch. »Würdest du unseren Kaffee auffrischen?«, bat sie Angelo.

Die beiden setzten sich an den Tisch und machten sich über den dampfenden Kuchen her. Er war luftig, weiß und rot gesprenkelt vom Rhabarber und mit einer dicken, krümeligen Schicht Streusel obendrauf.

Angelos Augen weiteten sich, als er einen Bissen kostete und dann noch einen. »Das ist der beste Rührkuchen meines Lebens«, verkündete er.

»Stimmt. Das ist er«, sagte Willo mit einem leisen Lachen. Dann lehnte sie sich zu Angelo und flüsterte ihm verschwörerisch zu: »Aber im Notfall und wenn du deine Mitbewohner beeindrucken willst, kannst du zu Ehren deiner Grandma auch immer eine Backmischung nehmen.«

Angelo lachte. »Wahrscheinlich würden sie den Unterschied sowieso nicht merken, besonders nicht, wenn sie verkatert sind.«

Willo lachte, und die beiden aßen noch ein weiteres Stück Kuchen, während Kolibris über die Veranda flitzten.

»Warum ist der so gut?«, fragte Angelo und schaufelte sich große Gabeln voll Kuchen in den Mund. »Ich meine, kommen Sie schon … der ist irrsinnig lecker!«

»Das ist die Liebe«, antwortete Willo, bevor sie mit einem

Lachen hinzufügte: »Eigentlich ist es die Butter. Und der Zucker.« Sie verstummte kurz. »Es sind immer die Butter und der Zucker.«

Angelo lachte und holte sich noch einmal Nachschlag.

»Ich glaube, wir müssen vielleicht noch einen backen«, murmelte er mit einem weiteren Bissen.

26

»Nimm dir einen Apfel mit für unterwegs«, sagte Sam. »Oder auch zwanzig. Wir haben genug.«

Sie pflückte einen Apfel vom Baum und warf ihn Angelo ohne Vorwarnung zu. Er streckte in letzter Minute die Hand aus, um ihn zu fangen, bevor er an ihm vorbeiflog.

»Du hast einen ziemlich guten Wurfarm, Michigan«, lachte er. »Du solltest für die Mets werfen. Wir können die Hilfe gebrauchen.«

»Die Tigers«, erwiderte sie. »Ich werfe nur für die Tigers, Jersey.«

Angelo lachte, ging zu Sam und küsste sie.

»Du hast mir noch weniger Vorwarnung gegeben als ich dir«, sagte sie, und ein Lächeln huschte ihr übers Gesicht.

Angelo behielt seines dicht an ihrem und flüsterte in heiserem Tonfall: »Ich fand, ich sollte eine zweite Chance bekommen, nachdem wir von deiner Großmutter unterbrochen worden waren. Und ich wollte schon, dass dir von meinem ersten Kuss heiß und kalt wird, aber ich glaube, stattdessen hättest du fast eine Lungenentzündung bekommen.«

Sam lachte und strich dann mit den Fingerspitzen über seine sexy Bartstoppeln. Bei ihrer Berührung sog Angelo den Atem ein, und seine Grübchen vertieften sich. Sam küsste ihn, zuerst sanft, dann heftiger. »Hoffe, das war heißer«, sagte sie.

»Das war es«, antwortete Angelo.

»Ich tue das nur ungern«, Sam schaute auf die Uhr, und ihre Stimme sank vor Enttäuschung, »aber wir machen uns besser auf den Weg. Am Flughafen wird es heute wie im Irrenhaus zugehen.«

»Kann ich dir noch etwas zeigen, bevor wir fahren?«, fragte Angelo.

Sams Augen weiteten sich.

»Nichts Schlimmes«, beruhigte Angelo sie und holte seine Brieftasche heraus.

»Bezahlst du mich etwa?«, fragte sie. »Wie bei *Pretty Woman*?«

»Das hat mir deine Grandma gegeben.« Er zeigte ihr den Schlüssel.

»Das ist der Schlüssel zu der Rezeptsammlung ihrer Großmutter.« Vor Überraschung hob Sam die Stimme. »Wann hat sie dir den gegeben? Warum hat sie dir den gegeben?«

»Sie hat ihn mir gegeben, als sie mir gezeigt hat, wie man den Rhabarberkuchen macht«, erklärte Angelo. »Sie sagte, sie vertraut mir und möchte, dass ich ihn habe, damit ...« Er zögerte. »Damit ich dein Herz aufschließen kann.«

Sam trat einen Schritt zurück. »Angelo, das ist sehr lieb, aber das scheint mir alles ein bisschen zu schnell zu gehen. Du bist spontan hierhergekommen ...«

»Ich bin hergekommen, um dich zu sehen«, erwiderte er. Seine Miene wurde traurig. »Ich bin hergekommen, weil du mir gefehlt hast.«

»Ich bin gerade im Niemandsland«, entgegnete Sam. »Ich bin der Outfielder, der den Ball in den Scheinwerfern aus den Augen verliert und nicht weiß, in welche Richtung er laufen soll. Ich fliege nach New York zu einem Vorstellungsgespräch für vielleicht meinen Traumjob. Ich vermisse die Stadt. Ich vermisse meine Mitbewohnerinnen. Ich vermisse es, meine Spur in der Welt zu hinterlassen.«

»Sam, du kannst deine Spur überall in der Welt hinterlassen«, sagte er. »In Paris. New York. Suttons Bay. Aber du kannst nicht überall du sein.«

»Angelo, ich bin nicht sicher, ob ich überhaupt bereit für eine Beziehung bin«, sagte sie. »Ich war wirklich nicht auf der Suche.«

Angelo lächelte traurig, was seine Grübchen noch tiefer werden ließ. »Du bist immer auf der Suche«, erwiderte er, »nach irgendetwas. Manchmal aber, wenn man immer nach vorn schaut, übersieht man, was man bereits hat.«

Wieder schaute Sam auf die Uhr ihres Handys.

»Ich bin so weit«, sagte Angelo. »Sag Bescheid, wenn du zurück in die Stadt fährst. Ich würde dich gern sehen. Das weißt du.« Er machte sich auf den Weg zur Scheune. Dann blieb er stehen und drehte sich noch einmal um, um die ausgedehnte Weite in sich aufzunehmen: die Obstgärten, die Bucht, den See, den Himmel. »Michigan ist genauso schön und betörend wie du, Michigan.«

Er hielt Sam seine Hand hin.

Nimm sie, Sam, dachte sie. *Nimm seine Hand.*

Stattdessen tat sie, als habe sie es nicht gesehen, und pflückte einen weiteren Apfel. »Du brauchst vielleicht noch einen für die Fahrt«, sagte sie mit aufgesetzt fröhlicher Stimme.

Mit einem Nicken nahm Angelo den Apfel, während seine Grübchen verschwanden.

Rhabarber-Schmandkuchen mit Zimtstreuseln

Zutaten für den Rührteig

300 g Zucker
120 g weiche Butter
1 Päckchen Vanillezucker
1 großes Ei
250 g Schmand
1 Teelöffel Natron
1 Prise Salz
250 g Mehl
500 g Rhabarber, in ½ cm große Stücke geschnitten (auf Küchenkrepp abtropfen lassen und dann trockentupfen)
½ Teelöffel Ahornsirup

Zutaten für die Streusel

100 g brauner Zucker
1 Esslöffel weiche Butter
1 Teelöffel Zimt, gemahlen

Zubereitung des Rührteigs

Ofen auf 180 Grad vorheizen.

Zucker, Butter und Vanillezucker in einer großen Rührschüssel schaumig schlagen. Ei dazugeben und auf hoher Stufe unterrühren.

Mixer auf niedrige Stufe herunterschalten und Schmand unterrühren.

In einer separaten Schüssel Mehl, Natron und Salz mit einer Gabel miteinander verrühren.

Die Mischung langsam zur Buttermischung geben und auf niedriger Stufe kurz unterrühren. Nicht übermixen.

Schüssel aus dem Mixer nehmen und den Rhabarber mit einem Spatel vorsichtig unterheben.

Zubereitung der Streusel

Zutaten der Streusel in eine kleine Schüssel geben und mit einem Teigmischer zu einer krümeligen Masse mit erbsengroßen Stücken verarbeiten.

Fertigstellung

Teig in eine gefettete gläserne Auflaufform geben. Streusel über Teig streuen.

40 Minuten backen, oder bis ein in die Mitte gesteckter Zahnstocher sauber wieder herauskommt.

10. Teil

Apfel- und Kirschtaschen

27

Sommer 2017

Willo hatte eine Vision. Und ein Megaphon.

»Ein bisschen mehr nach links«, schallte ihre Stimme aus dem Megaphon und durch den Obstgarten. »Höher. Höher!«

Sechs Arbeiter auf Leitern hielten ein riesiges doppelseitiges Banner in der Luft und versuchten, es über dem Eingang der Obstplantage aufzuhängen. Darauf stand:

Alles Gute zum Geburtstag ... Für uns!

Feiern Sie unser Hundertjähriges
(und Grandma Willos Geburtstag) mit uns!

Mullins' Obstplantage & Pie Pantry wird 100!
Und unsere Matriarchin wird 75!

Wir hoffen, Ihre Familie feiert mit uns
dieses Einmalige Ereignis!

Pi = 3,14159
(Ach was! Pie = Liebe!)

»Grandma, sogar die Leute in Traverse City können dich hören«, sagte Sam. »Und inzwischen hat jeder ein Handy. Du könntest es ihnen einfach schreiben, anstatt halb Michigan zu erschrecken.«

Willo warf ihr einen vernichtenden Blick zu.

»Und ich habe kein richtiges Megaphon mehr gesehen seit, na ja, noch nie«, fuhr Sam fort, um ihre Großmutter ein bisschen zu reizen.

Willo lachte. »Schön, dich wieder daheim zu haben«, sagte sie. Sie wollte es leise, liebevoll sagen, aber ihr Mund war immer noch am Megaphon, weshalb ihre Stimme wieder durch den Obstgarten dröhnte.

»Es ist auch schön, wieder daheim zu sein«, schrie Sam zurück, was einen Lachanfall bei ihrer Großmutter auslöste.

»Wir haben noch so viel Arbeit für die Feier«, sagte Willo. »Es ist schön, dass du uns hilfst. Und es wird so toll sein, dass du für die Feier zu Hause bist.« Sie hielt kurz inne. »Und für meinen Geburtstag.«

Sam sah ihre Großmutter an, und ihr wurde schwer ums Herz, weil sie wusste, dass sie ein Vorstellungsgespräch für einen Job vor sich hatte, der sie von hier fortführen würde.

Sie drehte sich um und tat so, als schaue sie über die Obstgärten hinaus, dabei vibrierte ihr Handy. Als sie es aus der Tasche ihrer Shorts zog, sah sie, dass es eine Sprachnachricht war. Sam trat ein paar Schritte zur Seite, um sie anzuhören.

»Hi, Sam«, begann die Nachricht. »Hier ist Colette von *Doux Souvenirs.* Hören Sie, ich mache das nur ungern auf die letzte Minute, aber ich hatte gehofft, wir könnten unser Gespräch für dieses Wochenende ansetzen. Ich weiß, es ist Labor Day, aber wir bekommen immer mehr Arbeit, und ich muss zur Unterstützung für mich und Trish eine Konditorin einstellen, bevor der Herbst kommt und die Feiertagssaison auf Hochtouren läuft. Trish sagte, Sie sind gerade verfügbar und hätten Zeit für ein Gespräch. Ginge es bei Ihnen am Freitag? Rufen Sie mich an, wenn Sie können. Danke. Bye.«

Obwohl es ein strahlender Morgen war, legte sich plötzlich eine düstere Stimmung über den Tag.

Sam drehte sich um und stellte fest, dass ihre Großmutter

sie aufmerksam beobachtete. Ein trauriges Lächeln legte sich auf Willos Gesicht, und ihre Schultern sanken vor Enttäuschung herab, bis ihr Rücken die Form eines Kommas hatte.

»Sag es mir nicht gleich sofort«, bat sie mit leiser Stimme. Ihr Kopf zitterte, dass der grüne Stil ihrer Mütze wackelte.

»Woher …«, setzte Sam an.

»Großmütterliche Intuition«, fiel Willo ihr ins Wort, bevor Sam zu Ende sprechen konnte. »Lass uns etwas für die Feier backen. Zusammen. Und dann sagst du es mir, okay?«

Sam konnte ihre Lippe zittern spüren, und sie blinzelte heftig – einmal, zweimal –, um ihre Tränen in Zaum zu halten. »Okay, Grandma«, sagte sie. »Okay.«

28

»Willst du nicht in der Bäckerei backen?«, fragte Sam, als sie daran vorbei und zu Willos Haus gingen.

»Nein«, antwortete Willo, ohne sich umzudrehen. »Ich wollte mit dir zu Hause backen. Nur wir zwei.«

»So wie du es mit Angelo gemacht hast?«, wollte Sam wissen.

Lächelnd drehte Willo sich um. »Eine Küche sollte vor Geschäftigkeit brummen«, sagte sie. »Meine war in letzter Zeit zu still.« Sie sah Sam an. »Ich sage das nicht, damit du dich schuldig fühlst. Ich will einfach ein kleines bisschen egoistisch sein. Dich im Moment ganz für mich allein haben.« Sie zögerte. »Solange ich noch die Gelegenheit dazu habe.«

Sam nickte ihrer Großmutter zu und wandte dann den Blick ab.

»Es war schön, mit Angelo zu backen«, sagte Willo, während sie ihre Haustür öffnete und direkt in die Küche ging. »Er ist ein sehr netter junger Mann. Sehr bodenständig.«

»Was möchtest du backen?«, fragte Sam, um das Thema zu wechseln.

»Heute ist National Cherry Turnover Day, der nationale Kirschtaschen-Tag«, erklärte Willo. »Der achtundzwanzigste August. Also dachte ich, wir machen Kirschtaschen.«

»Woher weißt du nur immer solche Sachen?«, fragte Sam mit fröhlicher Stimme, um ihre Schuldgefühle zu dämpfen.

»Ich führe eine Bäckerei«, antwortete Willo, während sie Mehl und Butter aus dem Kasten und dem Kühlschrank holte. »Ich muss solche Dinge wissen.«

»Warum stehen eigentlich keine Teigtaschen auf der Karte?«, wollte Sam wissen. »Das habe ich mich schon immer gefragt.«

»Nun, das ist etwas, das du auch wissen solltest.« Willo stellte die Butter ab und sah Sam an. »Das ist das einzige Rezept, das ich nie geteilt habe. Bis heute.«

Willo ging zum Küchenschrank, nahm ihre Rezeptsammlung heraus und schloss sie auf. Ohne Vorwarnung drehte sie das Kästchen um, so dass alle Rezeptkarten heraus auf die Arbeitsplatte purzelten.

»Grandma«, rief Sam. »Was machst du denn?«

Es waren Rezeptkarten aller Art: Karteikarten mit handgeschriebenen Rezepten und auf der Schreibmaschine getippte Karten; Karten, die Fotos und Zeichnungen der Rezepte aufwiesen, und Karten, auf die Rezepte aus Zeitschriften geklebt waren; viele der Karten waren symbolisch für das Design und die Kultur der verschiedenen Ären. Karten aus den Fünfzigern zierten hübsche kleine Bordüren um die Kanten, während Karten aus den Siebzigern unkonventionelle Schriftarten und Graphiken von Fischen, Zwiebeln und Pilzen aufwiesen. Auf den meisten stand als Überschrift *Rezept* oder *Was koche ich heute?* und *Aus der Küche von* oder *Rezept von* direkt darunter. Viele Karteikarten waren einfach nur liniert, während andere spezifischere Rubriken wie *Kochzeit, Ofentemperatur, Portionen, Zutaten* und *Zubereitung* auflisteten.

Aber Sam bemerkte schnell, dass sie alle eines gemeinsam hatten: Alle Karten waren fleckig, bespritzt, abgegriffen. Butter, Soße, Zuckerguss, klebrige Fingerabdrücke waren auf jeder Karte zu sehen und verrieten nicht nur ein Rezept, sondern eine Geschichte.

Eine Familiengeschichte, dachte Sam. *Besprenkelt mit Liebe.*

»Hier ist es«, verkündete Willo mit hoher Stimme, während sie das nun leere Rezeptkästchen schüttelte.

»Hast du heute Morgen deine Medikamente nicht genommen?«, fragte Sam mit einem Lachen.

»Schau!«

Willo hielt ihr das Kästchen hin, und dort – ganz unten eingeklemmt wie eine vergessene Decke am Boden einer Truhe – befand sich eine einzelne Karte. Willo nahm eine Gabel aus der Schublade und fischte sie heraus. Sie reichte Sam die Karte.

»Apfeltaschen«, las Sam mit fragender Stimme.

»Dreh sie um«, sagte Willo.

»Kirschtaschen«, fügte Sam hinzu. Sie sah ihre Grandma an. »Jetzt bin ich verwirrt.«

»Die beiden Rezepte, die ich nie geteilt habe«, erklärte sie. »Meine Lieblingsrezepte. Sie erinnern mich an meine Mom. Jede von uns war der Meinung, dass sie das beste Teigtaschen-Rezept hatte: das für Apfeltaschen ist von meiner Mom, das für Kirschtaschen von mir. Wir haben sie oft um die Wette gebacken. Beide waren so gut. Jeder in der Familie hatte Angst davor, zu sagen, welches ihnen lieber war, besonders deine Mom, und ich konnte mich nie wirklich entscheiden, ich liebte sie beide.« Sie zögerte. »Sie sind etwas so Besonderes für mich, dass ich sie nie auf die Karte der Pie Pantry setzen konnte.«

»Warum nicht?«, fragte Sam. »Besonders wenn sie dir so viel bedeuten und die Rezepte so gut sind. Du fandest es immer wichtig, unsere Gaben mit der Welt zu teilen.«

Willo nickte, schaute zum Küchenfenster und lächelte. Sam folgte ihrem Blick. Dort draußen war nichts, außer dem üblichen sommerlichen Trubel von Touristen, die die Obstplantage betraten.

»Turnovers«, flüsterte Willo vor sich hin. »Umwälzungen. Das Leben ist voller Umwälzungen.«

29

Herbst 1975

Deana saß auf einem Polstersessel neben dem Schlafzimmerfenster und versuchte ihre Hausaufgaben zu machen, konnte sich jedoch nicht darauf konzentrieren. Ihre Mutter hielt ihrer Großmutter einen kalten Waschlappen an die Stirn und flüsterte: »Es ist okay, Mom. Alles wird gut werden.«

Das ist gelogen, dachte Deana. *Es wird nicht wieder gut werden.*

Die Augen ihrer Großmutter waren geschlossen. Sie war blass, ihre Haut trocken. Unter ihrer Nase waren wunde Stellen, und sie war so dünn, dass Deana die Kontur ihrer Knochen unter dem Schlafanzug sehen konnte; die blauen Adern an ihren Armen, Beinen und in ihrem Gesicht waren wie Straßen auf einer Landkarte.

Sie sieht gar nicht mehr wie sie selbst aus.

Deana hatte das Wort Krebs schon in der Kirche und in der Schule gehört, aber jetzt war es gekommen, um in ihre Familie und ihr Zuhause einzudringen.

Es ist gekommen, um meine Grandma zu stehlen. Eierstockkrebs. Genau wie die Mom meiner Grandma.

Sie starrte auf ihr Mathebuch. Die Zahlen und Symbole verschwammen vor ihren Augen, und sie merkte gar nicht, dass sie weinte, bis Tränen auf die Seiten tropften. Sie nahm ihren Bleistift zwischen die Zähne und biss fest darauf, um ihre Gefühle zu unterdrücken.

Es war ein wunderschöner Herbsttag, klar, aber immer noch

warm. Die Ahornbäume, die das Haus ihrer Großmutter umgaben, wechselten die Farbe – leuchtendes Orange, Blutrot, Gold –, und sie erhellten das düstere Schlafzimmer mit satten Tönen. Die Welt war lebendig, voller Farbe, und doch lag ihre Großmutter im Sterben.

Das ist nicht fair, dachte Deana. *Es ist einfach nicht fair.*

»Wie viele Esslöffel pro hundert Gramm Butter?«

Deana hob den Kopf. Die Lider ihrer Großmutter flatterten, ihre Augen wurden klar und fokussierten sich.

»Wie viele Esslöffel pro hundert Gramm Butter?«, wiederholte Madge.

Verständnislos schüttelte Deana den Kopf, den Bleistift immer noch im Mund. Sie blinzelte heftig, worauf eine einzelne Träne über ihr Gesicht rollte.

»Das ist richtige Mathematik«, sagte ihre Grandma mit schwacher Stimme. »Die Art Mathematik, die du hier brauchen wirst. Das solltest du inzwischen können.«

Willo drehte sich um und sah ihre Tochter an, ein Lächeln auf dem erschöpften Gesicht. *Acht,* sagte sie ihr lautlos vor.

Deana nahm den Bleistift aus dem Mund. »Acht«, wiederholte sie.

Das Gesicht ihrer Großmutter mühte sich langsam zu einem Lächeln, als habe Gott selbst ihre Mundwinkel genommen und angehoben, damit die ganze Welt es sehen konnte.

»Rezeptsammlung«, sagte ihre Großmutter mit heiserer Stimme. Willo nickte und ging hinaus, um mit dem Kästchen wiederzukommen. Vorsichtig stellte sie es ihrer Mutter auf den Schoß und öffnete es dann mit dem Schlüssel um ihren Hals. Mit großer Mühe nahm Madge das Kästchen und drehte es prompt auf den Kopf.

»Mom?«, fragte Willo. »Was machst du da? Geht es dir gut?«

Madge legte das Kästchen wieder auf ihren Schoß und zeigte mit einem zitternden Finger darauf. »Schau hinein«, sagte sie.

Willo nahm es, sah hinein und warf ihrer Mutter dann einen fragenden Blick zu. Sie steckte die Hand in das Kästchen und kramte darin herum, als versuche sie, etwas daraus zu befreien, dann zog sie eine Rezeptkarte hervor.

»Lies vor«, drängte ihre Mom.

»Apfeltaschen«, las Willo.

»Dreh sie um«, bat Madge mit leichtem Singsang in der Stimme.

»Kirschtaschen«, las Willo. Langsam wechselte Willos Gesichtsausdruck von Verwirrung zu Freude. »Das sind unsere Teigtaschen-Rezepte«, sagte sie mit zitternder Stimme.

Ihre Mutter nickte.

»Warum hast du sie versteckt?«

»Eins der ersten Rezepte, die wir zusammen gemacht haben«, antwortete sie. »Unser Geheimnis.«

»Mom«, flüsterte Willo. Sie beugte sich hinunter, um ihre Mom sanft auf die Wange zu küssen. Dann ging sie hinüber zu Deana, kniete sich neben sie und zeigte ihrer Tochter die Rezeptkarte. »Das hier ist ihr Rezept für Apfeltaschen«, erklärte sie, bevor sie die Karte umdrehte. »Und das hier ist meines.«

Sie fuhr fort: »Deine Urgroßmutter war bekannt für ihren Apple Crisp«, sagte sie. »Sie machte ihn für Kirchenfeste und Picknicks, und die Leute bettelten um das Rezept. Aber sie verriet es nie. Sie sagte, es wäre dazu bestimmt, nur innerhalb der Familie weitergegeben zu werden. Deine Großmutter wollte ihr eigenes Zeichen hinterlassen und dachte sich dieses Rezept für Apfeltaschen aus. Es war das Allererste, woran ich mich erinnere, mit ihr gebacken zu haben. Alle hier liebten ihre Teigtaschen ebenfalls. Als ich älter wurde, wollte ich auch mein eigenes Zeichen hinterlassen, genau wie sie, also erfand ich mein eigenes Rezept für Kirschtaschen. Es ist ein bisschen einfacher als ihres – meine Güte, ich glaube, ich war noch ein Teenager, als ich es mir ausgedacht habe –, aber es ist auch so lecker. Eines Tages haben wir um die Wette gebacken und unsere Rezepte gegenseitig gekostet.«

»Was kam dabei raus?«, fragte Deana mit großen Augen.

»Es war ein Unentschieden«, antwortete ihre Mutter mit einem Lächeln.

»Wir schrieben unsere Rezepte auf diese Karte, und deine Grandma muss sie danach versteckt haben«, sagte sie. »Ich konnte sie auswendig backen.« Sie drehte sich um, um ihre Mom anzusehen. »Warum hast du die versteckt?«

»Familienschatz«, antwortete Madge. Langsam stemmte sie sich mit aller Kraft im Bett hoch auf ihre Ellbogen. »Wettbacken«, sagte sie außer Atem. »Letztes Mal.«

»Mom«, setzte Willo an. »Du bist zu schwach. Du kannst nicht …«

»Nein, aber Deana kann es«, sagte sie mit einem entschiedenen Nicken. »Sie muss dieses Rezept lernen. Sonst …« Sie verstummte, und ihre Stimme wurde emotional. »Werde nicht mehr da sein, wenn sie mit dreizehn ihre Rezeptsammlung bekommt.«

Deanas Augen weiteten sich, und sie hielt die Tränen zurück. »Okay«, sagte sie und stand auf, mit stolzer Brust, als wäre sie stark. »Ich bin bereit.«

»Helft mir in meinen Rollstuhl«, bat Madge.

»Mom«, hob Willo erneut an.

»Helft mir in meinen Rollstuhl«, wiederholte Madge energisch mit zusammengebissenen Zähnen.

Die beiden halfen ihr in den Rollstuhl, einen Zentimeter nach dem anderen, und hielten alle paar Sekunden inne, damit der Schmerz gerade genug nachlassen konnte, um weiterzumachen. Als sie in ihrem Rollstuhl saß, schob Willo ihre Mutter in die Küche, und Deana folgte ihnen mit der Rezeptkarte.

Willo stellte sie in einen Ständer auf der Arbeitsplatte. »Ich werde meine Kirschtaschen backen, und deine Grandma wird dir beibringen, wie man ihre Apfeltaschen macht. Hör einfach nur genau zu und tu alles, was sie sagt.«

Deana nickte.

»Das Geheimnis liegt im Sirup, dem Teig und den Äpfeln«, erklärte ihre Großmutter. »Lauf raus und pflück sechs der schönsten Äpfel, die du finden kannst, okay? Eine Mischung aus sauer und süß. Beeil dich.« Deana sauste mit einem Korb zur Tür hinaus und lief zum Obstgarten, wo sie im zunehmenden Dämmerlicht von Baum zu Baum flitzte, um die schönsten, saftigsten Äpfel zu pflücken. Außer Atem rannte sie zurück in die Küche und zeigte ihrer Großmutter die Äpfel.

»Perfekt«, sagte die. »Zuerst den Teig.«

Langsam führte Deanas Großmutter sie durch das Rezept. Während ihre Enkelin abmaß, schälte und schnippelte, versetzten die Gerüche Madge in die Vergangenheit zurück. Sie konnte spüren, wie ihre Hände das Mehl zu Teig kneteten. Sie konnte die glänzende Schale der Äpfel unter ihren Fingern spüren. Sie konnte spüren, dass noch genau eine zusätzliche Prise Zimt nötig war.

Nachdem die Teigtaschen in den Ofen geschoben worden waren, brachten Deana und Willo Madge zurück ins Bett. Obwohl ihr Gesicht von Schmerz und Erschöpfung gezeichnet war, behielt sie die Augen offen, bis der Küchenwecker klingelte. Willo brachte ihr einen Teller: auf der einen Seite waren die Apfeltaschen, auf der anderen die Kirschtaschen, jeweils mit einem großen Klecks Schlagsahne darauf.

Willo schob einen Bissen der Apfeltasche auf einen Löffel und fütterte ihre Mom damit. Dann machte sie dasselbe mit der Kirschtasche.

»Wie lautet das Urteil?«, fragte Willo.

Ihre Mutter lächelte. »Unentschieden«, sagte sie und sah ihre Tochter an. »Danke.«

Unvermittelt sanken ihre Züge herab, und ihre Augen wurden schwer.

Willos Wangen zitterten. Sie nickte und gab ihrer Mom einen Kuss. »Ich mache die Küche sauber«, sagte sie. »Schlaf du ein bisschen.«

Als Willo ging, winkte Madge Deana, die noch ihre Teigtaschen fertigaß, mit einem Finger zu sich. Deana stellte ihren Teller ab, ging zu ihrer Großmutter hinüber und setzte sich an den Rand des Bettes.

»Unsere waren besser«, flüsterte sie mit einer Stimme, die kaum hörbar war. Sie legte einen zitternden Finger an ihre Lippen und lächelte. »Pssst. Verrat das deiner Mom nie.«

Deana kicherte.

Einige Augenblicke lang herrschte Schweigen. Ihre Großmutter sah zu, wie das letzte Tageslicht ins Schlafzimmer fiel, und wandte sich dann zu ihrer Enkelin neben sich, um sie zu betrachten, jede Einzelheit ihres schönen Gesichts in sich aufzunehmen.

»Turnovers«, flüsterte Madge schließlich. »Die Welt ist voller Umwälzungen.«

Verwirrt legte Deana den Kopf schief und beugte sich näher zu ihrer Grandma.

»Das einzig Konstante im Leben ist die Veränderung«, flüsterte sie. »Beständige Umwälzungen.« Sie stockte hustend. »Aber Veränderungen können süß sein, unerwartet, genau wie die Turnovers, die wir gebacken haben.« Sie hielt Deana die Hand hin, damit diese sie nahm, und drückte sie mit all ihrer Kraft. »Sei nicht traurig, wenn ich nicht mehr da bin. Feiere mich, wenn du backst. So werde ich ewig weiterleben.«

Die blassen Augen ihrer Großmutter füllten sich mit Tränen. »Ich hab dich lieb«, sagte sie.

»Ich hab dich auch lieb«, antwortete Deana.

Die Lider ihrer Großmutter wurden schwer, und sie blinzelte angestrengt, um wach zu bleiben und ihre Enkelin anzusehen. Schließlich schlief sie ein, mit mühsamem Atem, gerade als die Sonne unterging. Deana betrachtete ihre schlafende

Großmutter einige Augenblicke lang, immer noch ihre Hand haltend, während die Farben im Zimmer, die Farbe in ihrem Gesicht langsam zu Grau verblassten.

Und dann ging sie in die Küche, fand die Rezeptkarte immer noch auf dem Ständer, nahm die Rezeptsammlung und versteckte die Karte wieder am Boden des Kästchens, genau wie ihre Großmutter es getan hatte.

30

»O Grandma«, sagte Sam. »Das tut mir so leid. Und meiner Mom muss es das Herz gebrochen haben.«

»*Turnover* ist ein interessantes Wort, nicht wahr?«, fragte sie, während sie die Äpfel auseinanderschnitt. »Es bedeutet eine Menge Dinge ... Umwälzungen, sei es beruflich durch den Verlust eines Jobs, wie du es gerade erlebt hast, oder persönlichen Verlust, wie den Tod eines Angehörigen, wie wir beide es erlebt haben. In unserer Obstplantage und der Bäckerei verwenden wir Turnover im Sinn von Geschäftsumsatz, dem Betrag, den wir durch unsere Verkäufe erzielen.« Sie verstummte kurz, während Sam weiter den Teig zubereitete. »Meine Mutter hatte recht: Die einzige Konstante im Leben ist die Veränderung. Umwälzungen ereignen sich fortwährend.«

Willo legte ihr Messer weg und berührte Sams Arm. »Viel Glück bei deinem Vorstellungsgespräch«, sagte sie.

»Grandma«, sagte Sam mit großen Augen. »Woher wusstest du das?«

»Ist keine Raketenwissenschaft«, erwiderte sie. Sie hielt inne und sah Sam musternd in die Augen.

»O Grandma.« Sams Stimme schwankte.

»Wann ist es denn?«

Sam schlug die Augen nieder. »Am Freitag. Ich wusste nicht, wie ich es dir sagen sollte. Es ist eine großartige Chance bei einer berühmten Konditorin, die jetzt ihr eigenes Restaurant hat. Ich wäre wieder mit Trish zusammen. Ich wäre wieder in der Stadt bei meinen Freunden.«

»Du würdest Angelo wiedersehen«, ergänzte Willo.

»Vielleicht«, sagte Sam, und schlug erneut die Augen nieder. Sie widmete sich wieder dem Teig, um ihn nervös hin und her zu kneten. »Ich werde deinen Geburtstag verpassen.« Sie wandte sich ab und kämpfte Tränen des Schuldgefühls nieder.

»Du hast meinen Segen«, sagte Willo.

»Wirklich?«, fragte Sam.

»Immer«, antwortete Willo. »Keine Reue, mein wunderbares Mädchen. Keine Reue.«

Schweigend arbeiteten die beiden weiter, um die Teigtaschen fertigzustellen. Sie schoben sie in den Ofen und begannen die Schlagsahne zu schlagen. Als die Teigtaschen wieder aus dem Ofen kamen, nahmen sie eine von jeder Sorte, klatschten etwas Schlagsahne darauf und setzten sich an den Küchentisch.

»Welche schmeckt dir besser?«, fragte Willo schließlich.

»Unentschieden«, antwortete Sam mit einem Lächeln. »Sie schmecken unterschiedlich, aber gleich köstlich.«

Willo zwinkerte ihr zu. »Nach dem Tod meiner Mom drehte ich irgendwie durch«, sagte sie plötzlich sehr ernst. »Ich ging in die Bäckerei und machte Teig für Hunderte von Pies, aber ich machte keinen einzigen fertig. Ich tat nie eine Füllung hinein. Ich fühlte mich ebenso leer und unerfüllt wie sie. Eines Tages nahm ich das Kästchen mit Rezepten und schleuderte es durchs Zimmer. Alle Karten flogen durch die Luft, wie kleine Schmetterlinge. Ich fiel zu Boden und weinte wie ein kleines Kind. Während ich zwischen all den Karten saß, erinnerte ich mich daran, was Deana mir von meiner Mom erzählt hatte, nämlich dass sie gesagt hatte, wir sollten nicht traurig sein, wenn sie nicht mehr da ist, dass wir sie durch unser Backen feiern sollen und dass sie dadurch für immer weiterleben würde. Als ich damit anfing, die Karteikarten wieder aufzusammeln und zu sortieren, fand ich das Rezept für die Teigtaschen immer noch auf dem Boden des Kästchens, genau dort, wo deine Mom es versteckt hatte. Ich fing an zu lachen wie eine Verrückte. Und wir beschlossen beide, es nie zu teilen.« Willo zögerte. »Am Boden deiner Rezeptsammlung steckt auch eines«, fuhr sie fort. »Ich wette, du hast es noch nie gefunden.«

Sam schüttelte den Kopf. »Stimmt«, sagte sie und griff nach der Hand ihrer Grandma. »Ich denke, vielleicht ist es an der Zeit, dass du sie für die große Feier machst, oder nicht? Ich glaube, deiner Mom hätte das gefallen.«

»Ja, das hätte es«, antwortete Willo.

»Danke, dass du mir diese Geschichte erzählt hast. Danke, dass du all die Familienrezepte mit mir teilst. Und danke, dass du mich dazu inspiriert hast, Konditorin zu werden.« Sam zögerte. »Aber am allermeisten danke ich dir für deinen Segen.«

Die beiden umarmten sich und gingen zurück in die Küche. Willo räumte auf und spülte die Schüsseln und Teller, während Sam damit begann, die Rezeptkarten wieder einzuordnen. Dabei fiel ihr ein orangefarbener Farbfleck ins Auge. Sam überflog das Rezept, und ihr Herz begann vor Aufregung zu rasen.

Hört sich phantastisch an, dachte sie. *Warum habe ich die noch nie gemacht?*

Nervös warf sie einen Seitenblick zu ihrer Grandma und verspürte wieder diesen vertrauten Stich Schuldgefühle in ihrem Bauch.

Zu einfach, dachte sie. *Ich fand immer, die wären nicht raffiniert genug, obwohl ich sie immer gern gegessen habe.*

Sam wollte die Karte schon wieder zurück in das Kästchen stecken, doch dann hielt sie inne. Als ihre Grandma sich bückte, um den Geschirrspüler einzuräumen, faltete Sam die Karte in der Mitte und steckte sie verstohlen in die Tasche.

Apfeltaschen

Zutaten für die Apfeltaschen

250 g Mehl
2 Teelöffel Packpulver
1 Teelöffel Salz
170 g Pflanzenfett
120 ml Vollmilch
6 mittelgroße Äpfel, geschält, entkernt und in Spalten geschnitten.
6 Esslöffel Zucker
Zimt, gemahlen
Muskatnuss, gemahlen

Zutaten für den Sirup

450 g Zucker
¼ Teelöffel Zimt, gemahlen
¼ Teelöffel Muskatnuss, gemahlen
475 ml Wasser
50 g ungesalzene Butter

Zubereitung der Apfeltaschen

Ofen auf 190 Grad vorheizen.

Mehl, Backpulver und Salz in eine große Schüssel geben. Das Pflanzenfett einarbeiten, bis die Masse krümelig ist. Milch zugeben und rühren, bis das ganze Mehl befeuchtet ist.

Den Teig zu einer Kugel formen. Mit einem bemehlten Nudelholz zwei Drittel des Teigs auf einer großzügig mit Mehl bestäubten und mit Stoff bedeckten Oberfläche zu einem Quadrat von 36 cm ausrollen. In vier Quadrate schneiden.

Den restlichen Teig zu einem Rechteck von 36 × 18 cm ausrollen. In zwei Quadrate schneiden.

Apfelspalten auf alle Teigstücke verteilen. Jedes Quadrat mit einem Esslöffel Zucker und einer Prise Zimt und Muskatnuss bestreuen. Die Ecken der Quadrate über den Apfelspalten einschlagen und zusammendrücken.

Zubereitung des Sirups

Zucker, Zimt, Muskatnuss und Wasser in einer mittelgroßen Stielkasserolle bei mittlerer Hitze zum Kochen bringen. Von der Herdplatte nehmen und die Butter einrühren.

Fertigstellung

Die Teigtaschen in eine gefettete Auflaufform legen. Den Sirup über die Teigtaschen gießen (etwas davon für später aufheben). Etwa 45 Minuten backen, bis die Kruste goldbraun ist und die Äpfel weich sind. Den restlichen Sirup über die Teigtaschen löffeln. Warm mit himmlischer hausgemachter Schlagsahne servieren (Rezept folgt).

Ergibt 6 Portionen.

Kirschtaschen

Zutaten

350 g Mehl
3 Esslöffel Zucker
1½ Teelöffel Salz
½ Teelöffel Zimt, gemahlen
275 g Pflanzenfett
5 bis 6 Esslöffel kaltes Wasser
600-g-Dose in Sirup eingelegte Kirschen (3 Esslöffel Zucker zufügen) oder 450 g frische Kirschen, entsteint und gehackt (Zucker nach Geschmack zufügen)

Zubereitung

Ofen auf 220 Grad vorheizen.

Mehl, Zucker, Salz und Zimt in einer großen Schüssel miteinander verrühren. Das Pflanzenfett mit einem Teigmischer einarbeiten, bis die Masse aus erbsengroßen Krümeln besteht (nicht zu stark verkneten; die Masse soll locker bleiben). Kaltes Wasser esslöffelweise über die Masse geben, bis sich ein Teig bildet.

Den Teig zu einer Kugel formen und halbieren. Mit einem bemehlten Nudelholz jede Teigkugel auf einer mit Mehl bestäubten Oberfläche zu einem Rechteck von 24 × 38 cm ausrollen. In sechs Quadrate von 12 cm schneiden. In die Mitte jedes Quadrats 2 Esslöffel Früchte geben. Die Ränder mit

Wasser befeuchten und zu einem Dreieck klappen. Mit einer Gabel versiegeln und einstechen, damit der Dampf entweichen kann. Die Teigtaschen auf ein ungefettetes Backblech legen und 12 bis 15 Minuten backen, oder bis sie leicht goldbraun sind.

Ergibt 6–8 Portionen

Himmlische hausgemachte Schlagsahne

Zutaten

450 g kalte Schlagsahne

8 bis 9 Esslöffel Puderzucker (es kann auch normaler Zucker verwendet werden, dadurch kann die Sahne aber körnig werden; Puderzucker löst sich gleichmäßiger auf)

1 Teelöffel Vanillearoma

Zubereitung

Die Sahne in eine große Rührschüssel geben.

Bei niedriger Geschwindigkeit schlagen, dabei esslöffelweise Puderzucker zufügen.

Wenn der Zucker sich aufgelöst hat, auf hoher Stufe steif schlagen und gegen Ende das Vanillearoma hinzugeben.

(Rezept kann halbiert werden)

11. Teil

Kürbisschnitten mit Frischkäsecreme

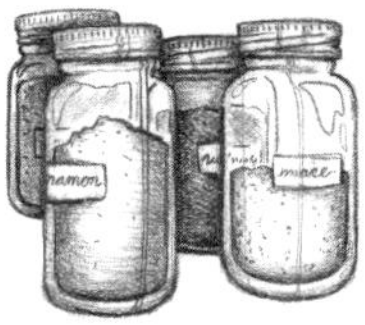

31

Labor-Day-Wochenende 2017

Die Brooklyn Bridge war verstopft und schmorte vor Hitze.

Sam schlängelte sich zwischen Touristen hindurch, die langsamer vorwärtskrochen als die Zombies bei *The Walking Dead*, alle paar Schritte stehenblieben, um Fotos zu machen, Wasser von Straßenverkäufern für drei Dollar die Flasche zu kaufen oder per FaceTime mit Freunden von Singapur bis St. Louis zu telefonieren.

Das Tempo, die Menschen, die Vielfalt, die Hitze, die Gerüche, dachte Sam, während sie links und rechts an Touristen vorbeitänzelte. *Das hat mir gefehlt.*

Sie hörte eine Glocke klingeln, und ein Mann hinter ihr brüllte: »Links!« Sofort beschleunigte Sam ihren Schritt und trat weiter nach rechts. Als sie aufblickte, sah sie ein älteres Pärchen, das an seinen Eistüten leckend mitten auf der Brücke stehen geblieben war, und die Horden bewegten sich um sie herum, als wären sie ein Felsblock in der Mitte eines tosenden Flusses. Sam hörte die Fahrradglocke erneut hinter sich klingeln, diesmal immer wieder, und der Mann brüllte: »Aus dem Weg!« Sam hastete vorwärts, die Arme wie ein Netz ausgebreitet, und schob das Pärchen ein paar Schritte zur Seite, gerade als der Radfahrer – ein Mann in einem blauweiß-karierten Overall, pludrigem weißen Hemd, roten Paillettenschuhen, einer Perücke mit zwei Zöpfen und einem Vollbart, einschließlich eines lebendigen Cairn Terriers im Fahrradkorb – mit affenartiger Geschwindigkeit vorbeisauste.

»Verdammte Touristen!«, brüllte er. »Es ist nirgends besser als daheim … also fahrt heim!«

»Ich bin keine Touristin, Dorothy!«, schrie Sam zurück.

»Danke«, sagte die Frau mit weit aufgerissenen Augen zu Sam, während ihr Eiscreme den Arm hinuntertropfte. »New York muss man einfach lieben, oder?«

»Stimmt«, lachte Sam.

Als Sam die Brücke überquerte, schaute sie hinaus auf die ausgedehnte Fläche Manhattans und Brooklyns – Wasser, Brücken und Verkehr unter ihr – und wurde eine Sekunde lang langsamer. Sie versuchte, den Gedanken in ihrem Kopf am Entstehen zu hindern, aber sie konnte es nicht.

Es ist nirgends besser als daheim, dachte sie.

In der Ferne sah Sam den *Der Zauberer von Oz*-Radfahrer in der Menge verschwinden, und plötzlich erinnerte sie sich an den Radfahrer, der sie an ihrem letzten Arbeitstag bei Chef Dimples angebrüllt hatte.

»Bist du die letzte Jungfrau der Stadt?«, hatte der Mann ihr zugerufen, als er auf seinem Fahrrad vorbeigeflitzt war.

»Hättest du wohl gern!«, hatte Sam geantwortet.

Meine Grandma hat mir beigebracht, hart im Nehmen zu sein, dachte Sam. *Mich zu verbiegen, aber nicht zu brechen, genau wie eine Weide.*

Kopfschüttelnd schaute Sam auf die Uhr ihres Handys und beschleunigte ihren Schritt.

Als sie sich der Mitte der ikonischen Brücke näherte, drängte sich dort eine Menschenmenge, wieder um Fotos zu machen, viele versuchten, das Panorama der Aussicht einzufangen, viele lasen die Schilder über die Geschichte und den Bau der Brücke. Sogar in diesem Meer von Menschen entdeckte Sam Angelo sofort. Er stand auf einer Säule über der Menge und winkte mit den Armen. Angelo trug ein Tanktop, und sein

Körper war durch die Hitze von Schweiß überzogen, was seine Muskeln in der Sonne glänzen ließ. Sam schluckte. Sein lockiges Haar war ein sexy Durcheinander, und er lächelte so strahlend wie die Sonne, wodurch seine Grübchen so groß wie Kommas auf einer Broadway-Reklame waren.

Aufregung durchflutete Sams ganzen Körper.

Ich hatte nicht damit gerechnet, so zu empfinden, dachte sie.

»Du hast es geschafft!«, rief Angelo. Er holte einen Iced Latte für Sam hinter seinem Rücken hervor. »Trink den besser schnell«, sagte er.

»Danke«, antwortete sie und nahm einen Schluck.

Angelo beugte sich zu ihr und umarmte sie. Zuerst blieb sie ein bisschen steif, ihre Umarmung zögerlich, aber dann sah Angelo ihr in die Augen und beugte sich vor, um sie zu küssen, und Sams Körper wurde so weich, dass sie beinahe den Eiskaffee fallen ließ.

»Mann, es ist schön, dich wiederzusehen, Michigan«, sagte er.

»Es waren doch nur ein paar Tage, Jersey«, erwiderte sie.

»Ich weiß, aber trotzdem …« Er lächelte und zog den Kopf ein. »Also, wie geht's dir?«

»Gut«, antwortete Sam zögernd. »Ganz okay«, sagte sie dann ausweichend. »War gedanklich stark beschäftigt«, gestand sie schließlich.

»Okay«, meinte Angelo. »Dann hast du alle emotionalen Stadien abgedeckt.«

Sam lachte und trank einen weiteren Schluck von ihrem Latte. »Ich hatte so viel im Kopf«, sagte sie. »Das Vorstellungsgespräch morgen, dass ich die Geburtstagsfeier meiner Grandma und die große Party der Obstplantage verpasse …« Sie zögerte. »Dass du mir gefehlt hast.«

Angelo lächelte.

»Also, ich wette, du fragst dich, warum ich mich hier mit dir treffen wollte?«

»Eigentlich nicht«, sagte Sam ungezwungen, obwohl sie sich genau das schon ungefähr hundertmal gefragt hatte, seit er sie gebeten hatte, sich mit ihm zu treffen.

»Du bist eine gute Lügnerin, Michigan«, lachte Angelo.

»Okay, vielleicht habe ich mich gefragt, warum«, gab sie zu.

Angelo ging zur Mitte der Brücke und deutete auf eine Gedenktafel.

»Wusstest du, dass die Brooklyn Bridge früher ›Das achte Weltwunder‹ genannt wurde?«, fragte er. Sam schüttelte den Kopf. »Ihre Länge, die stählerne Hängekonstruktion und die Schönheit ihres Designs mit den zwei Türmen haben sie zu einem Wunder der Ingenieurskunst gemacht.« Angelo verstummte und sah Sam an. »Die breite Promenade, auf der wir hier über den Fahrspuren stehen, wurde nur für die Nutzung durch Fußgänger und Radfahrer entworfen. Diese Brücke hat so eine großartige Geschichte.«

Er ging hinüber zum Geländer und ließ den Blick über die Stadt schweifen. »Sie ist außerdem die große Verbindung zwischen Brooklyn und Manhattan«, fuhr er fort. Er deutete zur Freiheitsstatue in der Ferne. »Ich bin früher oft hierhergekommen, als ich noch jünger war, und habe sie einfach nur angestarrt. Ich dachte daran, wie weit meine Familie es gebracht hat, was sie durchgemacht hatten, um nach Amerika zu kommen und es hier zu schaffen, wie mein Leben sein würde.« Er zögerte. »Obwohl die Brücke die zwei Bezirke miteinander verbindet, kommt es mir wie eine so große Entfernung vor. Ich wollte es in Manhattan schaffen.« Er drehte sich zu Sam um, die zu ihm herübergekommen war, und legte ihr den Arm um den Rücken. »Mein Job war eine Möglichkeit, dort hinzukommen«, sagte er mit einem Nicken in Richtung Manhattan. »Und dann traf ich dich. Und du hast mir dabei geholfen zu erkennen, dass Bildung der Schlüssel dazu ist, mich überallhin zu bringen, dass ich alles tun kann.«

Angelos Stimme war belegt vor Emotionen, und er starrte

die Freiheitsstatue eindringlich an, die Zähne fest zusammengebissen, als wolle er nicht anfangen zu weinen.

»Ich möchte dir etwas zeigen«, sagte er schließlich. Er nahm Sams Hand und führte sie die Brücke entlang in Richtung Brooklyn. Schließlich blieb er vor einem Teil der Brücke stehen, dessen gekreuztes Stahlgeländer von Vorhängeschlössern übersät war. Manche der Schlösser waren bunt lackiert oder mit Herzen bemalt, während andere handgemachte Schilder zierten, auf denen *Ich werde dich immer lieben* oder *Bis zum Mond und wieder zurück* stand, und wieder andere waren einfach nur mit dem Namen einer Frau oder eines Mannes graviert.

»Das Ganze hat in Italien angefangen«, sagte Angelo. »Sie sind als Liebesschlösser bekannt. Verliebte New Yorker und Touristen hängen diese Schlösser hier auf und werfen die Schlüssel dann in den East River. Es ist symbolisch ... Es bedeutet, dass sie einander für immer in ihre Herzen eingeschlossen und den Schlüssel weggeworfen haben, damit sie nie wieder geöffnet werden können.«

»Ich habe davon in der *Times* gelesen, glaube ich«, erwiderte Sam. »Das hat alles mit einem Buch angefangen, nicht wahr?«

Angelo nickte. »Die Stadt fängt jetzt damit an, alle Schlösser abzuschneiden«, sagte er. »Sie haben Angst, dass sie ein Sicherheitsrisiko darstellen, wenn sie auf einen Fußgänger oder ein Auto hinunterfallen, außerdem machen sie sich Sorgen wegen des Gesamtgewichts von Tausenden von Schlössern an der Brücke.«

Er hielt inne und sah Sam an. »Also dachte ich mir, dass ich nicht mehr viel Zeit habe«, sagte er.

»Wofür«, wollte Sam mit schief geneigtem Kopf und fragender Stimme wissen.

»Schau genau hin«, sagte Angelo. »Könnte eine Weile dauern.«

»Was hast du getan?« Sams Stimme klang sowohl verärgert als auch begeistert. »Was geht hier vor?«

»Das ist ein Suchspiel«, erklärte Angelo mit einem trockenen Lächeln. »Ich habe etwas versteckt. Du musst es finden.«

Sam nahm einen großen Schluck von ihrem Latte. »Halt mal«, sagte sie dann und drückte ihm den Becher in die Hand, um damit anzufangen, das Geländer abzusuchen, das dicht mit Schlössern behängt war. Sie ging nach links und rechts, kniete sich hin und musterte die Schlösser aufmerksam. Nach ein paar Minuten meinte sie: »Das könnte Monate dauern. Du wirst mir schon ein bisschen helfen müssen, Jersey. Sag ›Du wirst heiß‹ oder so was.«

»Du bist definitiv heiß«, erwiderte er mit lüsterner Stimme und einem Augenzwinkern. »Oder so was.«

»Hör auf.« Sie stemmte die Hände in die Hüften, nahm ihre Sonnenbrille ab und schob sie sich auf die Stirn. Sie suchte weiter und lachte plötzlich. »Ist es das hier?« Sie zeigte auf ein Schild, das offensichtlich von einem New Yorker dort hingehängt worden war und auf dem *Keine Schlösser mehr!* stand.

»Du bist kalt«, sagte Angelo mit einem herzlichen Lachen.

Rasch ging Sam auf Angelo zu. »Kalt«, wiederholte er. »Kälter. Eiskalt.«

Sie hüpfte in die andere Richtung, und Angelo folgte ihr. »Immer noch kalt«, sagte er, als sie weiter über die Brücke in Richtung Brooklyn ging. »Lauwarm. Warm. Wärmer. Heiß. Heißer. Okay, du bist glühend heiß. Praktisch in Flammen.«

Sam blieb stehen und begann das Geländer vor ihr abzusuchen. Sie schaute links, rechts, oben, unten, und da war es, direkt vor ihr: Ein Schloss mit einem Aufkleber von Michigan hielt eine kleine Rezeptbox am Geländer fest. Mit großen Augen drehte Sam sich um.

»Was ist das?«

»Was glaubst du?«

»Bist du eine Sphinx?«, fragte Sam. »Was bedeutet das?«

Angelo ging zu Sam, stellte ihren Kaffee auf das Pflaster und legte ihr die Hände auf die Schultern.

»Ich wusste nicht, was ich mit dem Schlüssel tun sollte, den Willo mir gegeben hat«, sagte er mit leiser Stimme. »Er bedeutete mir einfach so viel. Ich hatte das Gefühl, dass mir nicht nur eure Familiengeschichte anvertraut worden war, sondern auch dein Herz.« Er verstummte. »Als ich nach New York zurückkam, lasteten das Gewicht und die Bedeutung des Schlüssels schwer auf mir. Vor ein paar Tagen ging ich über die Brücke, sah das Geländer voller Schlösser, und endlich kam es mir.«

»Was denn?«, fragte Sam.

»Ich habe nicht den Schlüssel zu deinem Herzen oder deinem Leben«, erwiderte er. Seine Stimme war ernst und stark, aber voller Gefühl. »Und deine Familie hat den Schlüssel auch nicht.«

Sam schüttelte den Kopf. »Ich bin verwirrt«, sagte sie. »Wer dann?«

»Du«, antwortete Angelo mit einem wissenden Lächeln. »Du, Sam.«

Er langte in seine Tasche, nahm Sams Hand und legte etwas in ihre Handfläche, dann schloss er ihre Finger darum. Als Sam sie wieder öffnete, lag dort der Schlüssel der ursprünglichen Rezeptsammlung, den ihre Großmutter ihm gegeben hatte.

»Es ist deine Entscheidung, was du mit dem Schlüssel tust«, sagte er. »Und niemandes sonst.«

Sam stand da, Tränen in den Augen, den Kopf schüttelnd, und ihre Knie fühlten sich an, als wollten sie jeden Moment nachgeben.

»Ich habe ein Schloss machen lassen, zu dem dieser Schlüssel passt«, fuhr er fort. »Und ich habe das Rezeptkästchen mit ein paar … sagen wir einfach, Überraschungen gefüllt. Wenn du mit mir zusammen sein willst, dann hast du den Schlüssel

… du kannst ihn benutzen, um das Kästchen aufzuschließen und zu entdecken, was darin ist. Wenn nicht, dann lass es einfach hier.«

Eine einsame Träne lief Sam über die Wange. »Angelo«, setzte sie an.

»Du hältst den Schlüssel zu deinem Glück in der Hand, Sam«, sagte er. »Und sobald du es aufgeschlossen hast, wirst du wissen, was du tun sollst.«

»Ich weiß nicht, was ich sagen soll.« Ihre Stimme schwankte.

»Du brauchst gar nichts zu sagen.« Angelos Grübchen blitzten auf. »Ich werde jetzt gehen.« Er beugte sich vor und küsste sie zärtlich auf die Wange. »Viel Glück bei deinem Vorstellungsgespräch, Michigan. Du wirst sie umhauen.« Er ging zum Rand des Geländers und tat so, als wolle er darüberklettern und springen. »Lass mich nur nicht in der Luft hängen, Michigan, okay?«

Lächelnd schüttelte Sam den Kopf. »Okay«, sagte sie.

Angelo winkte zum Abschied, aber dann drehte er sich noch ein letztes Mal um und schrie: »Nur eine Woche vor Eröffnung der Brücke im Jahr 1884 führte P.T. Barnum einundzwanzig Elefanten darüber, um zu beweisen, dass sie stabil ist.«

Sam zuckte mit den Schultern und schnitt eine Grimasse. »Wovon redest du?«

»Manchmal muss man einfach darauf vertrauen, dass alles klappt«, rief er, »ob man die Brücke nun tatsächlich überquert hat oder nicht.«

Sam lachte. »Du bist verrückt«, rief sie.

»Ich weiß«, rief Angelo und winkte hinter sich.

Sam sah ihm nach, wie er über die Brücke ging und immer kleiner wurde, bis er nur noch ein Punkt in der Menge war.

Dann drehte sie sich um und betrachtete das Schloss und die Rezeptbox. Gleich jenseits des Geländers, in der Ferne, erhob sich stolz die Freiheitsstatue und hielt ihre Fackel hoch, damit die ganze Welt sie sehen konnte.

So stark, schön, stolz, unabhängig, dachte Sam.

Und doch, konnte sie sich des Gedankens nicht erwehren, *ist sie ganz allein da draußen.*

Lange stand Sam auf der Brücke und drehte den Schlüssel immer wieder zwischen den Fingern.

32

Jäh schreckte Willo aus dem Schlaf. Sie stützte sich im Bett auf und schaute auf die Uhr auf ihrem Nachttisch. Die roten Zahlen leuchteten in der immer noch dunklen Nacht: 4.35 Uhr. Willo lächelte im Dunkeln vor sich hin, weil die Zahlen der Uhr eine nicht gerade subtile Botschaft enthielten: 4 + 3 = 7, gefolgt von 5.

»Alles Gute zum Geburtstag, altes Mädchen«, sagte Willo zu sich selbst. »Du hast es bis fünfundsiebzig geschafft.« Sie hielt inne und fügte mit einem Kichern hinzu: »Irgendwie.« Ihr Lachen hallte durch die Stille des Schlafzimmers.

In den letzten paar Monaten hatte Willo Schlafstörungen gehabt. Zuerst hatte sie geglaubt, es wäre nur ihre Aufregung über das, was vor ihr lag: die doppelte Geburtstagsfeier für sie und die Obstplantage und die Planung und Ausführung, die damit einhergingen. Obwohl sie diese Details in den Griff bekommen hatte, stellte Willo fest, dass sie immer noch mitten in der Nacht mit Herzrasen aufwachte, einer Panik nahe.

Besorgt ging Willo zu ihrer Ärztin, aber die sagte ihr, dass dieser Zustand normal war, wenn man älter wurde.

»Je älter wir werden, desto deutlicher können Schlafprobleme auftreten«, hatte sie ihr gesagt. »Vor Sonnenaufgang aufzuwachen, nicht mehr einschlafen zu können. Während der Nacht mehrere Male aufzuwachen. Bei vielen Erwachsenen über fünfzig führen Schlafstörungen zu Belastungen im Alltag und Erschöpfung.«

Ihre Ärztin empfahl ihr, tagsüber keine Nickerchen zu machen und ihr normales Schlafmuster nicht zu verändern.

Sie hatte Schlafmittel vorgeschlagen, aber Willo hatte sich dagegen gesträubt. Sie war stolz darauf, dass ihr täglicher Medikamentenplan nur aus Vitaminpräparaten und einer Tablette gegen ihre Arthritis bestand. Viele ihrer Freunde nahmen ganze Hände voll Pillen und trugen zu jeder Uhrzeit Schachteln mit Tabletten mit sich herum.

Uhrzeit, dachte Willo und schaute kopfschüttelnd erneut auf ihren Wecker. *Großer Tag. Kann ihn genauso gut jetzt schon beginnen.*

Sie schaltete die kleine Lampe auf ihrem Nachttisch ein, eine rosa Keramiklampe mit einem altmodischen Schirm, der – natürlich – mit kleinen Äpfeln bedruckt war, und griff nach ihrer Lesebrille, dabei stieß sie ein kleines Schild um. Willo setzte die Brille auf, um es wieder aufzustellen, und musste lächeln, als sie die Botschaft darauf las: *Graues Haar ist ein prächtiger Schmuck.* Sprüche 16.31.

»Was ist mit grauen Haaren, die ein bisschen gefärbt sind?«, fragte sie das Schild mit einem leisen Lachen. »Ich glaube sogar, die Farbe nennt sich Prächtiges Silber.«

Willo nahm ein Buch von ihrem Nachttisch – Essays von Anne Lamott, die ihr Trost und Kraft gaben – und erstarrte, als sie las, was auf dem Lesezeichen stand: *Angst verhindert nicht den Tod. Sie verhindert das Leben. Naguib Mahfouz.*

Sam hatte ihr dieses Lesezeichen vor Jahren geschenkt, und es hatte seitdem jedes einzelne Buch geziert, das Willo im Lauf der Zeit gelesen hatte, und stand immer noch stolz und aufrecht wie ein literarischer Freund und Wächter.

Wie wahr, dachte Willo, als sie den Spruch noch einmal las.

Plötzlich setzte sie sich kerzengerade im Bett auf.

Das ist es, dachte sie. *Es kommt nicht davon, dass ich älter werde oder mir Sorgen wegen der Planung mache. Ich habe nicht geschlafen, weil ich Angst hatte.*

Willo legte das Buch auf ihren Schoß und sah sich in ihrem Schlafzimmer um. Es war geschmückt mit der Geschichte ihres Lebens und der Lebensgeschichte ihrer Familie: Fotos von ihrem Mann und ihrer Tochter, von ihren Eltern und Großeltern, der Obstplantage und der Bäckerei. Ihren Blick über die gerahmten Bilder an den Wänden schweifen zu lassen war wie einen alten Film zu sehen: Babys, die geboren wurden, heranwuchsen, hinaus in die Welt gingen, selbst Kinder bekamen, älter wurden und …

Willo hielt inne und schloss die Augen. *Ich bin die Nächste. Nun steht niemand mehr vor mir in der Schlange, nicht wahr, Gott?*

Sie öffnete die Augen wieder, und Schwarzweißfotos der Obstgärten verwandelten sich in Farbfotos, Setzlinge wurden zu Bäumen, Gebäude vergrößerten sich.

Ich habe keine Angst vor meinem Tod. Ich habe Angst vor dem Tod dessen, was meine Familie ins Leben gerufen hat. Ist das egoistisch?

Sie betrachtete die Fotos von Sam und ihrem Bruder Aaron. *Was ist, wenn meine Enkel die Obstplantage nicht wollen? Was, wenn sie sie an ein Unternehmen oder eine größere Farm verkaufen? Was, wenn …*

Eine Stimme in Willos Kopf rief nach ihr. Es war die ihrer Mutter, die mit ihr in der Küche stand und ihr das Backen beibrachte.

»Was, wenn die Cookies nichts werden?«, hatte Willo ihre Mom in der Küche immer wieder gefragt. *»Was, wenn wir nicht genug Zucker reingetan haben?«*

»Du kannst nichts davon kontrollieren, Willo«, hatte ihre Mutter erklärt. *»Du hast das Rezept befolgt. Du hast ihm sogar deine eigene Note gegeben: Kirschen in den Schoko-Cookies. Du hast alles getan, was du kannst; jetzt musst du einfach darauf vertrauen, dass alles gut werden wird.*

Manchmal«, hatte ihre Mom hinzugefügt und Willo auf ihre Arme gehoben, *»kann man zu vorsichtig sein, sich zu viele Sorgen machen. Manchmal, hat deine Grandma mir einmal gesagt, muss man das Leben und die Liebe anders angehen als das Backen: mit mehr Unbekümmertheit.«*

Willo zog einen Morgenmantel aus rosa Chenille und flauschige Häschenpantoffeln an.

»Was wäre das Leben ohne Häschenpantoffeln?«, fragte Willo die fröhlichen kleinen Gesichter. »Bereit für etwas Kaffee?«, flüsterte sie den weichen Ohren zu.

Sie tapste die Treppe hinunter in die Küche und schaltete dabei alle Lichter ein. Dann setzte sie den Kaffee auf und trommelte ungeduldig mit den Fingern auf die Arbeitsplatte, während sie darauf wartete, dass die Kanne voll genug war, um sich ihre erste Tasse einzuschenken. Sie schnappte sich ihre Lieblingstasse, auf der *Backen ist Liebe* stand, und füllte sie bis zum Rand.

»Ich liebe dich, Kaffee«, flüsterte sie der Tasse zu.

Willo ging zum Küchentisch, um sich zu setzen, blieb jedoch unterwegs stehen und nahm die Rezeptsammlung aus dem alten Küchenschrank.

Soll ich heute Morgen etwas backen?, dachte sie. *Eine besondere Leckerei für alle, die so hart arbeiten, um alles vorzubereiten? Und mit diesen Teigtaschen anfangen?*

Sie warf einen Blick auf die Küchenuhr, die wie ein Kuchen geformt war. Die Zeiger wanderten über ein Teiggitter, und ein Stück der Apple Pie fehlte. *Zeit habe ich jedenfalls genug*, dachte sie.

Sie setzte sich und öffnete das Kästchen, um durch die Karten zu blättern, als blättere sie die Seiten einer Zeitung um.

Dabei strömten wieder Erinnerungen auf sie ein, genau wie vor wenigen Augenblicken, als sie die Fotos in ihrem Schlafzimmer betrachtet hatte.

All die Geburtstagskuchen und Festtags-Pies, Eiscreme an warmen Sommerabenden und warme, klebrige Leckereien an kalten, verschneiten Wintertagen, dachte Willo. *Cookies, Cupcakes, Schokoladenkuchen und Rührkuchen.*

Willo hielt inne und strich mit der Hand über das polierte Holz des Kästchens.

Das hier ist die Geschichte meiner Familie. Das hier erzählt, wer wir sind.

Willo verlor jedes Zeitgefühl, während sie die Rezepte durchstöberte, bis draußen verstohlen ein Licht auftauchte. Sie stand auf und ging zum Küchenfenster. Jenseits der Obstgärten, in der Ferne über der Bucht, konnte Willo das erste Tageslicht ihres fünfundsiebzigsten Geburtstags über den nordöstlichen Rand der Bucht kriechen sehen.

Ein unerwarteter Schauer hüllte Willo ein, und sie schlang die Arme um sich und vergrub die Hände im flauschigen Plüsch ihres Morgenmantels. Das Licht der Morgendämmerung war orange, und der Horizont sah aus, als wäre ein gigantisches Eis am Stiel darüber geschmolzen.

Wie viele schöne Sonnenaufgänge habe ich in meinem Leben schon gesehen?, fragte sich Willo. *Wie viele atemberaubende Sonnenuntergänge?* Und obwohl sie versuchte, es zu verhindern, schoss ihr eine weitere Frage in den Kopf: *Und wie viele werde ich noch sehen?*

Willo wollte sich wieder umdrehen, doch da erweckte ein einsames Laubblatt in der Morgenröte ihre Aufmerksamkeit. Es war ein Ahornblatt, das an einem hohen Ast baumelte und sich im Wind drehte, ständig im Kreis, als wäre es ein Artist des Cirque du Soleil.

Das Blatt war leuchtend orange, ein Farbton, der sogar noch schöner war als die Morgendämmerung über dem Horizont, und es stach hervor wie eine Goldamsel in einer Reihe von Drosseln.

Ein Herbstbote, dachte Willo. *Ein Bote der Veränderung.*

Jedes Jahr drehte ein Ast von Willos geliebtem riesigen Ahornbaum dem Sommer eine lange Nase, schon Wochen bevor sich irgendwelche Anzeichen von Herbst im Norden Michigans zeigten. Die Blätter des Astes verfärbten sich zu einem Regenbogen von Farben, während die übrigen Blätter saftig grün blieben. Willo saß oft auf der Veranda und schaute den Baum an, während sie ihren Kaffee oder ihren Wein trank. Sie bewunderte die Kühnheit des Astes und fand sich mit der Tatsache ab, dass ein weiterer Sommer zu Ende ging, dass der Herbst kam, dass die Jahreszeiten des Lebens sich niemals verlangsamen oder aufhalten ließen. Manchmal wurde Willo von der Sonne geblendet, wenn sie zum Baum hochsah, und sie war gezwungen, die Augen zu schließen, und Hunderte von Spiegelbildern des Baums schwebten vor ihren Lidern. Dann riss sie die Augen wieder auf, und die Bäume waren immer noch da, diesmal bewegten sie sich, sie rannten, hüpften in ihrem Hof herum, auf den Hügeln, in den Obstgärten, wie Geister aus ihrer Vergangenheit und Hoffnungen für ihre Zukunft.

Das Blatt drehte sich weiter, ein Schauspiel nur für Willo. Plötzlich kam ihr eine Idee. Sie eilte zurück zum Küchentisch und begann, die Rezeptkarten durchzublättern, auf der Suche nach diesem orangefarbenen Fleck, genau wie das Blatt.

Wo ist sie?, fragte sie sich. *Wo ist sie hin?*

Verwirrt setzte sie sich und trank einen großen Schluck Kaffee, um ihren immer noch verschlafenen Verstand aufzuwecken.

Habe ich sie verloren?

Willo kehrte zur Kaffeekanne zurück und füllte ihre Tasse wieder auf, dann lehnte sie sich aus dem Küchenfenster, um auf den Horizont und dann auf das Blatt zu blicken, das immer noch winkte, immer noch stolz aus einer Welt hervorstach, die zu sehr gleich aussah.

Plötzlich weiteten sich Willos Augen, und sie lächelte vor

sich hin, weil sie endlich begriff, wohin das Rezept verschwunden war. Sie schenkte dem Blatt ein kleines Winken.

O Sam, dachte Willo, als sie die Augen schloss, um ein kleines Gebet zu sprechen. *Folge deinem wahren Selbst. Folge deinen wahren Farben.*

33

Sam warf sich unruhig im Bett herum und setzte sich schließlich auf, um auf die Uhr ihres Handys zu sehen. 4.35 Uhr.

Alles Gute zum Geburtstag, Grandma, dachte sie. Sie überlegte kurz, ihrer Grandma eine SMS mit einem frühen Geburtstagsgruß zu schicken, entschied sich dann aber dagegen.

Zu früh, fand sie. *Und zu früh, um schon aufzuwachen, sonst bringen meine Mitbewohnerinnen mich um.*

Ein Wagen der Müllabfuhr rumpelte und schepperte an einem Block in der Nähe, und der ohrenbetäubende Lärm hallte an den Gebäuden entlang wie in einer Schlucht.

Sam legte sich wieder hin und zog sich das Kissen über den Kopf, um den Lärm der Stadt auszublenden.

Die Stadt, die niemals schläft, dachte sie. *Das ist noch untertrieben.*

Sam war nicht bewusst gewesen, wie sehr sie sich schon an den Großstadtlärm gewöhnt hatte, bis sie wieder nach Hause gekommen war. Anfangs hatte sie in Michigan nicht schlafen können, weil es so unheimlich still war, aber es hatte nur ein paar Tage gedauert, bis sie sich wieder auf die Abgeschiedenheit eingestellt hatte. Sie gewöhnte sich schnell an das Orchester aus Eulen und Zikaden, anstatt des Hard Rocks aus Müllfahrzeugen, Polizeisirenen, Rettungswagen, Musik und schreienden New Yorkern. Der Lärm war unerbittlich; ganz gleich, um welche Tageszeit, New York war wach.

Und wie, dachte Sam und legte einen Arm über das Kissen,

um die lärmende Musik zu dämpfen, die aus einem vorbeifahrenden Auto dröhnte. Sie versuchte, ihren Verstand zur Ruhe zu bringen, aber der wollte davon nichts wissen; ihr Vorstellungsgespräch drängte sich stets in den Vordergrund.

Ich kann nicht erschöpft zu meinem Vorstellungsgespräch gehen, dachte sie. *Schlaf wieder ein.*

Aber je stärker Sam dieses Mantra wiederholte, desto aufgedrehter wurde sie.

Wird Colette nett sein? Wird sie eine Kopie von Chef Dimples sein?, fragte sich Sam. *Werde ich sie mögen? Den Job? Was ist, wenn sie ihn mir anbietet? Was, wenn sie es nicht tut?*

Ein Bild ihrer Großmutter tauchte in Sams Kopf auf, und sie drückte sich das Kissen fester aufs Gesicht. Sie hörte ihre Grandma einen Spruch sagen, den sie von ihr jedes Mal zu hören bekommen hatte, wenn sie sich als Kind über Dinge Sorgen gemacht hatte, die sie nicht kontrollieren konnte: »Wenn das Wörtchen Wenn nicht wär, dann wär ich längst schon Millionär!«

Es geht doch nichts über Grandmas Weisheiten, dachte sie. *Wenn, wenn, wenn …*

Eine Sirene heulte vorbei, und Sams kurzer Moment der Klarheit wurde erneut zerstört.

Was ist, wenn Colette mich bittet, spontan etwas für sie zu backen?, fragte sich Sam. *Wenn ja, was?*

In Gedanken ging Sam ihre Möglichkeiten durch. *Die Galette wäre ideal,* dachte sie. *Aber wenn Colette die Königin französischer Gebäckkunst ist, dann entspricht meine vielleicht nicht ihren Maßstäben.*

Ich könnte die Slab Pie machen, überlegte Sam weiter. *Aber was ist, wenn Trish ihr schon gesagt hat, dass das mein Mic-Drop-Moment bei Chef Dimples war?*

Sams Verstand raste, und dann fiel ihr ein, dass Colette gesagt hatte, sie brauchte jemanden für den Herbst. *Herbst,* dachte Sam. *Schals, Pullis, süße Mäntel und Stiefel.*

Ein weiteres Bild von Willo schoss Sam durch den Kopf. *Deshalb hast du dieses Rezept mitgehen lassen, nicht wahr?*, fragte Sam sich selbst.

Sie riss sich das Kissen vom Gesicht, und die kühle Luft ernüchterte sie, als sie tief einatmete. Hastig griff sie nach ihrem Handy und schaltete die Taschenlampe ein, dann leuchtete sie suchend damit um ihr Bett herum und entdeckte ihre Handtasche auf einem kleinen Klappstuhl. Sie streckte die Arme aus, weil sie nicht aus dem Bett aufstehen wollte, bis ihre Fingerspitzen die Handtasche streiften und sie sie packen und zu sich ziehen konnte. Sie öffnete sie, und darin lag die Rezeptkarte, die sie, als ihre Grandma nicht hingesehen hatte, heimlich in die Hosentasche ihrer Shorts geschoben und dann vor ihrem Heimflug nach New York in die Handtasche gesteckt hatte. Sam beleuchtete das Rezept mit der winzigen Taschenlampe.

Willos himmlisch herbstliche Kürbisschnitten mit Frischkäsecreme

Sam lächelte im Dunkeln. Das Rezept war mit orangefarbenem Filzstift in der geschwungenen Handschrift ihrer Grandma geschrieben, derselben Schreibschrift – stark nach rechts geneigt, als wären die Buchstaben von einem Sturm erfasst worden –, die Sam und ihre Mom benutzten. Die *F*s waren extravagant und schwungvoll, wie es einem die Lehrer in der Schule beibrachten, und die Punkte auf Willos *I*s waren kleine Herzchen. Entlang der Ränder hatte Willo süße kleine Kürbisse und herbstliche Blätter gezeichnet.

Sam legte die Karte flach aufs Bett und versuchte, sie nach ihrem Diebstahl wieder zu glätten. Die Karte war geknickt und zerknittert, und Sam wurde schwer ums Herz. Aber die Karte hatte auch schon bessere Tage gesehen; sie war mit orangefarbenen Flecken übersät – vom Kürbis und vom Teig –, und Kleckse der Frischkäsecreme, wahrscheinlich aus dem Mixer gespritzt, verdeckten ein paar der Buchstaben des Rezepts. Sam nahm die Karte und hielt sie sich an die Nase; sie roch nach dem Holz des Rezeptkästchens.

Sie riecht nach Zuhause.

Rasch überflog sie die Zutaten und die Zubereitung und versuchte, sie sich einzuprägen, für den Fall, dass sie gebeten wurde, sie spontan zu backen, doch dann zuckte sie zusammen, als sie zu einer Zutat kam, die ihr bei ihrer kulinarischen Ausbildung unangenehm ins Auge stach: Bisquick.

Grandma, ich hatte ganz vergessen, wie sehr du Bisquick liebst.

Okay, dachte Sam, und starrte auf das Rezept. *Ich kann die Backmischung einfach auf die altmodische Weise ersetzen: Mehl, Backpulver, Salz, Butter oder Margarine.*

Sie hielt inne. *Aber was, wenn es dann nichts wird?*, fragte sie sich. *Was, wenn …*

Unvermittelt schüttelte Sam den Kopf und wedelte vor sich mit den Armen. »Hör auf!«, sagte sie im Dunkeln zu sich selbst. »Hör auf, alles zu sabotieren, bevor es überhaupt passiert ist.«

Dabei erleuchtete die Taschenlampe in ihrer Hand die Wände ihres Schlafzimmers wie ein Suchscheinwerfer. Der winzige Würfel von einem Raum erhellte sich von links nach rechts, als fahre ein Auto nachts mit eingeschalteten Scheinwerfern vorbei. Als ihre Hand wieder zur Ruhe kam, blieb das Licht an einem Fleck an der Wand vor ihr stehen und beleuchtete ein Dekoschild, das ihre Grandma ihr geschenkt hatte, als sie nach New York gezogen war.

Sicher kann man Mehl, Backpulver, Salz, Butter und das ganze Drum und Dran zusammenrühren, aber warum nimmt man nicht einfach eine Packung Bisquick?
– Sandra Lee

Sam hatte das Geschenk damals beinahe weggeworfen, als sie es bekommen hatte.

»Das kann ich nicht aufhängen, Grandma«, hatte sie protestiert. »Meine Klassenkameraden würden mich ewig damit aufziehen. Ein Zitat der Fernsehköchin, die für ihren Fertiggerichte-Mix bekannt ist? Ernsthaft?«

»Viele Leute sind zu beschäftigt, um das zu tun, was du tust, und was wir in der Pie Pantry tun«, erwiderte Willo, die es liebte, Sendungen auf Food Network zu schauen. »Das bedeutet nicht, dass sie nicht kochen oder backen wollen. Sie wollen trotzdem eine gute Mahlzeit. Sie wollen trotzdem etwas mehr als Fast Food, eine Tiefkühlpizza oder Cookies aus Fertigteig. Aber manchmal sind sie einfach zu gestresst, viel Zeit dafür aufzuwenden. Abkürzungen sind okay, solange es keine Kompromisse sind.«

Als Sam das Schild aufgehängt hatte, hatten ihre Klassenkameraden sie damit getriezt, ihr davon zu erzählen, was gefeierte Köche wie Anthony Bourdain von Lee hielten, und sie gefragt, was genau Bisquick eigentlich war.

»Eine Fertigbackmischung«, hatte Sam geantwortet. Und dann hatte sie ihre Mitschüler mit frischen Keksen überrascht, von denen sie in den höchsten Tönen schwärmten, ohne zu wissen, dass sie mit Bisquick gemacht worden waren.

Sam nahm ihr Handy, schaltete die Taschenlampe aus und begann, zu tippen.

ALLES GUTE ZUM GEBURTSTAG, GRANDMA!, schrieb sie und fügte noch das Gif eines Kuchens hinzu, auf dem eine Kerze in Form einer 75 flackerte. *Ich weiß nicht, ob du schon wach bist, aber ich denke an dich, hab dich lieb und vermisse dich!*

Sam drückte auf Senden, und eine Minute später piepte ihr Handy.

Danke! Ich hab dich auch lieb und denke an dich! Bin schon früh auf, um den Sonnenaufgang zu sehen … Er hat ein absolut herrliches Orange. Lass dein Licht heute hell strahlen und zeig deine wahren Farben!

Sofort kamen Sam die Tränen, und sie schickte ihrer Grandma eine Reihe von Herzchen, gefolgt von einem Schwarm Luftballons, die über den Bildschirm schwebten.

Wenn sie schon auf ist, dachte Sam, *dann kann ich ebenso gut auch aufstehen. Heute ist ein großer Tag für uns alle.*

Sie stand auf, streckte sich und schaute aus ihrem Schlafzimmerfenster.

Hallo, Ziegelmauer. Lachend sah sie die Gebäude an, die auf der anderen Seite der schmalen Gasse lagen.

Ohne Vorwarnung leuchtete das Neonschild des indischen Restaurants unten auf. In der vormorgendlichen Dunkelheit erhellte das Schild die Gasse.

Naan Better, blinkte das Schild und tauchte Sams urbane Aussicht in ein helles, leuchtendes Orange. Sam betrachtete das blinkende Schild, so leuchtend orange wie indische Gewürze, und blinzelte im Takt dazu.

Das war mir nie bewusst, dachte Sam, die Augen erfüllt von Orange. *Was, wenn das ein Zeichen ist?*

34

Die Obstplantage brummte vor Geschäftigkeit.

Willo stand am Rand der Scheune und überwachte die Feierlichkeiten. Die Selbstpflückplantage hatte geöffnet, und unter jedem Baum schien jemand Obst zu pflücken. In der Mitte des Obstgartens waren Kinderspiele aufgebaut worden: Äpfelschnappen, Basteltische, Gesichterschminken. Vor der Pie Pantry wurde Essen serviert, und Grillrauch trieb träge in den blauen Himmel. An behelfsmäßigen Tischen wurden Pies verkauft, während Leute vor der Bäckerei Schlange standen, um sich Vorführungen anzusehen, wie sie gemacht wurden. Eine Reihe wartender Autos wand sich die Straße hinunter.

»Hi, Willo!«, grüßte eine Gruppe Mädchen im Vorbeigehen. Sie winkten fröhlich, während sie an ihren Apfelsaft-Eistüten leckten. »Sie sehen so hübsch aus!«

»Danke, Mädchen!« Willo schaute an sich hinunter und strich ihren Rock glatt. Statt ihres üblichen Outfits trug Willo ein hübsches blaues Kleid, das zu ihrer Augenfarbe passte, sie hatte sich die Haare zu sanften Wellen gedreht und trug Make-up.

»Alles Gute zum Geburtstag, Mom!«

Als Willo sich umdrehte, standen Deana und Gary neben ihr. Sie umarmte und küsste beide.

»Du siehst wunderschön aus«, sagte Gary.

Willo machte eine kleine Drehung. »Danke.«

»So schön wie das Wetter«, fügte Deana hinzu.

Es war ein perfekter Start ins Labor-Day-Wochenende in Suttons Bay, dessen Wettervorhersage für die Feiertage normalerweise bunt gemischter als eine Dreierlei-Beeren-Galette war. Das Wetter am Labor-Day-Wochenende konnte kalt und regnerisch sein, bewölkt und kühl oder warm und sonnig, aber das wechselte sehr von Jahr zu Jahr.

»Wir haben Glück«, sagte Willo. »Unsere Gebete wurden erhört.«

Die drei schwiegen einige Sekunden lang, während die Echos von Kinderlachen und aufgeregten Rufen die Luft erfüllten.

»Ich hätte mir nie träumen lassen …«, setzte Willo an, verstummte dann jedoch, um sich zu räuspern. Wieder setzte sie an, doch ihre Stimme war belegt.

»O Mom.« Deana legte ihrer Mutter einen Arm um die Taille und zog sie an sich. »Alles okay?«

Willo nickte. »Ich hätte mir nur nie träumen lassen, dass unsere Obstplantage einmal so groß wird«, sagte sie, »oder es schafft, hundert Jahre alt zu werden. Ich bin sehr stolz auf das, was unsere Familie geschafft hat.« Sie zögerte und wandte sich zu ihrer Tochter und ihrem Schwiegersohn um. »Ich bin sehr stolz auf euch beide.«

Deana und Gary lächelten. »Wir wären nicht hier ohne dich«, erwiderte Gary. »Ich bin sehr stolz auf dich. Du bist eine erstaunliche Frau.«

Willos Wangen färbten sich tiefrot.

»Fünfundsiebzig«, sagte sie kopfschüttelnd. »Ich fühle mich heute nicht wie fünfundsiebzig. Ich fühle mich immer noch wie eins dieser jungen Mädchen dort.«

»Du benimmst dich auch wie eins«, scherzte Gary.

Willo lächelte. »Das Leben geht so schnell vorbei. Ich kann mich noch erinnern, wie ich als junges Mädchen hier stand und meine Eltern ansah, als sie noch nicht mal in eurem Alter waren. Man kann die Zeit nicht aufhalten. Man kann nur hoffen, sie weise zu nutzen.«

»Das hast du, Mom«, erklärte Deana. »Das hast du.«

»Das hoffe ich«, antwortete Willo. »Mir bleibt nicht mehr viel Zeit auf dieser Erde ...«

»Mom, hör auf«, unterbrach Deana sie.

»Nun, es stimmt aber. Tut mir leid, das zu sagen. Ich mache mir keine Sorgen darüber, dass mein Leben zu Ende geht. Es war eine fröhliche Reise.«

Unvermittelt tapste ein pummeliger kleiner Junge in einem kurzen Overall barfuß und unsicher – an beiden Händen von seinen Eltern gehalten – auf Willo zu.

»Jackson hat etwas, das er Ihnen schenken möchte«, sagte seine Mom, ein breites Lächeln auf ihrem gebräunten Gesicht. »Du kannst es der netten Dame jetzt geben, Jackson.«

Seine Eltern ließen ihn los, und Jackson streckte ein rundliches Ärmchen in die Bauchtasche seines Overalls und holte einen Apfel hervor – so rund, rot und schön wie sein Gesicht. Er kicherte aufgeregt, und dann warf er den Apfel einfach in die Luft, worauf er über den Boden auf Willo zurollte.

»Entschuldigung«, sagte der Vater des Jungen. »Er ist noch nicht besonders gut darin, Leuten Dinge zu geben.«

»Kannst du sagen, was du sagen wolltest?«, fragte seine Mom. »Du kannst es der netten Dame sagen.«

»Hoppy Bowfday!«, rief Jackson und hüpfte fröhlich auf und ab.

Willo ging in die Knie und sah den kleinen Jungen an. »Danke, Jackson«, sagte sie. »Darf ich dich drücken?«

Der Junge schaute zu seinen Eltern hoch, die zustimmend nickten. Willo umarmte Jackson und gab ihm einen Kuss auf den Kopf.

»Meine Eltern sind an jedem Labor-Day-Wochenende mit mir hierhergefahren, seit ich ein kleines Mädchen war«, erklärte die Frau. »Wir sind aus Chicago, und hierherzukommen macht unseren Sommer perfekt. Das wollen wir an unseren Sohn weitergeben. Ich wollte mich nur bei Ihnen und Ihrer Familie bedanken und Ihnen alles Gute zum Geburtstag wünschen, weil Sie meiner Familie im Lauf der Jahre so viele süße Erinnerungen geschenkt haben.«

Willo spürte Tränen in sich hochsteigen und drängte sie zurück, als sie die junge Frau umarmte.

»Danke«, sagte sie. »Aus tiefstem Herzen.«

Die Familie lächelte und ging zur Bäckerei. Willo hob den Apfel zu ihren Füßen auf, rieb ihn an ihrem Kleid und biss davon ab, während sich der Obstgarten in den Tränen spiegelte, die ihr nun in den Augen standen.

»Das ist es, wovon ich nicht will, dass es endet«, sagte sie mit einem leisen Flüstern. »Meine Familie und meine Obstplantage sind mein Vermächtnis.«

»Mom«, erwiderte Deana. »Es wird sich schon alles finden. Denk nur, wie oft unsere Familie im Lauf des letzten Jahrhunderts zu kämpfen hatte. Manchmal muss man einfach nur daran glauben, dass alles gut werden wird ... und das wird es auch. Das hast du uns gelehrt. Denk an diese Familie, die du gerade getroffen hast, an all die Menschen, die du im Lauf der Jahre beeinflusst hast.« Deana hielt inne und kratzte sich am Kopf. »Wie ging noch mal dieses Gedicht, das du mir immer aufgesagt hast, wenn ich mich übers Backen beklagt habe oder über die Arbeit hier? Weißt du es noch?«

»Das ›Rezept für ein gutes Leben‹?«, erwiderte Willo mit einem Lächeln, als sie sich erinnerte. »Man nehme eine Tasse Freundlichkeit ...«

»Eine Prise Bescheidenheit«, fuhr Deana fort, und dann zitierten beide gemeinsam das Gedicht darüber, wie die Zutaten Lachen, Geduld, Vergebung, Liebe, Vertrauen und Mut im Leben miteinander kombiniert und an alle, denen man begegnet, weitergegeben werden sollten.

Als sie damit fertig waren, lehnte Willo sich an ihre Tochter.

»Danke, dass du mich daran erinnert hast«, sagte sie. »Das ist ein Gedicht von Muhammad Ali.«

Plötzlich wurde Willo von den Füßen gerissen und im Kreis herumgewirbelt, dass der Obstgarten, dann die Scheune, dann Deana und Gary vor ihren Augen vorbeisausten.

»Alles Gute zum Geburtstag, Grandma!«

Willo hatte wieder festen Boden unter den Füßen, aber die Welt drehte sich noch immer. Als sie sich umwandte, stand Aaron vor ihr.

»Mein Enkelsohn!«, schrie sie. »Es ist so schön, dich zu sehen. Was machst du denn hier?«

»Das würde ich doch um nichts in der Welt verpassen«, antwortete er.

Willo betrachtete ihren Enkel, der hoch vor ihr aufragte. Der Junge, den sie immer sah, war jetzt ein erwachsener Mann.

»Ich hab dich lieb, Grandma!«, sagte er.

»Ich hab dich auch lieb.«

»Also, Sam ist wieder in New York?«, fragte er.

Willo nickte.

»Sie hat mir Anfang dieser Woche geschrieben, aber seitdem habe ich nichts mehr von ihr gehört.« Er verstummte kurz. »War irgendwie mit den Aufnahmefeiern der Studentenverbindung beschäftigt.«

Plötzlich schallte der Klang eines Beckens in der Ferne.

»Wo wir gerade davon sprechen«, Aaron zeigte zum Rand des Obstgartens. »Überraschung! Ich habe ein paar Freunde mitgebracht, die eine Band in Ann Arbor haben. Dachte, es würde ihnen Spaß machen, heute Abend zu spielen.«

»Du hättest uns vorher fragen sollen«, meinte Gary.

»Sorry«, erwiderte Aaron. »Ich wollte nur auch ein Geschenk für Grandma haben.«

»Ist schon okay«, sagte Willo. »Danke, Aaron. Ich finde es toll. Das wird Spaß machen. Solange du mit mir tanzt.« Sie zwinkerte ihm kräftig zu.

»Das wäre mir ein Vergnügen, Grandma!«, erwiderte er. »Also, wann möchtest du, dass die Band ›Happy Birthday‹ spielt? Wir könnten es gleich machen …«

»Warum warten wir nicht noch ein bisschen?«, fiel Willo ihm ins Wort, bevor er zu Ende sprechen konnte. »Alles kommt gerade ins Laufen.«

»Aber wir sollten es machen, solange noch alle da sind, oder?«, fragte er.

»Es wird stundenlang noch nicht dunkel«, erwiderte Willo. »Wir haben jede Menge Zeit.«

»Okay.« Aaron flitzte los. »Ich hol mir etwas Pie. Geht aufs Haus, oder?«

Willo lachte. »Nur das erste Stück!«

Während ihr Enkel davontrabte, lachte Willo, doch das täuschte darüber hinweg, was sie wirklich auf dem Herzen hatte.

Eins meiner Geburtstagsgeschenke ist hier, dachte sie. *Aber das andere muss noch kommen.*

35

»Sei nicht nervös.«

Trish reichte Sam einen Espresso in einem kleinen weißen Becher.

»Willst du mich umbringen?«, fragte Sam mit einem Blick auf den Espresso. »Ich hatte schon eine ganze Kanne Kaffee und einen dreifachen Latte … Ich kann nervös schon nicht mehr von Herzrhythmusstörungen unterscheiden.«

Trish lachte. »Dann nippst du eben nur dran«, meinte sie. Sie legte ihrer Freundin die Hände auf die Schultern und massierte sie leicht. »Du schaffst das.«

»Danke«, sagte Sam.

»Du wirst Colette lieben. Sie ist echt und ehrlich. Alles, was Chef Narzisst nicht war.«

Sam kicherte.

»Ich muss wieder an die Arbeit«, sagte Trish. »Wenn du fertig bist, sehe ich wieder nach dir.«

Sam schaute sich in der kleinen Bäckerei in Downtown Manhattan um. Doux Souvenirs war wirklich echt und ehrlich, alles, was Dimples Bakery nicht war. Die Ziegelwände des kleinen Ladens waren mit Schwarzweißfotos von backenden Frauen geschmückt. Trotz Colettes Berühmtheit waren keine Stars in der Bäckerei, die Selfies machten oder laut mit ihren Handys telefonierten, nur eine Auswahl an Geschäftsleuten, einige wenige Touristen und ein paar gutbetuchte, nach Uptown aussehende Frauen, die von dem Laden gelesen haben mussten und ihn sich ansehen wollten.

»Das sind Fotos von meiner Mutter und meiner Großmutter.«

Sam zuckte zusammen, als Colette an ihrem Tisch erschien.

»Toutes mes excuses«, sagte sie auf Französisch. »Bitte entschuldigen Sie. Ich wollte Sie nicht erschrecken.«

Sam stand auf und streckte ihr die Hand hin. »Ich bin Sam Nelson. Danke, dass Sie mich eingeladen haben.«

»Setzen Sie sich doch«, bedeutete ihr Colette, *»s'il vous plaît.«*

»Ich hatte zur Vorbereitung auf dieses Gespräch etwas Kaffee«, Sam hielt ihren Espresso hoch. »Bitte entschuldigen Sie im Voraus eventuelle nervöse Zuckungen und Gedankensprünge.«

Colette lachte. »Kein Grund, nervös zu sein«, sagte sie. »Ich habe schon wunderbare Dinge über Sie gehört.«

Sie deutete auf die Fotos an den Wänden, die Sam gerade betrachtet hatte. »Das sind Familienfotos von mir mit meiner Mutter und meiner Großmutter in Frankreich«, erklärte sie, bevor sie ein kleines Kichern von sich gab. »Alle in Amerika sagen – wie war das noch gleich? – ›Dein Leben ist so *Chocolat*‹ – wie der Film. Aber die Frauen in meinem Leben haben mich die Kunst des Backens gelehrt und die Geschichte ihrer Familienrezepte.« Sie verstummte kurz und lächelte zuerst die Fotos und dann Sam an. »Für mich ist es mehr als eine Leidenschaft. Es ist wie … Atmen. Es ist wie … Liebe.«

Colette war schlank, fit und unglaublich hübsch, eine dieser Frauen mit hohen Wangenknochen, makelloser Haut und großen Augen, die nicht viel Make-up brauchten, um umwerfend auszusehen. An Schönheit ähnelte sie der französischen Schauspielerin Audrey Tautou, doch ihr Auftreten war bescheiden und einladend, ihr Lächeln offen.

»Erzählen Sie mir ein wenig von sich.« Colette lächelte Sam an.

Sam begann von ihrer kulinarischen Ausbildung zu erzählen, doch Colette hob einen Finger. »Das weiß ich alles«, sagte sie liebenswürdig. »Es ist eine wunderbare Schule. Aber ich möchte wissen, *warum* Sie backen. Erzählen Sie mir eine Geschichte.«

Trotz des Koffeins spürte Sam, dass ihr das Herz stehenblieb. Sie nickte, schloss einen Moment lang die Augen und lehnte sich dann auf ihrem Stuhl zurück.

»Heute ist der Geburtstag meiner Großmutter«, begann Sam mit plötzlich emotionaler Stimme. »Sie ist fünfundsiebzig. Ich bin auf einer familiengeführten Obstplantage aufgewachsen, wo wir unsere eigene Bäckerei betreiben, und ...«, Sam hielt inne und zeigte auf Colettes Familienfotos, »wie bei Ihnen haben mir meine Mutter und meine Großmutter das Backen beigebracht.«

Sam erzählte Colette von der Geschichte der Obstplantage und der Bäckerei, von den Schwierigkeiten und den Erfolgen, davon, wie sie mit dreizehn die heilige Familienrezeptsammlung bekommen hatte, und davon, dass sie ihr Zuhause liebte, aber fortgehen musste. Als sie fertig war, ergriff Colette über den Tisch hinweg mit ihrer zierlichen Hand die von Sam.

»Wir sind verwandte Seelen«, sagte sie. »Großgezogen und geliebt von wunderbaren Frauen. Warum gehen wir jetzt nicht in die Küche«, fuhr Colette fort und stand auf. »Ich würde mich sehr freuen, wenn Sie etwas für mich backen.«

Diesmal konnte Sam ihr Herz flattern spüren. »Natürlich«, antwortete sie.

Nachdem die beiden die Küche betreten hatten, reichte Colette Sam eine Schürze und führte sie herum. »Ich werde Ihnen nicht über die Schulter sehen, versprochen«, sagte Colette mit einem breiten Lächeln. »Machen Sie mir etwas, das Sie an zu Hause erinnert. Sie backen hier unter Freunden«, fuhr sie fort.

»Okay.« Sam schaute hinüber zu Trish, die mit den Lippen

Du schaffst das! formte und dann »Schlangenaugen« machte, indem sie zuerst mit zwei Fingern auf ihre Augen und dann zu Sam zeigte, um ihr Kraft, Glück und Konzentration zu wünschen.

Sam holte tief Luft und tastete dann unbewusst nach der Rezeptkarte, die sie in die Gesäßtasche der schwarzen Stoffhose gesteckt hatte, die sie zum Vorstellungsgespräch trug.

Wird schon schiefgehen, Grandma, dachte sie.

Sam begann, die Zutaten abzuwiegen, doch dann hielt sie inne, als ihr wieder einfiel, dass sie für ihr Familienrezept Bisquick brauchte.

Mach es richtig, Sam, sagte sie sich und suchte sich Mehl, Backpulver, Salz und Butter zusammen.

Sam mixte den Teig, fügte die Gewürze hinzu, fettete eine Backform ein und schob die Kürbisschnitten dann in den Ofen.

Ich komme mir vor, als wäre ich in Chopped, dachte Sam. In dieser Reality-Show traten Köche gegeneinander an, indem sie in weniger als dreißig Minuten ein Drei-Gänge-Menü zubereiten mussten, und zwar mit geheimen Zutaten aus einem Picknickkorb. *Was ist, wenn ich rausgewählt werde?*

Sam schüttelte den Kopf und begann, die Frischkäsecreme zu machen, während die Kürbisschnitten backten. Sie schlug die dichte, süße Masse, bis sie schaumig war, und tauchte dann einen Finger hinein, um sie zu kosten.

Ein bisschen mehr Vanille.

Sam schaute nach den Schnitten, indem sie einen Zahnstocher in die Mitte steckte, um zu sehen, ob sie schon durchgebacken waren, genau wie ihre Grandma es ihr gezeigt hatte, als sie noch klein gewesen war.

»Perfekt«, sagte sie zu sich.

Als die Schnitten abgekühlt waren, strich Sam mit einem Spatel eine dicke, schwere Schicht Creme darauf, bis sie wie eine wirbelnde Zuckerwolke aussahen.

»Das duftet so wunderbar«, sagte Colette und kam herüber. »Ist es in Ordnung, sie schon zu probieren?«

Sam nickte. Colette nahm ein Messer, besprühte es mit Backspray und wischte es dann sauber, bevor sie ein Stück herausschnitt, das sich perfekt und gleichmäßig aus dem Kuchen löste. Sie legte es auf einen hübschen weißen Teller und wiederholte das Ganze noch zweimal, dann rief sie Trish herbei. Colette reichte Sam einen Teller. »Ein Koch sollte seine eigene Kreation immer kosten, nicht wahr?«, meinte sie.

»Ja«, antwortete Sam.

Sie nahm eine Gabel, stach ein Stück der Kürbisschnitte ab, schob es in den Mund und kaute wie ein Roboter, ohne etwas zu schmecken, während sie auf Colettes Reaktion wartete.

Colette schloss die Augen, als sie den Kuchen kaute. Sie schluckte, lächelte und probierte dann noch einmal. Innerhalb weniger Augenblicke war die Kürbisschnitte verschwunden.

»Das schmeckt nach Herbst«, sagte sie. »Wie zu Hause an einem klaren Herbsttag.«

Trish, die hinter Colette stand, nickte, dann gab sie Sam noch einmal Schlangenaugen und ein begeistertes Daumenhoch.

»Danke«, erwiderte Sam. »Ich weiß nicht, was ich sagen soll. Ich wusste nicht genau, was ich machen sollte, und ich habe dieses Rezept in der Rezeptsammlung meiner Großmutter entdeckt, als ich zu Hause war. Es hat mich an genau das erinnert, was Sie sagten, an etwas, das Grandma machen würde, aber das man als Erwachsene selbst nie backen würde.«

»Erzählen Sie mir von dem Rezept«, bat Colette. »Wie haben Sie es gemacht?«

»Nun«, Sam lachte, »meine Grandma hat es immer mit Bisquick gemacht, aber ich habe das abgeändert, um es ein bisschen zu verfeinern.«

»Warum?«, fragte Colette.

Mit großen Augen sah Sam sie an. »Na ja, ich meine, es ist

Bisquick«, sagte sie, wieder mit einem nervösen Lachen. »In der Kochschule macht man nicht viel mit Bisquick.«

Colette ging zu einem großen Schrank, öffnete die Tür und drehte sich um. *»Voilà!«* Lachend hielt sie eine Packung Bisquick hoch und legte den Finger über die Lippen, als wäre es ein Geheimnis. »Pssst!«

Sams Augen wurden noch größer.

»Ich … Ich … Ich …«, stotterte sie.

»Selbst ausgebildete Konditoren nehmen manchmal eine Abkürzung«, sagte Colette. »Nicht sehr oft, aber gelegentlich. Wir würden das öffentlich niemals zugeben, aber manchmal tun wir es.« Sie stellte die Schachtel wieder zurück in den Schrank und ging zu Sam, die an der marmornen Küchenzeile lehnte.

»Meine Mom benutzte oft Instant-Kartoffelpüree für ihre *Hachis parmentier*«, sagte Colette mit einem breiten Lächeln. »Ich fand, dass ihre Shepherd's Pie die beste auf der Welt war, und sie benutzte Instant-Kartoffelpüree. Ich mache sie jetzt genauso für meine Familie. Manchmal sind die Dinge perfekt so, wie sie sind. Sogar wenn sie nicht perfekt sind.«

Sam nickte lächelnd. »Wollten Sie schon immer eines Tages Ihren eigenen Laden haben?«, wollte sie wissen.

»Ja«, antwortete Colette. »Ich habe unter wunderbaren Köchen gearbeitet, aber ich wollte mein eigenes Geschäft führen. Ich glaube, das wollen wir letzten Endes alle. Unsere Spur in der Welt hinterlassen.«

»Das möchte ich auch«, erwiderte Sam.

Colette ging zu ihr und legte ihr die Hand auf den Arm. »Hört sich so an, als hätten Sie das bereits«, sagte sie leise, bevor sie sich in der Küche umsah. »Ein kleiner Laden an einer Straßenecke in New York, eine alte Scheune in Michigan, eine Steinküche in Frankreich. Es ist nicht wichtig, wo etwas gemacht wird, wichtig ist, wer es macht und warum.«

Sie fuhr fort. »Deshalb habe ich meinen Laden ›Süße Erinnerungen‹ genannt. Ich versuche, meine Kindheit wieder einzufangen und neu aufleben zu lassen. Die Leute backen nicht mehr. Sie verbringen keine Zeit in der Küche mit ihrer Familie. Wenn wir ihnen nur eine Kostprobe dieser Erinnerung zurückgeben können, ein warmes Gefühl, ein köstliches Dessert, oder einen Anstoß, nach Hause zu gehen und in ihren Küchen mit ihren eigenen Familien zu backen, dann ist unsere Arbeit getan.«

Colette nahm ihre Gabel und machte sich über die Kürbisschnitten her, als wäre sie allein zu Hause im Bademantel, ohne irgendjemanden in der Nähe, der über sie urteilte.

»Die sind wirklich gut«, sagte sie. »Ich würde sie gern hier mit auf unsere Karte setzen. Sie sind perfekt für den Herbst.« Sie hielt inne. »Das heißt, wenn Sie bereit sind, ein Familienrezept preiszugeben.«

Colette beugte sich näher zu Sam, als sähe sie sie zum ersten Mal. »Gerade habe ich bemerkt, was Sie da um den Hals tragen«, sagte sie. »Ist das ein Schlüssel?« Sie kam näher. »Zwei Schlüssel?«

Verlegen tastete Sam nach den Schlüsseln um ihren Hals. Sie hatte den Schlüssel, den Angelo ihr gegeben hatte, zu dem anderen, den sie bereits hatte, hinzugefügt und beschlossen, sie an diesem Morgen beide zu tragen, damit sie ihr Glück brachten.

»Ja«, antwortete sie.

»Wie hübsch und individuell«, sagte Colette. »Wo haben Sie sie her?«

»Lange Geschichte«, erwiderte Sam. »Aber einer ist der Originalschlüssel zu der Rezeptsammlung meiner Ururgroßmutter, und der andere ist der zu meiner Rezeptsammlung.«

»Unglaublich.« Colette trat näher, um die Schlüssel genauer in Augenschein zu nehmen. Sie sah Sam an. »Ich wette, damit wurden schon viele süße Erinnerungen aufgeschlossen.«

Sam nickte lächelnd und tastete erneut nach den Schlüsseln.

»Es wäre mir eine Ehre, wenn Sie für mich arbeiten würden«, erklärte Colette mit einem entschiedenen Nicken. »Ich denke, wir wären ein tolles Team.«

»Sie bieten mir einen Job an?«, fragte Sam mit vor Aufregung ansteigender Stimme.

»Ja«, antwortete sie. »Ich werde ein Angebot aufsetzen und Sie heute noch anrufen. Klingt das akzeptabel?«

»Ja«, sagte Sam. »Ja! Natürlich. Danke. Ich danke Ihnen.«

Colette reichte ihr die Hand. »Nein«, erwiderte sie. »Dafür dürfen Sie sich selbst danken.« Sie drehte sich zu Trish um, die neugierig lauschte, aber ziemlich schlecht vorgab, es nicht zu tun. »Und Trish.«

»Danke, Mrs Kravitz«, sagte Sam lachend zu ihrer Freundin, die sich benahm wie die spionierende Nachbarin aus der Serie *Verliebt in eine Hexe*.

»Ich verstehe amerikanischen Humor noch nicht ganz«, bemerkte Colette. »Das werden Sie mir irgendwann mal erklären müssen.«

Sam und Trish lachten.

»Ich rufe Sie später an«, fuhr Colette fort. »Ich habe jetzt ein Meeting, aber Trish wird Sie hinausbegleiten, wenn Sie so weit sind. Auf Wiedersehen, Sam.«

»Danke«, antwortete Sam. »Aus tiefstem Herzen.«

Colette lächelte ihr zu, dann warf sie noch einmal einen Blick auf ihre Schlüssel. »Dass Sie sie nah am Herzen tragen, hat einen Grund, nicht wahr?«, fragte sie.

Sam wurde rot und nickte.

Als Colette hinausging, schwang die Küchentür auf, und draußen vor den Fenstern des Ladens erhaschte Sam einen Blick auf einen Baum. Ihre Knie zitterten, und unvermittelt wurde sie von Verwirrung und Emotionen überwältigt.

Ist das …? Sam verrenkte sich den Hals, um genauer hinsehen zu können, als die Tür wieder zufiel. *Ja, das ist es. Eine Weide.*

Und es hat wirklich einen Grund, warum ich die hier nah am Herzen trage, dachte sie und umfasste die Schlüssel fester. *Ich weiß gerade nur nicht, ob sie ein Glücksbringer oder ein Anker sind.*

36

Die Obstplantage leuchtete.

Lämpchen funkelten an Lichterketten, die zwischen den Baumreihen gespannt waren, und der Wind ließ sie sanft hin- und herschwingen. In der Dunkelheit glichen die Lichter Tausenden von Glühwürmchen. Laternen säumten den Weg zwischen den Bäumen, ein erleuchteter Highway, der sich den Hang empor und über den Hügel zog, bevor er verschwand. In der Ferne wirkten die Lichter der Boote, die im Sonnenuntergang segelten, wie Augen, die versuchten, einen verstohlenen Blick auf die Feier zu werfen.

Willo stand am Rand der Scheune, während die Band spielte und die Leute tanzten, und suchte mit zusammengekniffenen Augen die Dunkelheit jenseits des Obstgartens ab.

»Grandma«, ließ Aarons Stimme sie erschrocken zusammenzucken. »Es wird allmählich spät. Kann die Band jetzt ›Happy Birthday‹ spielen?«

Willo wollte ablehnend den Kopf schütteln, aber sie zwang sich zu nicken.

»Cool«, sagte er und pustete sich die Ponyfransen aus den Augen, genau wie er es schon als kleiner Junge getan hatte, genau wie seine Schwester es immer tat. »Ich sag ihnen Bescheid. Mach dich bereit, deine Rede zu halten und dich zu verbeugen, okay?«

Er trabte davon in die Dunkelheit.

»Mom.« Deana kam näher. »Geht es dir gut? Jedes Mal, wenn ich dich suche, scheinst du genau hier zu stehen.«

»Es geht mir gut, Liebes«, antwortete Willo. »Ich bin nur ein bisschen überwältigt.«

»Ich weiß.« Deana zog ihre Mom an sich und drückte sie. »Großer Tag.«

Die Musik verstummte, und Aarons Stimme dröhnte über die Lautsprecher. »Könnte ich bitte Ihre Aufmerksamkeit haben?«

Er wartete, bis die Menge sich beruhigt hatte und verstummt war. »Danke«, sagte er. »Und danke, dass Sie alle gekommen sind. Wie Sie wissen, hat meine Familie heute einen phänomenalen Grund zu feiern. Es ist der einhundertste Geburtstag unserer Obstplantage und der fünfundsiebzigste Geburtstag meiner Grandma.«

Die Menge jubelte Beifall und schrie »Happy Birthday!« in die Nacht hinaus.

»Meine Grandma möchte noch ein paar Worte sagen, bevor die Band ihr das Geburtstagsständchen spielt, also wenn Sie bitte Ihre Aufmerksamkeit auf die Frau des Abends richten würden – dort neben der Scheune – die beste Pie-Bäckerin, Geschäftsfrau und Grandma auf der Welt … Willo!«

Deana reichte Willo ein Mikrophon, die es gerade an ihre Lippen hob, als plötzlich ein Scheinwerfer eingeschaltet wurde und Willo anstrahlte und sie blendete.

»Schaltet dieses Ding aus«, sagte sie ins Mikro. Die Menge kicherte, und Willo schaute hinüber zu Gary, der ebenso heftig strahlte wie der Scheinwerfer und verneinend den Kopf schüttelte.

»Eine Rede!«, brüllte jemand. »Wir wollen eine Rede hören!«

»Ich danke euch allen, dass ihr heute gekommen seid«, hob Willo an, dabei gaben die Lautsprecher eine Sekunde lang ein schrilles, ohrenbetäubendes Pfeifen von sich. »Das war mein

Magen …«, improvisierte sie. »Ich bin ein bisschen nervös, und er will euch wissen lassen, wie ich mich gerade wirklich fühle.« Die Leute lachten, was die Spannung brach.

Sie fuhr fort. »Diese Obstplantage war nicht nur schon immer mein Zuhause, sie ist auch euer Zuhause. Unsere Familie war schon immer eure Familie. Meine Großeltern hatten nichts als dieses Land, als sie anfingen, und sie haben ihr ganzes Leben damit verbracht, es aufzubauen. Meine Mom und ich haben die Pie Pantry gegründet. Das hier …« Sie hielt inne und machte eine umfassende Geste mit den Armen, »… ihr … wart mein Leben, und dafür könnte ich mich nicht glücklicher schätzen.

Meine Familie hat mich den Lohn harter Arbeit, das Bedürfnis zu träumen, die Kraft des Vertrauens und die einfache Schönheit eines Sommerabends in Michigan gelehrt. Meine Grandma hat mich gelehrt, dass man für jemanden backt, weil es eine Möglichkeit ist, Familien und Generationen miteinander zu verbinden.« Willo stockte.

»Schon okay, Willo«, rief jemand. Die Leute jubelten beifällig.

Willo holte tief Luft und fuhr fort. »Meine Grandma hat mich gelehrt, dass man aus Liebe für jemanden backt. Deshalb habe ich es mein ganzes Leben lang getan. Weil ich meine Familie liebe, und ich liebe euch.«

»Wir lieben Sie auch, Willo!«, begann die Menge zu schreien.

»Danke, dass ihr eure Familien mitgebracht habt, um mit uns zu feiern«, sagte sie.

Sofort setzte die Band zu »Happy Birthday« an, und die Menge sang ihr ein Ständchen. Willo kniff die Augen zusammen, da der Scheinwerfer sie immer noch blendete, und konnte die Menschen schunkeln sehen.

Plötzlich hätte Willo schwören können, dass sie in der Ferne etwas auf die Obstplantage zukommen sah, etwas Großes, Breites und Unförmiges, langsam und tapsend.

Ein Bär, dachte sie. *Was ist das?*

Während die Menge weitersang, trat Willo aus dem Scheinwerferlicht und schirmte die Augen mit den Händen ab. Die Gestalt kam näher und näher, den Hügel hoch und auf den Obstgarten zu, während alle anderen ihr den Rücken zugewandt hatten.

Soll ich eine Warnung schreien?, dachte Willo.

Sie blinzelte noch angestrengter, und da teilte sich die Gestalt in zwei Hälften.

Willos Herz begann zu rasen, während die zwei Gestalten den Rand des Obstgartens erreichten.

Habe ich Halluzinationen?

Sie machte einen weiteren Schritt vorwärts, und nun konnte sie erkennen, dass die eine Gestalt männlich mit dunklen, lockigen Haaren und die andere weiblich mit langen blonden Haaren war.

»Sam?«, fragte Willo mit heiserer Stimme ins Mikrophon.

»Happy Birthday, liebe Grandma …«, hörte Willo Sams Stimme singen.

Angelo stimmte mit ein, die Hand an Sams Taille.

»Happy Birthday to you!«

Mit einem lauten *Plumps* ließ Willo das Mikrophon fallen und rannte los, so schnell sie konnte, den Obstgarten hinunter. Die Lichter verschwammen um sie herum, und die Erinnerung an Sams dreizehnten Geburtstag strömte unvermittelt wieder in ihren Kopf. Sie warf die Arme um ihre Enkelin, während die Menge in Beifall ausbrach.

»Ich wollte diesen Tag nicht ohne dich hier feiern«, sagte Willo mit zitternder Stimme.

»Alles Gute zum Geburtstag, Grandma«, flüsterte Sam.

»Du hast es nach Hause geschafft.« Willo brach in Tränen aus, die sich in heftiges Schluchzen verwandelten. »Du hast es nach Hause geschafft.«

»Ich bin zu Hause«, antwortete Sam und umarmte sie fest.

Dann hielt sie ihre Grandma auf Armeslänge von sich und sah ihr fest in die Augen. »Für immer.«

Willos Augen weiteten sich und füllten sich erneut mit Tränen.

»Was?«, fragte sie. »Du hast den Job nicht bekommen? Oh, Sam, das tut mir leid. Aber das ist kein Grund, deinen Traum aufzugeben.«

»Grandma«, unterbrach Sam sie. »Man hat mir den Job angeboten.«

»Das verstehe ich nicht.«

»Mir wurde endlich bewusst, dass ich bereits den Job habe, den ich immer wollte«, sagte sie.

»Sam«, hob Willo an. »Aber wie bist du so schnell hergekommen?«

Lächelnd zeigte Sam auf Angelo. »Durch den hier«, sagte sie, während Angelo zu Willo ging, um sie zu umarmen.

»Alles Gute zum Geburtstag, Willo«, sagte er.

»Sam!« Deana umarmte ihre Tochter.

»Was für eine Überraschung!«, sagte Gary, der es ihr gleichtat.

»Was geht ab, Schwesterherz?«, rief Aaron, der herbeikam und Sam heftig an sich drückte. »Du wusstest schon immer, wie man einen großen Auftritt hinlegt, was?«

»Willst du, dass ich dich später noch irgendwo hinfahre?«, scherzte Sam und bezog sich dabei auf all die Male, in denen sie als persönliches Taxi ihres kleinen Bruders gedient hatte.

»Kommt drauf an, wie viel Bier ich trinke«, lachte er.

»Hey, habt ihr etwas dagegen, wenn ich Grandma kurz mal entführe?«, fragte Sam. »Ich habe ein besonderes Geburtstagsgeschenk für sie, das ich ihr unter vier Augen geben möchte.«

»Dass du da bist, ist Geschenk genug«, protestierte Willo.

»Komm«, sagte Deana zu Angelo. »Ich wette, du hast Hunger, und ich denke, wir können irgendwo ein Stück Pie für dich auftreiben.«

»Oder eine ganze Pie«, fügte Gary hinzu.

»Immer her damit«, antwortete Angelo. Er beugte sich vor, gab Sam einen Kuss auf die Wange und zwinkerte ihr zu, bevor er mit ihrer Familie davonging.

Sam nahm Willos Hand, und die beiden gingen zur Scheune.

»Wo gehen wir hin?«, fragte Willo.

Eine Weile antwortete Sam nicht. Sie fasste einfach nur die Hand ihrer Großmutter fester. Als sie an der Scheune vorbeigingen, auf den Kiesweg bogen und sich zu Willos Haus wandten, sagte Sam schließlich, »Heute ist dein fünfundsiebzigster Geburtstag. Ich dachte, es wäre schön, etwas zusammen zu backen.«

»Wie an deinem dreizehnten Geburtstag?«, fragte Willo, während noch mehr Erinnerungen ihren Kopf überfluteten. »Kommt mir vor, als wär es gestern gewesen.«

Die beiden gingen ins Haus und geradewegs in die Küche.

Sofort schaltete Sam den Ofen ein, um ihn vorzuheizen, dann nahm sie die große lederne Schultertasche ab, die sie umgehängt trug. Sie nahm ein eingepacktes Geschenk heraus und stellte es auf den Küchentisch.

»Setz dich«, sagte sie. »Mach es auf.«

»Sam«, protestierte Willo. »Das ist doch nicht nötig.«

»Genau genommen schon«, erwiderte Sam.

Willo wickelte das Geschenk aus, und ihre Augen weiteten sich. »Das verstehe ich nicht«, sagte sie und sah Sam fragend an.

»Dann lass mich es dir erklären.« Sam erzählte Willo von ihrem Treffen mit Angelo auf der Brooklyn Bridge und den Liebesschlössern, die dort hingen. »Er hat mir den Schlüssel gegeben, den du ihm geschenkt hast, den Schlüssel zu der originalen Rezeptsammlung deiner Großmutter, und er hat mir vor meinem Vorstellungsgespräch gesagt, dass ich den Schlüssel zu meinem Glück selbst in den Händen halte, und sobald ich es aufgeschlossen hätte, würde ich wissen, was ich tun muss.«

Sam hielt inne und sah ihre Großmutter an. Ihre Wangen zitterten. »Dann hat er mich nach dem Schloss suchen lassen, das er für mich an der Brücke versteckt hatte. Es hing an …«, Sam stockte, und ihre Augen schwammen vor Tränen, »… einem Rezeptkästchen, das er für mich hat machen lassen.« Sam nahm ihr Halskettchen ab und zeigte ihrer Grandma den Originalschlüssel. »Angelo hat ein Schloss machen lassen, in das der Schlüssel passt, und das Kästchen damit an der Brücke befestigt. Er sagte mir, falls ich mit ihm zusammen sein möchte, dann habe ich den Schlüssel, um das Kästchen loszumachen und zu entdecken, was drin ist. Falls nicht, könnte ich es einfach dort lassen. Und dann ging er einfach weg.«

»Du hast es aufgeschlossen!«, sagte Willo, deren Augen sich ebenfalls mit Tränen füllten. »Du hast auf dein Herz gehört.«

»Als Colette mich anrief, um ihr Angebot mit mir durchzugehen, stand ich bereits auf der Brooklyn Bridge«, erklärte Sam. »Ich zögerte, und sie wusste sofort Bescheid. Colette sagte: ›Sie haben diese Schlüssel heute aus einem Grund getragen. Sie haben bereits Ihre eigenen süßen Erinnerungen, nicht wahr? Gehen Sie und öffnen Sie Ihr Schicksal.‹«

Sam fuhr fort: »Sobald ich aufgelegt hatte, steckte ich den Schlüssel ins Schloss und machte das Kästchen los. Drin waren zwei E-Tickets nach Michigan für heute Nachmittag und eine Nachricht: ›Es sind zwei, aber du kannst auch nur eines benutzen, wenn du willst. Du sollst nur wissen, dass du den Schlüssel zu meinem Herzen besitzt, und ich würde dir an jeden Ort der Welt folgen, nur um bei dir zu sein.‹«

»O Sam.« Tränen liefen Willo übers Gesicht.

»Er hat das Rezeptkästchen für mich gemacht, genau wie dein Grandpa für deine Grandma«, sagte Sam und zeigte es Willo. »Ich bin nur froh, dass es nicht geregnet hat, während es auf der Brücke war. Ich hätte das Kästchen aufgemacht und nur einen Haufen Brei darin gefunden.«

Obwohl das Kästchen neu war, war es aus altem polierten Holz gemacht. In den Deckel waren Äpfel geschnitzt, und dann hatte Angelo es von Hand bemalt und die Farbe wieder abgeschliffen, damit es abgenutzt aussah. An der Vorderseite des Kästchens, unter einem kleinen Schloss, befand sich ein Schildchen, auf dem »REZEPTE« stand.

Sam nahm den Schlüssel von ihrer Halskette und steckte ihn ins Schloss. Sie öffnete das Kästchen, und obwohl keine Rezepte darin waren, enthielt es kleine handgeschriebene Registerkarten mit den Überschriften: PIES, AUFLÄUFE, DONUTS, RÜHRKUCHEN, COOKIES, SCHNITTEN und MARMELADEN UND GELEES.

»Schau unter *Schnitten*«, drängte Sam ihre Großmutter.

Willo blätterte durch die Registerkarten, und da, ganz allein, war die einzige Rezeptkarte im Kästchen. Willo nahm sie heraus und las.

»Kürbisschnitten«, sagte sie mit einem Lächeln. »Ich wusste es. Ich wusste, dass du sie genommen hast. Die wollte ich heute Morgen backen.«

»Das hab ich getan«, lächelte Sam. »Ich habe sie für Colette gemacht. Sie fand sie toll.« Sie zögerte. »Genau genommen habe ich das Rezept abgeändert, damit ich kein Bisquick nehmen musste, aber nach dem Vorstellungsgespräch erkannte ich, dass sie perfekt sind, genau wie sie sind.« Sie verstummte kurz und nahm die Hand ihrer Grandma. »Ich erkannte, dass ich perfekt bin, genauso wie ich bin.«

Willo sah ihre Enkelin und dann die Rezeptkarte an. Sie war geknickt, verschmutzt, und das Rezept war in demselben geschwungenen Schreibstil geschrieben, den jede Generation von Frauen in ihrer Familie benutzt hatte. Die Tinte war verblasst und verschmiert, und die Worte tauchten neben sich noch einmal als geisterhafter Abdruck auf. Die Karte selbst war mit Mehl befleckt und hatte dunkle Flecken vom Kürbis und dicke Kreise, wo der Guss draufgetropft war.

»Sie erzählt eine Geschichte, nicht wahr?«, meinte Sam. »Genau wie unsere Obstplantage.«

Willo schüttelte den Kopf und musste Tränen zurückhalten. »Sam«, sagte sie. »Bring eine alte Frau nicht zum Weinen.«

»Jemand hat mir an meinem dreizehnten Geburtstag mal gesagt, dass eine Rezeptsammlung die Lebensgeschichte einer Familie ist, wer wir sind, wo wir herkamen, wie wir hierherkamen und wo wir jetzt sind.«

Willos verblasste blaue Augen quollen über vor Tränen.

»Dieser besondere Mensch hat mir auch gesagt, dass die Rezepte, die durch die Frauen, die vor uns kamen, weitergegeben wurden, nicht einfach nur Rezepte sind, sondern unsere Familiengeschichte. Es gibt nichts Wichtigeres als Familie und Essen. Essen repräsentiert, wie wir feiern, wie wir zusammenkommen, wie wir uns freuen, wie wir trauern und wie wir eins bleiben.«

Sam drückte die Hand ihrer Großmutter. »Zu diesem Geschenk gehört ein heiliger Pakt. Wir müssen sie beschützen und sie weitergeben, weil sie nie nachgebildet werden können.«

Sie sah ihre Großmutter an. »Ich bin hier wegen deiner Opfer. Ich bin, wer ich bin, wegen deiner Liebe. Ich tue, was ich liebe, wegen der Familie. Ich kann mich glücklich schätzen und fühle mich so geehrt, deine Enkelin zu sein.«

Sam und Willo standen auf und umarmten einander fest. Dann griff Sam noch einmal in ihre Tasche und nahm eine Flasche Wein heraus.

»Du bist jedenfalls gut vorbereitet«, lachte Willo durch ihre Tränen hindurch. »Hast du vielleicht auch noch eine Masseurin da drin?«

Sam knetete ihrer Großmutter die Schultern. »Ja«, antwortete sie, dann holte sie zwei Gläser und machte die Flasche auf.

»Prost!«, sagte sie. »Alles Gute zum Geburtstag!«

Willo stieß mit Sam an und nahm einen kräftigen Schluck. »Das ist gar kein Wein«, stellte sie fest. »Das ist Cider.«

»Angelo und ich haben vielleicht ein paar neue Ideen mit dir zu besprechen.« Sie hielt die Flasche Cider hoch. »Wir haben die Möglichkeit, unser Obst zu unglaublich guten Ciders und Weinen zu verarbeiten. Ungefähr so, wie du es mit der Pie Pantry gemacht hast.« Sam zögerte. »Ich glaube, wir könnten das dazunehmen, ohne zu verlieren, wer wir sind. Die Zukunft verändert sich.«

»Das tut sie ganz gewiss«, pflichtete Willo ihr bei. »Und sie sieht sehr strahlend aus, nicht nur für mich und die Obstplantage, sondern auch für dich und Angelo. Prost.«

»Prost.« Sam nahm einen Schluck Cider. »Bereit zu backen?«

»Ich schätze, Kürbisschnitten?«, erwiderte Willo.

»Zum zweiten Mal heute«, antwortete Sam mit einem Lachen.

Die beiden begannen die Zutaten zusammenzutragen, doch dann hielt Sam inne, ging zurück zum Tisch und kam mit einem Schlüssel in der Hand zurück.

»Der hier gehört dir«, sagte sie. »Alter Schlüssel für eine neue Rezeptsammlung.«

Willo nahm ihr Halskettchen ab, und Sam fädelte den Schlüssel daran auf. Behutsam strich Willo mit den Fingerspitzen über die beiden Schlüssel an ihrem Hals.

»Ich möchte die neue Rezeptsammlung mit unseren Rezepten füllen«, sagte Sam. »Damit ich sie auch an meine Töchter und Enkelinnen weitergeben kann.«

»Ich weiß gar nicht, was ich sagen soll«, erwiderte Willo.

»Du brauchst gar nichts zu sagen.« Sam gab ihr einen Kuss auf die Wange. »Außer, wo du das Bisquick aufbewahrst.«

Zutaten für die Schnitten

450 g Zucker
100 ml Pflanzenöl
450 g Kürbismus
4 große Eier, verquirlt
250 g Bisquick
1 Esslöffel Zimt, gemahlen
½ Teelöffel Kürbiskuchengewürz
½ Teelöffel Macis, gemahlen
1 Teelöffel Muskatnuss, gemahlen

Zutaten für die Frischkäsecreme

120 g Frischkäse
75 g weiche Butter
750 g Puderzucker
1 Päckchen Vanillezucker

Zubereitung der Schnitten

Ofen auf 180 Grad vorheizen.

Zucker, Öl, Kürbis und Eier in eine große Rührschüssel geben und gut miteinander verrühren.

Bisquick, Zimt, Kürbiskuchengewürz, Macis und Muskatnuss dazugeben und gut verrühren.

Den Teig in eine gefettete Auflaufform geben. 40 Minuten

backen, oder bis ein in die Mitte gesteckter Zahnstocher sauber wieder herauskommt. Vollständig auskühlen lassen.

Zubereitung der Frischkäsecreme

Die Zutaten für die Creme in eine kleine Rührschüssel geben und schaumig rühren. Die abgekühlten Schnitten damit überziehen.

Ergibt 14–16 Portionen

Epilog

Apple Crisp

Oktober 2068

Die alte Frau wusch sich die Hände in der Küchenspüle und schaute lächelnd aus dem Fenster.

Es war Mitte Oktober, und das letzte Tageslicht sickerte durch die bunten Blätter der Ahorn- und Sassafrasbäume und tauchte die Küche in ätherischen Schein. Ein einziger ordentlicher Sturm vom See her, nur ein fegendes Unwetter, und die Blätter würden fort sein, die Bäume kahl, die Zweige und Äste des Obstgartens nur noch Silhouetten und das Land bereit, wieder einmal in Winterschlaf zu fallen.

Aber einstweilen, dachte Sam, *bleiben die Blätter, genau wie die Äpfel.*

Zwei Gestalten bewegten sich im Obstgarten, ein Mann und ein Hund, und der Winkel der Sonne warf ihre Schatten den Hügel hinunter, was ihre Silhouetten wie Riesen aussehen ließ. Der Mann hielt einen Korb, und als er sich streckte, um einen Apfel zu pflücken, ließ das Licht es so aussehen, als würde er den Baum umarmen, seine Äste streicheln und ihm gute Nacht sagen.

Genau, wie er es mit mir macht, dachte Sam und lehnte sich noch weiter vor, um aus dem Küchenfenster zu sehen.

Sie spürte die Kühle der herannahenden Nachtluft durch die Fugen der Fenster und die Ritzen zwischen den alten Holzbalken kriechen. Und während der Hund den Mann freudig umkreiste und sein durch den Obstgarten hallendes Bellen

Vögel verschreckt aufflattern ließ, wandte sie sich zum Ofen, um ihn vorzuheizen.

Sie nahm ein Messer aus der Küchenschublade und ein Backblech und eine rotgesprenkelte Emailleschüssel aus dem Schrank. Dann stellte sie Mehl, Zucker und Zimt auf der alten Küchenzeile bereit. Sie warf einen Blick in den Kühlschrank nach der Butter, dann suchte sie ihren Teigmischer.

Ihr Mann kam zur Tür herein und reichte ihr einen Korb Äpfel.

»Das brauchst du nicht zu machen«, sagte Angelo, als er sich in der Küche umsah, doch sein aufkeimendes Lächeln strafte seine Worte Lügen.

»Ich weiß«, erwiderte Sam, »ich möchte es aber.«

»Na dann«, strahlte Angelo glücklich. »Ich mach mal ein Feuer. Wird langsam kühl.«

Er ging mit dem Hund wieder zur Tür, dann drehte er sich aber noch einmal um und meinte: »Wir sind schon ein tolles Team, nicht wahr?«

»Wie Zimt und Zucker?«

»Nein«, widersprach er. »Unsere Ehe. Fünfzig Jahre. Wir ergänzen einander, bringen das Beste im anderen hervor.«

»Wie Zimt und Zucker?«, wiederholte sie.

Diesmal lachte er. »Ja, wie Zimt und Zucker. Komm, Jersey«, sagte er zu dem Hund. »Holen wir etwas Feuerholz.«

Der Hund bellte zustimmend, und die beiden trotteten zur Tür hinaus. Sam machte sich an die Äpfel. Ihr Messer beschrieb kleine kreisende Pirouetten und hinterließ Kringel aus leuchtend roter und grüner Schale, die wie Holzspäne aussahen, in der Schüssel. Sie viertelte und würfelte die Äpfel, doch dann hielt sie inne, bevor sie mit dem Belag aus Streuseln anfing.

Obwohl sie das Rezept auswendig kannte – es im Lauf der Jahrzehnte schon Hunderte Mal gemacht hatte –, ging sie zu dem alten Küchenschrank. Sie strich mit der Hand über die glatten Kanten des Schranks und betrachtete ein Foto von ihr und ihrer Großmutter, das bei Sams Hochzeit aufgenommen worden war.

Ich sehe jetzt genauso aus wie du, Grandma, dachte sie.

Sam nahm das Original-Rezeptkästchen ihrer Familie vom Regal und strich mit der Hand über das polierte Holz.

»Und ich backe immer noch wie du«, flüsterte sie.

Sie stellte das Kästchen auf die Arbeitsplatte und tastete nach dem Schlüssel, der an ihrem Halskettchen hing. Sams Knöchel glichen den Ästen des Sassafrasbaums, der direkt vor dem Küchenfenster stand, ihre Haut war jetzt wie Wachspapier, und sie hatte Mühe, den Schlüssel in das kleine Schloss zu stecken.

Sie öffnete das Kästchen, das vollgestopft mit Rezepten war. Ihre Rezeptsammlung war nicht so sauber und ordentlich, wie ihre Mom und ihre Grandma die ihren gehalten hatten. Stattdessen war ihre ein Sammelsurium aus Karten und Zetteln, die in alle Richtungen hervorragten, und doch wusste Sam genau, wo das Rezept in dem Durcheinander steckte.

Alice Mullins' geheimes Familienrezept für Apple Crisp!

Sam nahm das Rezept heraus und musste sofort lächeln. Die Handschrift war dieselbe wie ihre – wie die ihrer Mutter und ihrer Großmutter – dieselbe Neigung, dieselben förmlich wirkenden *F*s und *Z*s, die wie die Zahl 2 aussahen. Sam strich mit den Fingerspitzen über die Notizen ihrer Ururgroßmutter: *Erfordert eventuell noch ein paar Prisen Zimt … Falls Äpfel besonders sauer sind, noch fünfzig Gramm Zucker mehr zugeben.*

Wie oft hat sie den gemacht?, fragte sich Sam.

Dieser Nachtisch war immer noch ausnahmslos der liebste der Familie, der, den sich jeder wünschte, solange die Äpfel saftig, reif und frisch vom Baum waren.

Angelo kam wieder ins Haus geeilt, auf den Armen ein Bündel Holz und Zweige für den Kamin.

Sam machte den Crisp fertig und schob ihn in den Ofen, dann stellte sie den Küchenwecker.

Ich brauche nicht mal einen Timer zu stellen, dachte sie. *Ich merke es am Geruch, wann er fertig ist.*

Innerhalb von Minuten erfüllte der Duft von Äpfeln, Zimt und Zucker das Haus.

»Riecht gut«, rief Angelo aus dem Wohnzimmer, wo er in seinem Lieblingssessel am Kamin saß und Jersey sich auf einer Decke vor dem Feuer zusammengerollt hatte.

»Bald«, rief sie. »Nur Geduld.«

Während Sam den Geschirrspüler einräumte, versank die Sonne hinter dem Obstgarten, und die Welt war unvermittelt in Dunkelheit gehüllt. Sie ließ den Blick über die Obstgärten schweifen – die Äpfel vor dem dunkler werdenden Himmel –, und aus heiterem Himmel kam ihr eine Idee.

Sie nahm eine Karteikarte und einen Kugelschreiber aus ihrer Kramschublade und begann sich spontan ein Rezept auszudenken:

Sam Morellis geheimes Familienrezept für Apfel-Schoko-Kuchen

Ein breites Lächeln überzog ihr Gesicht, und mit einem Kichern über ihre Dreistigkeit fügte sie noch ein Ausrufezeichen am Ende hinzu.

Sam Morellis geheimes Familienrezept für Apfel-Schoko-Kuchen!

Und dann schrieb sie Schritt für Schritt, Zutat für Zutat, ein spontan neu kreiertes Rezept auf und fügte zum Schluss ihre eigenen Anmerkungen hinzu: *Zur Sicherheit ruhig ein paar Schokoladenstückchen mehr dazugeben!*

Als Sam fertig war, gab sie der Karteikarte einen kleinen Kuss.

»Noch ein Rezept?«, fragte Angelo aus dem Wohnzimmer.

Sam blickte hoch und sah, dass er sie mit einem breiten Lächeln beobachtete. Sein lockiges Haar war immer noch dicht, aber inzwischen weiß statt dunkel.

Aber diese Grübchen, dachte Sam seufzend. *Sie rauben mir immer noch den Atem.*

Sie wandte sich zum Ofen, öffnete die Tür und überprüfte den Crisp mit einem Zahnstocher.

Perfekt.

Nachdem sie das Dessert aus dem Ofen geholt und zum Abkühlen auf den Herd gestellt hatte, widmete sie sich der hausgemachten Schlagsahne. Sie gab eine Prise Vanillezucker hinzu und schlug sie, bis sie eine leichte Spitze formte und so schön war wie eine Wolke an einem Sommertag in Nordmichigan. Sie tauchte einen Finger hinein und kostete sie, und dann gleich noch mal, doch dabei tropfte ihr ein Klecks auf die neue Karteikarte, wo das Fett der Schlagsahne sofort einen runden Fleck in der Mitte hinterließ.

Gut, dachte sie. *Jetzt hat es etwas Charakter.*

Sie nahm zwei Teller und schnitt ein großes Stück für Angelo heraus. Die dampfenden Äpfel rutschten auseinander, bevor sie die Schlagsahne daraufgab, die sofort zu schmelzen begann, als sie auf das heiße Dessert traf. Dann machte sie sich einen eigenen Teller und setzte sich zu ihrem Mann ans Feuer.

Er schaufelte sich eine Gabel voll Crisp in den Mund, schloss die Augen und lächelte wie ein Kind.

»Das hättest du nicht zu machen brauchen«, sagte er noch einmal.

»Ich weiß«, wiederholte sie. »Ich wollte es aber.«

Sie aß einen Bissen, lehnte sich zurück, während der Teller ihr die Hände, das Feuer ihren alten Körper und der Apple Crisp ihre Seele wärmte, und sah ihrem Mann zu, wie er sein Dessert verdrückte.

So ist das mit dem Backen, dachte sie. *Man backt für jemanden, weil es familiär und vertraut ist, neu und doch vererbt, eine Möglichkeit, Generationen miteinander zu verbinden.*

Jersey seufzte und rollte sich auf die Seite. Ihr Mann schob sich eine Gabel voll mit Äpfeln und Streuseln in den Mund und schloss erneut die Augen.

Sam aß einen weiteren Bissen.

Wie kann dasselbe Rezept jedes Mal immer besser schmecken?, wunderte sie sich.

Die beiden aßen schweigend ihr Dessert zu Ende, als es an der Tür läutete. Als Angelo aufmachte, sagte er: »Sam, das musst du dir ansehen.«

Sam stand auf, und als sie sah, wer an der Tür war, stieß sie ein lautes Lachen aus.

»Oh, du meine Güte«, sagte sie. »Was haben wir denn da?«

Sams Enkelin Alice hielt ihre Tochter auf dem Arm, die für Halloween wie ein kleiner Apfel verkleidet war. Ihr pummeliger Körper steckte in einem ausgestopften roten, plüschigen Strampler, und ihr schönes Gesicht lugte aus einer Mütze hervor, die den ganzen Kopf einhüllte, mit einem grünen Stiel oben in der Mitte.

»Perfekt«, rief Sam aus. »Mein erstes Urenkelchen ist einfach nur perfekt.«

Alice hielt ihr das Baby hin, und Sam nahm es, um es gurrend auf dem Arm zu wippen.

»Meine Grandma hat auch immer genau so etwas getragen«, sagte Sam zu dem Baby. »Und jetzt hast du ihren Namen. Willo. Du wirst genauso stark wie sie werden, weißt du das?«

»Ich wollte sie dir vorab schon mal zeigen«, sagte Alice zu Sam. »Ich weiß, wir werden diese Woche alle durch den Besuch von *Good Morning America* so beschäftigt sein. Weißt du schon, was du für ihr ›Leckere Herbstfreuden‹-Segment machen wirst?«

»Ich denke schon«, antwortete Sam mit einem Lächeln, und beim Gedanken, noch einen Apple Crisp zu machen, lief ihr bereits das Wasser im Mund zusammen.

Angelo nahm sein Handy aus der Tasche. »Bitte lächeln«, sagte er und machte Fotos von Sam und Willo.

»Möchtest du etwas Crisp für John mit nach Hause nehmen?«, fragte Sam.

»Natürlich«, antwortete Alice. »Das ist seine Lieblingsspeise.«

Sam reichte Willo an Angelo weiter und eilte in die Küche, um Alice etwas von dem Apple Crisp zum Mitnehmen einzupacken. »Hier, bitte schön«, sagte sie, als sie zurückkam.

»Danke, Grandma.« Alice umarmte Sam und Angelo. »Wir sehen uns dann morgen in aller Frühe.«

Als die beiden wieder allein waren, zog Angelo Sam eng an sich und wiegte sie in seinen Armen, hin und her, tanzend ohne Musik.

»Wir haben ein ziemlich gutes Leben, nicht wahr?«, fragte er. »Ohne Reue.«

»Ist das eine Feststellung oder eine Frage?«, wollte Sam mit einem Lachen wissen.

»Eine Feststellung«, antwortete er.

»Stimmt, das haben wir«, erwiderte Sam.

»Ich liebe dich«, sagte er.

»Ich liebe dich auch.«

Sie schwiegen einen Moment lang, während sie sich in dem Farmhaus vor dem Kamin hin- und herwiegten und der alte Holzfußboden unter ihren Füßen knarrte, dann flüsterte Angelo: »Was dagegen, wenn ich noch etwas Crisp esse?«

Sam lachte. »Hast du mich deshalb geheiratet?«

»Klar«, antwortete er.

Angelo verstummte kurz, hielt Sam auf Armeslänge von sich fort und küsste sie dann. »Du raubst mir immer noch den Atem«, sagte er.

»Gleichfalls«, erwiderte Sam mit einem Lächeln. »Bin gleich wieder da.«

Sie kam mit noch mehr Apple Crisp für ihren Mann und sich zurück, und während sie vor dem Feuer aßen, sah Sam erst ihn an und schaute sich dann in dem alten Farmhaus um, und ihr Herz erfüllte sich mit so viel Liebe, dass es sich anfühlte, als würde es gleich platzen.

Man backt aus Liebe für jemanden, dachte Sam. *Und diese Liebe erneuert sich jedes Mal, wenn ein Lieblingsrezept gebacken wird.*

»Ich glaube, dieser Apple Crisp ist unser bester bisher«, meinte Angelo, während er mit geschlossenen Augen sein Dessert genoss.

»Ich glaube, du hast recht«, antwortete Sam und aß einen weiteren Bissen. »Ich glaube, du hast recht.«

Anmerkung

Ich habe einen großen Teil meiner Kindheit in der Landküche meiner Großmutter verbracht, am Zipfel ihrer weißen Schürzen hängend, die mit bunten Erdbeeren oder hübschen Blumen bestickt waren.

Als Kind wirkten meine zierliche Grandma und ihre kleine Küche überlebensgroß auf mich: Ein antiker Ofen nahm eine Seite des Raums ein, und auf ihren glänzenden Arbeitsflächen thronte ein Brotkasten mit Keksen und geschnittenem Brot. Aber der wertvollste Besitz in ihrer Küche war ihre Rezeptsammlung. Meine Grandma, eine ausgezeichnete Bäckerin, schätzte das Kästchen aus poliertem Holz sehr, das mit geliebten und geheimen Familienrezepten vollgestopft war, alle in verschiedene Kategorien unterteilt – Pies, Torten, Cookies, Brote – und alle in ihrer geschwungenen Handschrift geschrieben.

Ihr rosa Küchentisch war der glamouröse Hintergrund für ihre Desserts: frische Obst-Pies – Apfel, Blaubeer, Kirsch, Erdbeer-Rhabarber – mit goldbrauner Kruste, in die ein hübsches *S* für *Shipman* geschnitten war, sowie eine Lemon-Pie mit himmelhoher Baiserhaube, die einer flauschigen Wolke glich. Und ihre Kekse – Chocolate Chip Cookies, Haferkekse, Thumbprint Cookies gefüllt mit hausgemachter Marmelade – wurden verschlungen, bevor sie überhaupt abkühlen konnten.

Als meine Großmutter starb, erbte meine Mom ihre Rezepte. Nachdem meine Mom gestorben war, kamen diese Rezepte und Erinnerungen in meine Obhut.

Die Inspiration zu diesem Buch bekam ich durch das Rezeptkästchen meiner Großmutter und ihre Rezepte sowie durch ihr Leben, ihre Liebe und ihre Lektionen. Es ist ein Tribut an unsere Senioren, besonders an die Frauen in unserem Leben, deren Stimmen während ihrer Lebenszeit oft überhört werden.

Essen, Rezepte, Backen und Kochen sind das, was uns vereint, uns verzückt, die Vergangenheit mit unserer Gegenwart verknüpft. Wir alle haben besondere Rezepte, die wir an Festtagen und zu besonderen Gelegenheiten machen; um die wir unsere Moms, Grandmas, Schwestern und Tanten bitten, weil sie geschätzte Erinnerungen einfangen und uns in der Zeit zurückversetzen.

Die Rezepte in diesem Buch sind nicht nur geliebte Familienrezepte, sondern auch geliebte Familienrezepte, die gute Freunde mit mir geteilt haben. Ich habe die große Ehre, die Rezeptsammlungen meiner Familie und meiner Freunde zu öffnen und ein Stück unseres Lebens – und unserer Kuchen und Pies – mit euch zu teilen! Ich hoffe, ihr werdet diese Tradition übernehmen und eure geerbten Rezepte an eure Lieben weitergeben.

XO, Viola

Familienrezept für Apple Crisp

Meine Schwiegereltern machen diesen Apple Crisp schon, solange ich (und sie) zurückdenken können. Für mich ist es zweifellos eins der leckersten Desserts, die ich im Leben je hatte … weshalb ich meinen Mann Gary oder meine Schwiegermutter jedes Mal bitte, es zu machen, sobald Apfelsaison ist, den ganzen Sommer hindurch bis in den Herbst hinein. Es ist eine Mischung aus säuerlichen, perfekt gesüßten und gewürzten Äpfeln mit einer harten Knusperkruste, die so süß und lecker ist, dass einem davon die Knie weich werden … und dann holt man sich Nachschlag. Man kann die Äpfel auch durch Blaubeeren ersetzen. Und es lässt sich perfekt mit hausgemachter Vanilleeiscreme oder hausgemachter Schlagsahne abrunden.

Pfirsich-Blaubeer-Slab-Pie

Dieses Rezept bekam ich von der wunderbaren Jeanne Ambrose, Chefredakteurin bei Trusted Media Brands, Inc. – unter anderem der Zeitschrift *Taste of Home* –, Kochbuchautorin und Schriftstellerin. Jeanne liebte das Konzept so sehr, dass sie freiwillig (okay, ich habe gebettelt!) ein geliebtes Familienrezept mit einer wundervollen Geschichte zur Verfügung stellte. Sie sagte mir: »Die Slab Pie wird im Blech gebacken und wie Schnitten in Rechtecke geschnitten. Mein Großvater war Bäcker in Chicago. Er war Deutscher. Ich habe eine Handvoll seiner Rezepte aus der Bäckerei, die handschriftlich auf Deutsch verfasst sind … Grandpa Schulz machte normalerweise gedeckte Apple-Pies oder Rhabarber-Pies für die Bäckerei. Ich nehme je nach Saison anderes Obst. Ich liebe diese Pie, weil sie nicht typisch ist … Sie hat einen Teigdeckel und man kann sie mit den Fingern essen … und sie hat einen Zuckerguss.« Ich habe diese Pie – die ein bisschen wie ein Pie-Sandwich ist – inzwischen immer wieder gebacken. Das Obst lässt sich je nach Saison variieren. Tatsächlich ist Jeannes Himbeer-Rhabarber-Version der Slab Pies bei *Taste of Home* zu einem der beliebtesten Rezepte und Videos aller Zeiten geworden. Hier sind die Links zu beidem:

https://www.tasteofhome.com/recipes/raspberry-rhubarb-slab-pie

https://www.tasteofhome.com/recipes/watch-us-make-raspberry-rhubarb-slab-pie

Danke, Jeanne, aus tiefstem Herzen und Magen!

Apfelsaft-Donuts

Wie ich auch in meiner Danksagung erwähne, waren die Geschichte und die Familie hinter Crane's Pie Pantry, Restaurant, Weinkellerei und Selbstpflückerplantage in Fennville, Michigan (nur einen wunderschönen Fahrradausflug von meinem Wohnort entfernt) eine maßgebliche Inspiration für dieses Buch. Das Leben und die Liebe von Lue und Bob Crane und die Geschichte der Pie Pantry und der Obstplantage – wie von ihrer Tochter Becky erzählt – bildeten einen großen Teil der Handlung. Von den unzähligen Desserts, die sie servieren (die alle phantastisch sind!), lassen mir ihre Apfelsaft-Donuts sofort das Wasser im Mund zusammenlaufen, sobald ich in ihre Richtung fahre. Sie sind ein Geschenk, ein nostalgischer Rückblick, eine Erinnerung daran, dass ich, wann immer ich diese Donuts esse oder das Crane's betrete, von Familie umgeben bin … und von Liebe.

Becky hat mir das Rezept für die Apfelsaft-Donuts gegeben, das laut ihrer Mom aus den Siebzigern stammt und der Vorläufer für die Cider-Donut-Rezepte war, die heutzutage verwendet werden. Die Süße des Apfelsafts in diesen Donuts hat einfach etwas an sich, das sie zu einer perfekten Leckerei für ein Frühstück an einem kalten Wochenendmorgen (egal in welcher Jahreszeit!) oder zu einem wunderbaren Nachtisch macht.

Cherry Chip Cake

Eins meiner liebsten Rezepte meiner Großmutter war ihr Cherry Chip Cake. Ich mochte ihn so gern, dass ich sie bei jeder besonderen Gelegenheit bat, ihn für mich zu machen: an meinem Geburtstag, bei Auszeichnungen, an Feiertagen, einem sonnigen Tag ... aber eigentlich machte sie ihn praktisch, wann immer sie mir zeigen wollte, wie sehr sie mich liebte. Er ist nicht nur lecker und traumhaft, er ist auch noch umwerfend schön, ein echter Hingucker von einem Dessert. Und wenn man Kirschen mag ... bringt er einem den Himmel so nah, wie man ihm nur kommen kann! Das Traurige ist, als ich in den Rezeptsammlungen meiner Grandma und meiner Familie nach dem Rezept suchte, konnte ich es nicht finden. Ich war untröstlich. Schließlich fand ich das perfekte Rezept für Cherry Chip Cake auf Completely Delicious von Annalise Sandberg, die einverstanden war, mich ihr Rezept verwenden zu lassen. Ich habe mit der Buttercreme experimentiert, um ihm meine eigene Note zu geben. Der Link zu Annalises Rezept folgt, und es ist phantastisch!

http://www.completelydelicious.com/cherry-chip-cake-with-whipped-vanilla-buttercream/

Dreierlei-Beeren-Galette

Eine weitere große Inspiration hinter diesem Buch waren meine lieben Freundinnen Kathy und Nancy, die in einem atemberaubenden Heim in Suttons Bay mit Blick über die Bucht wohnen, so wie Sam und ihre Familie. Sie im Sommer zu besuchen ist Michigan in Reinkultur: Bootsfahrten, Jetskis, Grillfeiern, Cocktails auf ihrer Veranda im Sonnenuntergang, Spiele, Lachen, Sonne tanken, und natürlich Backen. An einem schönen Sommermorgen machten sie eine Galette, und die vergaß ich nie. Ich bat sie um das Rezept, das sie liebenswürdigerweise mit mir teilten. Sie machten eine Rhabarber-Galette, die köstlich war, aber da ich Rhabarber später schon in einem Rührkuchenrezept verwendete, änderten wir ihr Rezept in eine Dreierlei-Beeren-Galette um, die geradezu Sommer schreit!

Die Galette erinnert mich an die Frühstücks-Pie, die meine Grandma Shipman oft gemacht hat. Es war im Wesentlichen eine Galette, aber sie benutzte keine so ausgefallenen Namen. Sie ging mit mir in ihren Garten oder in die Wälder und das Dickicht, die hinten an unser Haus grenzten, und dort pflückten wir das Obst für ihre Frühstücks-Pie. Die Dornen verfingen sich in meinen Kleidern und zerkratzten oft meine nackten Beine, aber meine Grandma sagte immer, im Leben und beim Backen ist das Ergebnis stets die Mühe wert. Die Galette ist ein perfektes Sommerfrühstück, und das Obst lässt sich je nach der Gegend, wo man lebt, variieren; ich habe Blaubeeren dazugefügt, weil ich die in Michigan einfach vor meiner Hintertür pflücken kann. Heute baue ich all die Dinge an, die meine Grandma in ihrem Garten hatte: Rhabarber, Erdbeeren – und die Wälder hier in Michigan sind im Sommer voller frischer wilder Beeren. Meine Großmütter sagten mir immer, dass die einfachsten Dinge im Leben – Familie, Freunde, Vertrauen, Spaß, Liebe und Leidenschaft für das, was man tut – wahrlich die größten Geschenke sind. Das schließt Backen (etwas erschaffen, das man teilen kann) und die Verwendung der einfachen Zutaten, die sie selbst anbauten und die sie im Sommer umgaben, mit ein: Rhabarber, Erdbeeren, wilde Brombeeren und Himbeeren.

Thumbprint Cookies

Das ist ein weiteres Familienrezept mit einer süßen Geschichte. Meine Familie backt sie ein paarmal im Jahr, aber *immer* in der Weihnachtszeit. Es ist nicht Weihnachten, außer wir drängen uns alle in der Küche, machen Teig und drücken ihnen dann unseren besonderen Stempel auf (und unsere Lieblingsmarmelade … macht einmal selbst hausgemachte Marmelade, oder sogar einen frischen Fruchtaufstrich … das ist es *so* was von wert!). Diese Cookies sind nostalgisch, hübsch und herrlich lecker.

Eiscreme-Sandwiches mit Ozark-Ahornsirup-Schoko-Kirsch-Cookies

Die Sommer meiner Kindheit verbrachte ich in der Blockhütte meiner Großeltern in den Ozarks in Missouri. Es gab weder Fernseher, Telefon noch Dusche im Haus; alles, was wir hatten, waren Angeln, Schwimmreifen, Bücher, Essen und einander. Es war der Inbegriff von Sommer. Dort lernte ich die Geschichten meiner Familie kennen und dass Kochen Gemeinschaftsarbeit ist. Diese Eiscreme-Sandwiches sind das perfekte Beispiel dafür. Sie definierten Sommer in unserer Hütte für mich (und tun das immer noch in meinem eigenen Sommer-Cottage in Michigan). Der Cookie-Teig ist himmlisch – eigentlich ein Amalgam aus meinen liebsten Keksteigen. Als ich klein war, stellte mein Dad immer hausgemachte Eiscreme her. Er liebte es, Eiscreme zu machen – Vanille war seine Lieblingssorte –, und sie bildete das Herzstück unserer Eiscreme-Sandwiches. Wir hatten eine alte, handbetriebene Maschine, und an der Rückseite der Hütte war eine Essensglocke, die meine Grandma läutete, damit alle vom Strand oder vom Bach zum Essen reinkamen, und mein Dad läutete sie, wenn ihre Schulter müde wurde, und dann wechselten wir uns alle ab. Mein Dad hatte zwei wesentliche Vanilleeiscreme-Rezepte: eines, das eine puddingähnliche (gekochte) Eiscreme war, und eines, das er umgearbeitet hatte, als die Maschinen neumodisch wurden (weniger Zutaten). Außerdem hatte er eine hausgemachte Karamellsoße, die er gern entweder zum Schluss über die Eiscreme träufelte (so gut!) oder auf die Cookies kleckste, bevor er sie mit Eiscreme bestrich. Am besten ist es, diese Sandwiches in der Sommerhitze zu essen, wenn dich jeder Bissen abkühlt, während die schmelzende Eiscreme an deinen Armen heruntertropft. Dann fühlst du dich wieder wie ein Kind!

Tante Eleanors Teig für gedeckte Pie

Wie meine Großmütter mir beigebracht haben, kann man kein großartiges Leben, kein großartiges Zuhause, keine großartige Familie und keine großartige Pie haben ohne eine großartige Grundlage … Erneut hat Jeanne Ambrose mir ausgeholfen, indem sie mir ein Familienrezept gab, das ziemlich genau die Weise wiedergibt, wie meine Grandma, Mom und mein Dad den Teig mit einer Mischung aus Pflanzenfett und Butter machten. Jeanne hat das Rezept ihrer Tante Eleanor optimiert (ich hatte auch eine Tante Eleanor!), die es, wie Jeanne sicher war, wiederum von ihrer Mutter Creszentia Pfeiffer Schulz lernte (die aus Deutschland in die Vereinigten Staaten eingewandert war). Eleanor war die Frau eines Farmers, deshalb ergab ihr Originalrezept fünf Pies. Tante Eleanors Rezept stammt laut Jeanne wahrscheinlich aus den Fünfzigern, und sie bekam es wahrscheinlich mindestens fünfundzwanzig Jahre vorher von ihrer Mutter. »Grandma hatte elf Kinder«, sagt Jeanne. Der Teig ist üppig, blättrig …

und, wie meine Großmütter mich gelehrt haben, die perfekte Grundlage!

Erdbeer Shortcakes

Ich glaube, dass meine Mom und meine Grandma die besten hausgemachten Erdbeer Shortcakes der Welt gebacken haben. Und das tue ich noch! Aber inzwischen hat Gary ihr Rezept sogar noch verbessert, indem er einen Teil eines beliebten Rezepts aus St. Louis nahm, es mit dem Rezept aus den Ozarks mischte und seine eigene Inspiration hinzufügte. In meiner Kindheit ging meine Familie in der Sommerhitze oft zum Erdbeerenpflücken, wobei ein großer Teil stets direkt in unsere Münder wanderte. Aber abgesehen von den frischen Erdbeeren sind die Shortcakes die Geheimwaffe, und die Leute haben wirklich ihre eigene Meinung, was den besten Shortcake ausmacht! Ich tendiere dazu, Shortcakes vorzuziehen, wie sie meine Mom, Grandma und Gary (natürlich!) machen: fest genug, um die Erdbeeren zu tragen, aber weich genug, um all den köstlichen süßen Saft aufzusaugen (der einfach das Beste ist!). Das sind eine Art Biskuit-trifft-Shortcake.

Rhabarber-Schmandkuchen mit Zimtstreuseln

Meine beiden Großmütter glaubten, wie ich in diesem Buch geschrieben habe, dass jede Rezeptsammlung ein Rührkuchenrezept enthalten sollte. Und dieses hier ist ein Sommerfavorit meiner Familie! Wir schneiden Rhabarber frisch aus unserem Garten und genießen diesen lockeren Kuchen mit Zimtstreuseln an den Sommerwochenenden auf unserer Fliegengitterveranda (mit jeder Menge Kaffee!). Eine Version dieses köstlichen Rezepts wurde uns in späteren Jahren von der Wirtin einer örtlichen Frühstückspension in Michigan serviert.

Apfeltaschen und Kirschtaschen

Diese einfachen Teigtaschen (okay, eine davon ist ein bisschen komplizierter zu machen) erinnern mich daran, wie es war, Kind zu sein. Und man kann praktisch jedes Obst verwenden! Mein Dad machte die Apfeltaschen an jedem einzelnen Weihnachten, und wenn ich sie esse, erinnere ich mich an seine ungehemmte Freude und sein kindliches Staunen alle Jahre wieder, ganz egal, wie alt er war. Und die Kirschtaschen – besonders in Michigan im Sommer – sind einfach unschlagbar. Macht die Apfeltaschen, wenn ihr mehr Zeit habt, und die Kirschtaschen, wenn die Zeit knapp ist.

Kürbisschnitten mit Frischkäsecreme

Wenn ich sage, dass es ein Familienrezept gibt, bei dem die Leute absolut durchdrehen, dann sind es diese Kürbisschnitten mit Frischkäsecreme – kreiert von Gary. Sie sind dekadent, um es gelinde auszudrücken, und verkörpern den Geschmack und das Flair von Herbst. Sie schmecken unglaublich, wenn sie frisch aus dem Ofen kommen, aber genauso toll am nächsten Tag (wenn bis dahin welche übrigbleiben).

Fröhliches Backen … und Vernaschen!

Dank

Wie immer geht tiefempfundener Dank an meine Agentin Wendy Sherman, die vom ersten Tag an bei jedem Schritt dieser Reise an meiner Seite war. Ihr Optimismus, Vertrauen und ihre Entschlossenheit haben mir erlaubt, Dinge zu tun, die ich nie für möglich gehalten hätte.

Ich danke meiner Lektorin Laurie Chittenden, die jedes Buch unendlich besser macht (und mit der die Arbeit unglaublichen Spaß macht!); Lisa Bonvissuto für ihre Unterstützung und reibungslose Hilfe; meiner Publizistin Katie Bassel; meiner Verlegerin Jen Enderlin und dem gesamten Team bei St. Martin's.

Dicke Umarmungen an Carol Fitzgerald und ihr Team bei »The Book Report«.

Danke an Becky Crane und ihre Schwester Laura Bale, dass sie mir ihre Herzen und ihre eigenen Rezeptsammlungen geöffnet haben. Die Geschichten ihres Lebens, wie es war, auf einer Obstplantage mit Bäckerei aufzuwachsen, sowie die Geschichten, die Liebe und die Beziehung ihrer Eltern Lue und Bob bilden die Seele dieses Buches. Ich kann ihnen und der ganzen Familie Crane gar nicht genug für ihre Unterstützung danken.

Meinen Lesern: Im Lauf der letzten Jahre habt ihr an Events teilgenommen, E-Mails geschrieben, Fotos in den sozialen Netzwerken gepostet und im Wesentlichen ebenso viel von euren Leben, Familien, Geschichten und älteren Familienmitgliedern mit mir geteilt, wie ich mit euch. Das ist ein seltenes und kostbares Geschenk, und ich weiß, dass ich mich glücklich schätzen darf.

Und an Gary. Ich wäre nicht hier – buchstäblich, bildlich gesprochen, persönlich, beruflich – ohne dich. Ich würde jetzt anfangen, *Wind Beneath My Wings* zu singen, aber dann würdest du anfangen zu weinen oder versuchen, Bette Midler anzurufen, und dann würde alles ziemlich schnell übel entgleisen. Ich liebe dich mehr als alles auf dieser Welt.

Viola Shipman

Für immer in deinem Herzen

Roman

Aus dem Amerikanischen von Anita Nirschl

Band 03354

Ein Sommer, der drei Wege zusammenführt
und alles verändert.

»Viola Shipman erzählt in dieser wundervollen Drei-Generationen-Geschichte von Liebe, Verlust und der besonderen Beziehung zwischen Mutter und Tochter. Mit der richtigen Mischung aus Humor und Gefühl hat sie einen unwiderstehlichen Roman geschrieben.«

Lori Nelson Spielman

»Ein außergewöhnlich feinfühlig und liebevoll erzählter Wohlfühlroman.«

Freundin

Das gesamte Programm gibt es unter
www.fischerverlage.de

fi 03354 / 1 / a

Viola Shipman
So groß wie deine Träume
Roman
Aus dem Amerikanischen von Anita Nirschl
384 Seiten. Klappenbroschur

Hoffnung ist das größte Geschenk

Als Kind bekommt Mattie eine Truhe geschenkt, um darin zu sammeln, was sie als Erwachsene an ihre Familie erinnern würde: ihre geliebte Stoffpuppe, glitzernder Christbaumschmuck, eine Vase ihrer Mutter und vieles mehr.
Jahrzehnte später: Mattie ist schwer erkrankt. Ihr Mann Don sorgt sich sehr um sie und stellt die junge Rose als Pflegerin ein. Rose entdeckt die Truhe mit den Familienerbstücken. Als Mattie anfängt, ihr die Geschichten dazu zu erzählen, erkennt Rose, was sie tun kann, um Mattie und Don zu helfen, in ihrem letzten gemeinsamen Jahr füreinander da zu sein.

Das gesamte Programm gibt es unter
www.fischerverlage.de

fi 2-3039 / 1